TUNNELFLUCHT

in Berlin

von

Rudolf Müller

Herstellung und Verlag:

Books on Demand GmbH, Norderstedt

Cover Designer: Regina Vogt

Bildnachweis: Eigenarchiv

Printed in Germany

ISBN-10: 3-8334-6104-7
ISBN-13: 978-3-8334-6104-0

Diese Geschichte beruht auf wahren Begebenheiten,

die sich zwischen 1948 und dem Jahr 2000

in Berlin zugetragen haben.

Personen und Namen sind weitgehend verändert worden
sodass niemand sie wieder zu erkennen vermag.
Ähnlichkeiten mit lebenden Personen sind
rein zufällig und nicht beabsichtigt

Danksagungen – Widmungen

Der Autor bedankt sich bei guten Freunden, die in der größten Not, ohne zu zögern, geholfen haben. Bei seiner Familie für die rückhaltlose Unterstützung im, vor und nach dem Prozess. Danke bei den vielen Menschen, ob Mitarbeiter, Kollegen der IG-Metall, anderer Gewerkschaften, aber auch den Arbeitgebern, die ihre Kritik über die Art und Weise des Umgangs mit mir durch die staatlichen Behörden deutlich machten und mich ihre Sympathie spüren ließen.

Diese Arbeit soll der tapfersten Mutter, die man sich vorstellen kann, gewidmet sein. Sie hat sich wie eine Löwin vor ihre Söhne gestellt. Sie ist für ihre Söhne von der menschenverachtenden Stasi verfolgt, eingesperrt, drangsaliert und bedroht worden. Sie ist immer stark geblieben. Das Urteil, so sagte sie mit 94 Jahren, ist kein Recht, es ist eine Beleidigung der Gerechtigkeit.

So stark war Traudchen, meine verstorbene Frau, mit der ich 48 Jahre verheiratet war, nicht. Das Urteil hat ihr den Lebensmut genommen. Wenige Tage vor der Fertigstellung dieses Buches hat sie ihren Frieden gefunden. Der Tod hat uns getrennt. Mauer und Terror, ein perfides System, haben es nicht geschafft

VORWORT

Dieses Buch enthält die Beschreibung meines Lebens. Es soll Zeugnis ablegen über erhebliche und die Geschichte dieser Zeit steuernden Vorgänge, an denen ich, der Autor handelnd oder leidend beteiligt war. Viele Ereignisse der vergangenen Jahrzehnte beeinflussten mittelbar oder unmittelbar das Leben meiner Familie und mein eigenes. Das ist für sich keine Begründung ein Buch zu schreiben, ein Buch, das anderen Menschen etwas geben soll. Dieses Werk hat vor allem den Sinn, Menschen, denen ich in meinem langen Leben begegnet bin, aber auch allen, die mich erst durch dieses Buch kennen lernen, Rechenschaft über die Umstände abzulegen, die dazu führten, das Leben so zu führen, wie es sich hier darstellen wird. Ich bin kein Geschichtsschreiber, doch halte ich es historisch für geboten, diese Umstände zu verdeutlichen und sie auch gegen das Vergessen in unserer Gesellschaft zu beschreiben.
Die Frage an mich: „Opi, bist du ein Mörder“ gab dann den Anstoß, endgültig zur Feder zu greifen.
Warum fragte meine Enkeltochter mich das? Sie hatte die FAZ gelesen. Da wurde über meinen Prozess am Bundesgerichtshof berichtet. Vorher ist sie aber von irgendwelchen Leuten, warum auch immer, angesprochen worden. Sie ist völlig erschrocken, meint, das ist ja wohl schlimm, wenn Menschen über andere Menschen solche Gerüchte verbreiten. Aber sie fragt mich dennoch: „Opi, bist du ein Mörder?“
Was antworte ich ihr?
Was kann ich ihr sagen? Wie kann ich ihr sagen, dass ich kein Mörder bin!
Bin ich wirklich keiner? Sie haben mich doch verurteilt!
Warum können Menschen von mir behaupten, dass ich ein Mörder bin? Das Volk will es so.
Das Volk?
Die im Namen des Volkes Recht sprechen, oder gesprochen haben, brauchten wohl einen Sündenbock. All diejenigen, die sich die Mühe

machen, diese meine Aufzeichnungen zu lesen, sind auch Volk. Wenn sie das Buch beiseite legen hat dieser Teil des Volkes vielleicht die gleichen Zweifel wie ich und viele andere.
Was also antworte ich ihr? Es war ein Fehlurteil, mach dir nichts daraus oder ähnlich, reicht nicht. Junge Menschen von heute fragen nach, sind kritisch. Deshalb reicht eine einfache oder simple Antwort nicht aus. Genügt es, ihr zu sagen, ich habe Grenzer daran gehindert, deinen Vater, der damals 11 Jahre alt war, deinen Onkel fünf Jahre jung, deine Oma und deinen Opa, zu erschießen?
Zu erschießen, weil die Grenzer von Ihrem Staat den Befehl dazu hatten. Auch im Namen des Volkes.
Können sich denn Menschen von heute überhaupt vorstellen, was damals an der Mauer geschah?
Dass über 1000 Menschen Opfer dieser, wie alle Politiker sagten, unmenschlichen Grenze, dieser Schandmauer wurden? Ich bin mir nicht sicher, ob denn diese Erklärung ihre Frage beantwortet. Zumindest wird sie dann wissen wollen, wie Gerichte einen Menschen verurteilen können, der seine Familie verteidigt.
Ich suche also eine Antwort, eine Antwort auch auf die Frage, warum wir Deutschen so vergesslich sind. Vergesslich, wenn es um Schatten unserer Geschichte geht. Von Reuter, der zum Beispiel die Völker der Welt aufrief, zu dieser Stadt Berlin zu schauen, bis Adenauer und vor allem Willy Brandt, die auch die Welt aufriefen, die Schandtaten des DDR–Regimes anzuprangern.
Wie beschreibt man ein Leben? Wenn es, wie im Fall des hier geschilderten Lebens, unendlich viele Höhen und wahnsinnige Tiefen hatte?
War es schön? War es schlecht? Was ist die richtige Antwort? Wir, meine Familie und ich, sind durch den Tod eines jungen Menschen ins Scheinwerferlicht gekommen, unser Leben ist dadurch geprägt worden. Für mich, uns als Familie, die für dieses Unglück mit Verantwortung tragen, bedeutet dies eine Last, die wir unser Leben lang tragen werden, die uns keiner abnehmen kann.
Wie ist es dazu gekommen, dass wir, meine Brüder und ich, einen mehr als 24 Meter langen Tunnel von West- nach Ostberlin gegraben haben?
Warum kam es zu der Schießerei?

Wer hat uns verraten?
War die Stasi von Beginn an informiert?
Warum musste ich in meinem Prozess den Eindruck gewinnen, die Richter und Staatsanwälte waren befangen und vor allem vergesslich, wenn es um Mord und Terror an der Mauer ging.
Fragen über Fragen, die Antworten suchen.
Vor allem aber der Widerspruch zwischen dem, was Willy Brandt, der Regierende Oberbürgermeister von Berlin und der spätere Bundeskanzler, am 17. Juni 1962, einen Tag vor unserer Tunnelflucht, gesagt hat und dem was meine Richter beim Land- und Bundesgericht für Recht erklärt haben, muss aufgelöst werden. Das, was die Richter festgestellt haben, wirft einen Makel auf über Tausend Mauertote und Tausende, die wegen Flucht eingesperrt und gequält wurden.

Rede von Willy Brandt am 17. Juni 1962

„An dieser Mauer wird das Menschenrecht mit Füßen getreten. Schüsse auf Wehrlose, sogar auf gehetzte Kinder, das muss jedes menschliche Empfinden empören...

... jeder unserer Polizeibeamten und jeder Berliner soll wissen, dass er den Regierenden Bürgermeister hinter sich hat, wenn er seine Pflicht tut, indem er von seinem Recht auf Notwehr Gebrauch macht und indem er verfolgten Landsleuten den ihm möglichen Schutz gewährt."

Urteilsspruch meiner Richter 1999 und 2000

„Einen Anspruch darauf, das Recht der Freizügigkeit an jeder gewollten Stelle auszuüben, gibt es aber nicht. Es ist nicht rechtsstaats- und menschenrechtswidrig, die Bevölkerung für das Verlassen des Landes auf bestimmte Grenzübergänge zu verweisen. Auch die Bundesrepublik darf nicht an jeder Stelle verlassen werden."

„Dagegen ist die willkürliche und rechtsstaatswidrige Vorenthaltung der Ausreisefreiheit der DDR Behörden, kein notstandsfähiger Zustand, weil die Ausreisefreiheit kein Freiheitsgut im Sinne von §35 StGB ist."

„Dem Angeklagten und seinen erwachsenen Angehörigen war die Hinnahme der Gefahr, für die Fortbewegungsfreiheit zuzumuten, weil sie die Gefahr selbst verursacht haben."

Wie es anfing

Der 17. Juni hat sich als Schicksalsdatum für mich entwickelt. Durch die Reden am Vortag unserer geplanten Flucht, aber auch durch den Besuch von Konrad Adenauer in Berlin, waren die Grenzer und das ganze System in Aufruhr, was wir einfach nicht berücksichtigt hatten und auch nicht konnten.
Jede Nacht, mehr als drei Wochen lang im Erdloch graben, nicht wissend, wo wir genau raus kommen.
Da gibt es keine Zeit für Nachrichten und Politik.
Am 18. Juni morgens, nach unserer Schicht, fuhren meine Brüder Horst, Klaus, Kalli und ich in der U-Bahn von der Kochstraße zur Gneisenaustraße. Meine Brüder schliefen vor Erschöpfung ein. Ich lese die Meldung auf der ersten Seite der Bildzeitung.
Willy Brandt, unser Regierender Bürgermeister von Berlin, verspricht all denen Hilfe und Unterstützung, welche die Mauer bezwingen oder anderen dabei helfen. Er spricht davon, dass Widerstand gegen die schießwütigen Grenzer, wenn es denn nötig sei, als Notwehr gesehen wird.
Ich dachte, es ist ja gut gemeint, aber Gewalt darf bei unserer Sache keine Rolle spielen, wir wollen doch nur leben, aber nicht Krieg spielen. Wie kam es dennoch zu all dem, was geschehen ist. Warum gruben wir einen Tunnel? Warum wollten wir weg? Warum war ich, wir, gegen diesen Staat, der sich DDR nannte? War ich von Beginn an Systemgegner?
Es gibt zu viele Mitmenschen, die von sich behaupten, sie seien schon immer dagegen gewesen. Nach 1945, Ende des Zweiten Weltkrieges, war es auch so. Ich dachte und glaubte daran, dass eine neue Zeit vor uns liegt, es eine gute Entwicklung wird, war doch der Frieden das erklärte Hauptziel. Sie redeten doch viel darüber, ich war mir sicher, sie meinten es auch so.
Wie auch immer, 1953 hatte ich mich bei der Polizei in Ost-Berlin beworben, um die Laufbahn eines Kriminalbeamten einzuschlagen.

Davor war ich an der Humboldt-Uni als Student bei der Arbeiter- und Bauernfakultät eingeschrieben.
Arbeiter- und Bauernkinder hatten die Chance in einem Crash–Studium die Hochschulreife zu schaffen. Dann stand die Uni weit offen. Tierarzt wollte ich werden.
In etwa zur gleichen Zeit haben wir geheiratet, die Reni und ich. Wir waren beide gerade achtzehn. Das erste Stück im gemeinsamen Haushalt war eine Tochter. Mein Roolchen oder Karola wie sie richtig heißt. Mit viel Mühe bekamen wir eine Wohnung (die eigentlich gar keine war) in einem sehr alten Haus, in unserem Heimatort Weißensee, im Erdgeschoss, ein ehemaliges Ladengeschäft. Feucht, kalt und teuer. Trotzdem, ich wollte es schaffen, wollte studieren, wollte weiter kommen. Es war nicht einfach, das Geld reichte nicht. Nachmittags, wenn das Seminar an der Uni zu Ende war, half ich meinem Schwager im Fuhrgeschäft. Zwölf Gespanne, 24 Pferde hatte er.
Fürs Studium, wozu auch russisch gehörte, büffelte ich dann in unserer Bruchbude abends, wenn Frau und Kind schliefen. Irgendwann ging es nicht mehr, ich gab das Studium auf, fing bei meinem Schwager an. Von meiner Aushilfsarbeit während des Studiums wusste ich, wie gut ich mit den Pferden umgehen konnte. Zwei kräftige Pferde waren mir jetzt anvertraut. In Berlin gab es immer noch viele, zu viele Trümmer. Die wurden von uns aufgeladen und zur Kippe gefahren. Gutes Geld habe ich dabei verdient.
Die Tage waren lang, Feierabend erst, wenn die Pferde müde waren. Das konnte sehr lange dauern. Sie waren sehr stark, aber auch lieb. Morgens begrüßten sie mich mit einem Stupsen ihrer wunderbar weichen, warmen Nüstern. Sie hießen Fritz und Monika. Wir arbeiteten den ganzen Tag miteinander, woraus eine besondere Beziehung zwischen uns entstand. Ich sprach mit ihnen, bin mir sicher, sie verstanden mich.
Vor allem auf der Kippe war besondere Anstrengung nötig. Hier musste man sich aufeinander verlassen können. Die Kippe waren sehr hohe Schuttberge, die nach dem Krieg in Berlin angehäuft wurden. Die bekannteste davon war Mount Klamott.

Der volle Wagen musste in eine bestimmte Schräglage gefahren werden, damit die Ladung mit dem Bauschutt möglichst völlig herunterrutschte, ohne dass ich noch mit einer Schaufel nachhelfen musste. Mit einer großen Brechstange wurden die Seitenwände hochgewuchtet, auf die hinteren Holme gesetzt, meistens klappte es. Aber eben nur, wenn der Wagen richtig schräg am Hang zum Stehen kam.
Da war es schon wichtig, wenn auf die Pferde Verlass war. Morgens, wenn wir losfuhren, kamen wir immer beim Bäcker vorbei. Wie programmiert blieben die Pferde dort erst einmal stehen. Sie wussten, dass ich jetzt Brötchen holte und da gibt es für sie ebenfalls etwas. So war es auch, jedes Pferd bekam seinen Teil.
Da ich vom Bäcker immer auch etwas Restbrot und was sonst so übrig war bekam, konnte ich ihnen immer nach dem Abladen, wenn sie die schwere Fuhre den Berg hoch gezogen hatten, etwas geben. Peitsche brauchte ich nicht, andere Kollegen schon. Meine Peitsche, die zur Ausrüstung gehörte, hatte ich nur zum Knallen. Beide Pferde wussten, jetzt geht's mit aller Kraft. Wenn dann eines der Pferde etwas nachließ, rief ich dann „Fritz, auf geht's, los, los." Schon warf er sich kräftiger in die Seile, wie man so schön sagt. Aber auf Dauer?
Eines Tages traf ich meinen ehemaligen Dozenten von der Uni. Er war ganz erschüttert, mich auf dem Kutschbock zu sehen. Bestand darauf, dass ich an einem der nächsten Tage bei ihm vorbeikomme. Bei einer guten Tasse Kaffee nannte er mir den Namen eines Bekannten bei der Kripo.
Eine Karriere bei der Kripo, so seine Meinung, wäre was für mich. Vor allem, er kannte meine finanziellen Probleme, würde ich sofort gutes Geld verdienen. Gesprochen habe er auch schon mit seinem Bekannten.
Er gab mir die Telefonnummer, meinte, dass es sich für mich lohnen würde. Allein um ihn nicht zu enttäuschen, rief ich kurz danach bei diesem Bekannten an und bekam auch gleich einen Termin beim Polizeipräsidium am Alexanderplatz. Das Ergebnis des Gespräches war, ich ging zur Polizei, um Kriminalbeamter zu werden.
Der Abschied von den Pferden fiel mir nicht leicht. Wäre es ohnehin bald vorbei gewesen, da mein Schwager enteignet und eingesperrt wurde. Er hatte Pferdegeschirr in Westberlin gekauft.

Im Juni 1953 war ich in der Polizeikaserne in der Geschwister-Scholl Str., Berlin Stadtmitte, zur so genannten Grundausbildung.
Marschieren, rechts rum, links rum, auf den Bauch legen, robben, Meldungen machen, Wache schieben. Was ich damit bei der Kripo sollte, hat mir bis heute keiner gesagt. Es war simpler Kasernenhofdrill, nichts weiter. Schon am 16. Juni, nachmittags, Trillerpfeifen auf den Gängen, keine Übung, Alarm, richtiger Alarm.
Antreten auf dem Hof, wo wir von den Offizieren hörten, dass vom Westen her Unruhe und Streiks geschürt würden, um der DDR zu schaden. Der Klassenfeind rührt sich, so die Sprüche der Offiziere. „Auch ihr," so unser Ausbildungsoffizier zu uns Anfängern, „müsst euch jetzt bewähren, jeder Mann wird gebraucht." Unter uns waren einige, die sofort in den Krieg gegen Westberlin ziehen wollten. Die Nacht über war Wach-Bereitschaft. Die Kaserne war wie im Fieber. Am 17. Juni wurde dann Befehl zum Abmarsch gegeben, wir bekamen Holzknüppel als Waffen in die Hand und wurden auf Lkws in die Innenstadt gefahren.
Unterwegs fuhren wir mit großem Getöse, Tatütata immer wieder an Menschengruppen, die aus allen möglichen Fabriken und Verwaltungen kamen, vorbei.
Einige besonders scharfe unter uns drohten diesen Menschen mit Fäusten und Knüppeln. „Ihr Verräter, ihr Kapitalistenschweine" schrieen sie wie im Rausch. Nach kurzer Fahrt sahen wir nur noch Menschen, die laute Parolen riefen. Der Ruf nach neuen Normen und freien Wahlen tönte bis zu uns herüber. Unsere Wagen kamen nicht mehr weiter, es war alles verstopft. Absitzen wurde befohlen, Aufstellen in Tuchfühlung, eine dichte Reihe gegenüber dem vermuteten Feind bilden.
Am Haus der Ministerien, bei den Nazis einst das Luftfahrtministerium, waren Kolonnen von Demonstranten dabei, die großen eisernen Tore umzudrücken. Sie wollten mit den Verantwortlichen für die Normen sprechen. Es war keiner zu sehen, keiner der großen Bonzen. Die Rufe eskalierten, nicht nur ‚runter mit den Normen', sondern jetzt auch ‚weg mit Ulbricht, weg mit der Diktatur, freie Wahlen!' Es waren Menschen wie wir, ich fand es ergreifend, nach der Nazi-Diktatur, dass es so viele Menschen gab, die ohne Angst für ihre Rechte eintraten.

Bevor ich zur der Uni ging, arbeitete ich in einer großen Brotfabrik, wo ich eine Zeit BGL-Vorsitzender (Vorsitzender der Betriebsgewerkschaftsleitung), im Westen nannte man es ‚Vorsitzender des Betriebsrats' war, daher wusste ich schon, was es hieß, die Normen herabzusetzen.
Meine Aufgabe als BGL war es auch, die Kollegen zu unterstützen wenn es darum ging, die Arbeitsnormen (Akkorde) festzulegen. Um auch das richtig zu machen, hatte ich Lehrgänge besucht. T.A.N (Technische Arbeitsnorm), gebüffelt, was vergleichbar mit REFA ist. Als ich im Westen war, merkte ich sehr schnell, dass die Methoden der Ausbeutung im Sozialismus und im Kapitalismus identisch sind. Seit einiger Zeit wurden Normenbrecher eingesetzt, man nannte sie Aktivisten, die nichts anderes taten als die Akkorde zu versauen. Einer der großen Normenkiller war ein gewisser Hennecke, der überall dort auftauchte, wo die Leistung der Menschen angehoben werden sollte.
Er sollte Dumme finden, die sozusagen freiwillig bereit waren, zu arbeiten bis, wie man so sagt, die Schwarte knackt. Keine Mark mehr, die Akkorde völlig kaputt, die Gewerkschaft erklärte den betrogenen Arbeitern, es diene alles dem Aufbau des Sozialismus.
Doch zurück zum 17. Juni 1953:
„Schlagt die Arbeiterverräter, jagt sie auseinander"
so der Befehl der Vorgesetzten.
Das typische Geräusch rollender Panzer war zu hören. Schüsse, ganze Salven übertönten die Rufe und das Pfeifen der Demonstranten. Ein Hubschrauber kreiste und setzte wohl auf dem Hof zur Landung an. Die Superbonzen, die sich noch nicht einmal ans Fenster trauten, wurden in Sicherheit gebracht.
Es war eine sehr aufgeheizte Stimmung.
Ihre Knüppel, schon auf dem Lastwagen drohend gegen die Demonstranten schwingend, war der größte Teil meiner Kollegen regelrecht heiß auf ihren Einsatz.
Begreifen konnte, wollte ich das alles nicht. Ich hielt mich zurück, während meine Kameraden vorrückten. Auch meinen Schlagstock hielt ich zurück, ließ ihn im Gürtel. Unbewaffnete schlagen, dafür bin ich nicht zur Kripo gegangen. Einen unserer Vorgesetzten, der nicht weit von mir stand, sprach ich an:

„Sind wir nicht die Volkspolizei? Warum prügeln wir die Arbeiter?“ Der sah mich verdutzt an, so als wenn er mich überhaupt nicht verstanden hätte.
Die Antwort war deutlich:
„Wenn Sie jetzt nicht gleich die Kurve kriegen, dann gehen Sie wie diese „Arbeiterschweine" in den Knast."
Ich drehte mich wortlos um und ging in Richtung Demonstranten, wo meine Genossen kräftig in Aktion waren. Die russischen Panzer waren in Sichtweite und sorgten für den richtigen Mut. Es wurden immer einige der Demonstranten abgedrängt, regelrecht verprügelt. Wer sich wehrte, bekam Handschellen und wurde wie Vieh in bereitstehende Wagen geprügelt.
Was später alles geschrieben wurde von wegen „Agenten aus dem Westen, von „Subversion“ davon war vor Ort absolut nichts zu erkennen.
Sie hatten noch ihre Arbeitssachen an, die Arbeiter von der Stalinallee, aus Hennigsdorf und den vielen Fabriken der Bezirke ringsum. Unser Schleifer kam zu mir, es war der Mensch, der für unsere Grundausbildung zuständig war. Den Namen hatten wir ihm verpasst. Er war der typische Feldwebel. Große Klappe, von Menschenführung nie was gehört, frisch vom Acker, wie man so sagt. „Müller! Willst du hier anwachsen?“ Kam es im Kasernenhofton, „ich glaube mein Schwein pfeift, „du bist schon fünf Meter hinter der Kampflinie!“ kam es von ihm rüber. Sein Gesicht war schon vor lauter Hektik rot angelaufen, so wie ich ihn von seinen Schleifarien in der Kaserne kannte. Ich dachte, wenn hier schon ein Schwein pfeift, sollte der mal in einen Spiegel sehen. Langsam setzte ich mich in Bewegung. Es war wohl zu langsam. Der Schleifer war sofort neben mir und gab mir den Befehl, mich nach dem Einsatz bei ihm zu melden. Das tat ich dann, und es gab keine Ruhe mehr, weil er mich mit den angeblich politischen Gegnern gleichsetzte.
Nach dem Sieg über die Konterrevolution, oder wie auch immer der Arbeiterprotest im Nachhinein genannt wurde, waren die Genossen überhaupt nicht nachdenklich, sondern großkotzig.
Die Polizeischule wurde vorübergehend eine Art Hauptquartier der Volksarmee, es wurde sehr schnell bekannt, dass der Befehlshaber, ein Generalmajor, ein hoher Offizier bei den Nazis war.

Das war aber wohl auf beiden Seiten so der Brauch. Dennoch machte ich mir schon Gedanken über die lieben Sozialisten. Sie hatten aus meiner Sicht ihre politische Unbeflecktheit verloren. Unsere Wachen wurden verstärkt, die Kaserne diente als Auffangstation für alle möglichen Leute, die im Zusammenhang mit dem 17. Juni verhaftet wurden.
Vor dem Zellentrakt mussten wir Wache halten. Immer zu zweit, jeweils ein Altgedienter mit Waffe und einer von uns Neuen mit Knüppel. Einige dieser Leute wurden von der Stasi abgeholt, andere wurden, das konnte ich aus Bemerkungen der Offiziere erahnen, bei den Freunden entsorgt, das heißt, sie wurden den Sowjets übergeben.
Die Personen, die das zu verantworten haben, dass Soldaten und Volkspolizei auf streikende Arbeiter gehetzt wurden, dass ein ganzes Volk eingesperrt wurde, sind immer noch oder schon wieder da. Sie versprechen schon wieder Wohlstand fürs Volk, meinen damit aber Macht für sich. Macht um erneut auf Streikende zu schießen? Da fängt für mich erneut die furchtbare Vergesslichkeit an: Es gibt schon wieder, wie ich meine, zu viele Politiker und Gewerkschafter, die hier eine politische Alternative sehen.
Das ist Verrat an den Opfern des 17. Juni. Als so genannter lebenslanger Gewerkschafter nehme ich mir das Recht, so zu urteilen.
Nach der Polizeischule war ich wieder beim Polizeirevier in Berlin-Weißensee. Gleich am zweiten Tag wurde ich vom zuständigen Parteisekretär aufgefordert, bei der nächsten Rotlichtbestrahlung, so hieß die monatlich politische Vergatterung, auch marxistisch leninistisches Schuljahr genannt, eine anständige Selbstkritik zu üben. Hier fing das Übel so richtig an. Ich fragte mich, wie kommen die dazu, so etwas von mir zu verlangen? Haben wir nicht eine frische, junge Demokratie, wo die Meinungsfreiheit ein wichtiger Bestandteil ist?
Dem Vorgesetzten sagte ich sinngemäß, dass wohl jeder andere wegen des 17. Junis Selbstkritik üben solle, ich aber nicht.
Ich zitierte den Chefredakteur des „Neuen Deutschland," Hernstadt oder so ähnlich hieß er. In einem für mich zu dieser Zeit sensationell offenen Stil schrieb der vom Verständnis für die Streikenden, von großen Fehlern, Fehleinschätzungen durch Regierung und FDGB und

von notwendigen Korrekturen. Der Hoffnungsträger Rudolf Hernstadt wurde dann auch entfernt. Die Fundamentalisten oder Stalinisten hatten wieder das Sagen. Die Angst vor dem Volk hatte ihnen nur zeitweilig die Schnauze geschlossen.
Der Vorgesetzte starrte mich völlig entgeistert an und drohte mir mit Problemen, die ich wohl bekommen würde. Keinesfalls würde ich Kandidat der Partei werden können, er hatte mich zwar vorgemerkt, das wäre jetzt aber vorbei, und damit auch meine Karriere, meinte er kopfschüttelnd.
Zu bestimmten Positionen gehörte die Parteimitgliedschaft.
Viele ehemalige Parteigenossen behaupten, sie mussten in die Partei eintreten. Das stimmt so einfach nicht. Ein guter Parteigenosse musste erst einmal eine Empfehlung aussprechen, sonst war überhaupt nichts drin mit der Mitgliedschaft in der Partei. Wer den Sozialismus als Parteimitglied erschaffen wollte, brauchte einfach einen Bürgen. Dann wurde man geprüft, Familie, häusliches Umfeld und was sehr wichtig war, Aktivität bei den Massenorganisationen wie Gewerkschaft, Gesellschaft für Sport und Technik, Deutsch-Sowjetische Freundschaft. Nach dieser Umfeldprüfung gab es die Möglichkeit, als Kandidat der Partei aufgenommen zu werden. Danach musste der Kandidat schon sehr eifrig zeigen, dass er in Wort und Tat ideologisch den Wünschen oder Vorgaben entsprach. Wer dann nach einem, (das waren die ganz guten) oder mehreren Jahren aufgenommen wurde, der war schon im Sinne der Partei der oder die Richtige. Es gab auch viele, die wegen ihrer fachlichen Position in diese Richtung gedrückt wurden. Einige schafften es, ihre Kandidatur nahezu ewig zu verlängern.
Mein Vorgesetzter erwartete von mir wohl große Traurigkeit ob dieser Ankündigung. Auch darin musste ich ihn enttäuschen. Diese, für andere schlimme Nachricht, erleichterte mich einfach deshalb, weil ich mich nach all dem Erlebten nicht noch mehr anzupassen brauchte. Ich konnte aufrecht gehen, wie man so schön sagt.
Mit Kollegen habe ich auch offen über die Probleme diskutiert, was dann auch regelmäßig den Vorgesetzten zugetragen wurde. Die Kritik an meinem Verhalten ging weiter, bis hin zu der Unterstellung, dass ich staatsfeindliche Propaganda machen würde. Schließlich bekam ich von einem Kollegen das Signal, dass ich zur

Inspektion zum Verhör sollte, was leicht bedeuten konnte, verhaftet zu werden.
Ich erzählte meiner Frau von meinen Problemen, und wir waren uns einig, dass ich in den Westen ging was damals, 1953, noch ohne Probleme möglich war.
Also ab in die S-Bahn, Richtung Berlin Gesundbrunnen (der nächste Bahnhof im Westteil von Berlin) und stieg dort aus. Die Grenzpolizei Ost kontrollierte nur dann, wenn volle Taschen oder Gepäck auffällig waren. In Ost-Berlin hatte man am Fahrkartenschalter der S-Bahn auch dafür einen Spruch, nämlich **„Einmal auf und davon."** Das kostete dann 20 Pfennige. Sonst bezahlte man 40 Pfennige fürs Ticket, das galt dann auch für die Rückfahrt. Wer abhauen wollte, brauchte diese Rückfahrt natürlich nicht, deshalb hatte sich der Begriff: „Einmal auf und davon" geprägt. Drüben meldete ich mich beim Aufnahmelager für Flüchtlinge in Berlin-Marienfelde.
Dort meldeten sich auch zu dieser Zeit schon wöchentlich Tausende von Flüchtlingen. In dem Flüchtlingslager gab es einen Laufzettel. Bei mir wurde ein dickes rotes VP eingetragen, was für alle, mit denen ich in diesem Verfahren zu tun hatte, hieß: **„Der war bei der Volkspolizei."** Alle möglichen Behörden befassten sich mit mir und wollten herausfinden, weshalb ich denn geflüchtet sei. Auch die Amerikaner, Franzosen und Engländer gehörten zu den Fragestellern. Arbeit war jetzt das Wichtigste. In einer Brotfabrik in Berlin-Neukölln konnte ich dann bald anfangen. Ein möbliertes Zimmer war auch schnell gefunden. Ich war dabei alles vorzubereiten, um möglichst bald meine Familie nachzuholen.
Ab und zu besuchte mich meine Frau, wir trafen uns immer am Bahnhof Zoo, wo ich in der Nähe wohnte. Sie blieb dann entweder bis zum nächsten Morgen oder aber bis zum späten Abend. Ich konnte den jeweils nächsten Treff kaum erwarten, sie war für mich eine tolle Frau. Auch sie, so meinte ich jedenfalls, liebte mich. Aber irgendwie wurden die Treffs immer seltener. Dann bekam ich aus Ost-Berlin von Reni, meiner Frau, die dringende Nachricht, dass unser Sohn schwer erkrankt sei und ich unbedingt kommen müsse. Da auch dies 1953 kein Problem darstellte, ging oder fuhr ich mit der S-Bahn rüber. Ein etwas mulmiges Gefühl hatte ich schon, denn sehen durfte mich in unserem Ort keiner.

In unserer Wohnung waren nicht nur meine Frau und Kinder, auch meine Schwiegermutter war da. Sie verabschiedete sich allerdings kurz nach meiner Ankunft, was mir keineswegs unrecht war. Dass ich gleich die Hauptrolle in einem Drama spielen sollte, in dem die „Alte“ wie ich sie immer nannte, die Regie führte, ahnte ich zu diesem Zeitpunkt nicht. Etwas stutzig machte mich allerdings die Tatsache, dass mich mein Sohn Bernd recht munter und freudig begrüßte. Von Krankheit, schwerer noch dazu, keine Spur.

Verrat

Lange brauchte ich nicht nachzudenken, es klingelte hart und brutal. Irgendwie entlarvt die Art, wie bestimmte Leute Einlass begehren, die bösen Absichten. Ich guckte meine Frau Reni an, wahrscheinlich ratlos, fragend.
Die Antwort kam von der Tür. Sie riefen jetzt: „Öffnen sie, hier ist die Polizei!“ Mir war so, als wenn einer den Boden unter meinen Füßen wegzieht. Was tun? Aus dem Fenster springen? Nicht möglich aus dem dritten Stock. Angst ist wirklich ein schlimmer Ratgeber.
Sie trieb mich dazu, ich weiß nicht mehr, was mich geritten hat, unters Bett zu kriechen. Ich versteckte mich hinter Koffern, die darunter lagen. Reni ging zur Tür, ließ die Männer rein, es waren zwei in Zivil. Ich konnte von meiner horizontalen Lage aus ihre Beine sehen. Schiere Verzweiflung überkam mich, mein kleiner Sohn versuchte, mich unter dem Bett zu erreichen. Er fand es wohl toll, dieses neue Spiel vom Vater. Sie wussten jedenfalls Bescheid, einer bückte sich, zog einen Koffer hervor, der sich auch unter dem Bett befand und richtete plötzlich eine Pistole auf mich.
Es folgte der Spruch:
„Im Namen des Volkes, Sie sind verhaftet!“
Anmerken will ich an dieser Stelle, dass dieses Volk offensichtlich seit jeher etwas gegen mich haben musste. Ob Polizei, Richter, Stasi, oder Staatsanwälte, alle wurden schließlich „vom Volk“ auf mich gehetzt. Oder weiß dieses Volk, welches auch immer dafür missbraucht wird, etwa gar nichts davon?
So schäbig kam ich mir noch nie vor. Auf dem Bauch liegend, aus Angst vor irgendwelchen Menschen. Spätestens jetzt wurde mir klar,

was unser Vater mit ‚Nicht krumm machen vor Menschen, die Macht ausüben', seinen Söhnen sagen wollte. Voller Scham und Wut über mich selbst kroch ich aus meiner Höhle heraus.
Die Handschellen knackten, es lief ab wie ein schlechter Film, ich als Hauptdarsteller. Meine Gedanken überschlugen sich. Es passte alles zusammen. Die Schwiegermutter, dann die Polizei, schließlich der nicht kranke Junge.
Das war alles geplant.
Soviel war mir jetzt auch klar. Meine Frau und die Alte haben das mit der Stasi gedreht. Warum hat sie das getan? Wir waren uns doch einig mit dem rüber gehen? Oder nicht? Wir liebten uns doch, oder? Die wahre Erkenntnis sollte sehr bald kommen. Sie brachten mich für die erste Nacht aufs Polizeirevier, ganz in der Nähe unserer Wohnung in Berlin-Weißensee. Die Polizisten auf dem Revier waren mir natürlich bekannt. Einer ging in unsere Wohnung, um die notwendigsten Toilettenartikel zu besorgen. Er musste jedoch zweimal gehen. Meine Frau war beim ersten Mal nicht zu Hause. Als er mir dann die Sachen brachte, schüttelte er seinen Kopf und murmelte was wie „Scheiß Weiber." Natürlich fragte ich neugierig geworden, was denn los gewesen sei.
„Beim ersten Besuch war niemand da," erzählte er, „außer dem Kleinen, der unten auf der Straße auf den Stufen der Eingangstreppe saß." Der Kleine war Bernd, der angeblich Kranke, damals gute zwei Jahre alt. Seine Schwester Carola war fast immer bei der Schwiegermutter, die wiederum mutmaßlich losgezogen war, um den vorher schon informierten Stasileuten das Signal zu geben. Der Junge hat ihm gesagt, „Die Mutti ist noch was einholen." Als er zum zweiten Mal hinging, saß das Kind, wie er sagte, immer noch auf der Treppe. Es war schon schummrig, kurz vorm dunkel werden.
Eine Nachbarin sei aber da gewesen. Auf seine Frage, wo denn die Frau Müller sein könne, meinte diese, er solle doch mal ins „Schloss-Kaffee" gleich um die Ecke gehen, dort sei sie im Zweifelsfall immer.
Sie habe dann den Kleinen an die Hand genommen und zum Polizisten gesagt, dass sie den Jungen, wie schon so oft, mit in ihre Wohnung nähme.

Na ja, so sei er halt zum Schloss-Kaffee gegangen. „Du kannst es nicht glauben,“ erregte sich der Wachtmeister, „mit einer Horde grölender Affen hat sie mitgegrölt und gefeiert. Ärger bekam ich beinahe,“ so der Polizist, „als ich ihr Vorhaltungen machte wegen des Kleinen, aber auch sagte, sie haben ja Nerven, gerade ist der Mann verhaftet, schon machen sie ne Sause.“ Kopfschüttelnd sagte er dann noch: „Einer von denen hat sich dann vor mir aufgebaut, sich als Hauptmann vorgestellt und gemeint, dass ich mich zurückhalten solle; einen Klassenfeind hinter Gitter zu bringen sei ja wohl eine Feier wert. Dann ist sie aber mit raus und in die Wohnung gegangen. Die nötigen Sachen für dich hat sie mir gegeben.“ Die Frage von mir: „Konntest du sie nicht zu einem kurzen Besuch mitbringen?“ beantwortete der Wachtmeister mit einem Kopfschütteln und der Bemerkung: „Mensch Müller, du arme Sau, steckst vielleicht in der Scheiße, genau das habe ich ihr angeboten. Sie hat nur gelacht und abgelehnt, weil ja ihre Freunde warten würden.“ Dann schloss er die Zelle ab. Was heißt hier arme Sau? Meine Gedanken überschlugen sich, nicht arme Sau, eher dumme Sau, dachte ich. Die hat dich schlicht und einfach angeschmiert, tief drinnen tat es weh. Nicht nur verletzte Eitelkeit, nein, sie war ja meine erste große Liebe. Aber jetzt, jetzt geht es nur noch um einigermaßen gutes Durchkommen. Sie musste für mich ab jetzt schon Vergangenheit sein. Die Kinder die Zukunft. Sie hat mit ihren Beziehungskisten die Falle gebastelt. Auch das war mir jetzt klar. Am nächsten Morgen, Gerlach, so hieß der Wachmann vom Abend zuvor, schloss die Zelle auf, sah ziemlich betroffen drein, hinter ihm zwei Männer in Zivil. An den Gesichtern konnte man das Unheil schon erahnen. So war es auch. Die Arme auf dem Rücken und in Handschellen, die Treppe mehr stürzen als Gehen wurde ich brutal in den bereit stehenden Wagen gestoßen. Ab ging’s. Wohin? Der Wagen hatte verdunkelte Scheiben, also eine Fahrt ins Nichts. Dieses Nichts entpuppte sich dann schnell als Stasi-Knast.

Einzelhaft

Das waren erst einmal 6 Monate in Einzelhaft.
In der Zelle brannte Tag und Nacht starkes Licht, die Behandlung bei ständigen Verhören war entsprechend. Tag für Tag, Nacht für Nacht, ich wusste nicht, was es gerade war. Es wurde die Unterschrift unter ein vorgefertigtes Geständnis gefordert. Bei den Verhören wurde zu einem eindringlich, aber freundlich, gefordert, einen Atemzug später, gedroht und gebrüllt. Die grelle Lampe aus schlechten Krimis gab es auch. Wurde ganz nach Lust und Laune meines Peinigers eingesetzt. Folter? Gewalt? Wo fängt das Eine an, hört das Andere auf? Sie übten (wieder) im Namen des Volkes brutal und maßlos Macht über Menschen aus. Mein Vernehmer, der meist allein, manchmal aber auch mit einem Anderen zusammen mich verhörte, tat erst einmal sehr jovial, was soviel heißt, er bedauere dass ich überhaupt da war, sagte:
„Sie gehören doch nicht hierher, nach ihren Unterlagen waren sie doch ein guter Volkspolizeigenosse mit großen Entwicklungs-Chancen. Sie sind einfach nur zu naiv gewesen und sind überrumpelt worden. Lassen sie uns beide die Geschichte schnell zu Ende bringen, an mir soll es nicht liegen, machen sie klaren Tisch." „Wie, klaren Tisch?“ Ich sah ihn fragend an. „Ich sorge dafür, dass sie bald wieder draußen sind, mir fällt schon was für sie ein.“ Unerfahren, wie man ja im Allgemeinen als normaler Bürger in solchen Situationen ist, schöpfte ich Hoffnung. Es ist bald vorbei, waren meine Gedanken. So schlimm sind sie ja doch nicht, dachte ich voreilig. Er nahm aus seiner Mappe einige beschriebene Blätter, fixierte mich, sagte wiederum sehr freundlich: „Vertrauen gegen Vertrauen, hier bekommen sie von mir in etwa das, was ihnen passiert ist, ich habe es nach sorgfältigem Aktenstudium angefertigt. Eine Befragung unserer Experten im Westen, die wir natürlich auch dort haben, wo so genannte Flüchtlinge ihre Heimat verraten, habe ich auch durchgeführt. Mein Hauptinformant kennt sie. Er war bei einer ihrer Vernehmungen im Westen dabei. Sie haben schon sehr bereitwillig da drüben erzählt." Unglaublich, dachte ich in dem Moment, wenn das wirklich so ist!

Nachfolgender Abschnitt ist aus der **Jungen Welt**, dem Kampfblatt der kommunistischen Jugendorganisation. In ihm bestätigt sich, dass die Leute von der Stasi auch im Westen überall waren.

Beweise – Beweise – Beweise – Beweise – Beweise – Beweise – Beweise – Bew

Im Prozeß vor dem Obersten Gericht der DDR:

Sensationelle Enthüllungen

DDR-Patrioten, die mit Wissen unserer Sicherheitsorgane beim USA-Geheimdienst arbeiteten, bezeugen: Westberlin ist internationale Menschenfalle

Von unserem Berichterstatter Werner Lehmann

Durch sensationelle Zeugenaussagen von DDR-Bürgern, die im Dienste des Friedens und mit Zustimmung unseres Ministeriums für Staatssicherheit auf eigenen Wunsch beim USA-Geheimdienst mitarbeiteten, wurde in der Sonnabend-Verhandlung des Prozesses gegen vier Menschenhändler vor dem 1. Strafsenat des Obersten Gerichts der DDR bestätigt:

„Diese Unterlage, die ich eigentlich nicht weiter geben darf, kriegen sie jetzt von mir als Vertrauensvorschuss sozusagen.“ „Arbeiten sie die Akte durch, korrigieren sie, wo ihrer Meinung nach etwas nicht stimmt.“ Er gab mir die Unterlagen und meinte: „Überlegen sie in aller Ruhe, in einigen Tagen spreche ich sie wieder an. Sie werden sehen, es ist für uns beide dann einfacher, es geht dann auch schneller.“ Dann Druck auf einen Signalgeber, worauf ein Uniformierter erschien und mich abholte.
In der Zelle angekommen, stürzte ich mich auf die Lektüre. War ich doch wirklich der Meinung, der sei ehrlich zu mir. Der Wachmann hatte, wohl auf Weisung meines Vernehmers, mir Papier und Bleistift überlassen. Agent des „Kampfbundes freiheitlicher Juristen“ sollte ich sein, schon vor meiner Bewerbung zur Polizei sollte ich zu denen Kontakte gehabt haben. Spion, Agent auch des amerikanischen Geheimdienstes. Nach dieser Story wäre ich eine ganz große Nummer gewesen. Erzählt sich leichter, als es zu ertragen war.

Meine Verzweiflung war total. Was sollte ich mit einer solchen, sehr raffiniert aufgemachten Geschichte anfangen? Wut kam in mir hoch. Nichts, aber auch rein gar nichts hatte irgendeine Ähnlichkeit mit dem, was passiert war.
Sollte ich korrigieren? War das alles ein Test, wie weit ich bereit bin nachzugeben, weich zu werden? Klar wurde mir sehr schnell, dass es nichts zu korrigieren gab. Denn korrigieren hieße ja, Teile dieses Unsinns zu akzeptieren.
Ich nahm das Geschreibsel, zerriss es und warf es in die Toilette, spülte es runter. Ich erinnerte mich wieder an den Spruch von Vater: „Macht euch niemals krumm, vor irgendeinem Amt, vor Menschen, die Macht ausüben, vor Macht durch Menschen, niemals kriechen." Er meinte damit, wer den aufrechten Gang verliert, verliert sich selbst. Diese besondere Form des stabilen Rückgrats brachte mir oft Konflikte ein. So auch hier. Verstehen konnte ich schon, dass viele Menschen statt aufrecht, eher in mehr oder weniger gebeugter Haltung durchs Leben gehen. In meiner ausgeleuchteten Zelle hieß es warten. Der Herr über mein Schicksal, zumindest für die nächste Zeit, wollte sich ja bald melden. Es dauerte. Hatten die mich vergessen? Sicher nicht. Weichkochen war angesagt. Nachdem, was sie mir andichten wollten, hatte ich viele Jahre Knast zu erwarten. Das war mir schon klar. Auf der anderen Seite stand für mich natürlich die Frage: „Was bringt es, Groll, Abneigung gegen dieses Regime deutlich zu machen?" Ich sitze am kürzeren Hebel. Solch ein an sich ehrliches Verhalten würde sicher viele Jahre Zuchthaus mehr bedeuten.
Auch das war mir jetzt klar. Der aufrechte Gang ohne Wenn und Aber wird von den Mächtigen nicht nur nicht toleriert. Nein, je aufrechter man sich gibt, desto größer die Wut, weil sie ihre eigene Schwäche erkennen. Mit einer noch härteren Abstrafung würden sie sich rächen. Noch haben ja keine entscheidenden Verhöre stattgefunden. Noch hatte ich nichts über den Grund meiner Flucht gesagt. Ich nahm mir vor, die Geschichte bei der VOPO (Volkspolizei) klein zu halten, selbst nichts dazu sagen. Mir fielen die Bettgeschichten meiner Frau ein. Diese musste ich jetzt zu meinem Vorteil nutzen: Auf enttäuschten Ehemann schiebe ich alles,

durchgedreht bin ich als ich von den Liebschaften meiner Frau gehört habe. Dann bin ich einfach abgehauen".
Das mit dem Volksaufstand vom 17. Juni 1953 und meinem Verhalten bei der Polizei, werden die, je nach Wissensstand, schon von sich aus nachfragen. So könnte es funktionieren, dachte ich. Hatte ja vom Wärter Bleistift und Papier bekommen. Das nutzte ich jetzt. Ich schrieb die Geschichte meiner Flucht so auf, wie ich es mir vorgenommen hatte. Irgendwann, die Riegel knallten, es konnte weder Mittag noch sonst eine Regelschließung sein, stand der Wachmann in der Tür. ‚Untersuchungshäftling 0815!', meldete ich mich mit Habachthaltung, eineinhalb Meter von der Tür entfernt, mit dem Rücken zur Wand. Diese blöde Übung hatten sie mir gleich eingebläut. Im Verweigerungsfall: Wasser und Brot. „Nehmen sie ihre Akte und folgen sie ordnungsgemäß," schnarrte der Mensch mich an. Wir gingen den Ampelgang bis zu einer Treppe, dort hoch und rein in das mir schon bekannte Zimmer meines Vernehmers. Der Raum war noch leer. Mein Wächter gebot mir, mich an die Wand zu stellen. Auch er wartete, lief im Raum auf und ab. Der Raum war cirka 30 Quadratmeter, normaler Schreibtisch und zwei Telefone. Vor dem Schreibtisch der besondere Stuhl für den Delinquenten. Beim ersten Kontakt in diesem Raum hatte ich mich schon gewundert. Ich hatte das Gefühl auf einem besonders niedrigen Stuhl zu sitzen. Jetzt sah ich es, der Stuhl war wirklich niedriger als normal. Hatte das eine Bedeutung?
Erst später, sehr viel später, als Geschäftsführer bekam ich von irgendeiner Unternehmensberatung ein Papier in die Hand mit Tipps für Manager.
Da stand dann allen Ernstes, wenn Leute vor dem Tisch des Bosses zum Gespräch Platz nehmen sollen, hat ein niedrigerer Stuhl schon eine entsprechende psychologische, heißt verunsichernde, Wirkung. Na ja, meine Besucher oder Gesprächspartner saßen auch nach dieser Lektüre immer auf gleicher Höhe mit mir.
Was mir besonders in dem Raum auffiel; an einem Fenster war der Vorhang nicht wie beim ersten Mal zugezogen, sondern ich konnte dieses Mal in die Welt hinaus sehen. Es war nicht viel, was ich da sehen konnte. Aber immerhin ich sah Grün, die Krone eines

Laubbaums. Nie zuvor ist mir aufgefallen, wie schön das Grün von Bäumen ist. Die Tür ging auf, Träumen war abgesagt.
Sorge macht sich blitzschnell breit. Was wird er sagen wenn ich ihm das Zeug nicht mehr zurückgeben kann? „Na, sind sie klargekommen, können wir die Sache abschließen?“ fragte er mich. Er gab sich sehr jovial, reichte mir, während er das zu mir sagte, die Hand. „Setzen sie sich mal hin.“ Er schob mir den Stuhl etwas entgegen, ging dann auf die andere Seite des Schreibtisches wo er sich in den Sessel fallen ließ. Stand nochmals auf, ging zum Fenster, „haben sie einen kleinen Blick in die Freiheit geworfen?“ fragte er zynisch und zog den Vorhang zu.
„Ich habe ihnen ja gesagt, wenn sie mitspielen, können auch sie wieder die Sonne genießen.“ Scheißkerl dachte ich, wenn ich den Mist unterschrieben hätte, würden sicher einige Sommer und Winter ohne mich ablaufen. Er aber würde sich einen weiteren Orden von diesem Unrechtssystem umhängen lassen. Wegen besonderer Verdienste bei der Agentenjagd. „So, dann geben sie mir mal die Unterlage, da machen wir gleich ein Protokoll draus, und das war es dann.“ Ruhig bleiben dachte ich bei mir und sagte: „Leider muss ich sie enttäuschen, die Unterlage habe ich nicht mehr. Es tut mir zwar leid um die Arbeit, die sie sich gemacht haben, aber was da beschrieben war, hat mit mir wirklich nichts zu tun. Deshalb habe ich es, nachdem ich es drei, viermal gelesen hatte, die Toilette runter gespült.“ Er sah mich wie ein gestochenes Kalb an, sein Ton wurde messerscharf und laut: „Sie wollen also die harte Tour!“ Können Sie haben; bitter leid wird ihnen das tun!" So seine Reaktion. Ich versuchte ganz ruhig zu bleiben. „Ich habe es so aufgeschrieben, wie es wirklich war,“ sagte ich zu ihm, reichte dabei mein Papier rüber.
„Was soll ich mit ihren Geschichten? Egal, was da drin steht, sie werden das unterschreiben, was WIR für richtig halten.“ So langsam wurmte es mich, von solch einem Kerl angeblafft zu werden. „Ich werde nicht unterschreiben, wenn es etwas anderes als die Wahrheit ist“ sagte ich, auch inzwischen etwas lauter geworden. „Werden Sie hier nicht noch frech, weich haben wir bisher noch alle bekommen. Was sie hier jetzt mit ihrem Verhalten an Zeit vergeuden, wird als Knastzeit drauf geschlagen. Nur, und das merken sie sich, den Knast kann man auf verschiedene Art absitzen. Wer stur ist wie sie, wird

sich mit erschwerten Bedingungen abfinden müssen." Er steigerte sich förmlich, es fehlte nur noch der Schaum vorm Mund. „Ich hoffe, Sie können sich vorstellen, was mit Ihnen geschehen kann, wenn im Knast bekannt wird, dass Sie ein ehemaliger Vopo sind. Wir haben da so einige Möglichkeiten." Einige Zeit später merkte ich sehr brutal, was diese Drohung doch für Bedeutung hatte. Dass eines seiner Telefone nur ein getarntes Wurfgeschoss war, sollte ich auch recht bald zu spüren bekommen. Er traf mich so, dass meine Brille zu Bruch ging, die ab dann mit Heftpflaster mühselig ihren Dienst tun musste. Die nächsten Tage, die nächsten Wochen wurde Wort für Wort gekämpft, gestritten. Es waren die schlimmsten Wochen meines Lebens. Ungläubig starrte er mich immer wieder an, wenn ich stur als Grund meiner Flucht ‚Eheprobleme' anführte. Major Rabe, so hieß dieser Mensch, wusste von meinem Ärger bei der Dienststelle. Er ritt permanent darauf herum, dass ich schon in der Ausbildung für westliche Geheimdienste tätig gewesen sein musste. Die wollten auch, das war mir klar, ein Exempel schaffen. Ich sollte zum großen Oberspion gemacht werden.
Eben brüllte er noch, „machen sie, dass sie rauskommen, sie Vaterlandsverräter!" oder „sie schäbiger Deserteur, wir werden Sie noch gar kochen," dann wieder jovial und auf der Kumpeltour.
Jedenfalls versuchte er mit allen Mitteln mich klein zu kriegen. Es war ihm anzumerken, seine Vorgesetzten rechneten mit seinem Erfolg. Verbissen wollte er aus dem kleinen Fisch, der ich ja wohl ohne Zweifel war, einen dicken machen. Jedes Mal nach seinen Ausbrüchen kam der Wachmann, schloss mich wieder ein und ich durfte dann schmoren, bis er wieder gnädigst bitten ließ. Eine neue Tour hatte er jetzt drauf: „Kommen sie, lassen wir den Ärger hinter uns. Ich habe noch einen Vorschlag, weil ich immer noch glaube, mit ihnen kann man reden." „Denken sie an ihre Familie, nicht nur an Frau und Kinder, da hat es ja wohl nicht funktioniert, das glaube ich ihnen sogar." Oh, dachte ich, es hat doch was gebracht, beim Familiendrama zu bleiben. „Sie haben aber noch Brüder, ihren Vater, einige wie auch ihr älterer Bruder, der Jurist, sind doch überzeugte Sozialisten, mit dem Johannes habe ich gesprochen.",,Mit wem?" „Ja mit ihrem Brüderchen, der hält von ihnen sehr viel. Der ist sogar überzeugt davon, dass sie es wieder packen und auch vernünftige

Vorschläge nicht ablehnen." „Dass, was sie mir vorgelegt haben, sollten sie meinem Bruder zeigen. Der wird daran nichts Vernünftiges erkennen," gab ich ihm zurück. Ich zweifelte allerdings, ob der Mensch wirklich mit Hansi, meinem ältesten Bruder, gesprochen hatte. Der will mich nur weich machen, dachte ich. So war es auch. Er kam mit einer neuen Taktik raus. Sein Ton wurde mit einem Mal leise, als wenn er Angst gehabt hätte, draußen gehört zu werden. „Ein letztes Angebot habe ich für sie, nur weil ich für sie ein Wort eingelegt habe." Er machte es jetzt voll spannend, stand auf, ging zur Tür, tat so, als würde er nachsehen wollen, ob jemand lauschte. Kam zum Schreibtisch zurück, „ein offenes Wort, sie wissen, es gibt sicher nicht unter zwei Jahre, egal, was sie hier unterschreiben. Aber sie können die Chance auf bessere Bedingungen im Knast haben, ohne dass es natürlich auffallen darf, etwas frühere Entlassung, wie früh hängt von ihrer Aufgabenerfüllung ab." Ich hatte keine Ahnung, was er überhaupt wollte oder mit Aufgabenerfüllung meinte.
„Können sie etwas deutlicher werden, ich verstehe überhaupt nichts."
„Es ist doch so" fing er an, „wir brauchen überall, besonders im Knast, Leute auf die wir rechnen können. Es gibt ja Menschen im Knast, mit denen wir noch nicht fertig sind, an die wir aber nicht so einfach rankommen." Die suchen Spitzel, dachte ich sofort, er redete weiter. „Sie kommen in eine Zelle mit den entsprechenden Zielpersonen. Wir wissen, aus Langeweile wird viel erzählt. Sie brauchen nur das Wesentliche festzuhalten. Sie bekommen einen Anwalt, der sie verteidigt. Dieser wird nach dem Prozess immer noch mit ihnen den Kontakt pflegen. Das heißt, er besucht sie öfter ganz offiziell als Anwalt. Sie geben ihm ihre Berichte. Er wird sie natürlich mit allem, was mitgebracht werden darf, wie Zigaretten usw., versorgen. Sie müssen wissen, Zigaretten sind im Knast wie Dollars, eine harte Währung. Ist ihre Mitarbeit gut, kommen sie auch früher raus. Denn gute Leute brauchen wir auch draußen."
Schweigend hörte ich zu, was sollte ich auch anderes machen? Er sprudelte, mein Schweigen wohl als beginnende Zustimmung deutend, förmlich seine Vorschläge heraus:
„Sehen sie, wenn sie die eine Zelle abgegrast haben, gibt es die Nächste, bis sie dann entlassen werden. In der Hierarchie der

Haftanstalt gibt es dann einen Menschen, der Bescheid weiß. „Er wird dafür sorgen, dass sie weitgehend von den Wachleuten im Knast verschont bleiben.“ Richtig erwartungsvoll starrte er mich an, so, als wenn er mir gerade ein Weihnachtsgeschenk gemacht hätte. Erst wollte ich um Bedenkzeit bitten, so ging es mir im ersten Moment durch den Kopf. Dann dachte ich aber, ich gebe mir nicht die Blöße, Selbstzweifel erkennen zu lassen darüber, ob ich denn eventuell Spitzel machen würde oder nicht. Da ich mir sowieso völlig sicher war, so etwas nie zu machen, was sollte da eine Bedenkzeit? „Nein“ sagte ich ihm direkt ins Gesicht, „das mache ich nicht.“

Ab sofort war seine Freundlichkeit endgültig weg. Dann ging es nur noch um meine Straftat, darum, was ich denn bereit bin, zu unterschreiben. Immer wieder kam von mir das Nein, immer wieder, bis auch bei mir der Faden riss. Irgendwas habe ich dann unterschrieben, nicht das, was sie wollten, aber immer noch mehr, als ich mir vorher je hätte vorstellen können. Jedenfalls bekam ich eines Morgens meine Zivilklamotten, ich musste mich umziehen, dachte für einen kurzen Moment, sie würden mich freilassen. Erneut klickten die Handschellen, wieder in einen PKW mit abgedunkelten Scheiben, und ich wusste, auch dieser Traum ist vorbei. Ein halbes Jahr lag hinter mir, ohne Kontakt zu Familie und Freunden.

Dazu im Kopf die Vorstellung von einer Frau, die sich in den Armen anderer vergnügte. Immer mehr die Vorstellungen von Rache. Umso erschöpfender die reale Situation der totalen Ohnmacht. Wir fuhren nicht lange, nicht lange genug für das gelbe Fieber Bautzen. So wurde eine Haftanstalt in Bautzen bezeichnet. Gelb wegen der Farbe der Klinkersteine, aus denen sie gebaut worden ist. Fieber wegen der Trostlosigkeit, die sich bei den Menschen breit machte, die hier eingesperrt wurden. Nicht nur Gefängnis, soviel wusste man schon. Es war eine menschenverachtende Einrichtung des ideologischen Terrors. In ihr wurden schon Menschen, Andersdenkende von den Nazis gepeinigt. Das gelbe Fieber konnte es also nicht sein, was dann?

Zelle 381

Zuchthaus Rummelsburg war es, unter Eingeweihten hieß es, „der Ochsenkopf." Ein Gefängnis in Berlin-Rummelsburg. Zellen, die für vier Menschen gerade genug Platz haben, waren zu acht belegt. Ich kam in den dritten Stock und erfuhr recht bald, dass Untersuchungsgefangene zu der Kategorie Strafgefangene kamen, die in etwa ein vergleichbares Strafmaß abbüßten, welches der Untersuchungshäftling noch zu erwarten hatte.
Als der Aufseher mich nach dem Duschen, Filzen und dem obligatorischen Blick ins Hinterteil in der Zelle ablieferte und die schwere Tür hinter mir zuschlug, wobei die außen angebrachten schweren Riegel laut einrasteten, sah ich mir meine zukünftigen Mitbewohner an. Die musterten mich erst einmal schweigend, sieben Männer. Einer, wohl der Älteste, beantwortete meinen Gruß mit einem kurzen „Hallo" und zeigte auf ein Bett in der dritten Etage. „Das ist deine Koje für die nächste Zeit." Ich warf meine Decke, und was sonst noch zur Grundausrüstung gehörte, auf mein Bett. Er machte mir deutlich, dass in der Zelle jeder vom anderen weiß, was für eine Kiste er hat. (Kiste ist in der Szene die Bezeichnung für Straftat, Vorwurf, Anklage etc). Er fragte mich, was ich denn drauf hätte. Nachdem ich den aufmerksam Zuhörenden meine Sache berichtet hatte, schüttelte er den Kopf und meinte „Was seid ihr Politischen doch für Spinner, habt nichts von eurer Tat, habt kein vernünftiges Ding gedreht und brummt so lange wie wir Profis." Aber damit du gleich weißt was du zu erwarten hast, sag ich dir mal, was in etwa bei uns an Haftjahren zusammenkommt." Um den Durchschnitt ging es. Er stellte sich vor, Niekulla sei sein Name, wegen Raub der Eisenbahnkasse sitze er. Die Beute, einige Millionen. Keiner hatte geahnt, dass er es gewesen war, aber beim Umtausch des Geldes in Westmark sei er verpfiffen worden. Es sollte seine Altersrente werden. Vier Jahre von den zwanzig hatte er schon runter.
Einer der Häftlinge machte auf mich einen besonders sympathischen Eindruck, weil er mich freundlich ansah; Augen haben mir schon immer viel gesagt. Er war auch schon älter, 60 Jahre, hatte weißes Haar und weiße Augenbrauen, sah gut aus. Eine kleine Fabrik hatte

er in Berlin-Weißensee gehabt, also zufällig in dem Bezirk, aus dem ich auch stammte. Backpulver und sonstige Backmittel waren seine Produkte gewesen.
Ein kleiner Dr. Oetker also. Es gab im Osten nicht die Zutaten, um Qualität herstellen zu können. Er hatte Mietshäuser in Westberlin, von den eingenommenen Mieten kaufte er im Westen die notwendigen Rohstoffe. Es ging lange gut. Aber eines Tages sprachen sie ihn an, um ihm klar zu machen, dass es im Aufbau des Sozialismus keine Kapitalisten wie ihn geben könne. Kurz, sie forderten ihn auf, seinen Betrieb sozusagen aufzugeben. Der Staat würde alles übernehmen, er dürfe dann als zweiter Direktor bis zu seiner Rente im Betrieb bleiben. Er lehnte dieses großzügige Angebot ab, weil er richtig annahm, dass sie ihn zu dieser Zeit zumindest nicht ohne weiteres enteignen können. Sie wussten von dem Einkauf im Westen. Zuträger gab es schon immer genug, es wurde eine Hausdurchsuchung gemacht, man fand natürlich Westware, das war es dann. 12 Jahre wegen Wirtschaftsverbrechen und Enteignung. Dies war kein Einzelfall. Anderen ehemals Selbstständigen, die ich dort kennen lernte, war es ähnlich ergangen. Es reichte schon aus, wenn, wie in einem Fall, der Sohn Wildwestromane aus Westberlin hatte. Das war dann Devisenvergehen, Wirtschaftsverbrechen, Enteignung.
Ein weiterer Mitbewohner der Zelle war Siggi. Mit Siggi war ich schnell befreundet, war er doch relativ jung und hatte auch eine sehr angenehme Art. Siggi brauchte, wie auch andere Studenten, mehr Geld, als das Stipendium hergab. Er studierte in Leipzig. Einer seiner Kommilitonen hatte Beziehungen in den Westen. Dort gab es Leute, die sehr stark an Autonummern der in Leipzig und Umgebung herumfahrenden sowjetischen Militärfahrzeuge interessiert waren. Es war leicht, jedes russische Militärfahrzeug wurde notiert. Für die Autonummern gab es hartes Westgeld. Längst war alles vergessen, Siggi arbeitete als Ingenieur in Berlin. Irgendwie bekam er mit seinem Parteisekretär im Betrieb Streit, der hatte Beziehungen nach Leipzig, wo die Stasi über Unterlagen verfügte, und schon war er geliefert, fünf Jahre.
Ja! Noch ein Mitbewohner von Zelle 381, Peikerjonny. Das war der Kriminelle schlechthin. Ungefähr Mitte dreißig, er war von oben bis unten tätowiert. Nicht nur das, er hatte eine kleine Praxis eröffnet.

Immer, wenn er Gelegenheit hatte, wurde die Kundschaft, seine Kundschaft, bedient. Peikerjonny tätowierte mit viel Schmerz für die Betroffenen, aber die wollten es ja. Er kam danach immer mit vielen Zigaretten zurück in die Zelle. Zigaretten waren die Währung im Ochsenkopf. Peikerjonny hatte einiges auf dem Kerbholz. Mehrere Delikte, Zuhälterei, Rauschgift und vieles mehr. In Ost-Berlin hatte man ihn geschnappt. Auch er hatte acht Jahre zu sitzen und schimpfte vor allem über seinen, wie er meinte, entscheidenden Fehler, sich im Osten fangen zu lassen. Der Knast im Osten sei schlimmer als Arbeit, pflegte er in seiner Art den Ost-Knast zu beschreiben.
Horst war da noch, ein so genannter Eierdieb, einer, der jede Gelegenheit nutzte. Ob Betrug, Ladendiebstahl, was auch immer. Er kannte die Gefängnisse in Ost und West und musste noch ungefähr vier Jahre von seinen sechseinhalb Jahren absitzen. Horst hoffte, die Hälfte geschenkt zu bekommen. Er war im Außeneinsatz im Blei. Im Blei, das war die Arbeit in einer Akkufabrik, wo ohne Atemschutz oder sonstiger Vorsichtsmaßnahmen die Häftlinge Bleipaste in die Akkus mit der Hand einfüllen mussten. Der Einsatz war freiwillig. Versprochen wurde, für jeden Monat im Blei, wird ein Monat geschenkt.
Er sah entsprechend aus, hustete ständig und hatte eine geradezu kalkige Gesichtsfarbe. Da die Bleiarbeit wohl aufhören sollte, hoffte Horst auf Einsatz in Aue, wo er sich auch gemeldet hatte. Aue ist eine Stadt im Erzgebirge (Sachsen). Schon bei den Nazis wurde dort Uran für den Atombombenbau geschürft. Sie schafften es zum Glück nicht. Dafür stiegen die Russen im großen Stil ein, ohne Rücksicht auf die Menschen, die sie dort zur Arbeit zwangen. Hier brauchten Häftlinge wie Horst, wenn sie dort arbeiteten, nur noch ein Drittel der Strafe absitzen. Die Arbeit im Uranbergbau war noch gefährlicher. Die Gesundheitsschäden durch die dort auftretende Strahlung und den eingeatmeten Staub werden erst sehr spät, lange nach dem Einwirken spürbar. Dann ist es aber auch zu spät für eine Behandlung.
Dann gab es noch den Hermann aus Westberlin, aus dem Bezirk Wedding. Er war der Kleinste, was die Strafe anging, aber auch von der Körpergröße her. Ein sehr zurückhaltender, feiner Mann, wie man so sagt. Er brauchte die längste Zeit für seine Körperpflege, man hatte den Eindruck, dass er sogar seine Sträflingskluft täglich bügelte.

Hermann hatte am 17. Juni im Auftrage der ‚Kampfgruppe gegen Unmenschlichkeit' (eine Organisation, die sich unter anderem zur Aufgabe gemacht hat, die Verletzung der Menschenrechte in den kommunistischen Ländern, wie auch in der DDR, aufzuzeigen und anzuprangern), Flugblätter verteilt. In denen wurde vor Gewalt gewarnt, aber auch deutlich gemacht, dass der Aufstand berechtigt war, dass die Machthaber in Ost-Berlin keine demokratische Legitimation hatten. Hermann war erst eine ganze Zeit nach dem 17. Juni verhaftet worden. Er ist ein Opfer seiner persönlichen Veranlagung geworden. Hermann war schwul. Das nutzte die Stasi schamlos aus. Sie schickten ihre Kundschafter. Schnell fanden sie einen, der sich für ein paar Mark an Hermann ranmachte. Es folgte eine Verabredung im Ostsektor, und die Falle schnappte zu.
Erst wollte man ihn als Spitzel anheuern, um an die Führungsleute der Kampfgruppe heranzukommen. Hermann blieb standhaft. Dafür bekam er fünfeinhalb Jahre. Auch Hermann war wie Siggi, aber auch Walter (Backpulver) Mitglied unserer Knast-Gang. Ohne solche, ich sag mal „Interessengemeinschaften" war kaum ein relativ vernünftiges Leben in diesem harten Knast möglich. Übrigens, Hermann respektierte äußerst sensibel jedermanns Privatsphäre. Ich machte in einem Gespräch klar, dass ich völlig „anders liege", das war es dann. Wobei Hermann gegenüber uns anders programmierten den Vorteil hatte, jede Menge Auswahl zu haben. Wenn Hermann zur Freistunde nicht mitkam, dann wussten und respektierte jeder von uns, dass er wohl eine Verabredung hatte. Bei aller Härte im Ochsenkopf, auch das war irgendwie möglich. Hermann war im Übrigen der Einzige, den ich nach der Entlassung, als er dann auch freikam, wieder gesehen habe. Wir haben uns oft besucht; er wohnte bei seiner Mutter. Die Verbindung schlief dann ein, weil er doch keinen Mut mehr hatte, in den Ostsektor zu kommen. Im Übrigen stand Hermann im Beruf schon seinen Mann, wie so schön gesagt wird. Er war bei einer Westberliner Weltfirma ein sehr erfolgreicher Manager.
Schließlich war da noch der Kurt aus Berlin-Pankow, einem Bezirk in Ost-Berlin, der einen Tag vor mir gekommen war. Er erzählte seine Story jedem der es hören wollte dreimal. Angeblich hatte er seinen Schwiegersohn so stark verprügelt, dass der ins Krankenhaus musste. Der Grund für die Prügel, der Schwiegersohn hatte immer

wieder seine Tochter geschlagen, so erzählte es jedenfalls Kurt. Niekulla nahm mich einmal zur Seite und sagte:
„Hör mal, das musst du doch spüren, hast du noch nicht gemerkt, dass der seine Geschichte immer ein wenig anders erzählt?" Als Nik, so nannten wir Niekulla, das so sagte, fiel es mir auch auf. Auf meine Frage, ob das denn so wichtig sei, sagte Nik: „Du kennst es noch nicht, wenn die Story nicht richtig rüber kommt, dann ist es entweder ein Spitzel, den sie uns reingesetzt haben, und zwar genau, bevor du kamst, oder er hat was Scheußliches gemacht und was Harmloses erfunden. Stimmen tut seine Kiste so jedenfalls nicht." Er wollte mit ihm reden. Wir mussten, wie jede Zelle, einen Sprecher wählen, der Probleme der Zelle dem zuständigen Wachtmeister berichten durfte.
Mich hatten sie dann sehr bald zum Sprecher gewählt, Nik, der es bis dahin gemacht hatte, wollte nicht mehr. Gemeinsam ist man auch oder gerade im Gefängnis stark. Natürlich relativ gesehen, denn gegen den offiziellen Machtapparat gab es kaum Möglichkeiten. Im Verhältnis zu den anderen Häftlingen, von denen auch Gewalt ausging, war es schon sehr wichtig.
Aufgrund unseres Gespräches über den zuletzt inhaftierten Kurt sagte ich: „Nik, wir stellen den einfach zur Rede. Wenn er ein Lampenbauer ist, dann ziehen sie ihn ab, weil er entlarvt, aufgeflogen ist.“ (Lampe bauen heißt im Knastjargon, einen anderen verraten). Ich versuchte mit diesen Menschen zu reden, es brachte nichts.
Nik sprach ihn auf seine Art an: „Du bekommst ja genau wie Rudi demnächst deine Kiste, (Kiste war die Anklageschrift) die machen wir dann gemeinsam auf.“ Es war zu merken, dass dies dem Kurt nicht passte. Als es dann soweit war, zeigte er sie keinem. Bei der nächsten Freistunde wurde es Nik schlecht und er ließ sich vorzeitig wieder einschließen.
Als wir alle wieder in die Zelle zurückkehrten, empfing uns Nik, der inzwischen die unter dem Kopfkeil versteckte Klageschrift gelesen hatte, mit den Worten, dass er eine gute und eine schlechte Nachricht habe. „Die gute ist: Kurt ist kein Spitzel. Die schlechte: Kurt ist ein verdammter Kinderficker.“ In diesen Kreisen haben solche Kerle in der Tat keine Chance. Kurt hatte seine Töchter, beginnend ab dem 12. Lebensjahr, ständig zum Geschlechtsverkehr gezwungen. Die

eine Tochter brach ihr Schweigen, als er auch noch versuchte, sie nach ihrer Heirat bei Besuchen zu missbrauchen.
Das waren sie, die Begleiter der nächsten Zeit. Wie lange? Nach dem Schnitt acht Jahre. Würde ich das aushalten?
Ich wagte nicht, daran zu denken. Trotzdem war ich froh, irgendwie glücklich, in Rummelsburg zu sein. Nicht mehr bei der Stasi, nicht mehr Einzelhaft, wo man nicht einmal wusste, ob es Tag oder Nacht war.
So bescheiden werden Menschen in ihren Ansprüchen.

Stasi und kein Ende

Die Art und Weise, wie die Stasi mit Menschen umging, beseitigte bei mir die letzten Zweifel darüber, was von den Nazis berichtet wurde.
Warum sind Menschen so?
Oder anders gefragt, warum gibt es so wenige Menschen, die Befehle, Anordnungen, Weisungen, Aufträge, was auch immer der Anlass ihres Handelns ist, hinterfragen? Hinterfragen, ob denn das, was verlangt wird, menschlich vertretbar und mit den so genannten ethischen Prinzipien vereinbar ist. Warum ist das so? Liegt das an der Erziehung? An der Kinderstube? Bei uns zuhause, wir waren sechs Kinder, war oft Mangel am Nötigsten. Mangel an Information darüber, was um uns herum geschah, über Hintergründe und Ursachen gab es nicht.
Selbstverständlich war es Gesprächsthema, dass der Hausarzt, der die Kinder über die Masern, Windpocken, verstauchte Glieder, was bei ansonsten sehr gesunden sechs Jungs so alles passierte, immer hinweggeholfen hatte, auf einmal nicht mehr Hausarzt sein durfte. Weil er Jude war. Jude? Was ist das? Meine Brüder und ich konnten mit dieser Geschichte nichts anfangen. Vater erklärte es. „Es gibt viele Religionen, auch bei uns. Hier gibt es vor allem Katholiken, evangelische Menschen wie wir, aber auch noch Juden und andere Religionen.“ „Schlimm für uns alle,“ so Vater, „dass Menschen, die zu uns gehörten, die immer hier wohnten, auf einmal verfolgt werden.“ Wir alle, zumindest wir älteren Brüder, erlebten selbst an

Schulfreunden, die plötzlich einen gelben Stern tragen mussten, welche Formen diese Verfolgung annahm.
Wir wussten, spürten, hier geschieht großes Unrecht. Wussten es nicht auch die meisten anderen? Wir bekamen auch mit, dass unsere Eltern sich über diese Entwicklung große Sorgen machten.
Da war auch Phillip, ein Klassenkamerad von mir. Er wohnte mit seinen Eltern in der Straße bei uns in einem Keller, der vorher lange unbenutzt war. Eigentlich nicht zum Wohnen. Vorher hatten sie eine sehr schöne Wohnung am Park, ich war öfter bei Phillip und Phillip bei uns. Sie mussten dort raus, irgendwelche Bonzen wohnten jetzt da. Phillip hatte oft, fast immer, wie ich mich erinnern kann, einen dunklen Pullover an. Meistens dunkelblau, worauf der Stern, der gelbe Stern, besonders krass zu erkennen war. Wir begriffen überhaupt nicht, warum Phillip und anderen, die schon immer da waren und die zum Ort gehörten wie wir, diesen Stern tragen mussten und wir nicht. Phillip blieb unser Freund, er war es vorher, warum nicht jetzt.
Auch das merkten wir. Die Hauswartsfrau, aber auch andere Nachbarn, entrüsteten sich darüber, dass wir Phillip weiter zu uns nach Hause kam und mit uns spielte. Sie sagten zu meiner Mutter, es sei verboten mit denen, die einen Stern haben, zu spielen. Warum eigentlich? Das waren die nicht verordneten, vom Volk in Eigenregie veranstalteten Schikanen. Eines Nachmittags rief mich Hansi, der ältere Bruder, ich solle schnell runterkommen, mit Phillip sei etwas passiert.
Der Keller, in dem Phillip und seine Familie jetzt wohnten, stand offen. Einer mit Parteiabzeichen am Rockrevers stand in der Tür und sagte den Schaulustigen, die da mittlerweile herumstanden: „Wenn ihr wollt, könnt ihr euch die brauchbaren Sachen rausholen, die Juden kriegen alles neu, sie brauchen das nicht mehr.“ Hansi, mein Bruder und ich, wir waren einfach neugierig, wir drückten uns an einer dicken Frau vorbei, um in das Innere der Wohnung zu gelangen. Auf dem Tisch standen Tassen, zum Teil noch mit Kaffee gefüllt, so, als würden die Benutzer jeden Moment zurückkommen.
Wir zogen gleich wieder ab, ein Unbehagen überkam meinen Bruder und mich. Wir brauchten uns nichts zu sagen, wir spürten es. Wir sagten es unserer Mutter, selten sah ich sie so betroffen. „Die armen Menschen, das werden wir alle noch mal bitter büßen,“ meinte sie.

Nächsten Morgen sagten andere Mitschüler dem Lehrer, was passiert war, dass unser Klassenkamerad Phillip einfach weg sei.
Er merkte es wohl, uns stand allen die Frage im Gesicht nach dem Warum.
Was kam war die Erklärung vom Auswandern der Juden in Richtung Osten, wo sie eine neue Heimat bekommen würden. Er glaubte selbst nicht daran, und ich schwieg, weil Mutter uns darum gebeten hatte. Was Schlimmes passierte mit den Juden. Wir wussten, dass es so etwas gab. Wussten es nicht auch die meisten anderen?
Ging das denn immer weiter? Die Schande und der Krieg liegen nur wenige Jahre zurück, und schon wieder waren Menschen willkürlicher Macht ausgeliefert. Es gab schon wieder Macht über Menschen. Sie wird zum Entwürdigen der Wehrlosen erneut missbraucht. Allein das machte die Stasi der Gestapo ähnlich. Ich hatte fast ein halbes Jahr Einzelhaft bei ständig brennendem Licht. Kein Tageslicht, selbst bei den Verhören abgedunkelte Räume. Man selbst wird bei den Verhören von einer Lampe angestrahlt. Derjenige hinter dem Schreibtisch sitzt im halbdunkel und ist kaum zu erkennen. Hätte nie geglaubt, dass es so etwas wirklich gibt. Erst nach einigen Wochen die erste Freistunde. In einem fast quadratischen Hof, wo nur ein Blick nach oben möglich war. Ringsum hohe Wände von bestimmt vier Metern. Der ganze Hof muss, wie die Wabe eines Bienenstocks, konstruiert gewesen sein. Denn ab und zu hörte ich, dass neben mir, wo auch immer, noch jemand lief. Kontaktversuche waren strikt untersagt. Auf den Gängen gab es Ampeln. Auf dem Weg zum Verhör musste man bei roter Ampel sofort stehen bleiben. Das Gesicht zur Wand, damit man nicht erkennt wer da noch eingesperrt ist. Da es nichts zu lesen gab, blieb, wenn man nicht total verblöden wollte, nur das Selbstgespräch. Es ging auch, Bücher, die man gelesen hatte, sich nachzuerzählen. Eine andere Möglichkeit war, man konnte mit sich selber Schach spielen, wenn man die Figuren hatte. Dazu benutzte ich Brot, das es morgens und abends gab, und formte mir daraus kleine Figuren. Die weißen bekamen einen kleinen Tupf von der Zahncreme. Das Spielfeld war schon vorhanden, an der Wand hing ein schmales Regal, anstelle eines Schrankes. Hier hatte der Vorgänger, welches arme Schwein es auch immer war, schon den Hauch eines Schachbrettmusters eingeritzt.

Beim Vergleich mit dem Gefängnis Rummelsburg, in dem ich jetzt zwangsweise aufhielt, war das Stasi Gefängnis wie eine Folter. Nun ist ja alles relativ. Die Zelle, so wie sie für acht Häftlinge ausreichen sollte, wäre für drei oder vier gerade groß genug gewesen. Hier gab es aber Menschen, mit denen ich reden konnte. Kontakte konnten geknüpft, Nachrichten oder Gerüchte ausgetauscht werden. Bei den Freistunden, wo man einmal am Tag an die frische Luft durfte, konnten doch hier und da, wenn die Wachleute wegsahen, auch Informationen rüberkommen. Immer, wenn der Lautsprecher ertönte: „Fertigmachen zur Freistunde“ krachten Schlüssel und Riegel. Es war ein wichtiges Stück Abwechslung im sonst so sturen Einerlei der unendlich langen Tage. Wir empfanden es dennoch als eine Abwechslung, wenn es auch nur das „Im Kreis laufen“ gab. Dieses Prozedere war von einem nervenden Geräusch untermalt, welches von den schlurfenden Holzpantinen über grobes Pflaster erzeugt wurde. Jeder musste diese Dinger tragen.
Die alten Knastologen, das waren die, die „öfter vorbeischauten,“ wie sie sich selbst auf die Schippe nahmen, fanden den Ochsenkopf furchtbar, was vor allem die Bewacher und die Überbelegung betraf.
Es waren nicht nur die Zellen an sich zu klein, das Sanitäre kam hinzu. Es gab in der Zelle nur ein Toilettenbecken ohne Abschirmung oder Ähnlichem. Nur ein Waschbecken, keinen Schrank, dafür aber ein kleines Regal an der Wand.
Wer ein Bedürfnis hatte, musste rauf und mit einer Hand sofort die Spülung betätigen, sonst brüllte die ganze Zelle „Spüüülen!“ Trotz dieser doch sehr primitiven Gegebenheiten, irgendwie richtet man sich mit dem, was möglich ist, ein. Ein geregelter Tages-, Wochen- und Monatsablauf bestimmt die Zeit.
Auch bei mir machte sich so ein Gewohnheitseffekt breit. Bis es mich plötzlich zurückwarf. Die jüngste Vergangenheit holte mich jäh und brutal ein. Unerwartet wurde es für mich gefährlich. Der Mensch, der mich Monate lang vernommen hatte, ließ es mich in aller Brutalität spüren. Seine Drohungen, den richtigen Leuten im Knast die Information zu geben, dass ich ein ehemaliger Polizist war, hatte er tatsächlich wahr gemacht. Somit war ich erst einmal Freiwild für alle, die mit der Polizei noch eine Rechnung offen hatten.

Die Drohungen dieses Menschen waren für mich damals nichts als Gerede. Es war bei mir völlig verdrängt. Bei einem Duschgang, an dem die halbe Etage in der Regel beteiligt ist, ging es dann zur Sache. Die Zellen unserer Etage wurden aufgeriegelt, ich beeilte mich, um als einer der Ersten in der Dusche zu sein.
Sie war dann noch relativ sauber und das Wasser noch einigermaßen warm. Meine Zellengenossen waren noch nicht da, sie kamen meist mit etwas Verzögerung. Im Duschraum sah ich schon zwei andere Zellenbrüder, die aber, was mir erst auffiel als es schon zu spät war, keine Anstalten zum Duschen machten. Ich ging unter eine Dusche, genoss das warme Wasser, wunderte mich, als ich hörte, wie die Tür laut zuschlug. Plötzlich standen sie um mich herum. Ich war eingekreist. Jetzt waren es vier. Sie rissen mir die Arme auf den Rücken; ich konnte mich zuerst noch kurz befreien, wobei ich einen von ihnen mit meiner Faust voll in sein grinsendes Gesicht traf. Sie drehten mir die Arme auf den Rücken und ein mieser Typ bearbeitete mich. Bei jedem Schlag schrie er wie im Takt: „Auf die Voposau, auf die Voposau, auf die Voposau!“ (Vopo steht für Volkspolizei). Meine Nase und Mund bluteten, ich schrie, sicher sehr laut, ich hatte Angst um mein Leben.
Zu meinem Glück kam Hermann dazu, sie hatten vergessen die Tür zu blockieren, Hermann alarmierte die Wachleute.
Die kamen auch, holten mich da raus und nahmen mich erst einmal zwischen, d.h. sie gaben mir zu verstehen, dass sie mich als Verräter ansahen und ich die Prügel verdient hätte. Zu meiner Beruhigung, wie sie sagten, steckten sie mich in den Arrestbunker, der im Keller war, winzig klein, nass und ständig im Halbdunkel. Toilette gab es nicht, dafür aber einen Kübel mit Deckel, der einmal am Tag geleert wurde. Sitzgelegenheit gab es ebenfalls nicht. Das Bett wurde um 5.00 Uhr in der Frühe hochgeklappt und abgeschlossen, gegen 22.00 Uhr wieder aufgeschlossen. Bis zu diesem Zeitpunkt hieß es stehen oder mit dem Rücken zur kalten Wand in die Hocke gesetzt. Hier unten waren die richtig scharfen Aufseher, die mich als Verräter ausgemacht hatten.
Eine Woche musste ich dort bleiben, es kam mir vor, als wenn man mich in dem Loch vergessen hätte. In die Zelle 381 zurückgekehrt, wurde mir klar, dass es auch im tiefsten Elend wichtig ist, Freunde zu

haben. Sie waren alle ungeheuer freundlich. Ich wurde wie ein verlorener Sohn empfangen. Nik, der auch Beziehungen zur Wachmannschaft hatte, berichtete, dass die meisten von denen stinkig seien, weil die Prügelei von einem der eingeschleusten Stasispitzel angezettelt wurde. Also eindeutig der verlängerte Arm der „Firma," wie man die Stasi auch nannte. Da es auch unter den Wachleuten eine ganze Reihe überzeugter Bonzen und Stasizuträger gab, traute sich auch keiner gegenzuhalten. Nur gab es etwas, was auch die Stasi nicht ausschalten konnte.

Das Beziehungsgeflecht der „Langstrafer," der langjährig Eingesperrten, der absoluten Profis, denen nichts mehr zuwider war als Spitzel und Zuträger. Wie Nik sagte, haben sie ihm den Oberscharfmacher „geschenkt." Das bedeutete, er wurde mit Namen und Zellennummer bekannt, die Wachleute hatten die Bahn frei gemacht, diesen Spitzel abzustrafen.

Es war einer der Essenkalfakter, das waren die Hiwis, die den Häftlingen Mahlzeiten und Post verteilten. Also besonders einflussreiche Positionen. Erst recht für einen Spitzel, der damit Gelegenheit bekam, viele Insassen gegen mich aufzuhetzen. Soviel wussten wir, er hatte seinen Schlägern gesagt, dass ich ein Polizeispitzel gewesen sei. Einige Tage später, die richtige Wachmannschaft war an Bord, wurde das Frühstück verteilt. Es gab Wachleute, die aufschlossen, aufriegelten und stehen blieben. Andere, so war es an diesem Tag, gingen weiter zur nächsten Zelle. Unser Freund verteilte das Brot.

Von zwei kräftigen Händen gepackt, flog er sozusagen in die Zelle, Peikerjonny zischte den andern zu: „Schnauze und die Tür von draußen versperren." Der Spitzel kriegte seine Arme auf den Rücken gedreht, einer trat ihn in die Kniekehlen. Blitzschnell war er mit dem Kopf im Toilettenbecken. Die Hose runter gerissen, Holzpantinen waren nicht nur zum Laufen da, auch das lernte ich sehr schnell. Jeder hatte einen in der Hand, es war ein rhythmisches Geräusch, als sie nacheinander auf seinen nackten Hintern aufschlugen. Sein Brüllen wurde durch die Druckspülung abgeschwächt. Schließlich ließen sie ihn los. Nach Luft schnappend, hochrot schrie er, ob wir denn wahnsinnig seien, dass es ein Nachspiel gäbe. Peikerjonny sagte: "Trockne deine Fresse ab und verpiss dich. Ich wollte dir das

schöne Wort „Spitzel“ auf die Stirn Peikern, (Peikern steht für Tätowieren) mit echter Farbe, wenn du nicht ganz ruhig bist, wird’s nachgeholt.“ Wütend zog er ab, verteilte weiter sein Brot, allerdings hatten die anderen Zellen mitbekommen, was passiert war, er war entlarvt, verschwand, wie es in solchen Fällen wohl immer ist. Wurde in diesem Block nicht mehr gesehen. Die Wachmannschaft war ständig frustriert und in der Auslegung ihrer Vorschriften höchst unterschiedlich.
Es war ja nicht so, dass die Zelle in der jeweiligen Besetzung immer zusammenblieb. Die Schikanösen unter den Chains (so wurden die Wächter als Hunde bezeichnet), ließen sich schon einiges einfallen. So wurde plötzlich morgens nach dem Zählappell mit lauten Trillerpfeifen alles aus den Zellen gejagt. Zelle für Zelle in die Dusche, nackend ausziehen, Zunge zeigen, Hintern zeigen und Backen spreizen, dann Duschen und wieder zurück in die Zellen.
Hier sah es dann wie nach einem Bombenangriff aus.
Alles, was beweglich war, Matratzen, Decken, Wäsche, die wenigen persönlichen Sachen, wie Briefe und anderes lagen wild verstreut in der Zelle. Sie hatten gefilzt, ihre Wut ausgelassen, ihre Macht gezeigt. Dennoch, es scheint ein besonderer Teil des menschlichen Empfindens zu sein, auch, oder gerade in solch fast ausweglosen Situationen, immer wieder einen Grund zum Lachen zu suchen.
Wir hatten auf unserer Station einen besonders scharfen Aufseher. Alle nannten ihn den „Gummischlüssel.“ Deshalb, weil er anders als seine Amtskollegen war. Er hatte eine Fertigkeit entwickelt, die Zellentür ganz leise und ganz schnell aufzuschließen. Dies tat er natürlich nicht nur aus reinem Sportgeist oder um die Ruhe der anderen nicht zu stören, nein, es war reine Schikane. Er wollte die Insassen dabei überraschen, wenn sie heimlich rauchten oder eben andere ‚verbotene’ Sachen machten. Vergnügen hatte er wohl auch, wenn er nachts, kurz nachdem allgemeine Nachtruhe war, plötzlich in der Zelle stand und den einen oder anderen dabei erwischte, wenn sie es sich selbst machten. Keiner von uns nahm das wahr, es war einfach so. Aber wir hatten ja unseren Peikerjonny, der sich auskannte. Oberhalb des Toilettenbeckens war in der Wand eine Öffnung, etwa so groß wie ein Mauerstein, quasi eine Zwangslüftung. Jonny, so nannten wir Peikerjonny, wusste wie wir alle „Gummischlüssel“ hatte Nachtwache.

„Leute, dem müssen wir so richtig einen spielen, lasst mich das machen“ meinte er und machte ein nachdenkliches Gesicht. Es war alles ruhig.
Gummischlüssel würde sich bald auf Tour begeben. Jonny stellte sich aufs Toilettenbecken und kam damit an das Lüftungsloch in der Wand. Dann rief er laut und vernehmlich, aber mit einer etwas besonderen Betonung: „Wachtmeisterlein, such mich mal“ dazu muss ich sagen, der war wirklich sehr klein geraten. Jedenfalls war die Wirkung eine Ungeheure.
Der schrie in den Gang rein: „Wer war das! Sofort melden!“ Nichts geschah, nach einigen Minuten vollführte Jonny wieder die gleiche Übung. Wir konnten hören, wie der Mann den Gang rauf und runter raste. Er flippte förmlich aus. Alle hatten ihren Spaß, der ganze Trakt spielte verrückt. Schließlich war die Nachtruhe gestört.
Die Gefangenen klapperten mit ihren Blechnäpfen gegen die Gitter und Türen, es war ein Höllenspektakel. Dieses Spiel ging einige Tage gut, so lange, bis Gummischlüssel direkt an unserer Tür stand. Er hatte sich Zelle für Zelle ran geschlichen und diesmal an der richtigen stand. Jonny rief: „Wachtmeisterlein such mich mal!“ Schon stand er in unserer Zelle. Ergebnis: Jonny eine Woche im Bunker, die übrige Mannschaft der Zelle, eine Woche Rauchverbot und Freistunden-Verbot. Aber immerhin, Gummischlüssel hatte sich auf eine andere Station versetzen lassen. Auch solche Dinge geschahen, das war gut so, sonst hätte man wohl nicht weiter leben können.
Als mein Termin nahte, drückten mir meine Zellenbrüder die Daumen, das war einfach so. Die Jungs waren gespannt, schon neugierig, was bei mir „zusammenkommt.“
Auch: Im Namen des Volkes!!
Einen Tag vorher, zum Friseur, die Zivilklamotten aus der Kammer holen, abends zum soundsovielten Male die Anklage durchlesen. Nicht geschlafen, was würde kommen? Wie viele Jahre in diesem Knast wird es geben? Dann aber auch die Hoffnung, dass die Fürsprache meiner Verwandten, vor allem Vater und Hansi, Erfolg haben würde. Am nächsten Morgen, meine Nummer wurde aufgerufen, ab zum Transport, ein Kastenwagen mit mehreren Einzelkabinen, die verschlossen wurden.

Warten und warten, natürlich allein, die Angst wurde immer größer. Schließlich die Vorführung vors Gericht, in Handschellen. Macht muss ausgeübt werden.
Im Gerichtssaal, meine Brüder, die Eltern, aber auch Freunde. Alle nickten sie mir zu, gaben mir so zu verstehen, dass sie da waren, machten Mut. Der Prozess ging relativ schnell, drei Stunden Verhandlung, alles erschöpfte sich in der Verlesung von vorgegebenen Texten, der Staatsanwalt schneidend scharf.
Es war schon eine schlimme Situation, Hauptdarsteller in einem Film zu sein, aber nicht handeln dürfen. So völlig ahnungslos einer Rechtsprechung ausgeliefert zu sein, die sich offen dem Primat der Politik unterworfen hat. Der Staatsanwalt gab mir Schuld an dem Vietnamkrieg und anderer Kriege, warf mir vor, dass ich CIA-Agent sei und mit aller Härte des Gesetzes bestraft werden müsste.
Er beantragte, so wie viele Jahre später der Staatsanwalt 1999 in Berlin Moabit, auch „im Namen des Volkes", fünf Jahre Zuchthaus.
Alles, was in den drei Stunden von mir, meinen Brüdern als Zeugen oder vom Anwalt vorgetragen wurde, war für diesen Staatsanwalt nichts, es war für diesen Juristen ungehört verhallt. Sein Plädoyer beschränkte sich aufs Verlesen der Anklageschrift.
Gab es, gibt es denn einen Unterschied zwischen West-Landgericht Moabit und dem Gericht in der ehemaligen DDR? Es gab und gibt zwei große Unterschiede. Beim DDR-Gericht unterstellte ich und jeder andere ein politisches, tendenziöses Urteil, ohne Rücksicht auf den tatsächlichen Hergang. So war es auch, ich war nicht überrascht. Mein Anwalt beim DDR-Gericht, der mich verteidigen sollte, unterlag auch dem Primat der Politik, er sagte sinngemäß in seinem Plädoyer:
„Die Schwere der Tat, der Verrat des Sozialismus, sei verwerflich, das könne nicht hingenommen werden. Diese Tat verdiene eine schwere Strafe, man solle mir aber doch, Anbetracht meiner Jugend und der zerrütteten Ehe, mildernde Umstände zubilligen." Beim West-Gericht erwartete ich hingegen eine gründliche, genaue Untersuchung des Tathergangs, wozu auch die Wertung der Situation des Angeklagten in der damaligen Zeit gehört.
Wurden diese meine Erwartungen erfüllt? An anderer Stelle mehr. Die Beratung der Kammer über meinen Fall dauerte nicht lange,

wie man weiß, wurden die Urteile in diesen politischen Prozessen vorher schon festgelegt.
Es folgte die Urteilsverkündung:

Im Namen des Volkes
(Urteil 1)

Zwei Jahre Gefängnis wegen Gefährdung des Weltfriedens, Erfindung und Verbreitung von tendenziösen Nachrichten und Verletzung des Amtsgeheimnisses.
Nach all dem, was ich an Strafen in meiner Zelle aber auch so erlebt hatte, waren im ersten Moment zwei Jahre etwas Überschaubares, es hätte viel schlimmer kommen können.
Die Jungs in Zelle 381 waren froh über mein Urteil, wie sie sagten. Ein mildes Urteil, meinte Niekulla, das könne man auf einer halben Arschbacke absitzen. Ich konnte eine Runde Zigaretten geben, die ich nach der Verhandlung von meinen Verwandten bekommen hatte.
Unmittelbar nach dem Urteil kam die Scheidungsklage meiner damaligen Frau. Es gab noch das Verschuldensprinzip und sie beantragte nach diesem Prinzip, mich als Schuldigen dieser zerrütteten Ehe zu scheiden. Da ich mit dem Urteil als Feind der sozialistischen Gesellschaft entlarvt wurde, sei ihr nicht mehr zuzumuten, mit mir noch verheiratet zu bleiben.
Meine Brüder wurden durch meinen Anwalt benachrichtigt, dass Beweise für ihre Untreue herbeigeschafft werden müssten. Sie machten sich sofort daran, entsprechende Zeugen aufzutreiben. Sie wurden schnell fündig, ermittelten über fünfzig Männer, Volksarmeeoffiziere, andere Amtsträger, Männer aller Art und jeden Alters, die in der Zeit meiner Abwesenheit mit ihr ein Verhältnis hatten. Es war aber, wie sich später herausstellte, nichts Neues. Sie hatte auch, als ich noch da war, sowohl in unserer Bekanntschaft, als auch bei Freunden, nichts ausgelassen. Meinem besten Freund, Günter hieß er, sagte sie einmal, dies hätte doch mit der Ehe nichts zu tun.
Es sei nur einfach schön, sie müsse, wenn sie einen Mann irgendwie interessant fände, ihn auch genießen dürfen. Für ihren Mann wäre doch immer genug Liebe da, der würde nichts vermissen. Es war für

mich unvorstellbar, wie sie solche Einstellung haben konnte. Günter hatte irgendwann, nach meiner Haftentlassung, gebeichtet. Er heulte dabei, was bei einem sonst sehr stabilen, ja selbstbewussten Mann, wie ich ihn kannte, schon was hieß.
Wie er mir dann weiter berichtete, war er rettungslos verknallt in meine Frau. Er habe jede Gelegenheit gesucht, mit ihr ins Bett zu kommen. Sein schlechtes Gewissen mir gegenüber wuchs, bis der Mut ausreichte, sich mir zu erklären.
Wie auch immer, meine Brüder hatten von Liebhabern meiner Frau die Zusage bekommen, im Scheidungsprozess gegebenenfalls als Zeugen auszusagen.
Sie fanden es alle nicht so gut, dass sie mich in den Bau gebracht hatte, eine „Solidarität der Männer" war wohl hier zu spüren.

Noch ein Lover

Ein Stück Freiheit und Kontaktmöglichkeit im Gefängnis war der Zahnarzt. Hier konnte man mit den anderen aus den verschiedenen Häusern Kontakte pflegen und die neuesten Nachrichten erfahren.
In dieser Zeit war ich sehr auf meine Zähne bedacht. Wieder einmal war ich im Warteraum, mit anderen, mir meist unbekannten Häftlingen. Mit einem kam ich ins Gespräch. Es stellte sich heraus, dass er aus der Gegend um Berlin-Weißensee stammte. Er war ein ganz schwerer Junge. Boss einer Bande, die im großen Stil, Optik, Meißner Porzellan, Pelze und andere wertvolle Sachen gestohlen und in den Westen verkauft hatte. Angeblich, so wie er erzählte, bekam die Bande von Insidern die Tipps, wann denn bestimmte Lastwagen mit wertvoller Fracht unterwegs waren. Die Bande leitete, wie auch immer, die Fracht um in den Westen. Die Bonzen bekamen ihren Anteil am Geschäft. Die Bande ist geschnappt worden, er wartete jetzt auf seinen Prozess. Und sein Stammlokal war das schon erwähnte Schloss-Kaffee. Er erzählte, dass er bei einem guten Abschluss, wie er es nannte, immer die ganze Kneipe reserviert hatte. Hierzu wurden dann nur bestimmte Leute eingeladen. Die für eine richtige Party nötige Frauenbesetzung organisierte der Wirt vom Schloss-Kaffee. Was da gleich kommen würde, ahnte ich schon.

Seine Erzählung wurde immer spannender und genauer. Längst wäre ich schon zur Behandlung beim Zahnarzt dran gewesen, konnte aber einem anderen, der offensichtlich richtige Schmerzen hatte, den Vortritt lassen. Jetzt war mir seine Geschichte doch zu spannend geworden, als dass ich sie unterbrechen sollte. Dann erzählte er von einer „Superbraut", die er durch den Wirt kennen gelernt hatte. Toll fand er, dass sie in der Nähe gewohnt habe, Hotel oder Ähnliches, sei nicht nötig gewesen.
Es war immer eine sturmfreie Bude, wie er sich ausdrückte. Vor allem sei sie eine große Wucht im Bett gewesen. Nicht vorstellen wollte, ja konnte ich mir, dass er von meiner Ehemaligen, damals noch Ehefrau, sprach. Ich wollte es verdrängen. Die Situation war ja auch nicht ohne. Die Stadt Berlin ist so groß, Frauen gibt es viele, musste es denn unbedingt meine sein, von der er sprach?
„Wie sah sie denn aus, deine tolle Braut, war sie dunkelhaarig oder blond?" fragte ich ihn. Die erhoffte Antwort „dunkelhaarig" kam nicht, nein, er beschrieb sie als blond und überaus anschmiegsam. Er schwärmte förmlich von ihr: „Die „Reni" war schon Klasse!" Spätestens jetzt wusste ich Bescheid. „Ihr Mann," so erzählte er weiter, „hat sie einfach im Stich gelassen, ist nach dem Westen abgehauen. Ich verstehe nicht, wie man solch eine Frau sitzen lassen kann. Dazu auch noch mit zwei Kindern und ohne einen Pfennig.
„Etwas habe ich ihr immer dagelassen, Westgeld und heiße Wäsche, die ich von drüben besorgt habe. Sie ist es aber auch wert gewesen," kam er wieder ins Schwärmen und ließ sich nicht davon abhalten ins Detail zu gehen. Als ich ihn dann bremste, zu Wort kam und ihm erklärte, dass er von meiner Frau gesprochen habe, war er von den Socken, wie man so sagt.
Vor allem deshalb, weil sie ihn belogen und mich in den Knast gebracht hatte.
„Verdammter Scheiß," sagte er, „das wusste ich nicht, tut mir leid. Du weißt, Knastbrüder machen nicht mit der Frau flott, deren Alter gerade sitzt. Hier ist allenfalls Unterstützung der Familie gefragt."
Ich machte ihm deutlich, dass er nicht der Einzige war, dass aber für mich dieses Kapitel abgeschlossen sei.

Er gab mir dann noch mit auf den Weg, dass er bereit sein würde, wenn es zur Scheidung käme, in meinem Sinne als Kronzeuge auszusagen.
Auch die Wahrsagerei, das Kartenlegen und anderer Mummenschanz hatten in Gefängnissen immer Konjunktur.
Niekulla der inzwischen mit offener Tuberkulose ins Gefängnis-Lazarett verlegt worden war, hatte mir das Kartenlegen beigebracht. Es war nicht zu glauben, wie gestandene Männer, so richtig harte Jungs an meinen Lippen klebten, wenn ich ihnen die Zukunft, wie sie in den Karten lag, vorhersagte.
Es drehte sich um Frauen oder Freundinnen, ob sie denn treu bleiben, oder aber, wie viele Jahre denn der Knast noch dauern oder wie hoch denn die Strafe ausfallen würde. Ich hatte damit ziemlichen Erfolg, es war aber auch immer eine Gradwanderung, denn keinesfalls durfte oder konnte ich die Strafe im kommenden Prozess voraussagen, das geben Karten naturgemäß nicht her. Es blieb nur, drum herum zu reden, nichts Genaues also. Sicher war dies auch ein wenig Psychologie für die armen Schweine gewesen, sie konnten ihre Probleme von der Seele reden. Ich versuchte mit Hilfe der Karten einen gewissen seelischen Ausgleich zu schaffen. Unserem Knast-Block gegenüber befanden sich die Bäckerei und die Küche.
Herrmann hatte mir den Tipp gegeben, beim Hofgang dem Leiter der Bäckerei einen Zettel zu geben, mit meinem Wunsch auf Versetzung in die Bäckerei. Immer, wenn wir gegen Mittag Freistunde hatten, stand er vor seinem Gebäude und sah dem Treiben zu. Einfach stehen bleiben, ihn ansprechen, war nicht machbar. In der Freistunde hatte man im Kreis zu laufen und niemanden anzusprechen.
Herrmanns Tipp war gut. Im Vorbeigehen gab ich dem Leiter der Bäckerei einen vorbereiteten Zettel und, das konnte ich sehen, er warf ihn nicht weg.
Noch am gleichen Tag kam der Stationswachmann zu unserer Zelle, rief meinen Namen auf, brachte mich in ein Besprechungszimmer.
Wer war dort schon? Der Wachtmeister, dem ich den Zettel gegeben hatte. „Du bist also Bäcker, warst in der Brotfabrik vom Konsum?“
Ich bestätigte und fragte, ob er denn noch jemanden brauchte?
Abgeneigt war er nicht, das merkte ich schon. „Dann komm mal mit in unsere Fabrik“ sagte er und nahm mich nach Verständigung der

Zentrale mit in die Bäckerei. Er erzählte, dass die Bäckerei das gesamte Brot für den Ochsenkopf, dem Stasigefängnis und anderen Bereichen zu backen hatte.
Es waren dort Häftlinge als Hilfsarbeiter eingesetzt. Ein schon sehr alter, ehemaliger Bäckergeselle, ging ihm fachlich zur Hand. Allerdings sollte dieser demnächst entlassen werden. Der hatte auch noch nie in einer Brotfabrik gearbeitet. Da ich ja Bäcker gelernt hatte und eine ganze Zeit in der Konsum-Brotfabrik arbeitete, kannte ich mich mit der Technik der Massenproduktion gut aus.
Der verantwortliche Polizist für die Bäckerei war zwar auch Bäcker, aber schon ewig aus dem Beruf. Er war ja auch im Hauptberuf schon lange Zeit Polizist. Froh, dass er mich hatte, ließ er mich schon nach relativ kurzer Einarbeitung das machen, was ich für richtig hielt.
Er hatte auch Vorteile, weil seine Chefs auf einmal seine Backkunst lobten. Sie bekamen auf Wunsch alles, was gebacken werden kann.
Die Knastologen waren, wie ich hörte, auch froh, sie bekamen kein nasses Brot mehr, auch sie hatten jetzt gutes Landbrot.
Auch Meister Fuchs, der Leiter der Bäckerei, ließ sich von mir die Karten legen, er hatte von meinem Ruf gehört. Dafür bekam ich von ihm frisches Obst, Zigaretten und andere Mangelgüter.
Wir waren mitten im Weihnachtsgeschäft.
Heiligabend bekam jeder Häftling einen Stollen, etwa ein Pfund schwer. Anfang Dezember wurde mit dem Backen begonnen.
Die Ersten, die wir zur Probe gebacken hatten, waren bei der Obrigkeit gut angekommen. Es wurden einige tausend Stollen angefordert.
Ein Teil davon mit Rosinen, Mandeln, und viel Butter. Der war für die Bonzen der polizeilichen Einrichtungen bestimmt. Dann einen Teil mittlerer Qualität für die Aufseher. Schließlich die Weihnachtsstollen für die Häftlinge. Nicht so fett, wenig Rosinen aber immerhin, es gab Weihnachten für jeden einen Stollen. Die immer wieder propagierte klassenlose Gesellschaft hörte bei Weihnachtsstollen offenbar auf. Inzwischen hatte meine Familie mehrere Gnadengesuche gestellt.
Jetzt hatte es gegriffen. Kurz vor Weihnachten kam mein Wachtmeister mit hängenden Ohren so früh in die Backstube, wie schon lange nicht mehr. „Die entlassen dich“ sagte er. „Ich wollte denen

schon sagen, dass ich dich nicht vermissen kann. Jetzt, so kurz vor Weihnachten.“ Die haben aber gesagt, dass du einer der Ersten Politischen bist, der früher rauskommt. Ich dachte, jetzt wird es ganz verrückt. Er wollte, weil ich gut gebacken habe, mich doch tatsächlich im Knast behalten!
Dann wurde ich auch schon über den Lautsprecher aufgerufen, da wurde nicht der Name, sondern die Häftlingsnummer genannt. Es hieß dann in meinem Falle: „Häftling Nr. 4798 mit sämtlichen Sachen zur Zentrale." Das war bei mir deshalb ein Problem, weil ich bereits alles gehortet hatte, was nötig war, um auch im Knast einigermaßen Weihnachten feiern zu können. Kekse und Pfefferkuchen hatte ich gebacken, Fondant und Pralinen angefertigt. Besonders gute Stollen waren bevorratet und schließlich für die Kinder vom Wachtmeister eine ganze Galerie Weihnachtsmänner. Zigaretten und Dauerwurst aus der Küche gehörten auch zum Festvorrat. Die Verteilung und vorweihnachtliche Bescherung haben wir dann doch noch geschafft. Ich nahm mein offizielles Bündel und ließ mich zur Zentrale bringen. Ein etwas mulmiges Gefühl hatte ich trotzdem. Der Ruf „mit sämtlichen Sachen“ führte auch oft dazu, dass statt Entlassung der Abtransport ins Zuchthaus Bautzen, dem weiter vorn beschriebenen Gelben Fieber Bautzen, ablief.
Das geschah übrigens immer ohne jegliche Vorwarnung. Es hatte Fälle gegeben, wo Häftlinge, die vorher von der Verlegung erfuhren, sich das Leben genommen hatten.
Bautzen war ja nun das Schlimmste des Vorstellbaren.

Frei

Es wurde eine richtige Entlassung. Ich bekam das in der Bäckerei verdiente Geld ausbezahlt und die übliche Ansprache vom Gefängnisdirektor.
Mein Wachtmeister aus der Bäckerei erschien dann auch noch auf Signal des Direktors. Sie machten mir den Vorschlag, gegen richtiges Geld noch bis zum Ende der Weihnachtsbäckerei jeden Tag zu kommen. Berlin-Weißensee, jetzt wieder mein Wohnort, war mit der Straßenbahn gut zu erreichen. Ich sagte zu, hatte ich doch ohnehin keinen Job und Weihnachten stand vor der Tür.

Als das schwere Tor hinter mir zukrachte und ich auf der Straße stand, wollte, ja konnte ich es noch nicht begreifen. Ich war nicht nur alleine, nein, niemand war da, der mir sagte, was ich zu tun hatte. Ich war einfach nur frei.
Erst einmal war es mir kalt. Bei der Verhaftung hatte ich Sommersachen an, jetzt war Winter. Doch auch im Elend gibt es noch irgendwo Hilfe. Mein Wachtmeister stand plötzlich da und hatte einen Parker für mich. Dann fragte er, ob ich denn in meine Wohnung zu Frau und Kinder gehe, oder zu den anderen Verwandten. Meinte dann noch, „denk an deine Bewährung, wenn du sie zum ersten Mal siehst." Er wusste um meine Probleme und von meinem Schätzchen. Er habe schon viele gleich wiederkommen sehen, ihnen sei die Freiheit nicht bekommen. Sie waren einfach durchgedreht.
Die Sorgen brauchte er sich nicht zu machen, mir reichte mein Anteil Knast fürs Leben. Ich sagte ihm aber auch, dass ich in der Zentrale als Heimatadresse meine Wohnung angegeben hatte, in der ich verhaftet worden bin, in der meine Ehemalige ja wohl noch wohnte. Wir sagten tschüss, verabredeten uns für den übernächsten Tag, ich hatte ja zugesagt bis Weihnachten die Bäckerei zu machen. Die Straßenbahn kam. Während der Fahrt in Richtung Berlin Weißensee, was ging mir da nicht alles durch den Kopf!
Wie mag sie meine, für sie unerwartete Rückkehr aufnehmen?
Wie werden meine beiden Kinder, Karola und Bernd reagieren? Wenn ich an sie dachte, freute ich mich, denn nach so vielen Monaten verändern sich Kinder ja enorm. Eins wusste ich genau: Nie wieder würde ich mich von meinen Kindern trennen. Wie mag eigentlich meine ehemalige Frau aussehen? Fühlte ich denn eigentlich Hass? Nein, sicherlich nur Zorn darüber, dass sie ohne Rücksicht auf Kinder, Familie, auf mich, nur an ihr Vergnügen gedacht hat. In meinen Sachen, die ich aus der Kleiderkammer zurückbekam, war auch der Wohnungsschlüssel.
Ich hoffte nur, dass die Schlösser nicht ausgetauscht wurden während meiner Abwesenheit.
Als ich vor unserem Haus stand, hatte ich ein komisches Gefühl. Was erwartete mich oben in unserer gemeinsamen Wohnung? Ich gab mir einen Ruck, war dann auch bald in der dritten Etage, steckte

den Schlüssel ins Schloss. Er passte. Die Tür ging auf, ich stand in meiner Wohnung. Es war bemerkenswert ruhig. Ich machte die Tür vorsichtig zum Wohnzimmer auf, was würde mich dort erwarten? Ich sah nicht, wie erwartet, ein verschlungenes, ächzendes und mit sich selbst befasstes Pärchen, (solche Fantasien über diese und ähnliche Situationen werden in vielen Monaten eingesperrt sein, einfach entwickelt). Ich sah etwas viel Schöneres. Mein jüngster Sohn, der Bernd war ganz versunken mit einem Spielzeug beschäftigt. Er merkte dann plötzlich, dass ich da bin, schaute mich prüfend an, sprang dann auf, breitete seine kleinen Arme auseinander und lief die wenigen Schritte auf mich zu. „Papa, wo warst du denn so lange?" Ich nahm ihn hoch, drückte ihn, sagte, „jetzt wird Papa nicht wieder weg gehen mein kleiner Mikusch.“ Das war sein Spitzname, er hieß eigentlich Bernd. Fest steht, dass dieser kleine Mensch mit zweieinhalbe Jahren mich sofort erkannt hatte, als wenn es das Selbstverständlichste der Welt wäre. Das war ein Moment, wie man ihn im Leben nicht so oft erlebt. Wie der kleine Kerl mich empfing, es war einfach schön. Das Leben war auf einmal wieder etwas Gutes! Meine ehemalige Frau kam dann eine Stunde später, ich hatte den Schlüssel von innen stecken lassen, sie musste klingeln.
Als ich öffnete, sah sie mich mit aufgerissenen Augen an und ging einige Schritte zurück. Sie hatte panische Angst. Ich dachte nur, ein schlechtes Gewissen hat sie zumindest.
Die Bewährungszeit betrug 5 Jahre. Sie lief im Jahr 1958 ab. Allerdings war diese Zeit und die Zeit nach Ablauf der Bewährung nicht einfach, waren doch die Auflagen des Gerichtes brutal.

Anlage zum Urteil:

Der Angeklagte ist dauernd unfähig, ein öffentliches Amt zu bekleiden.

Er verliert alle seine etwaigen Rechtsansprüche auf eine aus öffentlichen Mitteln zahlbare Pension oder Zuwendung.

Er verliert das Recht zu wählen und die Fähigkeit, gewählt zu werden sowie das Recht, sich irgendwie politisch zu betätigen oder Mitglied einer politischen Partei zu sein.

Er darf weder Mitglied einer Gewerkschaft noch einer wirtschaftlichen oder beruflichen Vereinigung sein.

Es ist ihm auf Dauer von fünf Jahren nach seiner Freilassung verboten:

- In einem freien Beruf oder selbstständig in irgendeinem gewerblichen Betrieb tätig zu sein, sich an einem solchen zu beteiligen oder dessen Aufsicht oder Kontrolle auszuüben,

- in nicht selbstständiger Stellung anders als in gewöhnlicher Arbeit beschäftigt zu werden,

- als Lehrer, Prediger, Redakteur, Schriftsteller oder Rundfunk-Kommentator tätig zu sein.

- Er unterliegt Wohnraum- und Aufenthaltsbeschränkungen.

- Er verliert alle ihm etwa erteilten Approbationen, Konzessionen und Vorrechte sowie das Recht, ein Kraftfahrzeug zu halten.

Es blieb nicht viel, was ich noch machen durfte.
Trotzdem, oder jetzt erst recht, von denen lass ich mich nicht unterkriegen. Das Leben musste weitergehen. Also war jetzt vor allem Arbeit wichtig. Bäcker, Bauarbeiter, Kutscher, Transportarbeiter, was habe ich nicht alles gemacht.
Nicht etwa, weil ich auf einmal ein unsteter Mensch geworden wäre. Nein, sondern immer, wenn ich mich gut eingearbeitet hatte, kam in dem jeweiligen Betrieb ein ganz bestimmter, für mich zuständiger Mensch von der Polizei, ein so genannter Abschnittsbevollmächtigter, der immer wusste, wo ich arbeitete. Er führte mit meinen Chefs Gespräche, klärte sie auf, dass ich im Gefängnis war, unter Bewährung stand und nur einfache Arbeiten verrichten dürfte. Warum ich eingesperrt war, wurde nicht gesagt. Wenn er mit mir

sprach, spürte ich in all seinen Gesten und am Ton seiner Stimme, er hatte auf mich einen abgrundtiefen Hass. Für ihn war ich der Verräter des Sozialismus. Das Gerede bei meinen Chefs war mir immer wieder zu viel. Ich wollte mich nicht ständig rechtfertigen. Deshalb wechselte ich ständig, hatte schon den Gedanken, zurück in die Gefängnisbäckerei zu gehen. Nach meinem kurzen Gastspiel um Weihnachten und dann nach meiner Entlassung hatte ich das Angebot, jederzeit als Zivilangestellter anfangen zu können.
Doch dann fand ich eine neue Arbeit. Nicht weit von meinem Wohnort gab es einen großen Güterbahnhof. Es war der Bahnhof Greifswalder Straße. Hier rollten Nacht für Nacht Güterzüge an, beladen mit Rohbraunkohle. Kräne oder Bagger zum Ausladen gab es nicht. Also wurden Leute gesucht, die bereit waren, die Waggons von Hand abzuladen. Ich machte mich auf den Weg. Abends gegen 20.00 Uhr musste man sich am Bahnhof melden, bekam das Werkzeug, einen Waggon zugewiesen, das war es dann. Der Polizist, der ständig bei den Firmen auftauchte, bei denen ich arbeitete, mich dort als kriminellen anschwärzte, hat ab da nicht mehr nachgefragt. Diese Arbeit entsprach wohl den Vorstellungen meines Aufsehers. Es war eine Sauarbeit, ich dachte manchmal an die Galeerensklaven, schwerer konnte deren Arbeit auch nicht gewesen sein. Zu tun gab es genug, nur wenige waren bereit, im Winter, bei Temperaturen weit unter dem Gefrierpunkt, 20 Tonnen festgefrorene Rohbraunkohle auszuladen. Picke und Schaufel waren das Werkzeug.
Es wäre ein leichtes gewesen, alles hinzuschmeißen und nach West-Berlin zu machen. Konnte ich das? Nachdem mein Vater und meine Brüder alles versucht hatten, mich aus dem Gefängnis zu holen. Deshalb gab ich nicht auf, blieb in Ostberlin. Das wollte ich, auch bis zum Ablauf der Bewährungsfrist, mindestens durchhalten. Bernd mein Sohn, oder Mikosch, wie wir ihn nannten, war bei mir geblieben. Die Wohnung hatte ich, wie man so sagt, erstritten. Es war schwierig, damals als Alleinerziehender mit allem klarzukommen. Seine Mutter wollte von ihm nie etwas wissen. Da ich Nachts die Kohle ausladen musste, war ich tagsüber zu Hause, oder aber meine Brüder achteten auf ihn, auch meine Mutter soweit sie konnte.

Irgendwann lernte ich dann Lilli kennen, sie war etwas jünger als ich. Nachbarn hatten sie mir einmal vorgestellt. Nicht lange, dann zog sie zu uns. Es ging ein bisschen schnell, aber was soll's? Sie war vom Typ ganz anders als Reni. Dunkelhaarig, sportlich interessiert, sehr auf Familie bezogen, und ich hatte den Eindruck, dass sie auch sehr behutsam auf Bernd zuging. Welch ein Irrtum. Eines Morgens kam ich von der Arbeit und hörte von drinnen, hinter noch verschlossener Tür, laute Stimmen, mehr die von Lilli, die allem Anschein nach auf den Bernd einredete, einschrie: „Jetzt sagst du Mutti zu mir, jetzt sagst du Mutti zu mir!"Ich dachte, das kann ja wohl nicht wahr sein. Der Kleine rief immer, sozusagen als Antwort: „Nein, du bist nicht meine Mutti, nein, du bist nicht meine Mutti!“ Ich schloss die Tür auf, sagte ihr, sie solle schnell die Sachen packen, und das war es dann.
Wir waren wieder allein.

Leben

Es war Sommer, im Park am Weißensee war ein Volksfest. Ich ging erst mit Bernd hin, brachte ihn abends ins Bett und ging dann noch einmal zurück. Eine Gruppe Mädels fiel mir auf; ich kannte sie aus der Nachbarschaft. Als sie mich sahen, grüßten sie und winkten mir zu. Sie standen an einem Ausschank und tranken. Ich ging zu ihnen und spendierte eine Runde Sekt. Zuerst zierten sie sich, dann aber lockerte sich die Situation, weil im Gespräch rüber kam, dass sie mich besser kannten als umgekehrt. Es waren zwei Schwestern und deren Freundin. Eine der beiden Schwestern fiel mir besonders auf. Sie war zurückhaltend, redete nicht soviel, wie die beiden anderen und hatte ein besonders interessantes, schönes Gesicht. Zu der Zeit gab es eine Schauspielerin, Marina Vladi, die hatte ein sehr schön geschnittenes, nordisches Gesicht. Mit der hatte sie eine gewisse Ähnlichkeit.
Ich konnte mich nicht „Sattsehen“ an diesem Gesicht. Sie merkte das und baute spürbar eine Wand auf, damit ich ihr nicht zu nahe komme.
Als ich sie zum Tanz aufforderte, zögerte sie zwar, willigte aber dann doch ein. Sie hatte einen angenehmen herben, frischen Geruch und

eine sympathische Stimme. Sie tanzte sehr leicht, wollte, das merkte ich, die Führung übernehmen, nahm sich aber schnell zurück, sagte zu mir mit einem Lächeln: „Ich tanze meist mit meiner Schwester oder Freundin, da führe ich halt." Der Abend war für mich wie ein schöner Traum, wir gingen dann gemeinsam mit ihrer Freundin und Schwester nach Hause, wie gesagt, wir wohnten ja in der Nachbarschaft. Zufällig trafen wir uns Tage später auf der Hauptstraße unseres Ortes. Sie, ihre Schwester Irmchen, Bernd mein kleiner Sohn und ich. Bevor ich dazu kam, ihnen meinen Bernd vorzustellen, ging der Knirps auf Beide zu und begrüßte sie sichtlich erfreut. Als ich erstaunt fragte, woher sie sich denn kennen, nahm Bernd Traudchen, (so hieß meine Traumfrau) an die Hand und sagte: „Das ist meine Freundin." Die Situation klärte sich schnell auf.
Während meiner Zeit im Gefängnis saß der Junge oft abends vor der Tür, wenn seine Mutter auf Tour war. Da Traudchen immer wenn sie Feierabend hatte, dort vorbeikam, unterhielt sie sich öfter mit dem Kleinen.
Irgendwann nahm sie ihn dann mit zu sich in die Wohnung, vor allem, wenn es kalt oder anderes schlechtes Wetter war.
Sie hatte dann immer seiner Mutter einen Zettel in den Briefkasten gelegt, damit sie wusste, wo Bernd sich aufhielt. Dies hatte sich so eingespielt, dass er auch schon mal bei ihr geschlafen hatte, seiner Mutter war das nur recht.
Ich dachte nur noch an eins: Diese fantastische Frau davon zu überzeugen, dass ich der richtige Mann für sie bin. Kein einfaches Vorhaben, mein Handykap war vielfach. Da war die Vorstrafe. Was würde vor allem ihre Verwandtschaft davon halten? Ihre anderen beiden Schwestern, die eine Chefsekretärin beim Wirtschaftsminister der DDR. Die andere einen wichtigen Posten im Regierungskrankenhaus. Beide, schon aufgrund ihrer Arbeit, hundertprozentige Anhänger des Regimes. Wie sollte ich als Vorbestrafter und damit abgestempelter Regimegegner Akzeptanz finden. Dann war ich geschieden, hatte zwei Kinder, wobei nur der Bernd bei mir war, aber immerhin. Dann der Ruf meiner Exfrau, der in der Nachbarschaft sehr schlecht war. Auch so etwas hängt einem dann nach.
Schließlich das Problem meiner Auflagen, wer heiratet schon einen Mann, der sein Leben lang nur Hilfsarbeiter sein darf?

Wir überwanden alle Schwierigkeiten. Vielmehr war es so, dass die Hauptlast von ihr getragen wurde. Wir kamen uns immer näher. Ich spürte, dass sie für mich sehr viel übrig hatte. Wir führten lange Gespräche. Alles, was ich sagen wollte, von wegen der Handykaps, wusste sie bereits. Ihre Familie begann, da sie jetzt jeden Abend mit mir zusammen war, sie zu schikanieren, wo es nur ging.
Von der ältesten Schwester gab es Backpfeifen, von der Mutter Krach und Tränen, bis hin zum Stubenarrest und was man sonst noch alles unternehmen konnte, um ein Zusammensein mit mir zu verhindern. Wir waren schon mehrere Monate zusammen und obwohl ich eine eigene Wohnung hatte, ging sie am Abend immer nach Hause. Sie hatte Geburtstag, sie wurde achtzehn. Ich schlug ihr vor, dass ich am Nachmittag, wenn sie mit ihrer Familie Kaffee trinkt, vorbei komme, ganz offiziell, und ihrer Mutter sage, dass es ihr und mir sehr ernst sei; dass ich nicht nur ein Abenteuer suche.
Sie war damit nicht so richtig einverstanden, gab meinen Argumenten dann aber nach. Mit zwei dicken Blumensträußen tanzte ich an. Für die Schwiegermutter einen bunten, für meinen Schatz dunkelrote Rosen. Als ich in die Wohnung kam, war es für sie wohl zu viel. Sie versteckte sich in einem anderen Zimmer und war erst nach Überredung durch ihre Schwester Irmchen bereit, sich zu stellen.
Meine guten Absichten glaubte man wohl nicht so ganz. Aber auch der Besuch hatte ein Ende. Ich dachte daran, mit ihr noch in ein kleines nettes Restaurant zu gehen. Bevor ich den Vorschlag machen konnte, ergriff sie meinen Arm.
„Lass uns doch zu dir gehen,“ schlug sie vor, „ich wünsche es mir zum Geburtstag.“
Mir war es nur recht.
Es wurde ein Abend, an dem ich so richtig begriff, warum Poeten immer wieder die Liebe als das „Höchste“ beschreiben, für das es sich zu sterben lohnt. Ich wollte nach diesem Abend, dieser Nacht allerdings bestimmt nicht sterben.
Wir hatten guten Wein getrunken, es war schon später als sonst. Ich meinte, nun müsse sie wohl gehen, es sei ja schon spät. „Nein“, lautete ihre Antwort, „heute schlafe ich hier.“ Sie sah meinen wohl nicht sehr geistreichen Blick, lächelte in ihrer unnachahmlichen Art

und machte mir klar, dass sie heute an ihrem Geburtstag sich nicht wieder mit ihrer Verwandtschaft streiten wollte, wie sonst fast jeden Abend.
Die Verwandtschaft war sehr böse mit ihr. Sie sagten ihr die schiefe Bahn voraus. Es hagelte nur noch Vorwürfe, bis sie es zu Hause nicht mehr aushielt. Sie zog dann vollends zu mir.
Es begann eine wunderbar schöne Zeit für uns. Liebe, richtige Liebe ist eine sich ständig erneuernde und übertreffende Schönheit.
Diese Gewissheit bleibt ein Leben lang. Im Mai 1956 haben wir geheiratet. Bernd war begeistert, endlich hatte er eine Mutti, die ihm ihre ganz große Zuneigung schenkte. Im Mai 1957 wurde unser Sohn Christian geboren. Er war ein Wunschkind.
1958 war meine Bewährungsfrist abgelaufen, ich war nicht mehr unter Beobachtung. Nur der bekannte Vopo versuchte immer noch, mir das Leben schwer zu machen. Es war mir klar, auf diese Art würde es unmöglich sein, beruflich etwas aufzubauen. Ich wollte nicht mein Leben lang Kutscher oder Kohlenschipper sein. Da es für uns nach alldem in Ostberlin keine Zukunft gab, bereiteten meine Frau und ich eine langfristige Übersiedlung nach Westberlin vor. Eine Arbeit in Westberlin zu finden war auch nicht so ohne weiteres möglich. Es gab aber an bestimmten Bahnhöfen in Westberlin so genannte Arbeitsvermittler. Wir nannten sie ‚Sklavenhändler.“ Das lief so: Firmen, die für einen Tag oder für eine bestimmte Aufgabe Leute brauchten, kamen dorthin und suchten sich unter den vielen, die da standen, die passenden aus. In einer Kneipe saßen die Vermittler, die den Preis mit den Auftraggebern aushandelten. Nach Feierabend ging's wieder an den Treffpunkt zurück. Der Vermittler bekam den Stundenzettel und ich dann die vereinbarte Summe für den Tag ausbezahlt. Der Vermittler kassierte seinen Teil. Das war, wenn man so will, auch eine Art von Schwarzarbeit. Der Lohn war, verglichen mit richtigen Beschäftigungsverhältnissen, sehr niedrig. Für mich und die meisten anderen war es dennoch viel, weil das Geld in West ausbezahlt wurde. Der Wechselkurs in Berlin-West stand so, dass man für eine Deutsche Mark West immerhin vier Deutsche Mark Ost bekam.

Irgendwie hatte ich Glück. Ich wurde eines Tages an eine große Schrottfirma vermittelt, die in Tegel ein stillgelegtes Gaswerk abzureißen hatte.

Die Arbeit bestand darin, Säurebehälter, die aus mehreren Quadratmeter großen gusseisernen Platten bestanden, zu demontieren und die großen Platten zu zerschlagen. Die Platten waren im Original nicht zu transportieren, deshalb wurden niedrige Temperaturen abgewartet, dann ist Gusseisen spröde und kann mit schweren großen Hämmern zerschlagen werden. Die Hauptarbeit war jedoch das Wegräumen des klein geschnittenen Stahls, das von einigen fest angestellten Leuten der Schrottfirma mit Gas-Schneidbrennern auf Meterstücke geschnitten wurde. Dieses riesige Gaswerk war überwiegend in Stahlbauweise gebaut. Die Firma, bei der ich beschäftigt war, kaufte das Gaswerk so wie es war. Das erhoffte Geschäft: Alles, was Stahl war, möglichst wieder verwertbar demontieren und zu verkaufen.

Der Polier der Schrottfirma sprach mich eines Tages an, fragte, ob ich denn schwindelfrei sei. Ich verstand nicht, was er wollte. Er deutete auf die großen Hallen und Kühltürme, die auf der anderen Seite des Geländes zu sehen waren, und sagte: „Die haben die längste Zeit gestanden. Wir fangen demnächst an, auch die abzubauen, du siehst ja, wie hoch die sind. Ich habe nur einen Schweißer, der über zehn Meter Höhe arbeiten kann.

Die Dinger sind zum Teil vierzig Meter hoch.

Für jeweils fünf Meter gibt es zehn Prozent Höhenzulage. Allerdings geht es nicht in Aushilfe.“ Ich meldete mich an, war es doch das, was ich suchte, ein fester Job. Ab sofort fuhr ich jeden Tag mit dem Fahrrad von Berlin-Weißensee nach Berlin-Tegel zur Arbeit, was mir aber ziemlich egal war, denn das Geld stimmte. Die Höhe ist eine reine Gewohnheitssache.

Wer Angst hat abzustürzen, kann auch nicht in fünf Meter Höhe arbeiten, auch nicht in zwei Meter. Es gab Kollegen, die bekamen bei etwa zehn Metern Nasenbluten. Ich wusste, dass immer eine Hand und ein Fuß festen Stand und Halt haben musste. Wusste aber auch, ob von zehn oder vierzig Metern, das war die Höhe der Kühltürme, ein Absturz von beiden Höhen tödlich sei. Die Aufgabe meines Partners und mir war es nun, die Hallen von allem Stahl zu befreien.

Der abzubauende Stahl war in Form von Kranbahnen, Förderbrücken, Hängebahnen, Stahlbinder und schließlich auch allen Dachkonstruktionen vielfach miteinander verbunden. Da die Stahlbauteile, die wir abschnitten, Tonnen wogen, waren Gerüste nicht möglich, die abgeschnittenen Träger hätten jedes Gerüst zerschlagen. Mein so genannter „Passmann" und ich waren bald so gut eingearbeitet, dass es zwischen uns sehr gut klappte. Bei großen Bindern, die eine Spannweite von bis zu 50 Meter hatten, musste jeder Schnitt sitzen. Nach Absprache machte einer den ersten Schnitt und ließ ein entsprechendes Restteil stehen, die Schnitte wurden auf Gehrung, also schräg angesetzt. Der Partner zog seinen Schnitt in entgegengesetzter Richtung ganz durch, sodass der Träger nur noch auflag.
Dann wurde das Reststück durchgeschnitten. Die Teile fielen mit einem Fauchen, so kam es mir immer vor, relativ gerade mit ihrem Tonnengewicht nach unten. Für uns war der gerade, möglichst glatte Fall wichtig, dann war der Träger nicht oder wenig verzogen und konnte als erste Wahl verkauft werden. Das bedeutete, er kam nicht in den Schrottofen. Für erste Wahl bekamen wir beide und der Polier pro Tonne extra bezahlt. Wir saßen entweder auf dem Mauerwerk der Halle, wo die Träger auflagen, oder saßen auf den Querträgern, an denen die anderen angeschraubt, genietet oder geschweißt waren. Wie Tauben auf Stangen aus Stahl saßen wir und räumten einen Träger nach dem anderen ab.
Mein Partner und ich waren die Einzigen, die in dieser Höhe arbeiten konnten. Das gab uns schon eine besondere Stellung. Einmal hatten wir großes Glück und gleichzeitig furchtbare Angst. Eine riesige Dachkonstruktion, groß wie zwei Fußballfelder, fünfunddreißig Meter hoch, völlig aus Stahl, war runterzuholen. Dieses Dach war eine ehemalige Kühlhalle. Jeder nahm sich eine der Längsseiten vor. Wir besprachen, welche Schnitte wie gelegt werden mussten, dann fingen wir an. Wir kletterten ganz nach vorne auf den Bindern wo die Halle noch offen war. Dann nahmen wir unsere Fangleinen und zogen ein starkes Stahlseil nach oben, um es am Mittelträger festzumachen. Bei dieser Höhe wurde das Seil während des Hochziehens immer schwerer. Diese Arbeit war aber notwendig, bevor wir das Dach abschnitten.

Vor der offenen Seite der Halle stand eine Planierraupe, die auf ein Signal von uns wartete, um dann, sobald wir den letzten Schnitt gemacht haben, das Seil anzuziehen. Die Stahlkonstruktion müßte dann nach vorne abrutschen und, ohne sich zu verdrehen, nach unten stürzen. Wir zogen uns auf ein angrenzendes Bauteil der Halle zurück. Von dort machten wir die entscheidenden Schnitte und gaben das Signal. Die Raupe zog an, das Seil löste sich aus der Schraubverbindung und fiel in Zeitlupe nach unten. Was nun? Wir schauten uns an. Mein Kollege Novot, so hieß er, meinte: „Wenn wir richtig geschnitten haben, kann es nur mit Zug nach vorn runter". „Ja, und?" Ich sah ihn fragend an. „Ja, und" sagte auch er, „wenn wir noch mal raufgehen, müssten wir ein neues Seil anschlagen können, wie gesagt, wenn wir richtig geschnitten haben, muss es gehen."
„Wer soll unter dieses schon abgeschnittene Dach gehen und das neue Seil festmachen zum Hochziehen? Der Haufen Stahl kann doch jederzeit runterfallen," so meine Bedenken. „Denn genau wie wir keine Chance haben, wenn es mit uns runterkracht, hat der unten schon gar keine, er wird platt gedrückt." Die Antwort von Novot war nicht mehr nötig, Paul, der Polier stand plötzlich hinter uns.
Wir sagten ihm worum es ging, was wir machen wollten. „Mensch ihr habt Ideen, wenn wir das Material retten wollen, ist das zwar die einzige Möglichkeit, aber trotzdem." Er nahm seinen Helm ab, wischte sich den Schweiß und sagte dann: „Ich sehe mal nach, wie ihr geschnitten habt, ist es o.k., dann schauen wir mal." Er stieg auf die Begrenzungsmauer, von der aus wir jeweils gearbeitet hatten und sah sich die Schnitte im vorderen Bereich an. Er befand sie wohl für gut, kletterte zurück und sagte: „Wenn ihr rauf geht, dann binde ich unten an. Es ist eure Entscheidung, es ist ein verdammtes Risiko".
Ich werde es nie vergessen, wir kletterten beide auf die eigentlich abgeschnittene, nur noch lose aufliegende Stahlkonstruktion, ließen unsere Fangleinen runter. Unterhalb des schon abgeschnittenen Daches hängte unser Polier das Stahlseil ein. Langsam und behutsam zogen wir es hoch. Ein Stahlseil von mehr als fünfzig Meter Länge hat sein Gewicht. Soviel Gewicht, dass ich das Gefühl hatte, wir ziehen uns in den Abgrund. Es knackte und knirschte wie eine Warnung. Wir befestigten es mit einem neuen Seilschloss, krochen ganz leise und behutsam zurück und gaben der Raupe das Signal.

Es war nicht zu glauben, ein gutes Strammziehen des Seiles reichte aus, das große Dach rauschte nach unten.
Wir sahen uns an, die Angst kroch uns noch nachträglich den Rücken hoch. Dann war auch schon der Polier bei uns oben. Blass im Gesicht, sah uns nur an und hatte auf einmal, obwohl natürlich bei unserer Kletterei absolutes Alkoholverbot war, eine Flasche Whisky und Gläser in der Hand. „Nach diesem Horrortrip," so der Polier, „trinken wir jetzt das Ding aus und gehen anschließend auf Kosten der Firma essen. Oder könnt ihr jetzt noch arbeiten?" Würde ich auch nicht zulassen, denn die Nachwirkung kommt erst noch, glaubt mir das."
So geschah es auch.
Nach einiger Zeit, die Gasanstalt war so gut wie abgeräumt, bekam ich einen Tipp, dass in Berlin-Tempelhof in einer Gießerei Leute gesucht werden. Es waren die Tempelhofer Hüttenwerke, die zum Lurgi-Konzern gehörten. Es war also zu erwarten, dass die Arbeit Zukunft hat. Die Arbeit war nicht leicht, es war eine Gießerei für Nichteisen-Metalle, alles in Handarbeit, ein Zinnbarren wog so um die 30 kg. Die Gießkelle mit gut vier Kilo kam dann noch hinzu. Eine Arbeit, nicht für bequeme Menschen. Bei den Hüttenwerken fand ich dann auch den Kontakt zur Industriegewerkschaft Metall. Im Betrieb waren nicht viele in der Gewerkschaft. Mit einem Kollegen schafften wir es, fast alle Beschäftigten davon zu überzeugen Mitglied der Gewerkschaft zu werden. Es gab, obwohl der Betrieb zu einem großen Konzern gehörte, schon einige Probleme, die geregelt werden mussten. Wir packten es an, Betriebsratsvorsitzender wurde ich. Dadurch wurde der Kontakt zur I.G. Metall sehr intensiv. Er sollte ein Leben lang anhalten.
Da ich jetzt feste Arbeit hatte, gingen wir, meine Frau und ich in West-Berlin auf Wohnungssuche. Wir wollten weg. Weg aus der Chancenlosigkeit, weg aus dem Bonzenstaat. Wir fanden in Kreuzberg, in der Nostizstraße eine kleine Wohnung. Wir fingen sofort an, ohne großes Aufsehen nach und nach das Wesentliche unseres Eigentums von Ost- nach Westberlin zu bringen. Es war ja Sommer, also nur logisch, alle Wintersachen in den Westen zu bringen. Nach dem Mauerbau schickte ich den größten Teil der Sachen wieder zurück.

Der 13. August

Der 13. August war ein Wochenende. Im amerikanischen, französischen und englischen Teil von Berlin, in den Westsektoren also, konnten die Bürger aus dem sowjetischen Sektor Berlins ab 22.00 Uhr zur Spätvorstellung für 2,50 Ostmark Filme sehen, die es im Osten nicht gab. DDR-Bonzen spielten sich als Zensoren auf. Sie ließen Filme, die nicht ihrer Ideologie entsprachen, nicht zu. Sie wurden auf einen Index gesetzt und verboten. Damit hatten sich die Machthaber im sowjetischen Teil Berlins ein weiteres Stück den Nazis näher gebracht. Bücherverbrennung gab es zwar noch nicht, aber schon Verbotslisten für gewisse Literatur. Wir, Traudchen und ich, waren am 13. August in Westberlin im Kino. Danach fuhren wir von Gesundbrunnen (Westberliner S-Bahnhof) zurück nach Berlin-Weißensee, der Bezirk im Ostteil der Stadt Berlin. Es war nichts davon zu spüren, dass die Grenze bald gesperrt sein würde.
Am nächsten Morgen, nichtsahnend ging ich auf den Balkon, um nach dem Wetter zu sehen. Ein Nachbar, den ich gut kannte, rief mir von seinem Balkon aus zu, ob ich denn schon gehört hätte, dass die Grenze nach Westberlin geschlossen sei. Was ich denn jetzt machen würde.

MONTAGAUSGABE

Junge Welt

ORGAN DES ZENTRALRATS DER FDJ

Friede wird gesichert - der Wühltätigkeit der Weg verlegt

● Erklärung der Regierungen der Warschauer-Vertrags-Staaten: Bis zur Friedensregelung Schutzmaßnahmen an der Grenze Westberlins

● Der Diversions- und Wühltätigkeit gegen die DDR und das sozialistische Lager wird zuverlässig der Weg verlegt

● Ministerrat der DDR: Dem Treiben der westdeutschen Revanchisten und Militaristen Riegel vorschieben

● Durch Abschluß des Friedensvertrages den Weg für die Sicherung des Friedens öffnen

● Grenzen nach Westberlin nur mit besonderer Genehmigung passierbar

Auszüge aus dem Montagsblatt vom 14. August 1961
„Der Jungen Welt"
Kampfblatt des Kommunistischen Jugendverbandes der DDR

● Revanchepolitikern und Agenten des westdeutschen Militarismus ist das Betreten der Hauptstadt der DDR verboten

● Bürger der DDR werden gebeten, bis auf weiteres von Reisen nach Berlin Abstand zu nehmen

● S-Bahn-Verkehr zwischen den Randgebieten und Westberlin eingestellt, Schnellverkehr auf dem Außenring verstärkt

● Grenzgängerunwesen unterbunden

● Internationaler Fernverkehr zwischen Berlin und Westdeutschland nach bisher gültigem Fahrplan

● Maßnahmen tragen vorläufigen Charakter bis zum Abschluß des Friedensvertrages

Mein Nachbar wusste von den Schikanen, denen ich ausgesetzt war, und wusste auch, dass ich im Westen, wie viele andere auch, arbeitete. Ich war völlig konsterniert, dachte an einen dummen Scherz oder ähnliches und ging sofort zum Fernseher, um ihn einzuschalten. Tatsächlich, es wurde vom antifaschistischen

Schutzwall gesprochen, von der Friedensrettung, von den tapferen Kampfgruppen, die mit der Volksarmee gemeinsam unter Führung der Partei den Frieden gerettet haben. Von wegen Frieden retten, ihre eigene Haut und Macht wollten sie retten. Zu dieser Zeit lief den Machthabern der DDR das Volk weg, zu Tausenden täglich. Ihre Kontrollen und Jagd auf Flüchtlinge hatte an Stärke und Brutalität zugenommen, (siehe nachstehenden Zeitungsbericht).

2. AUSGABE

DER KURI

Die Berliner

Späta

Trotz Menschenjagd flüchteten über 1200 nach Berlin

Zeitungsausschnitt aus „Der Kurier“

Meine Frau und ich, wir dachten wie die meisten Menschen in der Stadt, dass dies nur vorübergehend sein würde. Niemand kann doch eine ganze Stadt, ein ganzes Land einsperren! Die würden ein oder zwei Wochen dicht machen, dann müsste alles wieder so sein wie vorher. Deshalb blieben wir dabei, demnächst nach West-Berlin zu ziehen. Aus den Nachrichten im Fernsehen wussten wir, dass Westberliner und Westdeutsche mit ihren Ausweisen die Absperrungen in beiden Richtungen passieren könnten.
Da ich in der neuen Wohnung schon angemeldet war, hatte ich auch einen Westberliner Ausweis.

Im Laufe des Sonntags kamen meine Brüder vorbei, auch Hansi, der Staatsanwalt in Ostberlin war, und somit gut informiert. Er kam direkt vom Kampfgruppeneinsatz, vom antifaschistischen Schutzwall, wie es hieß.
„Die Absperrung wird sehr lange bleiben“ meinte er auf meine Frage, was er denn davon halte dass die Westberliner und Westdeutschen hin- und herfahren dürfen, ob denn das so bleiben würde. Hansi meinte, dass er das natürlich nicht genau wisse, aber nach dem, was so erzählt werde bei den Bossen, solle auch das zumindest vorübergehend aufhören.
Wir waren schon ziemlich bedrückt über diese trüben Aussichten, denn wenn Hansi so etwas sagte, dann hatte er schon Grund dazu. Er war ja schließlich in der Partei, er hatte andere Informationsquellen als wir selbst.
Der Abend kam schneller als uns lieb war. Ich ließ alles Geld, auch Westgeld, bei Traudchen, es könnte ja doch etwas länger dauern. Es war der Abend des 13. August. Traudchen brachte mich bis zum Alexanderplatz, wo ich, wenn ich Richtung Westen fahren wollte, in die U-Bahn umsteigen musste. Sie war so traurig als wenn sie etwas ahnen würde. Ich fragte sie noch, ob ich denn bleiben solle. Sie antwortete völlig konsequent: „Wenn du bleibst, machen sie dich fertig.“ Sie hatte ja Recht. Ich sah schon das Gesicht des bewussten Beamten, der mich ständig im Visier hatte. Sie begleitete mich bis zum U-Bahnhof Stadt-Mitte, wo ich dann Richtung Kochstraße umstieg. Da waren sie dann, Volkspolizei und Leute in Kampfgruppenuniform. Sie kontrollierten die Papiere aller Mitreisenden, auch meine. Alle, die einen Westberliner Ausweis hatten wie ich, durften ohne weiteres in Richtung Westberlin einsteigen. Wir verabschiedeten uns, es war doch mit einem Mal alles sehr, sehr traurig.
Am nächsten Morgen waren die Zeitungen voll. In der Firma waren alle total erschrocken. Keiner wollte es so richtig glauben. Es gab auch Produktionsprobleme, fehlten doch einige Kollegen, die, wie ich, aus dem Osten kamen und hier ihr Geld verdienten. Einen Tag später fuhr ich dann noch einmal in den Ostteil der Stadt, mit einem doch sehr mulmigen Gefühl, voller Zweifel, ob die mich wieder rauslassen.

In unsere Wohnung ging ich nicht. Auch in dem Haus wohnten einige Bonzen. Wenn es Probleme gab, war unsere Mutter immer die Anlaufstelle. Sie wohnte wenige Minuten von uns entfernt. Dort traf ich Klaus, den zweitjüngsten meiner fünf Brüder, der dann gleich zu Traudchen ging, um ihr Bescheid zu sagen. Sie brachte dann auch noch den Bruder Horst (Hotti genannt) mit und Christian, meinen jüngsten Sohn. In unserem Gespräch berichtete ich davon, dass die Grenze schon am zweiten Tag ganz anders aussah als am Anfang. Es machte den Eindruck, als ob sie um Ostberlin einen Gürtel aus Beton legen wollten und das für alle Ewigkeit.
Hotti und Klaus hörten gespannt zu und wären am liebsten gleich mitgekommen. Wir wussten natürlich, dass es jetzt noch nicht ging. Traudchen brachte mich zur Bahn. Der Abschied war noch trauriger als Tags zuvor. Wir versprachen uns, so oft es ging, am besten jeden Tag, einen Brief zu schreiben.
Die nächsten Tage wurden spannend, an der Grenze direkt hektisch, für meine Begriffe schon dramatisch. Checkpoint Charlie wurde in diesen Tagen von den Amerikanern errichtet. Es wurde der Grenzübergang für Ausländer. In den ersten Tagen war es so kritisch, dass nicht nur ich der Meinung war, wir stünden kurz vor einem Krieg, viele meiner Kollegen teilten diese Meinung ebenfalls.
Die Grenzposten des Ostsektors versuchten die Amerikaner zu kontrollieren oder sie am Passieren zu hindern. Plötzlich lautes Rasseln und aus Richtung Hallisches-Tor kamen die ersten US-Panzer angerollt. Der Erste fuhr in einem sehr schnellen Tempo auf die am Checkpoint-Charlie stehenden Ostgrenzer zu, gerade so, als wenn er sie überfahren wolle. Kurz vor den Grenzern, es waren nur Zentimeter, blieb er abrupt stehen, das Geschützrohr gerichtet auf eine Offiziersgruppe der Volksarmee.
Im rückwärtigen westlichen Teil der Friedrichstraße gingen weitere Panzer in Stellung. Sie gruben sich auf den freien Grundstücksflächen Wälle und richteten ihre Geschütze aus. Es kamen immer mehr amerikanische Truppen, alle schwer bewaffnet.
Auf der sowjetischen Seite gab es auch Bewegung, es rollten jetzt auch sichtbar Panzer der Sowjets auf. Sie bezogen genau den Amerikanern gegenüber Stellung. Auffallend war, dass die bisherigen Mannschaften im Ostteil ausgetauscht wurden durch

russische Soldaten. Der Übergang im Osten war jetzt von Russen besetzt. Diese kritische Phase dauerte einige Tage, dann wurde wohl zwischen den Alliierten eine Verständigung erzielt. Angehörige der Westalliierten konnten jetzt wieder nach wie vor unkontrolliert die Grenze jederzeit passieren. Die Trennung der Stadt war absolut. Anfangs konnte man sich an besonders günstigen Stellen noch zuwinken. Es wurde aber ein immer perfekteres und damit auch unmenschlicheres Grenzregime. Die Machthaber der DDR waren wahnsinnig genug, die Stadt und die ganze DDR gegen den Westen mit einer unüberwindlichen Mauer, Stacheldraht, Todesstreifen und ein wenig später mit Mienefeldern abzusperren.
Ich war nur noch unterwegs Stellen zu finden, an denen gewunken werden konnte, ein Blick auf die Familie möglich war. Per Brief verabredeten wir uns dann immer. Es wurde eine Tortour für Traudchen weil immer, wenn Christian mich sichtete, das große Geschrei anfing.
Wie soll auch ein kleines Kind begreifen, dass es verboten ist, dem Vater zuzuwinken oder zu ihm hinzulaufen. Die Grenzer, die ich erlebt habe, es waren sehr viele, zeigten keinerlei Verständnis dafür, dass getrennte Familien sich wenigstens sehen wollten. Viele Jahre später bleibt es meinen Richtern in ihrer großen Weisheit überlassen, diese, das Volk schikanierenden Grenzer als arglose, friedliche Zollbeamte zu deklarieren. Es muss schon die Frage gestellt werden: „Hat Adolf Hitler die Millionen Menschen eigenhändig umgebracht? Oder gab es willfährige Helfershelfer? Hat Walter Ulbricht die Frauen, Kinder und Männer selbst an der Mauer umgebracht, wo doch die Grenzer im Prinzip arglos waren?
Es war schon ein Phänomen. Es waren wieder Deutsche, die trotz Nazizeit erneut bereit waren, Mitmenschen zu unterdrücken und vom Unrecht wegzusehen, nur weil eine nicht gewählte, politische Minderheit das befohlen hat.
Traudchen und ich hatten uns ja vorgenommen, möglichst oft zu schreiben. Ihre Briefe habe ich alle aufbewahrt. Meine Briefe an Traudchen habe ich zu meiner Überraschung in meiner Stasiakte, bei der Behörde für die Aufarbeitung der Stasiunterlagen, wieder gefunden. Noch nicht einmal davor haben sie halt gemacht. Briefe von Menschen, die dieses als einziges Mittel der Verständigung

nutzten, ihre Liebe zueinander, ihre Ängste und Sorgen, das gemeinsame Leben als Ziel, alles, was den Menschen als Wurzel, als Quell unverzichtbar ist, all das wurde von einer perfiden Bonzokratie beschnüffelt und den Betroffenen vorenthalten.
Später werden Richter darüber entscheiden, ob denn ständiges Verweigern von grundlegenden Menschenrechten bei den Unterdrückten das Recht zum Widerstand auslöst. Unterstrichen waren immer die Passagen in meinen Briefen, die unter Umständen auf irgendwelche konspirativen Pläne hindeuteten.
Geifernde Fratzen über den Willen zweier Menschen, ihre Zuneigung, ihre Liebe schriftlich auszudrücken. Sicherlich dumme Sprüche zu einzelnen Passagen. Auch das nicht hinnehmbar, nicht tolerierbar, einfach und doch brutal kriminell. Wo sind heute die Täter? Sitzen sie wieder in Amtsstuben, machen sie immer noch Witze über ihre wehrlosen Opfer?
Ich versuchte, die Mauer auf Durchlässigkeit zu prüfen. Gleichzeitig versuchte ich eine Ausreisegenehmigung für meine Familie zu bekommen. Am 13. September 1961, genau vier Wochen nach dem Mauerbau, beantragte ich die Ausreisegenehmigung für meine Frau und Kinder. Die einzige Reaktion von Amts wegen war, dass meiner Frau von den DDR–Behörden empfohlen wurde, sich doch von mir scheiden zu lassen. Die Stasi, von Beginn an im Spiel, versicherte ihr, es sei dafür gesorgt, dass es ein Wiedersehen zwischen uns nicht geben würde.

Ulbricht wird siegen, niemals Strauß!

Westberlin ist Menschenfalle

Auszug aus dem Montagsblatt vom 14. August 1961
„Der Jungen Welt“ Kampfblatt des Kommunistischen Jugendverbandes der DDR

Wenn man den Tod von vielen Menschen, die in die Freiheit flüchten wollten und die Trennung von Familien als Sieg bezeichnet, dann war Ulbricht sicherlich der Sieger.

DEUTSCHES ROTES KREUZ
Landesverband Berlin

Landesnachforschungsdienst

BERLIN-DAHLEM, den [illegible]
Im Dol 2 (U-Bahnhof Podbielskiallee)
Fernruf 76 27 55 · Fernschreiber: 018 3785

Unser Zeichen: Fr-B/BK-D

(Bei Antwort Aktenzeichen und Betreff angeben)

Herrn
Rudolf M ü l l e r

B e r l i n SW 61

Bezug: Ihr Antrag vom 13.9.61
(Familienzusammenführung)

Betr.:
M ü l l e r , geb. Plage, Gertraud, geb. 23.11.1927
M ü l l e r , Bernhard, geb. 4.2.1951
M ü l l e r , Christian, geb. 31.5.1957

Aufgrund Ihres o.a. Antrages haben wir eine Interventionsbitte an das Generalsekretariat des DRK der DDR in Dresden gerichtet und die von Ihnen angegebenen Gründe, ohne Überprüfung unsererseits, mitverwandt.
Da über den Antrag die staatlichen Stellen in Berlin-Ost zu entscheiden haben, wird das DRK der DDR mit diesen Ämtern in Verbindung treten.

Die Entscheidung über die Genehmigung liegt nach unserer Kenntnis bei dem Magistrat von Groß-Berlin
Abtlg. Innere Angelegenheiten,
Berlin, C 2, Rathaus.

Bereits eingereichte und bisher abgelehnte Anträge empfehlen wir, erneut mit der uns von Ihnen gegebenen Begründung bei den zuständigen Stellen in Berlin-Ost einzureichen.
Bitte, halten Sie uns auch über die Teilergebnisse der gemeinsamen Bemühungen, die Sie erfahren sollten, auf dem laufenden; geben Sie uns auch evtl. Adressen- und andere Änderungsmeldungen bekannt.

Der Ordnung halber machen wir darauf aufmerksam, dass alle Fragen, die sich aus dem evtl. Zuzug Ihrer Angehörigen nach Berlin-West ergeben, wie Wohnraum, Renten, Pensionen, ärztliche Versorgung u.a.m., mit den zuständigen West-Berliner Behörden von Ihnen selbst geregelt werden müssen. Wir können Ihnen dies nicht abnehmen. Das DRK kann Sie in einigen dieser Dinge vielleicht beraten und erteilt seine Auskunft nach bestem Wissen und Gewissen. Die Entscheidungen liegen aber ausschließlich bei den zuständigen Verwaltungsdienststellen des Senats bzw. der Bezirksämter.

Wir bitten um Verständnis, dass wir Ihnen ein mit der Maschine abgezogenes Schreiben senden und hoffen auf Ihr Verständnis.
Wir tun dies nur wegen der Vielzahl der gleichlautenden Briefe und der sich daraus ergebenden Arbeitsbeschleunigung.

Im Auftrage:
[signature]

Um unnötige Rückfragen zu vermeiden, wird gebeten, bei Antwort unbedingt unser Aktenzeichen und Betreff anzugeben

Rotes Kreuz

Das Rote Kreuz konnte nicht helfen, ernstlich hatte ich es auch vorher nie geglaubt. Das Studium der Mauer begann.
Nach vielen langen Monaten, vielen Briefen zwischen Traudchen und mir, aber auch von Bernd, meinem Sohn aus erster Ehe, sollte ich die Mauer besser kennen, als ich es mir jemals hätte vorstellen können.
Steine kann man hassen, auch die Menschen, die sie bewachen und überhaupt erst zur absoluten Trennungsgrenze machen.
Dennoch, es musste einen Weg geben. Wenn schon alle Welt nichts als kluge Reden dagegenzusetzen hatte, so blieb es immer und immer unser Lebensrecht, als Familie zusammen zu sein.
Das Ziel war klar; der Weg noch nicht, und sicherlich würde dieser Weg nicht einfach sein.
In den Briefen, die hier nachzulesen sind, ist der einfache Wunsch nach Zusammenleben deutlich zu spüren.

Briefe

Viele Wünsche haben die Menschen überall. Nicht immer werden sie erfüllt, doch der einfache Wunsch nach dem Zusammenleben als Familie wird selten eine Rolle spielen. Weil es ja wohl selten solche menschenfeindlichen Regierungen gibt, wie die der DDR.
Sie hat so schön geschrieben, nur die Menschen mit Gefühl sollten ihre Zeilen lesen. Sie werden dabei erkennen, wie stark die Liebe sein kann, wie schwach doch totalitäre Staaten und ihre Knechte dagegen sind.

Mein lieber, lieber Rudi, 17.8.61

heute habe ich Deine lieben Briefe erhalten. Du hast mir so lieb und nett geschrieben, dass ich vor Freude geweint habe. Ich habe so große Sehnsucht nach Dir.

Laß Dich bitte auch fotografieren, dass ich Dich immer bei mir hab. Christian fragt auch immer nach Dir, er denkt Du bist so lange arbeiten, um ihn ein Auto zu kaufen.

Die Jungens sind beide sehr artig und machen mir viel Freude. Gestern kamen die Bilder vom Tierpark. Das Schönste bekommst Du.

An dem Tag als Willi bei Dir war, war ich mit Bernie bei Deiner Mutter. Als Willi kam, sagte er, dass er von Dir sehr enttäuscht wäre. Ich kann es Dir nicht verdenken, wenn Du ihn nicht bei Dir aufnehmen willst, denn er ist nicht nur versoffen, sondern auch verrückt.

Als wir gestern bei Deiner Mutter waren, säuberte sie gerade Fische. Christian hat bloß mal einen Fisch angefasst, da schrie ihn Willi an, er solle das sein lassen. Mutter nahm Christian in Schutz und sagte, dass Christian doch noch ein Kind wäre.

Darauf schrie Willi Mutter an und schmiss die Türen zu, dass es nur so knallte. Wenn Du ihn aufnehmen würdest,, gäbe es zwischen euch ewig Zank. Deine Mutter hofft allerdings, dass Du ihn aufnimmst, sonst zieht er ganz und gar zu ihr, seine eigene Tochter hat ihn nämlich rausgeschmissen.

So lieber Engel nun zu uns.

Ich freue mich für Dich, dass Du Deine Möbel jetzt bekommst. Wenn ich sie auch nicht ansehen kann, so denke ich dass Du es Dir schon gemütlich machen wirst. Solltest Du einmal traurig sein, so denk an unsere rote Fernsehlampe. Unter ihren roten Schein haben wir doch so viele schöne Stunden verlebt. Ich kann es noch gar nicht fassen, dass jetzt für eine Weile alles vorbei sein soll.

Mir fehlen genau wie Dir die schönen Kaffeestunden. Ich werde mit Bernie versuchen, 18 zu spielen, aber ich weiß, dass es nie so schön sein wird wie mit Dir. Unser kleiner Engel schläft schon, er schnarcht so laut, dass man ihn durch die Tür hört. Er ist jetzt immer so liebesbedürftig.

Du fehlst ihm sehr, weil Du doch immer mit ihm geschmust hast. Berni spielt jetzt immer mit ihm. Er hat sogar zu ihm gesagt, er sei jetzt der Papa.
Christian soll zu ihm Papa sagen. Na, da hättest Du mal sehen sollen wie Christian sich aufgeregt hat.
Dein Paket ist noch nicht angekommen.. Ich werde mich erkundigen, ob ich Pakete abschicken kann, dann schick ich Dir deine Sachen. Wir haben in den letzten Tagen viel Besuch bekommen. Sogar Ulla war hier. Sie lässt Dich herzlich grüßen. Viele liebe Grüße auch von Familie Plage.

Lieber Rudi, wenn Du auch persönlich nicht bei uns sein kannst, in Gedanken bist Du immer bei uns. Wir werden Dich immer lieb haben. Wenn ich erst arbeite, dann werde ich versuchen, einen Passierschein zu bekommen. Nun muss ich schließen.

Ich küsse Dich tausendmal, Deine
Dich immer liebende
Traudchen

In meinen ersten Briefen versuchte ich, sie aufzubauen, zu stärken. Sehr schnell war mir aber klar, dass es allenfalls umgekehrt funktionierte. In ihrem zweiten Brief am 22.8.1961 geschrieben, machte sie deutlich, dass sie sich eine Arbeit sucht, weil das Geld einfach nicht ausreicht.
Sie war wie selbstverständlich bereit, alle Mühen, die entstehen, wenn eine allein stehende Mutter mit zwei Kindern arbeiten gehen muss, auf sich zu nehmen. Dass der Bernd nicht ihr Kind war, spielte dabei keine Rolle. Umso mehr war es für mich wichtig, eine Lösung zu finden.
Alle Kollegen in der Hütte waren bemüht, eine Idee zu haben.
Es war schon der helle Wahnsinn, wie viele und welche Möglichkeiten da erörtert und vorgeschlagen wurden. Nach Feierabend zog ich immer los, um mir die Tipps anzusehen. Fast alle waren zu waghalsig, oder es war schon keine Chance mehr. Das System versuchte, die Absperrung immer enger zu ziehen, immer lebensgefährlicher für den zu machen, der es dennoch wagte.

Mein lieber, lieber Rudi! Dienstag am 22.8.61

Es ist jetzt Nachmittag. Ich sitze in der Wohnstube und trinke eine Tasse Kaffee. Heute Vormittag habe ich Deinen Brief bekommen. Du bist ja so fleißig im Schreiben. Ich habe nie gewusst, dass Du so ein großes Brieftalent bist. Vor allen Dingen hast Du mir wieder so lieb geschrieben. Jeden Vormittag guck ich zum Briefschlitz, ob mir die Post eine Nachricht von Dir durchsteckt.

Ich habe auch so große Sehnsucht nach Dir. Wir vermissen Dich alle sehr. Seitdem Du nicht mehr bei uns bist, ist bei uns alles so leer und öde. Die Kinder sind jetzt immer sehr ruhig und Abends schläft der Christian schon sehr früh ein. Sie sind jetzt beide bei Scholzens drüben. Der Uwe ist heute von der Reise zurückgekommen und hat gleichzeitig Geburtstag.

Bernie war schon den ganzen Tag aufgeregt. Er hat für Uwe ein Kartenspiel und einen Blumenstrauß gekauft. Christian hat Uwe den Blumenstrauß geschenkt und ihn gratuliert.

Lieber Engel!

Warum fährst Du nicht zu Christa und Kläuschen? Du darfst Dich nicht in Deiner Bude vergraben, sonst kommst Du bloß auf dumme Gedanken.

Wenn ich könnte, würde ich Dir den Fernseher schicken, dann hättest Du wenigstens ein bisschen Abwechselung. Du schreibst mir so wenig von Dir: Wie geht es Dir gesundheitlich? Ich mache mir solche Sorgen um Dich. Hast Du Deine Küche schon aufgeräumt?

Weißt Du mein lieber Engel mir geht es genauso wie Dir: Ich bin auch so lustlos und habe keinen rechten Appetit. Es ist ein Glück, dass ich meine Verwandten noch hier habe. Aber alle Verwandten der Welt können Dich nicht ersetzen. Jetzt wo Du fort bist, weiß ich erst wie sehr ich Dich liebe. Ich liebe Dich so sehr, dass sogar Jahre der Trennung meine Liebe zu Dir nicht schwächen könnten. Wir können nur hoffen mein Engel, dass unsere Trennung nicht so lange dauert. In dieser Woche suche ich mir eine Arbeit. Ich glaube es ist sogar besser für mich, wenn ich arbeite, dann habe ich nicht mehr soviel Zeit zum Grübeln.

Weißt Du, ich dürfte mich eigentlich nicht beklagen, denn ich habe doch wenigstens die Kinder, aber auch die Kinder können Dich nicht ersetzen. Wenn sie abends im Bett sind, dann bin ich meistens allein. Dann stelle ich mir vor, Du bist bei mir. Ich nehme mir Deine Briefe und lese sie alle nacheinander durch. Meistens gehe ich auch früh schlafen. Bevor ich einschlafe, sind meine Gedanken immer bei Dir.
Nun muss ich schließen.

Es grüßt Dich Deine Dich immer liebende
Traudchen und Mutti
Viele liebe Grüße von
den Kindern und meinen Verwandten.

Auch Bernie machte sich die Mühe mir Briefe zu schreiben:

Bln. Weiss. den 16.8.60

Lieber Pappa

Was dengst Du wie wir große Sehnsucht nach Dir haben. Christian hat mir gesagt das er sehr traurig ist, das Du nicht da bist. Ich habe gestern Abend meine Briefmarken fertig gemacht. Das ganze Album ist voll geworden. Wir haben gerade gegessen. Christian ist nach Küche gegangen und hat sein Kaspar geholt. Dann ist er nach Stube gekommen und hat zu Mutti gesagt: „Der Kaspar weint, weil er im Fensterschrank gelegen hat." Und Mutti hat dann den Kaspar genommen und hat gesagt: „Chistian warst du auch immer artig." Da sagte Christian: „Ja, ich war immer artig." Dann sagte Mutti: „Nein, wirklich Nicht, hast du die Mutti ach nie geärgert." Da sagte Christian: „Nein, ich habe dich nie geärgert." So Pappa nun will ich Dir noch etwas schreiben wenn der Laden heute wieder diese Schwerter bekommt, dann vergess nicht 1 oder 2 das heißt für Christian noch 1. Wenn du bekommst, dann noch einen Gürtel.

Nun will ich den Brief beenden.

Viele
Grüße
dein Berni
Christian
und Mutti

Ein Kollege von mir war mit einem Fuhrunternehmer befreundet. Von ihm wusste er, dass es mit Fernlastern noch die Möglichkeit gab, Leute von Ost nach West zu schleusen.
Viele Tausend Mark kostete solch ein Weg. Es gab auch hier schon Leute, die aus dem Elend der Menschen Geld machten. Solche Unternehmen kamen für uns natürlich nicht infrage. Niemals würde ich das Schicksal meiner Familie fremden Leuten anvertrauen.

Ein weiterer Brief von meinem Traudchen.

Mein lieber Engel!   Donnerstag, am 30.8 61,
Heute schreibe ich Dir endlich wieder einen Brief. Ich bin die anderen Tage Gar nicht dazu gekommen, weil ich soviel zu erledigen hatte. Ich habe mir nämlich Arbeit gesucht, und es war gar nicht so einfach welche zu bekommen, weil jetzt schon alles besetzt ist. Ich geh jetzt arbeiten bei Nagefa als Maschinenarbeiterin. Dein Paket haben wir schon am Dienstag bekommen. Ich wünschte Du hättest dabei sein können, wie wir uns gefreut haben. Die Kinder wussten vor Freude gar nicht was sie zuerst naschen sollten. Und auch ich habe mich sehr gefreut. Wir sind Dir ja so dankbar. Gestern waren Mutter und Willi bei mir. Mutter wundert sich, dass Du ihr nicht schreibst. Du möchtest bitte so gut sein und ihr ein viertel Kaffee schicken. Mit Lukas habe ich noch nicht gesprochen.
Gestern waren wir am Orankesee baden. Es war sehr schön, aber nur halb so schön als wenn Du bei uns gewesen wärest. Christian spielt jetzt gerade mit seinem Auto, dass Du ihm geschickt hast. Morgen geht Bernie wieder das erste Mal zur Schule. Weißt Du seine alte Mappe, geht auch noch. Sie ist zwar etwas klein, aber er braucht ja nur immer die Bücher für die jeweiligen Fächer mitbringen. Am meisten hat sich Bernie über den Kugelschreiber gefreut. Jetzt brauchen wir die Briefe wenigstens nicht mehr mit Füller schreiben. Weißt Du wir, freuen uns bestimmt sehr über deine Pakete, aber Du brauchst Dir wegen uns nicht alles vom Munde absparen. Du hast doch jetzt sicher viele Ausgaben.
Deine Mutter hat bei mir auch den guten Kaffee getrunken, deshalb hat sie auch gesagt ob Du ihr nicht welchen schicken

könntest. Ich habe es nicht übers Herz gebracht, die Zigaretten allein zu rauchen. Jedem der zu mir kam habe ich welche angeboten. Aber wenn Du mir noch mal welche schickst, rauche ich sie allein. Die anderen Sachen teilen wir uns ein. Wir haben noch Schokolade, Apfelsinen, Erdnussflips und Kaffee. Die Wurst haben wir schon aufgegessen, denn sie hat uns so gut geschmeckt.
Lieber Rudi! Gerade eben hat der Postbote zwei Briefe durchgesteckt. Vielen Dank „Herr Schulz" Das ist ja wirklich eine Überraschung. Du bist der beste und liebste Papa und Ehegatte der Welt. Ich habe es an deiner Schrift erkannt, dass es nur von Dir sein kann. Du verstehst es immer wieder, uns Freude zu bereiten. Du bist einfach ein Engel.
Eben habe ich auch deinen Brief gelesen. Mein lieber, lieber Rudi. Es geht nicht, dass wir uns sehen. Wenn ich dann hinter dem Stacheldraht stehe, bekomme ich wieder das Heulen, sodass ich vor Tränen Dich doch nicht sehen könnte. Außerdem möchte ich es auch den Christian nicht zumuten. Stell Dir vor, er sieht Dich von weitem und kann nicht zu Dir. Es wäre für uns alle grausam und das möchte ich uns ersparen.
Am Montag gehe ich arbeiten. Ich muss, denn ich habe bald kein Geld mehr. Für Christian habe ich noch keinen Kindergartenplatz, aber Deine Mutter hat sich angeboten, ihn einstweilen zu nehmen. Lieber Rudi, ich würde an Deiner Stelle einen Radioschrank kaufen, auf dem wir später unseren Fernseher raufstellen können.
Weißt Du Rudi. Zurzeit sieht es mit uns sehr traurig aus. Nachdem zu urteilen was mir Hansi erzählt hat, haben wir vorläufig nicht die geringsten Chancen zusammen zu kommen. Passierscheine gibt es überhaupt nicht. Aber wenn es mir zu lange dauert, versuche ich zu Dir zu kommen. Es wäre ja unmenschlich, wenn es nicht zu machen wäre, denn die Kinder brauchen doch den Vater. Das werde ich denen schon erzählen, wenn es soweit ist.
Klaus arbeitet jetzt nebenan bei uns auf den Bauhof. Er ist natürlich sehr sauer. Aber es blieb ihm keine Wahl, keine andere Möglichkeit. Was er vorhatte, war aussichtslos. Ich kann Dir Deine Sachen nicht schicken. Auf der Post wurde mir gesagt,

dass zurzeit keine gebrauchten Sachen abgeschickt werden dürfen. Aber ich kann Dir etwas schicken. Ein Geschenk im Werte von 20.- DM. Schreibe mir was Du gerne haben möchtest. Mein lieber, süßer Engel! Verliere nicht den Mut. Wenn wir erst wieder beisammen sind, wird alles noch einmal so schön.

Viele liebe Grüße und
1000 Küsse von Deiner Frau und Deinen Kindern

Traudchen ging jetzt arbeiten, bei Nagefa, einer Backpulver Fabrik in Ostberlin. Das heißt, den ganzen Tag Backpulver oder Natron in der Nase, immer tränende Augen. Es tat mir ja so leid, was sie alles auf sich nehmen musste.
Wobei es auch eigentümliche Zufälle gab.
Nagefa war die Backpulverfabrik, die sie meinem Zellengenossen aus Rummelsburg weggenommen hatten, wofür man ihn zwölf Jahre einsperrte. Hier stellt sich die Frage, auch oder nach meinen Erfahrungen erst recht an die Justiz: wo bleiben heute die Prozesse gegen die Vollstrecker des DDR Regimes?
Die Erpressung von wahnwitzigen Geständnissen mit unmenschlichen Verhören waren in diesem Regime an der Tagesordnung. Waren dies alles völlig arglose Polizisten, so wie bei mir?
Wurden diese Menschen und Richter, Staatsanwälte und Parteibonzen zur Rechenschaft gezogen? Ist es zu kompliziert, in diesen Fällen zu ermitteln, zu untersuchen? Ist es also wieder so, wie es schon einmal war, dass die „Vollstrecker“ sich darauf verlassen können, es passiere ihnen nichts, sie können sich auf unseren Rechtsstaat verlassen?
Wie schrieb Traudchen mir:
Vorläufig würde es nicht die geringsten Chancen geben, um zusammen zu kommen. Den Mut hatte sie noch nicht verloren, wenn es zu lange dauerte, würde sie es schon versuchen. Sie schrieb:
„Es wäre ja unmenschlich, wenn es nicht zu machen wäre, denn die Kinder brauchen doch den Vater. Das werde ich denen schon erzählen, wenn es so weit ist." Wie unmenschlich dieser Staat sein konnte, hat er ja dann vielfältig bewiesen.
Soweit es ging, besorgte ich Ostgeld und schickte es ihr unter einem fremden Namen wie zum Beispiel Schulz. Meinen eigenen Namen

konnte ich ja nicht benutzen. Ich ging davon aus, dass auf dem Postamt mein Name auf dem Index stand und damit zu befürchten war, dass Briefe von mir besonders kontrolliert wurden.
Die Wechselstuben am Bahnhof Zoo in Berlin oder am Gesundbrunnen, wo auch immer sie waren, hatten noch geöffnet.
Allerdings gegenüber früher vor dem Mauerbau war nichts mehr los. Kein Warten, kein Gedränge. Schwarzhändler, die sonst immer ihre Geschäfte machten, gab es nicht mehr. Der Kurs stand für einen der Westmark in Ostmark tauschen wollte, sehr gut.
Für eine Westmark gab es zeitweise Siebenmarkfünfzig Ostmark.
Geld und Pakete war das einzig Mögliche was ich tun konnte. Einen Weg zu finden, die Sicherungssysteme der Schandmauer zu knacken war unendlich schwer. Sie wurden immer perfekter, immer menschenverachtender. Es gab Tage und Stunden, an denen ich vor Verzweiflung und Hoffnungslosigkeit schon daran dachte, zurückzugehen. Das waren aber zum Glück nur kurze Momente. Auch Traudchen war absolut gegen diesen letzten Schritt. Sie machte mehr als einmal deutlich wie sehr sie davor Angst hatte.
Sie wusste genau wie alle anderen, dass dies nur einen langen Aufenthalt in einem der furchtbaren Gefängnisse der DDR für mich bedeutet hätte. War es nicht schön, wie fest sie an mich glaubte? Wie sie schrieb, war sie fest davon überzeugt dass wir wieder zusammen kommen würden.
Lange sollte es noch dauern, die Schikanen sollten noch intensiver werden. Die hässliche, lebensfeindliche Krake Stasi war dabei, uns, vor allem sie, ins Visier zu nehmen.
In meinen Briefen an Traudchen, die die Stasi kassierte, wurde einiges unterstrichen, beziehungsweise markiert.
Die Unterstreichungen wiesen nach Meinung der Stasi auf verdächtige Äußerungen hin. Natürlich war ich die ganze Zeit, jede Stunde, jede Minute damit beschäftigt, wie denn eine Lösung unseres Problems aussehen könnte.
Der in einem der ersten Briefe erwähnte Peter M. war ein alter Freund von uns. Zu dem Zeitpunkt der absoluten Ratlosigkeit war jede Hilfe willkommen.

Dann musste ich irgendwie Traudchen klar machen, dass ich nicht nur Lösungen suchte, sondern auch um ihre Verwirklichung bemüht war.
In einen Brief vom September 1961schrieb sie von Ihrer Angst davor, auf illegalem Weg zu flüchten. Es hatte schon die ersten Toten an der Mauer gegeben. Klaus, mein Bruder habe auch was vor, schrieb sie, Klaus hatte eine Freundschaft in der Bernauer Straße.
Die Straße selbst war im französischen Sektor von Berlin. Die Häuser jedoch auf der einen Seite gehörten zum sowjetisch besetzten Teil von Berlin Die Anwohner hätten nur aus der Tür spazieren müssen, so wie viele es schon über fünfzig Jahre getan haben, dann wären sie im französischen Sektor Berlins. Da das den Machthabern der DDR nicht ins politische Kalkül passte, wurde die Perversität auf die Spitze getrieben. Den Anwohnern der Häuser wurden die Haustüren einfach und brutal zugemauert. Die Zugänge wurden über die Hinterhöfe neu angelegt. Das konnte allerdings nicht verhindern, dass die Leute nach und nach aus den Fenstern sprangen.
Die Feuerwehr in West-Berlin stand dort in ständiger Bereitschaft. Den Passanten unten auf der Bernauer Straße wurde ein Zeichen gegeben, die Feuerwehr spannte dann im richtigen Moment ihre Sprungtücher auf, um die in ihrer Verzweiflung springenden Menschen, manchmal sogar aus dem zweiten oder dritten Stock, aufzufangen.
Immer wieder gab es Zwischenfälle. Wenn die Flüchtlinge von den Grenzern entdeckt wurden, wurde einfach geschossen oder versucht, die Leute anderweitig festzuhalten. Diese Form des Flüchtens endete oft tragisch. Schließlich wurden sogar auf den Dächern, der oft vierstöckigen Häuser, Stacheldrahtverhaue angelegt, um auch noch das letzte Schlupfloch zuzustopfen.
Auch Klaus schaffte es dort nicht. Er hatte hier als Maurer irgendwann einmal gearbeitet und kannte sich etwas aus. Gegen die Zutrittssperre war er machtlos, auch nachts war dort für Fremde kein Durchkommen. Es sollte nicht lange dauern, dann wurden auch die letzten noch verbliebenen Bewohner der Bernauer Straße mit rüden Methoden aus ihren Wohnungen gewiesen. Die Häuser völlig vermauert oder ganz abgerissen, im Sinne eines guten Schussfeldes. Für meine Familie wäre das überhaupt nichts gewesen, zu gefährlich.

Die Suche ging weiter.
Zweifel überkamen mich immer öfter, gab es denn überhaupt irgendwann noch eine Möglichkeit? Hinzu kamen immer wieder Meldungen in der Zeitung über den rücksichtslosen Schusswaffengebrauch an der Mauer. Sollte ich aufgeben?
Alles was wir hatten, was uns stark machte, waren unsere, ihre Briefe

Der besondere Brief!

Im November, genau gesagt am 16.11.1961 kam ein Brief.
Geschrieben von Peter. Die Hand geführt, dessen war ich mir sicher, hatte die „Firma."
Beide, Hansi und Peter, waren von ihrer Sache und dem Staat überzeugt. Wir hatten als Brüder, obwohl in völlig unterschiedlicher Einschätzung der Politik, nie deswegen miteinander Probleme. Ich habe nie verstanden, weshalb es in anderen Familien wegen der Politik zu Streitigkeiten kam. Selbstverständlich war für uns auch, wir mischten uns niemals in die persönlichen Entscheidungen des anderen ein. Ungebetenen Rat verteilten wir nicht unter uns. Dennoch kam von Peter dieser Brief.
Die Art, wie er geschrieben wurde, die schwülstigen Appelle, war nicht unsere Sprache. Für mich war völlig klar, da redeten die Herren von der Firma mit den Bossen von Peter(der bei der Kripo war), es wurde an das sozialistische Gewissen appelliert, schlimmer, es wurde ihm eingeredet, sogar das Wort gegeben, dass dem Bruder nicht viel passieren würde.
Wie wollte, wie konnte ein Mensch, der wie Peter in der DDR seine Karriere gemacht und auch eine gute Existenz aufgebaut hatte, sich solch einem Ansinnen überhaupt widersetzen?
So war das eben, wieder wie bei den Nazis. Sippenhaft war der Schlüssel für Verrat in der Familie. Verrat aus Angst. Die Verursacher dieser Angst dachten wirklich, dass sie mich mit solch einem Schreiben in ihre tödliche Umarmung locken konnten.

Abschrift des Briefes:

Rudi! *Berlin, den 16.11.61*

Jeder selbst ist für sich, für sein „Tun“ und „Handeln“ und für sein Leben selbst verantwortlich!
Aber er ist auch für seine Umwelt und für seine ihm anvertrauten Leben verantwortlich. Diese Verantwortlichkeit und dieses Verantwortungsbewusstsein beziehen sich nicht zuletzt, sondern in aller erster Linie auf seine Familie und auf seine Nachkommen.
Wenn man eine Familie gründet, dann gründet man diese zu dem Zweck, sich und dieser Familie ein Leben aufzubauen. Und wenn man dieses Leben, was einem Menschen nur einmal gegeben ist und was sehr kurz ist, nicht so lebt, dass man etwas davon hat, so ist man zum großen Teil selbst schuld daran. Aber wie gesagt, jeder muss selbst wissen, wie er sein Leben lebt – und aufbaut. Aber wenn man in diesem Leben Fehler macht, und wenn man diese Fehler in seinen Folgen so groß sind, dass davon seine nächsten Angehörigen, in diesem Fall die Ehefrau und nicht zuletzt die Kinder zehren und leiden müssen, so gibt es keinen Grund dafür, welches diesen Fehler entschuldigt.
Rudi! Wie denkst Du denn geht das Leben jetzt weiter? soll es jetzt immer so sein, dass Deine Frau und Deine Kinder von Dir getrennt leben müssen, ohne dass dafür ein besonders wichtiger Grund vorhanden ist?
Denkst Du, dass sich im Augenblick etwas an der Situation ändern wird in der wir jetzt leben? Ich weiß genau, dass Du dir darüber im Klaren bist, dass sich nichts ändern wird in der nächsten Zeit.
Fakt ist, dass Du in einer anderen Welt lebst und Deine Familie und Verwandten in einer anderen. Wenn Du gewissenhaft an die Frage herangehen würdest, so gibt es für Dich nur einen Weg!
Den Weg, welcher Dich umgehend zu Deiner Familie führt! Unabhängig von jedem politischem Denken, von jeden materiellen und finanziellen Vorteilen muss Dein Weg auf den schnellsten Weg in Deine Heimat, wo Du geboren bist, führen. Ich weiß nicht was in deinen Geist für Gedanken sind? Aber so viel Übersicht und Überlegung traut man Dir zu, dass Du auf schnellsten Weg „Retour“ machst. Denn hier bei deiner Familie und Deinen Kindern ist Dein Platz, damit Du sie ernährst und zu anständigen Menschen erziehst.

Was willst Du dort drüben? Das frage ich mich und alle die Dich kennen! Deine Kinder sind hier, Deine Frau muss arbeiten weil sie sonst verhungern würde. Nennst Du das Familienbewusstsein? Ich glaube Dich so gut zu kennen, um zu wissen, dass Du Deine Handlungsweise schon längst bereut hast! Aber Du musst wissen und Du weißt es auch; hat man einen Fehler gemacht, so ist es nie zu spät, ihn wieder gut zu machen! Ich bin mit Dir auch einer Meinung, wenn Du denkst, dass dieser Schritt nicht einfach für Dich ist. Aber denk daran. Denk an Deine Söhne!!! Sollen sie ohne Vater aufwachsen? Sollen sie es verstehen wenn Du nicht mehr bei ihnen bist? Weihnachten steht vor der Tür, denkst Du auch mal daran? Erinnere Dich an das letzte Weihnachten! Erinnere Dich aber auch mal daran, dass Du schon einmal in so einer Lage warst. Auch damals waren deine Kinder ohne ihren Vater, der Willkür einer Frau ausgesetzt, die nie eine richtige Mutter für sie war. Jetzt hast Du eine bessere Mutter für Deine Kinder. Aber die Kinder haben noch keinen Vater!

Ich selbst verspüre es mehr wie jeder andere von uns, was es für Deine Kinder, vor allem für den kleinsten bedeutet, dass ihr Vater nicht mehr bei ihnen ist. Du weißt, dass ich Dir ähnlich sehe, sobald ich Deinen jüngsten Sohn auf der Strasse treffe denkt er, ich wäre sein Vater. Erst in alle nächste Nähe stellt er dann seinen Irrtum fest und dann musst Du mal seine Augen sehen!

Das ist einfach nicht zu beschreiben. Erst von weiten die große Freude in seinem Gesicht und dann die große Enttäuschung in seinen Augen, wenn er sieht, dass es bloß sein Onkel ist. Ich erlebe das fast täglich!

Ich habe das auch schon mal erlebt in den Jahren 1953 - 1954. Das weißt Du aber genau so gut wie ich. Gibt Dir das nicht zu denken? Glaubst Du, dass es für den Christian gut ist, wenn er jetzt schon in seinen jungen Jahren mit derlei schwerwiegenden Dingen zu tun hat?

Wir alle, hauptsächlich unser ältester und ich wissen warum Du Dich nicht meldest. Wir wissen auch, dass Du Dir „schon jetzt" Gewissensbisse machst! Aber es ist nie zu spät! Ich will hoffen, dass Du einmal richtig überlegst, sofern Du es noch nicht getan hast! Deine Kinder, Deine Frau warten auf Dich, wenn Deine Frau Dir vielleicht auch schreibt, dass es ihr nichts ausmacht, aber wenn Du Deine Frau kennst, dann weißt Du , dass sie in Wirklichkeit jetzt nichts mehr vom Leben hat!

Deine Frau ist jung und will leben! Und das Recht dazu hat sie!

Ich habe mir nicht alles von der Leber geredet, was ich Dir zu sagen hätte, aber ich denke, Du wirst es verstehen!
Wir warten auf Deinen Entschluss! Teile ihn uns rechtzeitig mit. Mit allen Fakten d.h. Weshalb bist Du jetzt dort? Warum bist Du dort? Und wann hat Dich Deine Frau als vermisst gemeldet? Dies ist sehr wichtig!
War es mit Datum vor den 13.8 1961 oder bist Du erst nach dem 13.8.1961 gemeldet?
Ich glaube, es hieß wohl, dass Du am 13.8.1961 nicht mehr zurückgekommen bist. Mit dem zweiten Impfschein ist hier nichts bekannt. Wenn das der Grund war, dann ist es lächerlich! Auf jeden Fall teile mir diese Fakten mit, wir werden dementsprechend einschätzen! Lass aber nicht erst wieder die Zeit verstreichen, sondern denke daran, wenn es alles klappt, dann bist Du Weihnachten im Kreis Deiner Familie! Wir warten auf Nachricht! Die Adresse ist der Absender von diesem Brief.

Es grüßt auf ein baldiges Wiedersehen

P. .

Wir sind trotzdem Familie geblieben.
Mir würde nicht so sehr viel passieren, so jedenfalls der Text des Briefes.
Ich glaube, mein Bruder hoffte insgeheim, dass ich zwischen den Zeilen lese. Dass ich richtig reagiere.
Als Traudchen von diesem Brief erfuhr, hat sie spontan so reagiert wie ich. Im Brief vom 24.11.1961 macht sie deutlich, was sie davon hielt:

Lieber, lieber Rudi *24.11.61*
Sei mir bitte nicht böse, dass ich Dir heute erste schreibe. Eigentlich wollte ich Dir gestern schon schreiben, aber ich bin nicht dazu gekommen. Gestern habe ich Dein Paket bekommen. Genau an meinem Geburtstag. Ich habe mich so sehr gefreut. Der Pullover ist wunderschön und der Rockstoff auch. Ebenfalls die Garnitur. Gestern kamen auch zwei Briefe. Auch der in dem Du mir schreibst, dass Dein Bruder an Dich geschrieben hat. Ich finde, es ist direkt eine Frechheit. Lieber Engel! er denkt nur an sich selbst, aber nicht an uns. Er zittert wahrscheinlich um seine Stellung. Was ich ja noch verstehen könnte. Es ist doch einfach

geistlos, was er Dir da geschrieben hat. Ich habe ein recht zu leben. Und wenn ich nicht verhungern will, muß ich arbeiten gehen.
Ich habe es nicht leicht, das stimmt, aber es ist zu ertragen und ich weiß, dass alles viel leichter sein wird, wenn ich wieder bei Dir bin. Du hast Recht Rudi. Was man sich vorgenommen hat, das soll man auch durchführen.
Bleibe fest Rudi. Deine größte Schwäche war, dass Du immer wankelmütig wurdest. Um uns brauchst Du Dir keine Sorgen zu machen.
Irmchen ist doch jetzt bei mir. Jetzt ist alles viel, viel leichter.
Gestern Nachmittag war Deine Mutter mit Onkel Willi bei uns. Sie kamen gratulieren. Deine Mutter war wie immer sehr nett. Am Abend kamen auch Gerda und Edith. Von dem Brief haben sie keine Silbe erwähnt. Ich freue mich, dass Du Anschluss bei Heinz Novot gefunden hast. Jetzt bist Du wenigstens nicht ganz allein.
Lieber Rudi! Könntest Du mir zwei paar Strümpfe Größe 10 schicken. Für Annelies. Ich werde dann mit ihr einig. Es ist schön, dass Du Apfelsinen geschickt hast. Bei uns gibt es kein Obst. Berni bekommt ab und zu ein paar Äpfel in der Schule.
Es ist furchtbar, aber das Weihnachtsfest werden wir sicher auch nicht zusammen erleben. Die einzige Hoffnung ist, dass es noch viele gemeinsamen Weihnachten für uns geben wird, die immer umso schöner sein werden. Nun werde ich schließen. Behalt uns lieb und mach Dir nicht so viele Sorgen. Es grüßt Dich deine Dich liebende Traudchen.
PS. In diesem Jahr feiern die Kinder bei mir im Betrieb auch Weihnachten. Ich habe für jedes Kind 15.- M. vom Betrieb bekommen. Dafür muss ich etwas kaufen und das Geschenk bringt der Weihnachtsmann. Die Kinder freuen sich schon sehr darauf.
Lieber Engel. Ich möchte Dir zu Weihnachten auch eine Freude machen.
Ich möchte Dir etwas aus dem Kunstgewerbeladen kaufen. Vielleicht ein Bild oder etwas anderes hübsches.

Schreib mir bitte, was Du Dir wünschst. Die Latschen bekommst Du auch.
Klaus war in der vorigen Woche bei mir. Du möchtest ihm bitte seinen Mantel schicken.
Lieber Engel. Ich kann mir gar nicht vorstellen, Weihnachten ohne Dich. Ich habe wenigstens die Kinder bei mir, aber Du mein Liebling. Was machst Du? Hoffentlich dauert es nicht allzu lange, bis wir wieder vereint sind.
Ich sehe immer noch die Kinder vor mir, wie sie geweint haben, als sie Dich an der Grenze sahen. Wir haben alle so große Sehnsucht nach Dir, und wir werden Dich bestimmt nie vergessen. Nun muss ich wirklich schließen. Morgen muss ich schon um ½ 5 aufstehen.

Viele liebe Grüße und Tausend Küsse von
Deinem Traudchen,
Berni und Christian

Ich finde sie schrieb wunderschön. Was für eine starke Frau, ging es mir durch den Kopf.
Bei der Arbeit in den Hüttenwerken lernte ich zwei Studenten kennen, die dort als Aushilfe arbeiteten. Sie waren von meinem Problem sehr betroffen.
Kurz nach unserem Gespräch berichteten sie, es gebe im Rahmen des ASTA eine Gruppe, die sich zum Ziel gesetzt hatte, Menschen, die durch den Mauerbau in Not seien, zu helfen.
Sie waren wohl die Ersten, die sich zutrauten, von Berlin-West nach Berlin-Ost einen Tunnel zu graben, um Flüchtlinge in den Westen zu bringen. Ich war nach den Gesprächen optimistisch und war in meinen Träumen schon mit der Familie vereint.
Stellte mir vor, wie es sein würde, wenn ich sie an mich drücke, wenn ich beide Söhne auf dem Schoß hätte und mit ihnen rumalbern könnte; aber die Fantasie alleine reichte natürlich nicht aus, Träume Wirklichkeit werden zu lassen.
Ende Januar 1962 der große Schreck.
Wir hatten uns doch noch einmal mit Hilfe von Studenten zum Zuwinken oder Sehen an der Mauer verabredet. Winken wollten wir an einer Stelle gegenüber der Grenzbefestigung, wo man vom

Bahnhof der Stadtbahn aus, der im Westteil von Berlin lag, einen kleinen Ausschnitt des von den Sowjets besetzten Gebietes einsehen konnte.
Die teuflische Perfektion hatte hier noch nicht voll gegriffen, es gab noch keine Sichtblenden.
(Viel, viel später, behauptet ein überaus kompetenter Ermittler in meiner Anklageschrift, wir, damit meinte er Traudchen und mich, hätten über die nur mäßig bewachte Mauer hinweg ständig Kontakt gehalten.)
Über Studenten aus Westdeutschland, die mit ihren Pässen noch in den Ostteil der Stadt durften, wurde Ort und Zeit vereinbart. Ich war rechtzeitig da, die Stelle war wirklich gut. Der Bürgersteig drüben war nicht so weit entfernt, wenn meine Familie dort stehen könnte, wäre es gut.
Ein Stück der Straße war auch noch einzusehen. Wenn sie kommen, würde ich sie schon sehr früh sichten können.
Hoffte nur, dass sie kommen würden. Nur ein Polizist der Ost Berliner Polizei war zu sehen, der machte einen ruhigen Eindruck. Einige Menschen waren drüben, hier auf dem Bahnsteig im Westen standen auch eine ganze Reihe von Leuten, die wie ich das Verlangen hatten, ihren Verwandten oder Freunden zuwinken zu dürfen. Für die vielen Menschen blieb es sehr verhalten, ruhig. Ich sah Winken, hörte Rufen, Weinen und Schluchzen, Tränen. Menschen verzweifelten an den Unmenschlichkeiten der Macht. Es war die pure Wehrlosigkeit, hier gab es auch keine Reporter.
Wer will schon über den mittlerweile tagtäglichen Schmerz der Menschen berichten.
Dann sah ich meine Lieben kommen. Traudchen war sehr schlank geworden, die Jungs hatten sich nicht viel verändert. Auch Irmchen, ihre Schwester, die ja jetzt bei ihr wohnte, war dabei.
Sie sahen mich auch und winkten. Traudchen rief laut rüber „Hallo Schatz!" Ich rief zurück, Christian wollte sich losreißen, er machte Theater. Da, plötzlich von weitem Blaulicht, rasch näher kommend. Die Menschen erstarrten, ihr kleines Zipfelchen Glück war gefährdet. Auch mein Arm, eben noch winkend, erstarrte. Was geschah?
Die Grüne Minna (Gefangenentransportwagen) hielt mit einem Ruck. Aus einem Mannschaftswagen sprangen Grenzer, schwer bewaffnet

und trieben die Menschen drüben, unsere Menschen, wie Vieh zum Abtransport. Alle, auch meine Familie jagten sie mit Knüppeldrohung in den Wagen, und schon war alles zu Ende. Mit zuckendem Blaulicht verschwanden diese Staatsknechte mit ihrer menschlichen Beute. Gilt auch hier das Gleiche wie in meinem Urteil: „Die Leute haben sich doch selbst in Gefahr begeben. Die Grenzer waren sicher alle äußerst arglos und handelten doch vorschriftsmäßig."
Die Betroffenen, die Menschen sahen es wohl anders. Ich im Übrigen auch. Wut hatten wir, die auf dem Bahnsteig standen und einen kleinen Blick erhaschen wollten.
Einige beschimpften die Vopos als Nazischweine, Ulbrich-Knechte, Kaposchweine, KZ-Wächter und ähnlichem. Wir, die machtlosen Zeugen des Terrors, diskutierten darüber, was gerade geschah. Einige hatten Schaum vor dem Mund.
Es war ihnen schon öfter so gegangen. Andere suchten nach Pflastersteinen oder anderen Wurfgeschossen, um so ihrer Wut freien Lauf zu lassen. Ich gehörte zu den Beschwichtigern. Wir meinten, wenn sie weiter Randale machten, hätten unsere Angehörigen nur zu leiden.
Die Welt war verrückt, sie nahm geduldig hin, dass einer Stadt mitten durchs Herz geschnitten wurde. Nicht nur das, sie nahm die Perversität hin, dass Brüder und Schwestern, die Verwandten, Freunde, die Geliebten, die Kinder und Eltern nicht mehr zueinander konnten. Nicht nur der Stadt, auch den Bürgern dieser Stadt war mitten durchs Herz geschnitten worden. Es war nicht zu begreifen.
Studenten schickte ich rüber, sie sollten sich erkundigen, was mit der Familie passiert war. Waren die Verhafteten inzwischen wieder frei? Endlich, die Erlösung. Ögemann, so hieß der Student war wieder zurück von seinem Botengang und konnte berichten. Nachdem wurde Traudchen mit den Kindern erst einmal zum Verhör abtransportiert. Das Verhör selbst dauerte sehr lange, bis man sie nach Hause entließ.
Später, lange nach der Flucht, erfuhr ich, wie sie mit ihr umgegangen waren und sie bedroht hatten. Die Stasistrolche verlangten von ihr, wie schon einmal, sie solle sich doch von dem Agenten, (wie sie mich nannten) scheiden lassen. Wobei sie ihr auch sagten, sie würde niemals eine Ausreisegenehmigung erhalten. Sie hatten ihr auch klar

gemacht, dass sie unter besonderer Beobachtung stünde. Bei jeder weiteren Aktion an der Grenze müsse sie mit entsprechenden Maßnahmen rechnen. Da wurden ihr schon die Ausweisung aus Ost-Berlin und die Wegnahme der Kinder angedroht. Wie sie dann später auch erzählte, musste sie sich bei dem Chef ihrer Firma einfinden, um sich darüber belehren zu lassen, wie schwer doch meine Verbrechen wären. Sie müsse sich dafür schämen, mit einem Klassenfeind verheiratet zu sein. Nur mit Rücksicht auf ihre Kinder würde sie weiter beschäftigt werden.

Mein lieber, lieber Rudi! Donnerstag 8.2.62
Heute, mein lieber Engel habe ich zwei Briefe von Dir bekommen. In beiden Briefen sendest Du mir 60 liebe Küsse. Herzlichen Dank.
Ich glaube Dir gern, dass Dir ein Stein vom Herzen geplumpst ist. Es muss ja auch schrecklich für Dich gewesen sein, Zusehen müssen, wie sie uns mitgenommen haben. Aber jetzt ist alles gut. Ich habe schon alles wieder vergessen. Heute war für uns ein Besuchertag. Ein Gast löste den anderen ab. Zuerst kamen Christel und Frank. Danach kam Klaus, dann Deine Mutter und am Schluss Bernies Pionierleiterin. Stell Dir vor, Bernie fährt für eine Woche ins Erzgebirge. In der letzten Ferienwoche, weil er im Gruppenrat ist. Ich brauche nur 10 DM dafür zu bezahlen. Er freut sich schon so sehr darauf. Dass von Dir kein Geburtstagsbrief kam, hat ihn sehr enttäuscht. Ich habe ihm jetzt erklärt, dass der Brief sicherlich woanders gelandet ist. Du hast bestimmt den Brief an ihn selbst adressiert. Wenn mein Name darauf steht, dann weiß die Briefträgerin schon Bescheid.
Lieber Engel, Du hast mir etwas von rüberkommen geschrieben. Wenn Du mich lieb hast, dann tue es bitte nicht. Das ist viel zu gefährlich. So schön es wäre, Dich endlich wieder einmal in den Armen zu halten, Dich umarmen zu dürfen, das Risiko wäre zu groß.
Als ich Christian heute vom Kindergarten abgeholt habe, hat mir die Erzieherin etwas Lustiges von ihm erzählt. Als sie mit den Kindern spazieren gehen wollte, mochte der Christian wohl seinen Nachbarn nicht anfassen. Er ging immer nebenher, die

Arme gekreuzt. Als die Kindergärtnerin ihn fragen wollte, warum er nicht den Jungen anfasse, sah sie erst die Bescherung. Christian hatte an seinen Handschuhen Bänder, damit er sie nicht verliert. Die Kinder ziehen sich alleine an. Jetzt hat er die Handschuhe verkehrt angezogen. Den linken auf die rechte Hand, das Band war dadurch rum gewickelt, also musste er gehen wie ein Gefangener. Gestern Abend musste ich ihn verhauen. Er war ganz leise im Zimmer und ich dachte, er schliefe. Als ich schlafen ging, sah ich was er angerichtet hat. Er hat meinen Creme genommen und sich damit die Haare und die Frisierkommode verschmiert. Es sah furchtbar aus im Schlafzimmer. Um Zehn musste ich ihn noch den Kopf waschen. Er hat geschrieen wie ein Stier. Du hast ja jetzt sicherlich Ruhe. Aber diese Ruhe tut Dir auch nicht gut. Ich habe noch eine Frage. Du hast doch bald Geburtstag. Kannst Du mir Deinen Wunsch mitteilen.

Nun muss ich schließen.

Viel liebe Grüße und Küsse

Und eine gute Nacht wünsche ich Dir, Dein Traudchen

Ihre Briefe, die unsere Ohnmacht, nicht zusammen kommen zu können ausdrückten waren Momente, wo Verzweiflung und Kummer mich fast erdrückten. Hinzu kam meine Wehrlosigkeit, ansehen zu müssen, wie sie von Handlangern eines Terrorstaates in gemeinster Form schikaniert wurde. Was blieb denn auch? Ich sah keine Möglichkeit etwas zu ändern. Inzwischen wurde klar, dass ein Teil meiner Brüder keinesfalls im Osten bleiben wollte. Die drei, Hotti, Klaus und Kalli wollten, wie sie sagten, für diesen Bonzenstaat nicht Soldat spielen.

Sie mussten damit rechnen, die DDR hatte jetzt, es konnte ja keiner mehr weg, die Wehrpflicht eingeführt.

Auch hier sah ich einen Hoffnungsschimmer. Vereint geht alles leichter. Inzwischen lernte ich, auch wieder über meine Arbeit, einen weiteren Studenten kennen, der sehr engagiert meine Sache aufgriff und selbst nach Lösungen suchte. Er war Kunststudent aus Freiburg, spontan bot er an, rüber zu fahren und den Boten zu spielen. Wie

schon gesagt, diese Botengänge waren für die Versorgung mit frischem Obst, aber vor allem mit Nachrichten sehr wichtig.
Wir hatten aus Sicherheitsgründen für bestimmte Nachrichten Schlüsselworte vereinbart. Wenn ein Brief mit der Überschrift „Liebe Mutti" kam oder mit Termine vom Hochzeitstag eine Rolle spielten, dann war es das Signal, dass ich etwas gefunden hatte, dass die Flucht unmittelbar bevorstand.
Wenn der Bote, wer auch immer, Grüße an die liebe Mutti übermittelte, oder mitteilte, dass bald Post für die „Liebe Mutti“ kommen würde, dann war dies das erwartete Zeichen der Hoffnung.
Ganz dicht war meiner Meinung nach ein Versuch der Brüder. Denn davon war ich überzeugt, wenn die es schafften, dann würden sie meine Frau und die Kinder mitbringen. Sie hatten Erfolg mit ihrer Flucht, auf eine Art und Weise, wie sie bis dahin auch für die Grenzpolizei und Armee der DDR unvorstellbar war.
Meine Schicht war zu Ende. Ich war gerade dabei loszugehen, um mich mit Erbes (dem Kunststudenten) zu treffen. Es gab eine neue geplante Aktion vom AstA. Wir wollten in die Hardenbergstrasse, das ist in der Nähe der Freien Universität von Westberlin, in Berlin-Charlottenburg. Dort gab es einen Club und Ansprechpartner. Erbes sollte ich dort treffen, er wollte mich mit anderen Studenten bekannt machen. Doch es geschah etwas, womit ich nicht rechnen konnte. Plötzlich klingelte es an meiner Wohnungstür. Ich öffnete und traute meinen Augen nicht. Vor mir standen meine Brüder Hotti, Klaus und Kalli.

U-BAHN

Wahnsinnige Freude ergriff mich, ich schaute an ihnen vorbei, irgendwo musste doch Traudchen auftauchen. Sie wollte mich überraschen, sie musste doch jetzt gleich sichtbar werden.
Sie sahen mein sicherlich fragendes Gesicht. Hotti nahm mich in den Arm, sagte: „Rudi wir haben sie nicht dabei! Es ging nicht."
Der Freund eines Kollegen, der bei der U-Bahn tätig war, hatte den Tipp gegeben, es mit der U-Bahn zu versuchen. Ja, richtig verstanden, mit der U-Bahn von Ost- nach West-Berlin fahren.
Einfach so.

Das Geheimnis dieser simplen, aber zu dieser Zeit absolut verrückten Geschichte war die Tatsache, dass es U-Bahn-Strecken gab, die im Westteil begannen, einige Stationen durch den Ostteil fuhren, um dann wieder im Westteil die Fahrt fortzusetzen. So auch die Strecke von Kreuzberg nach Gesundbrunnen.
Der letzte Bahnhof im Westen war in diesem Falle die Station Moritzplatz, dann über Stadtmitte und andere Stationen nach Gesundbrunnen. Die Geiselnehmer eines halben Volkes mussten in der logischen Fortführung ihres Verbrechens, verhindern, dass Ostberliner diese Züge benutzen.
Die Lösung für die Architekten der Mauer oder, besser gesagt, des Terrors, war einfach und rücksichtslos zugleich. Die entsprechenden Bahnhöfe waren für Ostberliner vermauert. Die Zugänge zu den Stationen im Osten wurden einfach zugesperrt, den Ostlern wurde ihr Verkehrsmittel, welches sie seit Jahrzehnten benutzten, stillgelegt. Jetzt fuhren die Bahnen mit ihrer Westfracht durch die stillgelegten Bahnhöfe, ohne anzuhalten. Es wurde für die Westbürger, die den Streckenteil nutzen mussten, eine immer wiederkehrende Gespensterfahrt.
Die Stationen waren menschenleer, in grelles Licht getaucht, hellweiß gestrichen. Einsam aber bedrohlich standen Posten mit Maschinenpistolen breitbeinig als Vertreter eines Gewaltregimes auf den Bahnsteigen. Sie musterten kalt und feindlich die Fahrgäste, die jeden Tag, weil es der Weg zur Arbeit war, die Bahn benutzen mussten.
Beklemmend auch, weil die Züge durch diese Stationen besonders langsam fahren mussten. Irgendwann hatte Erbes das als eine noch zu erkundende Möglichkeit drüben den Brüdern kundgetan. Dass die Brüder jedoch schon so weit waren, überraschte mich total.
Der Vorgang selbst war einfach, aber dennoch voller Risiko.
Die U-Bahn hat große Lüftungsschächte, die gleichzeitig als Notausstieg genutzt werden. Man kennt das Bild von Marilyn Monroe, die genau auf solch einem Luftschacht der New Yorker Metro steht und der hochgedrückte Fahrtwind ihren Rock so verwirbelt, dass sie ihn nur mühselig festhalten kann.
Ein Foto, das weltbekannt wurde.

In Stadtmitte gab es einen durch Bauwagen verdeckten Schacht, der das Ziel meiner Brüder für ihre Flucht war.
Sie waren am späten Abend getrennt zu dieser Stelle gefahren. Den kleinen Kindern wurde ein leichtes Schlafmittel gegeben.
Weinen oder überhaupt laute Kinderstimmen in der sehr abgelegenen und damit auch ruhigen Gegend konnte die Entdeckung der Flucht bedeuten.
Treffpunkt war der dort abgestellte Bauwagen, der von Klaus schon am Tage genau über das Gitter geschoben worden war.
Der Boden im Bauwagen war präpariert, die Fußbodenbretter waren so gelöst, dass es möglich war, aus dem Inneren des Wagens heraus an das Einstiegsgitter des U-Bahnschachtes zu gelangen.
Meine Brüder hatten sich einen Schlüssel für die Gitter besorgen können. Die Gitter waren von der Straße aus nur mit Schlüssel zu öffnen, vom Schachtinneren gingen sie mit einem Riegel auf.
Sie sind, wie bei wohl allen U-Bahnen dieser Welt, Notausgänge, um bei einem Unfall oder sogar Feuer auf der Strecke, die Fahrgäste in Sicherheit zu bringen. Klaus war mit seiner Familie der Erste im Bauwagen. Er hatte den Schlüssel für den Bauwagen und das Gitter besorgt.
Nach und nach trafen alle ein, die Kinder meiner Brüder waren leicht schläfrig, es war alles im Plan.
Dass Gitter war schwer zu öffnen, da die Luke im Boden des Bauwagens relativ eng war. Schließlich klappte es. Als Erster stieg Hotti in den Schacht. Hotti war immer der Mann für die schwierigen Situationen. Er war einige Zeit bei der Fremdenlegion, wo er genug Erfahrungen in schwierigen Situationen sammeln musste.
Wie er dann berichtete, waren die Gleise ruhig. Es war nichts zu sehen, nichts zu hören. Bekannt war den Brüdern, wir hatten es vom Westen her recherchiert, dass in Abständen auch schon mal Grenzer die Gleise abliefen, um zu kontrollieren.
Er gab den anderen ein Signal, sie kletterten die Steigleiter nach unten. Die Kinder wurden einzeln runtergereicht, auch das klappte.
Sie alle waren doch sehr nervös, es war wichtig, dass sie sich ganz dicht an der Tunnelwand hielten, weil der Abstand zu den Zügen, wenn sie kommen würden, sehr knapp war.

Wichtig war vor allem, nicht mit der Stromschiene in Kontakt zu kommen, das wäre einfach tödlich gewesen.
Schließlich kam ein Zug. Er war von Weitem erst zu hören, dann zu sehen.
Hotti meinte zu den anderen: „Jetzt geht es ums Ganze, ich halte den Zug an."
Er stellte sich sehr dicht an die Gleise und drehte die rote Lampe im Kreis. Es klappte auf Anhieb. Der Zug hielt, der Fahrer beugte sich raus, erkannte gleich, was Sache war, er rief nur, dass sie sich beeilen sollten. Die Leute im Zug, man merkte ihnen an, sie waren erschrocken, öffneten die Türen und halfen der Familie beim Einsteigen.
Der Zug fuhr langsam wieder an, es schien geschafft. Bis auf die Gefahr, in den Stationen entdeckt zu werden.
Wie schon berichtet, die Züge fuhren dort sehr langsam, die Posten musterten die Fahrgäste, sie wären bestimmt aufmerksam geworden, wenn sie zu dieser späten Zeit mehrere Kinder im Zug gesehen hätten.
Es waren auch schon mal Züge angehalten und die Fahrgäste überprüft worden. Aus welchen Gründen auch immer waren Fahrgäste auch schon aus dem Zug geholt worden. Die Fahrgäste waren sehr hilfsbereit, ein Glück, dass kein Spitzel der Stasi im Zug saß. Auch dies war ein Risiko, das nicht vorhersehbar war.
Es war keineswegs selbstverständlich, dass der Fahrer des Zuges anhalten und das Einsteigen erlauben würde. Außer diversen Dienstvorschriften, die er hierbei verletzte, würde er bei einer Entdeckung durch die Grenzer wohl auch im Gefängnis landen. Es ging alles gut. Der Plan war geglückt. Sie waren jetzt bei mir im Westen.
Ganz aufgeregt erzählten sie, dass sich die Kinder vor den sitzenden Fahrgästen auf den Fußboden gehockt hatten, damit sie von außen nicht gesehen werden konnten.
Dennoch meine große Enttäuschung, ja Verzweiflung, als meine Brüder vor mir standen und meine Lieben nicht dabei waren.
Ich wollte es nicht glauben, warum? Nur dieses Wort stand im Raum.
Hotti berichtete, dass seine Nachbarn mitbekommen hätten, dass er bestimmte Sachen, die von Wert waren wie Fernseher, Radio, Möbel

weggeschafft habe. Es bestand damit die Gefahr, angeschwärzt zu werden.
Der Termin musste vorgezogen werden.
Traudchen konnte aber nicht mit, weil der Bernd erst in einer Woche aus dem Ferienlager zurückkommen würde.
Meine Trauer war endlos.
Im nächsten Brief von Traudchen erfuhr ich den wahren Grund. Es war nicht Bernds Ferienlager sondern die Angst meiner Brüder, sie könnte sich von ihren Verwandten verabschieden und somit die Flucht gefährden.
Meine Brüder versuchten mich mit dem Hinweis zu trösten, dass in der nächsten Woche noch eine Gruppe mit Freunden den gleichen Weg gehen sollte. Einer der Studenten würde die Schlüssel für Bauwagen und Gitter zu den Freunden nach Ost-Berlin bringen.
Der Macher dieser Gruppe war mit uns bekannt und würde Traudchen mitnehmen.
Spontan schrieb ich Traudchen einen Brief, indem ich ihr von der Enttäuschung, aber auch neuer Hoffnung berichtete.
Auch diesen Brief habe ich bei der Stasi wieder gefunden, auch in ihm waren die Stellen von den Schnüfflern unterstrichen, die auf Flucht hinweisen.
In Weißensee, wo die Müllers alle gelebt haben, war die Hölle los. In einem überschaubaren Stadtteil fehlten auf einmal drei komplette Familien. Der Reihe nach wurde danach erst einmal die ganze restliche Familie festgesetzt. Auf der Polizeiinspektion des Bezirks Weißensee, ein Bezirk im Ostteil der Stadt, indem wir alle aufgewachsen sind, trafen sie sich alle. Auch meine Brüder Peter und Hansi, die doch im Sinne dieses Staates überzeugte Bürger waren. Peter, Kripokommissar, Hansi, Staatsanwalt.
Im Brief vom 16.03.1962 schilderte Traudchen die Ereignisse wie sie von der Familie erlitten wurden.
Das größte Problem der Stasi war, nicht zu wissen, wie denn die Flucht überhaupt vor sich ging, ohne dass es irgendwo aufgefallen war. Keine Vorstellung hatten sie. Es blieb die Verdächtigung gegenüber den beiden doch staatstragenden, in schon wichtigen Positionen tätigen Brüdern. Sie hatten Einfluss, sie hatten Beziehungen.

Der Familie wurde brutal und eindeutig klar gemacht, wenn sie nicht erzählen würden, wie Verwandten rüber gekommen waren, kämen alle in Haft und den beiden Brüdern Hans und Peter werde die Täterschaft für alles angelastet.
Beide würden nicht mehr aus dem Gefängnis rauskommen. Unsere Mutter wurde dann besonders unter Druck gesetzt. Bei einer Hausdurchsuchung hatten sie bei ihr verschiedene Kleidungsstücke gefunden. Die wurden von den Flüchtenden bei ihr deponiert. Mutter erzählte uns später, dass sie nach vielen Stunden der Vernehmung den Fluchtweg preisgeben habe. Dies war die Rettung ihrer Söhne, die noch im Osten verblieben waren. Es war für sie die einzig richtige Entscheidung. Sollten die beiden umsonst gelernt, gebüffelt haben, um etwas zu werden? Sollte sie das auf sich nehmen?
Dennoch wurde sie eingesperrt. Man behielt sie erst einmal in Haft, es durfte nicht rauskommen, dass der Fluchtweg verraten worden war. Meine Brüder verloren beide ihre Arbeit, obwohl sie absolut regimetreu waren, hatten sie keine Chance.
Treue wird nicht belohnt, Terror war angesagt. Hatten wir nicht schon mal Sippenhaft? Meine Frau wurde genau wie die anderen vorgeführt und von der Stasi endlos verhört. Irgendwann glaubte ihr die Stasi, dass sie wirklich nichts wusste.
Man ließ sie dann auch wieder frei, jedoch nicht ohne sie zu fragen, ob sie denn noch immer zu ihrem Mann hielte und zu ihm wolle.
Als sie das bejahte, hatten sie meine Frau nochmals aufgefordert, sich scheiden zu lassen, da sie doch noch so jung sei und keinesfalls mehr mit mir zusammenkommen würde. Eine legale Ausreise würde es für sie nie geben. Flucht könne sie sich aus dem Kopf schlagen, denn sie würde ständig beobachtet.
Jeder Versuch hieße Gefängnis, ohne Erbarmen wegen der Kinder. Die würden ihr weggenommen. Nach dem Gefängnis würde man sie aus Berlin ausweisen, verbunden mit einem Verbot, jemals wieder in Berlin wohnen zu dürfen.
Es wurde immer schwieriger.
Wir, meine Brüder und ich, tagten im Grunde permanent. Der Termin für die zweite Gruppe rückte näher. Der Schlüssel für das Straßengitter musste rüber. Mein Instinkt warnte mich. Auch meine

Brüder waren total verunsichert, weil wir nichts von Mutter hörten. Wir wagten nicht, den Boten zu schicken.
In dieser Zeit gab es nicht viele Menschen, denen man trauen konnte. Erst nach der Wende ist der Umfang des Spitzelsystems deutlich geworden. Dann kam der Brief von Traudchen, am 16.3.1962 geschrieben, er sagte genug aus über die Situation, auch über ihre Stimmung, die auf einem Tiefpunkt war. Trotz allem versuchte sie, mir Mut zu machen.

Mein lieber, lieber Rudi! Freitag, 16.3.62
Eigentlich wollte ich Dir schon gestern schreiben, aber es hat sich hier einiges ereignet, von dem Du bestimmt schon Kenntnis hast.
Mich hat es ja beinahe umgeworfen. Ich werde es Dir der Reihe nach erzählen. Gestern Abend gegen 19.00 kamen zwei Kripo zu mir und fragten, ob ich wüsste, wo sich meine Schwiegermutter aufhält und ob ich gestern noch mit ihr zusammen war. Als die beiden weggingen, äußerte ich mich in Gegenwart von Bernd, dass irgendetwas passiert sein müsste, vielleicht mit Onkel Willi. Darauf sagte mir Bernd, dass Wilfried ihm am Mittwoch erzählt hat, dass die Jungs uns verlassen haben. Jetzt glaubte ich auch, dass Mutter nicht mehr da ist, weil sie gesucht wurde. Um mir Gewissheit zu verschaffen, ging ich zu Tante Mariechen. Sie hat auch von alledem nichts gewusst und fiel aus allen Wolken. Sie wollte gerade ins Bett gehen, zog sich aber schnell etwas über und dann sind wir zu Mutter gegangen. Mariechen sagte, dass sie einen Tag vorher noch bei Mutter war und sie unbedingt da sein müsste. Als wir dort ankamen, war Mutter anwesend. Ebenfalls Frau Siedler und Oma. Wir haben uns etwa eine ½ Stunde unterhalten, als es klopfte und zwei Volkspolizisten uns aufforderte alle mit aufs Revier zu kommen. Was sich dort abgespielt hat, möchte ich Dir nicht schreiben, es wäre nicht angebracht.
Du weißt ja wie Vernehmungen verlaufen. Um 2.00 Uhr morgens konnte ich nach Hause gehen. Nacheinander wurden alle geholt. Hansi, Gerda, Wilfried und Edith. Ich glaube dass der W. an allen Schuld hatte, er ist zusammen mit Uwe Scholz in

Hottis Wohnung gewesen. Alle konnten nach Hause gehen. Ich dachte ich bin die letzte, aber Deine Mutter und Willi musste noch dableiben. Sie wurden anschließend zur Inspektion gebracht. Deine Mutter ist wirklich eine wunderbare Frau. Sie hat gehandelt, wie nur eine Mutter handeln kann. Weil Hansi und Peter verdächtigt wurden es ermöglicht zu haben, dass die Brüder flüchten konnten, hat Mutter gestanden, dass sie von allem wusste. Sie hat gesagt, dass sie lieber ins Gefängnis geht, als das ihres Jungens unglücklich werden. Sie sagte, Hansi soll nicht die ganzen Jahre umsonst gehungert haben. Um fünf Uhr musste ich wieder aufstehen. Du kannst Dir ja vorstellen, wie lange ich geschlafen habe. Als ich von der Arbeit kam, bin ich gleich zu ihr gegangen. Sie war nicht zu Hause, deshalb ging ich zu Mariechen, um sie zu fragen, ob sie Mutter heute schon gesehen hat. Mariechen war nicht zu Hause, aber Ernst war da. Nach einer Weile kam Willi geradewegs von der Inspektion, er war entlassen worden, nachdem man überprüft hatte ob er Angaben was wusste.
Mutter haben sie da behalten.
Deine Brüder waren inzwischen schon sicherlich bei Dir. Einerseits kann ich sie ja verstehen, dass sie sich nicht auch noch mit uns beladen wollten. Inzwischen habe ich ja gelernt, dass man sich nur auf sich selbst verlassen kann. Bloß für uns hat sich vieles erschwert.
Eines Tages werden auch wir wieder zusammen sein. Nun muss ich schließen, ich bin so müde. Es ist schon wieder ½ Zehn.

Viele liebe Grüße und 1000 Küsse.
Sei bitte nicht so traurig.
Dein Traudchen

„*Bloß für uns hat sich vieles erschwert,*“ schrieb sie. Natürlich hatte sie Recht, die Beobachtung durch die Stasi würde nicht mehr nachlassen, unsere Planung wurde komplizierter.
Über Tante Mariechen und verschlüsselt in einem Telegramm gab ich meiner Frau das Signal, keinen Kontakt mit der zweiten Fluchtgruppe aufzunehmen.
„*Die liebe Mutti ist sehr krank geworden, sie kann nicht verreisen.*“

So lautete der Absagetext.
Was für ein Glück.
Die zweite Flüchtlingsgruppe hatte sich schon einen eigenen Schlüssel für den U-Bahnschacht besorgt, warteten nicht wie vereinbart auf das o.k. von der ersten Gruppe. Hätten sie sich doch wenigstens erkundigt, das Theater um die Familie, die Verhaftung der Mutter, all das waren doch Signale.
Die Gruppe wurde von Vopos mit schussbereiten Waffen aufgelauert und alle verhaftet und zu langen Freiheitsstrafen verurteilt.
Was blieb uns, nur die Möglichkeit, einen oder mehrere neue Wege zu suchen, die alle nicht einfach sein würden.
Die Situation war hoffnungslos.
Offiziell oder legal (was ist legal bei einem Staat, der sein ganzes Volk in Geiselhaft hält?) gab es keine Aussicht auf eine Ausreise oder Flucht für meine Familie. Eine Pressemeldung des Bundesministeriums für gesamtdeutsche Fragen sprach von über 10.000 abgelehnten Anträgen auf Familienzusammenführung. Von mehr als 400 Kindern, die von den DDR-Behörden festgehalten wurden, deren Eltern aber in der BRD lebten.
Wir setzten uns zusammen, um die Möglichkeiten, die es gab, aufzulisten, sie abzuwägen, vor allem auch daraufhin zu prüfen, ob sie eine Gefährdung ausschließen und ob sie in absehbarer Zeit auch umsetzbar erschienen. Ich konnte die Lage längs der Mauer präzise auflisten. War ich doch jede freie Minute bis tief in die Nacht hinein die lange Mauer rauf und runter gelaufen und gefahren, um Schwachstellen zu finden.
Mit meinen Kollegen auf meiner Arbeitsstelle hatte ich einen Datenaustausch organisiert, durch den ich jedes neue Ereignis von der Mauer, soweit bekannt, erfuhr.
Vom Bruder eines Kollegen, der bei der Polizei eine besondere Position hatte, erfuhr ich die wesentlichsten Vorgänge an der Mauer. Auch, und das war besonders erschütternd, über das Scheibenschießen der Grenzer auf Menschen, ohne Rücksicht, ob es Kinder, Frauen, Männer oder hilflose, schon verwundete Menschen waren. All dies prägte sich ein, es musste einen Weg geben, der für die Familie ohne Gefahr war.

Als Betriebsratsvorsitzender der Gießerei, in der ich arbeitete, hatte ich öfters bei meiner Gewerkschaft der IG-Metall zu tun.
Das Büro der IG-Metall war und ist in der Alten Jacobstraße, unmittelbar in der Nähe der Mauer und in der Nähe vom Checkpoint Charlie. Auch mit den Gewerkschaftskollegen wurde immer wieder darüber gesprochen, was man tun könne.
Die Nähe zur Grenze gab mir die Gelegenheit, immer wieder zu überprüfen, ob es nicht doch irgendwo eine Lücke geben könnte.
Die Briefe, die ich bekam, wurden auch immer trauriger. Ich spürte, dass meiner Frau die Kraft ausging.
Nach einiger Zeit überlegten wir, ob es denn noch möglich wäre, die beiden Studenten rüber zu schicken, um zu hören, wie es denn mit der Stasi aussah, ob denn Ruhe war.

Der Landwehrkanal und andere Kanäle!

Durch einen Arbeitskollegen erfuhr ich, dass an einer Stelle des Landwehrkanals, der ein ganzes Stück durch Berlin fließt, eine Möglichkeit sein könnte, die Flucht ungefährlich durchzuführen. Mit meinen Brüdern und Kollegen überprüften wir die Gegend und stellten fest, dass es tatsächlich eine Schwachstelle im Grenzsystem war.
Bewohnte große Häuser standen bis dicht an den Kanal. Zwischen Kanal und Häusern war nur ein einfacher Drahtzaun.
Das Ostufer des Kanals war gleichzeitig der Grenzverlauf.
Die Grenzer hielten sich überwiegend an einer gesperrten Brücke auf. Es war die Wiener Brücke, die in die Kungerstrasse mündete. Dort stand ein Wachhäuschen.
Bis zur Kungerstrasse fuhr über Treptower Park und Köpenicker Landstraße eine Straßenbahn.
Der Zugang zu den am Kanal stehenden Häusern war ohne weiteres möglich. Erbes war hingefahren und hatte mehrere Hauseingänge getestet. Waren sie offen, war es möglich, in die Höfe, die durch den Kanal begrenzt wurden, zu gelangen?
Alle Bedingungen trafen zu, Erbes meinte, dies wäre die Chance überhaupt.

Er hatte den rückwärtigen Teil der Häuser besichtigt, es waren alles Grünanlagen. Einige wenige Büsche, wie wir sie schon von der anderen Seite gesehen hatten, die bis kurz vor dem einfachen Zaun mit oben angebrachtem Stacheldraht, standen.
Der Landwehrkanal war hier zirka 80m breit, auch das war kein ernstes Hindernis. Die Kanalböschungen waren ebenfalls nicht zu hoch, nicht zu steil. Alles war zu schaffen. Nur war zum Überqueren des Wassers ein Boot notwendig.
Eins kaufen war nicht drin, soviel Geld hatte ich nicht. Allerdings hatten wir zu Hause ein Schlauchboot. Vielleicht war es möglich, es mithilfe der Studenten rüberzuholen.
Wir konzentrierten unsere Beobachtungen auf das Verhalten der Grenzer in diesem Bereich, auf der Westseite, auf unserer Seite wurde der Kanal von einem Deich begrenzt. Der Deich war befestigt, befahrbar. Von da aus konnten wir unsere Dauerbeobachtung durchführen. Es war unser, mein Prinzip, es nicht bei wenigen Zufallsbeobachtungen bewenden zu lassen.
Wenn man drei Wochen in einem relativ kurzen Straßenabschnitt immer die andere Seite beobachtet, war es fast sicher, dass irgendein Spitzel, die es überall im Grenzbereich auf der westlichen Seite gab, davon Kenntnis bekam.
Alles konnten wir gebrauchen, nur das nicht.
Was war also zu tun?
Ich hatte eine Idee. Mir war aufgefallen, dass am Ufer fast immer ein oder zwei Angler ihrem Hobby nachgingen. Meine Brüder zweifelten erst an meinem Verstand, als ich ihnen sagte, wir müssen uns Angelzeug und Angelschein besorgen. Gesagt getan, ich machte mich an einen Angler, der schon etwas älter war, heran.
Ich wartete, bis der seine Angelruten eingepackt hatte.
Ein Onkel von uns war ein Profi-Angler. Er hatte mir einmal erläutert, wie sensibel Angler reagieren, wenn sie gestört werden. Schließlich konnte ich den Mann davon überzeugen, dass wir drei Freunde waren, die Angeln lernen wollten. Er besorgte uns eine Gastkarte von seinem Verein und war uns ein guter Lehrmeister. Er konnte zusätzlich sehr viel von seinen Beobachtungen der anderen Seite erzählen. Wir skizzierten den ganzen Ablauf der geplanten Aktion und waren sicher, dass es funktionieren würde.

Es war so, wie wir es vermuteten und auch beobachtet hatten: Die Posten saßen wie fest geklebt in ihrem Stand an der Brücke. Es waren immer nur zwei die den Kontrollstreifen überprüften. Soweit wir beobachten konnten, waren immer nur die Beiden am Standort, blickten von dort mit ihren Ferngläsern jeweils den Kanal entlang. Ansonsten konnten wir keine weiteren Aktivitäten feststellen. Wir sollten es versuchen.

Bedingung hierzu: Das Boot musste her. Beide Studenten waren davon überzeugt, das Boot rüber holen zu können. Sie fuhren zur nächstmöglichen Gelegenheit in den sowjetisch besetzten Teil Berlins. Wir waren uns schon im Klaren darüber, dass nach der U–Bahn-Flucht meiner Brüder äußerste Vorsicht geboten war.

Es bestand darüber Einigkeit, dass sie sich erst umsehen sollten und prüfen, ob die Wohnung, in der meine Frau mit den Kindern lebte, von der Stasi beobachtet wurde. Dann sollte Kontaktaufnahme über Tante Mariechen erfolgen. Wenn auch nur der geringste Verdacht aufkam, sollten Beide sofort den geordneten Rückzug antreten.

Wenn es klappen würde, sollten sie Traudchen über die Einzelheiten informieren, auch wie es verkehrsmäßig zum Treffpunkt funktionieren soll.

Die Beiden kamen nicht zum vereinbarten Zeitpunkt zurück.

Wir waren sehr in Sorge. Es war schon kurz vor Null Uhr. Zu dieser Uhrzeit wird die Grenze geschlossen. Dann kamen sie. Vom Schlauchboot war nichts zu sehen. Sie waren ziemlich geschafft.

An der Grenze hatte man sie festgehalten und scharf ins Verhör genommen. Das Schlauchboot war von den Grenzern beschlagnahmt worden. Wie sie berichteten, wurden sie der Kripo (sie meinten, es war die Kripo, in meiner Stasi-Akte stellte sich später heraus, dass es die Stasi war), vorgeführt.

Sie hatten große Probleme zu erläutern, woher das Schlauchboot stamme und wofür sie es nutzen wollten. Sie berichteten, nichts von uns erwähnt zu haben. Das Boot hätten sie auf der Straße von ihnen unbekannten Leuten abgekauft, erklärten sie den Stasi Leuten.

War es ein Fehler, oder sogar der alles entscheidende Fehler, dass ich dieser Geschichte absoluten Glauben schenkte, nicht auf die Idee kam, dass das Beobachtungsnetz zwischen den Studenten, zu mir und der Familie höchstwahrscheinlich schon zu diesem Zeitpunkt geknüpft war.

In der vorliegenden Stasiakte liest sich die Geschichte dann so: „Während des letzten Besuches im demokratischen Berlin," so wurde von Erbes geschildert „bei dem er durch den Studenten Ögemann begleitet wurde, ließ sich dieser von der Ehefrau des Müller in Berlin-Weißensee ein zusammenlegbares Schlauchboot aushändigen, wobei sie bei dem Versuch, dieses illegal über die Staatsgrenze nach West-Berlin zu transportieren, von der Grenzpolizei der Deutschen Demokratischen Republik festgenommen wurden.
Bei ihren Vernehmungen gelang es ihnen jedoch, den wahren Grund ihres Aufenthaltes im demokratischen Berlin zu verschweigen, woraufhin sie anschließend unter Einbehaltung des Schlauchbootes wieder entlassen wurden. Die Entlassung wurde von der Hauptabteilung V. vorgenommen, die beide auf Kontakt nahm."
„Auf Kontakt nehmen!" Was heißt das eigentlich?
Nach heutigen Erkenntnissen vielleicht als Spitzel angeworben?
Mindest aber ab sofort observiert. Denn der Tatbestand, dass diese Sache in meiner Stasiakte ist und ab einem Zeitpunkt, als wir noch immer vorbereiteten, ist der Beweis: Die Stasi war immer dabei.
Beide Studenten waren von allen Dingen, die unsere Vorbereitungen zur Flucht betrafen, voll informiert. Sie waren in alle Beratungen eingebunden, sie wussten auch später um den Tunnelbau, an dem sie ja auch teilnahmen.
Wir berieten uns, meine Brüder und ich. Sollten, konnten wir die Sache auch ohne Boot machen? Dann war da noch das Problem der Benachrichtigung. Wer sollte das tun?
Erbes und Ögemann kamen keinesfalls infrage. Sie waren aus meiner Sicht zu sehr gefährdet. Die Studenten meinten, sie kennen noch einen anderen Kommilitonen, der in Ordnung wäre und sicherlich bereit sei, eine Information rüber zu bringen.
Eine Information war nötig; Traudchen hatte mittlerweile alles für den entscheidenden Schritt vorbereitet. Das heißt, alles, was ging,

wie zum Beispiel der Fernseher und andere gute Sachen wurden an Freunde verkauft. Ich musste jetzt entscheiden.
Ging es ohne Boot?
Es war inzwischen Mitte April, der sich diesmal besonders schön und warm zeigte. Wir sind alle gute Schwimmer. Christian konnte zwar noch nicht schwimmen, war aber jetzt schon eine leidenschaftliche Wasserratte, sodass er zumindest vor Angst keinen Lärm machen würde. Mit einer Schwimmhilfe zur Sicherheit dürfte es mit ihm keine Probleme geben.
Absagen oder nicht? Die Entscheidung schob ich noch auf, wollte erst einmal sehen, ob denn der Bekannte von Erbes wirklich kam. Ob ich ihm vertrauen konnte, und was das Wichtigste überhaupt war, ob denn dieser junge Mann bereit war, das Risiko auf sich zu nehmen.
Es bestand ein Risiko. Die Beschlagnahme des Bootes ging mir nicht aus dem Kopf. Waren sie uns schon auf der Spur? Ahnungen helfen aber nicht weiter. Verrat witterte ich jetzt überall.
Erbes sagte mir zu, mit dem Kommilitonen am nächsten Tag vorbei zu kommen. Beide kamen wie versprochen. Erbes hatte Wort gehalten.
Wir, meine Brüder und ich, hatten am Abend vorher nochmals Lagebesprechung gehalten. Keine Probleme sahen wir im fehlenden Boot. Wenn die Nachricht rechtzeitig überbracht würde, musste es funktionieren, so die einhellige Meinung.
Erbes stellte mir den jungen Mann vor, der gerade aus den Semesterferien zurückgekommen war. Wir kamen auch gleich zur Sache. Ich erzählte von meiner Familie und von meinem Plan, diese in den Westen zu holen. Erbes berichtete von seinem Versuch, das Schlauchboot zu holen, und von der Verhaftung.
Der junge Mann, Linke hieß er, hatte sofort erkannt, worum es ging und meinte es wäre kein Problem für ihn, eine Nachricht rüber zu bringen. Wir einigten uns, am nächsten Morgen würde er nach Berlin-Weißensee fahren. Wir setzten uns noch auf ein Bier zusammen und besprachen den Plan und vor allem was er übermitteln sollte.
Mit meinen Brüdern war alles klar, wir gingen davon aus, dass Traudchen und Familie um 21.30 Uhr am 19. April ins letzte Haus der Reihe an der Wiener Brücke durch den Hausflur in den Hof

gehen würden. Mein Bruder Hotti und ich würden an der Hoftür stehen und sie empfangen. Wir hätten dann schon den Kanal von West nach Ost durchschwommen. Um nicht aufzufallen wollten wir dunkle Trikots überziehen.
Der Sperrzaun wäre dann soweit durchschnitten, dass die Frauen und Kinder ohne Probleme durchkommen würden.
Wichtig war die Information für die Frauen, dass sie eng anliegende Kleidung und Hosen anziehen. Für Christian würde die Schwimmhilfe vorbereitet, falls er mir aus den Armen rutschen sollte.
Wichtig war der Hinweis, wir müssten uns vom Haus zum Zaun gebückt, möglichst robbend bewegen. Wir würden dies auf dem Hinweg in jedem Fall tun. Um den Frauen etwas Sorge zu nehmen, sollte ihnen auch gesagt werden, dass wir kurz bevor wir ins Wasser gehen, die Westberliner Polizei informieren.
Im Falle dass sie uns entdecken, würde die Westberliner Polizei verhindern, dass sie uns nachschießen.
Schließlich würden Freunde und Kollegen auf der anderen Seite der Wiener Brücke stehen und mit den Posten durch bestimmtes Verhalten Kontakt aufnehmen. Auch das hatten wir geübt, hatte dort immer geklappt.
Soweit waren die notwendigen Informationen gegeben.
Als wir uns trennen wollten, ich hatte beide noch zur U-Bahn gebracht, bekam ich mit, dass Linke keine Bleibe hatte. Vor den Semesterferien hatte er seine Studentenbude aufgegeben. Er wollte sich an dem Tag, an dem wir uns trafen, etwas Neues suchen. Da es nun zu spät war, wollte er sehen, ob er im Studentenheim bei irgendeinem Kumpel noch was für eine Nacht finden würde.
Meine Wohnung war zwar klein, aber für eine Nacht konnte ich ihn auch noch unterbringen. Deshalb bot ich ihm an, bei mir zu übernachten. Er akzeptierte meine Einladung, was mich auch dahingehend beruhigte, dass er keine Gelegenheit mehr hatte, anderen Studenten etwas über unsere Aktion zu erzählen.
Bei mir Zuhause unterhielten wir uns noch eine ganze Zeit über seine Zukunftspläne. Er war dabei, Physik zu studieren. Schließlich fertigte er mit meiner Hilfe in seinem Notizbuch eine grobe Skizze über die örtlichen Gegebenheiten des vorgesehenen Fluchtortes. Wir gingen

dann schlafen. Ich schob Linke zwei Sessel zusammen sodass er einigermaßen zurechtkam.
Mehr und mehr wuchsen bei mir in der Nacht die Zweifel, ob denn alles bedacht worden war, hatten wir die Gefahr „Stasi“ ernst genug genommen?
War die Flucht übers Wasser nicht zu waghalsig?
Kurz, am nächsten Morgen hatte ich mich entschieden.
Linke soll rüber fahren, Obst, Kaffee und anderes rüberbringen. Da ich meinen Gesellenbrief noch drüben hatte, bat ich Linke, ihn mitzubringen.
Meiner Frau sollte er die Nachricht überbringen, dass ich es abgesagt hatte, und zwar aus Sicherheitsgründen. Er war schon überrascht, als ich ihm das am Morgen mitteilte. Wir gingen dann gemeinsam nach dem Frühstück in die Markthalle, wo ich alles Nötige einkaufte.
Er machte sich auf den Weg.
Am späten Nachmittag kam Erbes zu mir und wollte wissen, warum ich die Aktion abgesagt hatte. Linke hatte noch mit ihm gesprochen, bevor er in den Osten fuhr. Es wurde spät, wir, Erbes und ich, warteten auf Linke.
Er müsste schon längst da sein. Erbes meinte „Der Junge ist überkorrekt, wie ich ihn kenne, deshalb begreife ich nicht seine Verspätung“.
Wir waren völlig verunsichert, aber vielleicht war er auch direkt ins Studentenwohnheim gefahren, um sich ein Bett für die Nacht zu sichern. Erbes versprach, mich direkt zu informieren, wenn er etwas hören würde. Die Nacht konnte ich nicht schlafen. Früh am Morgen stand Erbes schon vor meiner Tür, mit den Nerven am Ende. Linke ist noch nicht aufgetaucht.
Was blieb zu tun?
Es war wirklich fast nicht zu ertragen, keine Spur von dem jungen Mann. Erbes meinte, es musste etwas passiert sein, der treibe sich nicht irgendwo herum. Auf den sei hundertprozentig Verlass.
Es wurden einige furchtbare Tage. Keine Information, keine Spur vom Linke. Jetzt noch jemanden rüberschicken, wie es Erbes vorschlug, wagte ich nicht, lehnte ich ab.
Wir hatten keine andere Möglichkeit als zur Polizei zu gehen und dort mitzuteilen, was geschehen war. Ob sie irgendetwas wissen, so unsere Frage. Die Polizei wusste noch nichts, wollte aber

entsprechende Recherchen anstellen. Erbes kam schon am nächsten Tag und berichtete, dass er von der Polizei informiert wurde. Linke war im Osten vorläufig festgenommen worden. Der Wahnsinn wurde jetzt noch schlimmer.
Was war mit meiner Familie? Wurde die auch verhaftet?
Ich habe doch aber alles abgesagt!
Es gab doch überhaupt keine Gründe, den Linke zu verhaften. Lebensmittel durften von Besuchern doch mitgebracht werden.
Dann kam der Brief, der längst überfällige Brief von Traudchen. Wir schrieben uns ja sonst fast jeden Tag. In jenen Tagen war nichts mehr gekommen, kein Brief, nichts. Das machte die ganze Situation noch schwieriger. Nun aber war der Brief da, was ist geschehen?

Mein lieber, lieber Rudi!

Heute kann ich Dir endlich wieder schreiben. Du kannst Dir nicht vorstellen, was ich in den letzten Tagen alles durchgemacht habe, Wenn ich ausführlich schreiben würde, könnte ein ganzer Roman daraus werden. Es ist alles so furchtbar. Du kannst jetzt nie mehr zurückkommen, ohne eingesperrt zu werden.
Ich weiß gar nicht was jetzt werden soll. Ich habe noch so großes Glück gehabt, dass sie mich nicht eingesperrt haben. Schon der Versuch ist strafbar.
Am Montag kamen die beiden das letzte Mal. An dem Abend kam auch meine Mutter zu mir. Als die beiden sich an dem Boot zu schaffen machten, sagte ich ihr, das wären Arbeitskollegen, die es kaufen wollten.
Als sie nach Hause ging, sagte sie: „Das sind doch Studenten, ihr wollt wohl abhauen.“ Danach hat sie wohl zu Hause geweint und Christel erzählt, dass wir abhauen wollten. Das erfuhr ich aber erst später. Am anderen Tag kam Christel und fragte, ob was daran wahr wäre. Wir haben natürlich gestritten und sie hat uns auch geglaubt. Am anderen Tag habe ich den Fernseher verkauft. Mein Pech. Sie kam schon wieder an. Wir haben ihr erzählt, der Fernseher wäre in Reparatur. Das hat sie auch geglaubt. Am Abend, als sie beim Essen saßen, fiel es ihr wie

Schuppen von den Augen. Jedenfalls kam sie schon wieder an und wollte gucken, ob wir noch da sind. Ich hatte gerade Besuch.

Eine Arbeitskollegin und ihr Verlobter. Da Leute vom Schlage meiner Schwester in jedem Menschen nur Spitzel und Agenten sehen, rannte sie zur Polizei und zeigte uns an. Davon wusste ich natürlich nichts. Ahnungslos saßen wir im Wohnzimmer, als sie noch einmal kam, um zu sehen, ob wir noch da sind.
Gleich darauf ging sie wieder. Warum ich ihr nachging, weiß ich selbst nicht mehr. Jedenfalls stand sie unten mit einem Kripo. Ich fragte sie, wer das sei und sie antwortete, ein guter Bekannter. Da wusste ich gleich Bescheid. Du glaubst gar nicht, wie viel gute Bekannte an dem Abend auf den Beinen waren.
Nachdem wir Bescheid wussten, ging Irmi nach Hause. Was sich dort abgespielt hat, wirst du dir ja denken können. Um 12.00 Uhr war sie immer noch nicht zu Hause. Ich ging zu meiner Mutter. Dort sagten sie mir, dass Irmi nur 10 Minuten da war.
Anneliese zog sich gleich an und ging mit mir zur Inspektion. Irmchen war dort und wir mussten bis um vier dort bleiben. Am anderen Morgen durfte ich nicht arbeiten gehen, weil die Polizei schon morgens zu uns kommen wollte. Sie kamen aber erst gegen Mittag.
Am Nachmittag kam der junge Mann zu uns, den Du wegen Deines Lehrbriefes geschickt hast. Sie haben ihn mitgenommen und ich habe bis heute noch nichts von ihm gehört.
Es ist alles so furchtbar. Mir ist, als ob alles ein böser Traum wäre und ich müsste endlich erwachen.

Schreibe mir bitte, bitte bald.
Es grüßt und küsst Dich,
Deine Dich immer liebende Traudchen

Verfluchtes System, Familien, Brüder, Schwestern, Eltern, alle werden aufeinander gehetzt. Warum taten sie das alles? Nur weil wir wie eine Familie, wie viele andere auch, zusammenleben wollten.
Traudchens älteste Schwester hat sie angezeigt, schoss es mir durch den Kopf. Offen blieb nach dieser Information, woher sie was über Linke wussten, dem Studenten. Warum musste Traudchen genau an

diesem Tag, als Linke kam, zu Hause bleiben, warum durfte sie nicht arbeiten gehen, warum kamen sie in ihre Wohnung, hielten sich dort auf, warteten auf den jungen Mann.
Es wussten doch nur Erbes und ich, dass er hinüber fahren sollte! Wie konnte ich uns, aber vor allem Linke helfen? Es war offensichtlich. Die Stasi hatte uns, die Familie, meine Frau und Kinder in den Fängen.
Was sollte ich nur machen?
Erst einmal schreiben, schreiben, wie lieb ich sie habe, dass sie nicht alleine ist, wir mussten uns gegenseitig stützen, sonst schafften sie es doch noch, uns zu trennen. Der nächste Brief kam, welch ein Wunder, wie tapfer doch meine Frau versuchte, diesen Terror durchzustehen. Der Inhalt des Briefes lautete wie folgt:

Mein lieber, lieber Rudi!

Heute habe ich endlich Post von Dir bekommen. Und gleich zwei Briefe. Ich habe mich ja so gefreut. Die gleichen Sorgen, die Du Dir gemacht hast, habe ich mir auch gemacht. Die letzten Tage vor Ostern möchte ich nicht noch einmal erleben. Die größte Enttäuschung war für mich, dass meine eigne Schwester so etwas tun konnte. Du kannst Dich vielleicht erinnern, dass ich mich immer sehr geärgert habe, wenn Du etwas Schlechtes von ihr gesagt hast. Ich konnte so etwas einfach nicht hören. Daher war die Enttäuschung doppelt so groß. Für mich ist sie gestorben, damit ist der Fall für mich erledigt. Irmchen ist so wütend auf sie, sie könnte sie glatt umbringen. Ich weiß auch nicht, wie es kommt, aber ich kann sie nicht einmal hassen. Dabei ist sie so gemein. Als meine Mutter bei uns war, hat sie uns erzählt. Sie hat zu Christel gesagt, dass sie, falls ich ins Gefängnis komme, die Kinder zu sich nimmt. Darauf sagte Christel: „Das fehlte noch.“ Den Name von Francis Vater ist mir bekannt, aber ich schreibe ihn Dir nicht. In der Wut tut man so manches, was man später bereuen könnte.

(Anmerkung: die Schwester Christel arbeitete im Regierungs-Krankenhaus, in dem nur besondere Leute zur Behandlung kamen. Dort hatte Christel den Vater ihres Sohnes Frank kennen gelernt. Der war ein Spitzenagent der DDR in West-

deutschland. Er hatte in der Nähe von München zur Tarnung eine Druckerei. Bei Krankheit wurde er im Regierungs-Krankenhaus behandelt, er könnte ja bei einer Narkose über seine Spionage-Arbeit erzählen.)

Außerdem will ich nicht Gleiches mit Gleichem vergelten.
In den letzten Tagen war ich oft bei Deiner Mutter. Ich dachte, dass du vielleicht an sie geschrieben hättest. Morgen gehe ich wieder hin, da hat Willi Geburtstag.
Deine Briefe haben sie alle mitgenommen und nicht ohne Grund.
Das war so.
Am Donnerstagmittag kam die Kripo zu uns. Nach einer Stunde ungefähr wurde ich verhört. Ein paar Minuten später klopfte es und herein kam ein junger Mann. Ich dachte es wäre einer von der Kripo und habe mich gewundert, dass er so freundlich war.
Er stellte sich vor und dann sagte er, dass er von Dir käme. Darauf sagte der Kripo: „Sie kennen sich nicht?"
Als ich verneinte, schickte er mich in die Küche und beschäftigte sich mit dem jungen Mann.
Nach einer Weile kam er in die Küche und fragte mich, ob Du mir geschrieben hättest, wegen Deines Lehrbriefes. Ich wollte den Brief raussuchen, da haben sie alle mitgenommen und den jungen Mann auch. Den Kindern geht es gut. Bernie wird jetzt eitel. Er trägt die Haare nach hinten gekämmt und Fassonschnitt. Ich musste ihm ein weißes Hemd kaufen und eine Fliege dazu. Er wird Dir auch bald schreiben. Christian hat eine neue Story, „Mein Papa muss erst die Polizisten einsperren, dann kommt er wieder." Ich soll ihm ein Kriminalauto kaufen. Ich schicke Dir zwei Bilder von ihm, die im Tierpark aufgenommen wurden. In der Hoffnung, dass sie mich einmal zu Dir lassen werden, habe ich nicht. Vielleicht wenn ich Rente bekomme. Das dauert ja nur noch 36 Jahre.

Nun werde ich schließen, Es grüßt und küsst Dich,
Deine Dich immer liebende Traudchen.
Viele liebe Grüße von Irmi.

Die auf den folgenden Seiten gezeigten Protokolle über Verrat in der Familie und die Verhaftung eines Boten sind Originaldokumente aus der Stasiakte:
Was für ein furchtbares Schicksal für den jungen Mann, der völlig unbeteiligt, unschuldig wie ein Schwerverbrecher behandelt und für lange Zeit eingesperrt worden ist. Die Vorwürfe gegen ihn wurden erfunden und manipuliert. Meine Richter sollten sich diese Akten ansehen, um zu begreifen, was es mit den Stasiakten auf sich hat.

KD. Weissensee   Berlin, den 19.6.62

00038

In der Nacht vom 18. zum 19.4.62 wurde der KD. Weissensee von der Abteilung K folgendes mitgeteilt:

Eine gewisse Frau B l ... e , Krankenschwester im Volkspolizei-krankenhaus, hätte der Abteilung K die Mitteilung gemacht, daß ihre Schwester

P l a g e , Irmgard
geb. am: 9.7.39 in Berlin
wohnhaft: Berlin-Weissensee, Charlottenburger Str.23

gemeinsam mit der in der gleichen Wohnung wohnenden

M ü l l e r , geb. Plage, Gertraud
geb. am: 23.11.37 in Berlin

nach Westberlin geschleust werden sollen. Diese Schleusung soll der Ehemann der M ü l l e r organisieren, der sich seit dem 13.8.61 in Westberlin aufhält. Die M ü l l e r habe von ihrem Ehemann ständig Post aus Westberlin erhalten. In der Vergangenheit seien auch westdeutsche Studenten in der Wohnung der M ü l l e r in der Charlottenburger Str. 23 gewesen, um Fragen der Schleusung zu besprechen. Am 19.4.62 wollen diese Studenten angeblich wiederkommen, um die Schleusung zu organisieren.
Von der Abteilung K wurde daraufhin in der Nacht die Wohnung der M ü l l e r beobachtet. Es wurde festgestellt, daß ein junges Ehepaar diese Wohnung verließ. Dieses Ehepaar wurde kontrolliert und zur Inspektion zwecks Überprüfung gebracht. Gleichzeitig wurden in der Nacht von der Abteilung K selbständig noch die M ü l l e r und die P l a g e zur VPI gebracht und gehört.
Diese Personen gaben an, daß am 19.4. nachmittags Besuch aus Westberlin kommen soll. (Das erwähnte junge Ehepaar hatte mit dieser Angelegenheit nach der Überprüfung der Abteilung K nichts zu tun).
Die Abteilung K wollte daraufhin die Wohnung der M ü l l e r ab 19.4.62 mittags besetzt halten.

Nach Rücksprache mit dem Genossen Oberstltn. Hüttner am 19.4.62 vormittags wurde festgelegt, die Wohnung sofort zu besetzen. Die Abteilung K wurde dazu angewiesen. Gleichzeitig wurde die Wohnung von einem Mitarbeiter der Kreisdienststelle besetzt.

In den Nachmittagsstunden des 19.4.62 traf dann ein westdeutscher Student, welcher festgenommen und der VPI zugeführt wurde, ein. Die erste Vernehmung wurde von der Kreisdienststelle durchgeführt.

Der Festgenommene gab in der ersten Vernehmung an, daß er nur den Auftrag hatte, Grüsse zu bestellen und angeblich noch nicht den genauen Termin und die Art der Schleusung mitteilen könnte. Er hatte jedoch in seinem Notizbuch eine Skizze über eine bestimmte Stelle der Staatsgrenze in Treptow.
Nach Rücksprache mit dem Genossen Oberst Wichert wurde der westdeutsche Student in die Abteilung IX eingeliefert.

Am 20.4.62 wurden dann von der Kreisdienststelle noch einige Ermittlungen sowie die Überprüfungen der Skizee für die Abteilung IX getätigt.

Block
. . . .
(Block)
Oberleutnant

)er Beschuldigte hatte bis zum 18.4.1962
Semesterferien und hielt sich bis zu diesem Zeitpunkt bei
seinen Eltern in Westdeutschland auf.
m 18.4.1962 begab er sich wieder nach Westberlin und traf
lort mit dem Studenten , , mit dem er
befreundet war, in dessen Wohnung in Berlin-Charlottenburg,
 , zusammen. Er beabsichtigte, mit
an diesem Abend gemeinsam auszugehen. Da jedoch für diesen Abend eine Zusammenkunft mit seinem Bekannten M ü l l e r , Rudolf vereinbart hatte, forderte dieser
den Beschuldigten auf, ihn in die Wohnung des M ü l l e r
nach Berlin-Kreuzberg, zu begleiten.
M ü l l e r war dem Beschuldigten bis zu diesem Zeitpunkt
angeblich völlig unbekannt.
 kam der Aufforderung des nach
und im Verlaufe der Zusammenkunft in der Wohnung des
M ü l l e r erfuhr , daß M ü l l e r nach
dem Erlaß der Sicherungsmaßnahmen vom 13.8.1961 illegal die
Deutsche Demokratische Republik verlassen hat und beabsichtigt, seine noch im demokratischen Berlin verbliebene Ehef
 , , ihre beiden Kinder sowie deren
Schwester , illegal nach Westberlin zu h
Aus den dort geführten Gesprächen, die zwischen M ü l l e
und geführt wurden, erfuhr
weiterhin, daß die Schleusung der Angehörigen des M ü l l
nach Westberlin bereits seit längerer Zeit vorbereitet wur
und daß schon mehrfach dessen Ehefrau im
demokratischen Berlin besuchte, um sie über die bevorstehe
Schleusung nach Westberlin zu informieren.
Während des letzten Besuches im demokratischen Berlin, so
von geschildert, bei dem er durch den Studen
 begleitet wurde, ließ sich dieser von der
Ehefrau des M ü l l e r in Berlin-Weißensee ein zusammen
legbares Schlauchboot aushändigen, wobei sie bei dem Verst
dieses illegal über die Staatsgrenze nach Westberlin zu tr
portieren, von der Grenzpolizei der Deutschen Demokratisch
Republik festgenommen wurden.
Bei ihren Vernehmungen gelang es ihnen jedoch, den wahren
Grund ihres Aufenthaltes im demokratischen Berlin zu

verschweigen, woraufhin sie anschließend unter Einbehaltung des Schlauchbootes wieder entlassen wurden. Die Entlassung wurde von der Hauptabteilung V vorgenommen, die beide auf Kontakt nahm.
Inwieweit dieses Schlauchboot für die geplante Schleusung der Angehörigen des M ü l l e r verwandet werden sollte, will [geschwärzt] nicht bekannt sein.

Da es [geschwärzt] aufgrund dieses Zwischenfalles nicht für ratsam hielt, nochmals das demokratische Berlin zu betreten ([geschwärzt] und [geschwärzt] erschienen nie wieder zu den vereinbarten Treffs im demokratischen Berlin), wurde [geschwärzt] von M ü l l e r beauftragt, die weitere Benachrichtigung seiner Angehörigen in Berlin-Weißensee über deren vorgesehene Schleusung nach Westberlin zu übernehmen, womit sich [geschwärzt] auch einverstanden erklärte.
M ü l l e r forderte bei dieser Zusammenkunft in seiner Wohnung am 18.4.1962 [geschwärzt] auf, seine Ehefrau am 19.4.1962 in ihrer Wohnung in Berlin-Weißensee, [geschwärzt] [geschwärzt], zu besuchen und dieser die Mitteilung zu überbringen, daß sie sich mit den Kindern und ihrer Schwester am gleichen Tag gegen 21.3o Uhr zum Zwecke der Schleusung nach Westberlin an der Staatsgrenze in Berlin-Treptow, Lohmühlenstraße, einfinden soll.
Über die vorgesehene Grenzdurchbruchstelle fertigte M ü l l e r im Taschenkalender des [geschwärzt] eine Skizze, damit dieser seiner Ehefrau hierüber genaue Erläuterungen geben kann. Diese Skizze wurde bei der späteren Festnahme des [geschwärzt] gefunden und befindet sich als Beweismittel beim Untersuchungsvorgang.

Hinsichtlich des Ablaufes der geplanten Schleusung teilte M ü l l e r dem [geschwärzt] noch mit, daß er beabsichtigt, von Westberlin aus den Landwehrkanal , der an dieser Stelle die Staatsgrenze bildet, zu durchqueren und an dem gegenüberliegenden, zum demokratischen Berlin gehörenden Ufer, durch Zerschneiden der Drahthindernisse die Grenzsicherungsanlagen zu überwinden. M ü l l e r wollte dann, wie er [geschwärzt]

- 16 -

000119 00062

mitteilte, seine Angehörigen von der vereinbarten Stelle aus auf dem gleichen Weg nach Westberlin bringen. Nähere Angaben, auf welche Weise er den Landwehrkanal durchqueren wollte, hat er [...] nicht gemacht.
M ü l l e r teilte in diesem Zusammenhang [...] noch mit, daß er den Landwehrkanal zu der geplanten Schleusung deshalb auserwählt habe, da die dortige Stelle sehr unübersichtlich für die Grenzpolizei der Deutschen Demokratischen Republik ist. Er hätte diese Stelle vorher mehrfach beobachtet.
Ferner hatte M ü l l e r , so sagte er [...] , in Erwägung gezogen, die Westberliner Polizei über den geplanten Grenzdurchbruch zu unterrichten, damit diese im Falle einer Entdeckung der Grenzverletzung durch die Grenzsicherungskräfte der Deutschen Demokratischen Republik Feuerschutz geben kann.

Da [...] vor Antritt seiner Semesterferien sein möbliertes Zimmer gekündigt und noch kein neues Quartier hatte nahm er das Angebot des M ü l l e r , in dessen Wohnung bis zum 19.4.1962 zu übernachten, an.
Am Morgen des 19.4.1962 hat M ü l l e r angeblich [...] mitgeteilt, daß er inzwischen zu dem Entschluß gekommen sei, die Schleusung seiner Angehörigen bis nach Ostern 1962 zu verschieben, da ihm Bedenken bezüglich der Realisierung seines Planes gekommen wären.
M ü l l e r habe daher [...] beauftragt, seiner Ehefrau lediglich die Verschiebung des Termins ihrer vorgesehenen Schleusung mitzuteilen.
Im Durchführung dieses Auftrages suchte [...] in den Morgenstunden des 19.4.1962 das demokratische Berlin auf. Durch eine Mitteilung der [...] , [...] war der Volkspolizei inzwischen die vorgesehene Schleusung der [...] , [...] sowie deren Schwester [...] , [...] bekannt geworden.
Bei der [...] , [...] handelt es sich um eine weitere Schwester der [...] , [...] , welche durch diese über deren beabsichtigte Republikflucht informiert war.

- 17 -

Was für eine Möglichkeit blieb uns? Ich wollte mit meiner Familie zusammenleben, sonst nichts! Ist das zu viel verlangt vom Leben?
Wenn ich nur daran dachte, was geschehen wäre, wenn wir es wirklich gewagt hätten.
Nicht auszudenken.

Eines wusste ich jetzt, wir hatten nur noch einen Versuch. Noch einmal auffallen, oder gar eine missglückte Flucht, würde dazu führen, Traudchen für lange Zeit hinter Gitter zu bringen, letztlich die Familie zerstören.
Die Verhöre, die sie ertragen musste, die maßlosen Drohungen der Stasi, der Verrat in der Familie wurden noch verstärkt durch die zunehmende gehässige Schikane bei ihrer Arbeit.
Ein bezeichnendes Beispiel: Während der Arbeit, vor allem in den Pausen wird natürlich über vieles gesprochen. Hierbei erzählte Traudchen, wie gerne sie doch Rügenwälder Teewurst essen würde, leider gibt es sie nicht im Osten, sie würde sich schon freuen, wenn man sie auch im Osten kaufen könnte.“
Man muss sich vorstellen, diese Bemerkung reichte aus, dass Traudchen sich bei der Personalchefin melden musste.
Hier wurde ihr klargemacht, dass sie, wenn sie nochmals dabei erwischt wird, Westpropaganda zu machen, gemeldet und entlassen würde.
Man sagte ihr auch, dass man von der Polizei alles erfahren habe und sie auf der Abschussliste stünde, wenn sie dies nicht unterlassen würde, sei bald Schluss.
All das erfuhr ich erst viel später; in ihren Briefen jedoch war zwischen den Zeilen zu erkennen, in welcher Not sich Traudchen befand.
Welche Wehrlosigkeit gegenüber dem allmächtigen Staat hier sichtbar wurde, ist heute kaum noch vorstellbar.
Es ging weiter. Wir vermehrten unsere Anstrengungen, eine Möglichkeit zur Flucht zu finden.

Berliner Untergrund

Täglich on tour, am Rande der Erschöpfung. Eine neue Idee: Die Kanalisation. Die Hauptrohre, teils über zwei Meter hoch, wo Menschen aufrecht gehen können. Andere nur etwa ein Meter, zu niedrig und vor allem wegen der Gase zu gefährlich um sich darin zu bewegen.
Selbstverständlich gibt es auch Kanalrohre der Zwei-Meter-Sorte, die in den Osten führen.

Berlin war ja nicht in Ost und West geplant und gebaut worden. So wie die Brüder über die U-Bahn fliehen konnten, müssten wir es über einen Abwasserkanal schaffen.
Soweit die Idee.
Wir zögerten nicht lange, verschafften uns den Überblick und stiegen in die Kanalisation. Es galt, den Kanal zu finden, der für uns geeignet war.
Taschenlampen und Kreide waren schnell besorgt. Die Kreide brauchten wir, weil wir zu Recht annahmen, dass es dort unten Kreuzungen und Querverbindungen geben würde. Um zurückzufinden müssten Zeichen angebracht werden.
Wir hatten so genannte „Kuhfüße" dabei. Die Kanaldeckel sind schwer und sitzen bestimmt fest. Hier sollten die Kuhfüße das richtige Werkzeug zum Öffnen sein. Nach mehreren Versuchen löste sich der Deckel und wir konnten ihn anheben. Im schwachen Licht unserer Taschenlampen erhellte sich die schwarze Röhre etwas und sie erschien nicht mehr endlos. Die leicht überrosteten Steigeisen waren jetzt zu erkennen. Der Abstieg kann beginnen. Klaus machte den Ersten. Bevor ich nachkletterte fiel mir das nächste Problem schlagartig ein. Was soll mit dem Deckel geschehen? Ihn einfach offen lassen, ging nicht. Bei unserem Glück käme vielleicht gerade jetzt, wenn wir drinnen waren ein Spaziergänger oder wer auch immer den Weg entlang und fällt in den Abgrund. Es wäre auch schon schlimm genug gewesen, wenn jemand den offenen Deckel nur entdeckt hätte.
Was tun? Hotti meinte: „Ich gehe als Letzter und mach das Ding einfach wieder zu." Mir war das nicht klar genug. „Wie kriegen wir den auf, wenn wir wieder rausklettern wollen?" Das war meine Sorge, nachdem wir uns so gequält hatten, ihn von oben aufzuhebeln. Klaus meinte von unten, wir sollen den Dreck aus der Deckelfassung ordentlich rauskratzen und den Deckel zuziehen. Mit unseren beiden Kuhfüßen machten wir das auch. Ich stieg dann auch runter, mein Bruder Hotti als Letzter, zog den Deckel zu.
Unten war die Luft feucht, kühl und geschwängert mit allen Düften der Fäulnis.
Aber sonst war es dort unten völlig anders, als ich es mir vorgestellt hatte. Die Ratten, die wir erwartet hatten, waren erst einmal nicht da.

Nachher hier und da eine, die erschrocken das Weite suchte. Irgendwie waren wir ja auch die Störenfriede, die hier unangemeldet zur völlig unpassenden Zeit in ihre Welt eindrangen.
Es war dies eine eigene Welt, ich merkte auch bei meinen Brüdern, wie bedrückt sie waren. Mir ging es nicht anders, aber, so meine Gedanken, der Mensch gewöhnt sich an fast alles, wenn dahinter die Not steht. Die Not meiner Familie, die immer dringender Hilfe brauchte.
In dem Rohr, das mir sehr groß vorkam, floss nur ein schmales Rinnsaal, wenn vom Fließen überhaupt gesprochen werden konnte. Das Laufen in dem Rohr war für uns keine große Anstrengung.
Unsere Lampen, normale Taschenlampen gaben nur wenig Licht. Nur ein kleines Feld von wenigen Meter wurde ausgeleuchtet.
Ein Gefühl verstärkter Anspannung überkam mich. Ich bemerkte es auch bei meinen beiden Brüdern. Dachte bei mir, dass ich ja der Ältere bin und immer die Aufgabe hatte, auf die „Kleinen“ aufzupassen. Jetzt brachte ich sie in Gefahr, meinetwegen. Es ging ja um meine Familie. Ist das richtig? Durfte ich das? Ich merkte, wie Hotti mich von hinten leicht berührte, „Hast du was?“ fragte er.
Ich sagte ihm, was ich gerade überlegte. Stellte die Frage, ob wir nicht abbrechen sollten.
„Du spinnst,“ sagte er. Bruder Klaus bekam es auch mit. Er blieb stehen und meinte. „Rudi, und wenn deine Frau von denen auf den Mond gebracht wird, wir holen sie gemeinsam da raus, und jetzt Ende mit dem Palaver, wir müssen voranmachen.“
Etwas leiser, beim Umdrehen in unsere Marschrichtung, sagte er: „Wir müssen uns bessere Lampen besorgen. Wir haben zu wenig Sicht.“
Irgendwo, hinter jedem Abzweig oder auch nur ein paar Meter weiter konnte doch jederzeit irgendwer und irgendetwas im Dunkeln auf uns lauern.
Der Film „Der dritte Mann" wurde plötzlich realistisch. Es war dies schon eine besondere Welt. Man war mitten in der Großstadt, aber gleichzeitig unendlich weit weg. Eine eigenartige Stille herrschte dort unten. Besonders deshalb, weil ganz spezielle, bis dahin noch nie gehörte Geräusche ständig da waren und mit der Welt oberhalb der Straße keine wirkliche Verbindung existierte.

Ein unbestimmtes Rauschen war zu hören, wie ein ständiges Rinnsal oder ein Bach, der sich endlos voranbewegt. Beim Vorwärtsgehen wurde das Rinnsalgeräusch ab und zu durch heftiges Plätschern unterbrochen. Dieses heftige Plätschern verursachten wohl die ständigen Anwohner dieser Unterwelt, die Ratten auf der Flucht.
Es gab ein Übergeräusch, es war das durch Kanaldeckel gefilterte Echo der Großstadt. Gleichzeitig nah und doch wieder unendlich weit weg.
Nach der ersten gründlichen Orientierung wussten wir die Richtung, stellten aber auch fest, dass es nicht einfach werde. Beim langsamen Vorantasten in dieses Halbdunkel wurde mir sehr bald klar, es waren weniger die Ratten die uns störten, die Herrscher dieser Unterwelt waren ganz andere Tiere.
Durch die schlechte Sicht sahen wir nicht die Spinnengewebe, die uns ständig im Gesicht klebten.
Vorne beim Klaus war es wohl noch viel schlimmer, was der nicht abräumte, blieb für uns als Nachhut. „Klaus, komm wir machen für heute ein Ende. Wir haben ja auch schon den ersten Eindruck.“ Sagte ich.
Er sah das auch so, meinte noch, dass er wenigstens die fette Kreuzspinne sehen will, bevor sie ihm ins Gesicht springt.
Erst mal war ich aber auch froh, dass wir abbrachen, irgendwie war mir leicht schwindlig. Ich vermutete Gase in diesem Labyrinth.
Ich machte mit der Kreide ein Zeichen an der Wand um die Stelle morgen wieder zu finden. Am Kanaldeckel musste erneut der Stärkste von uns ran. Hotti drückte mit Arm und Schulter dagegen und tatsächlich ging es besser als wir dachten.
Einen Tag später standen wir wieder vor dem Kanaldeckel, der sich ohne größeren Widerstand öffnen ließ. Von der Firma, in der ich arbeitete, hatte ich mir eine stärkere Taschenlampe ausgeliehen.
Dies war schon wichtig. Das bessere Licht beruhigte eben nicht nur die Nerven, wir konnten die dicksten Spinnennetze mit einem kleinen Stock beseitigen. Auf dem Weg in die von uns angestrebte Richtung tauchte ein unerwartetes Hindernis auf. Ein quadratisches Becken war plötzlich vor uns.
Es befand sich am Ende unseres Kanalrohres.

Wir konnten erkennen, dass von allen Seiten gleich große Kanalrohre oberhalb dieses künstlichen Sees mündeten.
Steigeisen, die jeweils unterhalb der Rohre angebracht waren, halfen uns weiter. Doch erst mussten wir die Lage peilen, welches Rohr war das, was wir suchten?
Nach Vergleich unseres Standortes mit der Skizze legten wir fest, welche der in das Sammelbecken einmündenden Röhren die Richtige war. Ausgewähltes Ziel war ein Kanalrohr in der Nähe des Ludwig – Jahnstadions. Dort hatten unsere Kundschafter sehr ruhige Bedingungen festgestellt.
Am Vinetaplatz im Bezirk Kreuzberg von West-Berlin waren wir eingestiegen. Ausgesucht hatten wir diese Stelle, weil dort relativ wenig Personenverkehr war.
Klaus kletterte wieder als Erster die Steigeisen zum Sammelbecken runter.
Es war schwierig, weil es trotz starker Lampe immer noch dunkel war. Wir konnten ja auch nicht einfach alles ausleuchten, wir wussten ja nicht, was sich so alles im Kanal tummelte.
Klaus machte also einen großen Schritt, er wollte den am Beckenrand vorhandenen Fußsteig erreichen. Ich sah, wie er heftige Bewegungen machte, mit seinen Armen ruderte, es platschte unverschämt laut, dann wurde es dunkel um ihn.
Klaus stand plötzlich bis über die Knie in den Abwässern. Das konnten wir mithilfe unserer kleineren Lampen immerhin erkennen.
Trotz der alles andere als lustigen Gesamtsituation konnte Hotti sich das Lachen nicht verkneifen, mich überkam ebenfalls das Lachen und zum Glück prustete auch Klaus erst einmal los. Dann sagte er, was weniger schön war: „Die Lampe ist mir aus der Hand gefallen, sie liegt in der Jauche.“
Wir leuchteten zu ihm. „Seht mal, dort schimmert doch was in der Brühe“, meinte Klaus in diesem Moment und zeigte in die Richtung, wo er etwas gesehen hatte.
Ich nahm für einen Moment den Schein meiner Lampe von ihm weg. Tatsächlich, die Lampe von Klaus lag auf dem Grund und leuchtete weiter.

Ehe ich noch etwas sagen konnte, war Klaus schon ein paar Schritte weiter, bückte sich und griff in diese trübe Flut. Sein ganzer Arm verschwand, kam aber gleich wieder hoch, mit der Lampe in der Hand. Der Abend war dann gelaufen.

Wir machten uns schnell davon. Wichtig war jetzt erst einmal für Klaus, sich zu waschen und trockene Klamotten anzuziehen, die nicht nach dieser Jauche stanken.

In der U-Bahn, mit der wir nach Haus fuhren, hatten wir viel Platz. An den Gesichtern der Fahrgäste war zu erkennen, dass der Duft, den Klaus ausstrahlte, wohl etwas zu streng war. Am nächsten Abend stiegen wir wieder in Berlins Unterwelt.

Wir mussten endlich wissen, ob es hier eine Möglichkeit gab. Nach einiger Zeit meinte Klaus: „Nach meiner Schätzung müssen wir in der Nähe der Mauer sein.“ Wir bewegten uns jetzt viel langsamer und blieben schließlich ganz stehen.

Wir mussten nun sichern, prüfen und lauschen ob es etwas Besonderes, etwas Auffallendes zu sehen oder hören gab.

Geräuschmäßig ist nichts auszumachen, außer einer intensiven Ruhe. Verkehrsgeräusche sind fast völlig weg. Wir hörten nur noch ein bestimmtes Grundgeräusch von ganz weit her. Das sprach dafür, das Klaus mit seiner Einschätzung, nahe der Grenze zu sein, richtig lag. An der Grenze und deren Umfeld ist logischerweise kein oder nur sehr wenig Verkehr.

Vorsichtig leuchtete Klaus mit der großen Lampe die vor uns liegende Dunkelheit aus, ich sagte zu ihm:

„Vorsichtig mit der Lampe, die können jederzeit, wie auch immer, hier auftauchen, dann knallt's bestimmt.“

Ob die ihre Grenzer hier unten rumlaufen lassen, bei dem Gestank, konnte ich mir zwar nicht vorstellen, aber wissen konnte ich es auch nicht.

Für ein Scheitern unserer Sache hätte ja schon gereicht, wenn sie uns bemerkt hätten. Dann wäre hier Schluss gewesen. Die Idee mit der Kanalisation hatten wir sicher nicht als Erste. Also vorsichtig sein. Wir tasteten uns langsam weiter und hielten mehr Abstand voneinander. Wenn sie wirklich geballert hätten, wäre größerer Abstand ein Stück mehr Sicherheit. Ich ging jetzt ganz vorne.

Leise, vorsichtig, ja behutsam taste ich mich vor. Die Lampe machte ich nur ab und zu an, um mich grob zu orientieren.
Die meiste Zeit leuchtete einer meiner Brüder die Röhre so aus, dass das Licht immer auf die gegenüber liegender Seite fiel, ich aber im Dunkel blieb.
Vor mir wieder ein kleineres Becken, in dem mehrere einmündeten. Hinter dem Becken war alles dunkel. Aus der Mündung der Röhre zu meiner linken Seite sah ich plötzlich einen schwachen Lichtschein.
Ich gab ein kurzes Signal mit der Lampe nach hinten und wartete, bis meine beiden Brüder aufrückten. Wir waren uns nach kurzer Beratung klar darüber, es musste da, wo das Licht zu sehen war, die Grenze sein. Vorsichtig taste ich mich um das Sammelbecken herum. Ich musste wissen, was es mit dem Licht auf sich hatte.
Viel war nicht auszumachen, nichts Genaues. In ungefähr acht Meter Entfernung befand sich das schwache Licht. Was da aber war, was da beleuchtet wurde, konnten wir uns noch nicht erklären.
Nur flüsternd berieten wir uns kurz, waren uns einig, das konnten nur die Grenzer sein.
Hotti und ich stiegen in den Sammler. Klaus übernahm die starke Lampe, auch er ging in dem Sammler in Deckung. Er sollte im Fall eines Beschusses in der Lage sein, aus der Deckung heraus, uns den Fluchtweg ausleuchten zu können.
Wir schlichen den schmalen Steg um den Sammler längs entlang. Unter der Rohrmündung, wo das Licht herkam, blieben wir erst einmal stehen. Ein kurzes Verschnaufen, dann kletterten wir, erst ich, dann Klaus, die Steigeisen hoch.
Oben verharrten wir geduckt erst einmal am Rand des Rohres. Wir machten uns so klein wie es überhaupt nur möglich war. Nun standen wir und lauschten. Vielleicht könnten wir ja etwas hören.
Nichts, absolute Stille.
Langsam, auf Zehenspitzen tastete ich mich erst alleine weiter.
Grelles, kaltes Licht zerriss brutal die Dunkelheit. In dem Licht sah man schemenhaft ein Gitter das den Durchgang versperrte.
Nicht nur das, schlimmer noch, eine laute Stimme rief in den Schacht, so etwas wie „stehen bleiben!“ Ich machte einen gewaltigen Satz nach hinten um aus dem Lichtkegel zu kommen.
Hotti griff meinen Arm und riss mich in die Deckung des Sammlers.

Keine Sekunde zu früh, schon knallten Schüsse durch die Betonröhre. Ein furchtbares Geräusch. So laut wie man sich wohl Artillerie vorstellt. Der Widerhall oder das Echo in dem Röhrengewirr zerriss fast das Trommelfell.
Wir waren in Deckung. Klaus hatte seine Lampe ausgemacht, sie dürften uns nicht gesehen haben. Bei uns war es stockfinster, aus dem Rohr, wo wir eben noch waren, immer noch gleißendes Licht.
So plötzlich, wie der Höllenlärm ausbrach, hörte er auch wieder auf. Die Helligkeit brach förmlich zusammen, jetzt nur noch das schwache Licht.
Vorsichtig, flüsternd verständigten wir uns mit Klaus. Der hatte mitbekommen, dass die Grenzer von uns aus gesehen hinter einem Gitter standen, von dort wohl auch geschossen hatten.
Wichtig war es jetzt aus dem Schussfeld der Treibjäger mit staatlichem Auftrag zu bleiben. Es wurde ruhig. Wir verschwanden erst einmal ohne Licht fast auf allen Vieren aus dem Sammler. Nicht sicher, ob wir die richtige Röhre erwischt hatten, in die wir eingestiegen waren. Ich leuchtete mit vorgehaltener Hand kurz an die Kanalwand. Klaus zeigte auf einen Pfeil mit Kreide. Was für eine Erleichterung, es war unser Zeichen. Wir befanden uns auf dem richtigen Weg. Nicht lange und wir waren draußen. Klaus knallte den Deckel zu und damit auch diese Fluchtmöglichkeit.
Wieder Zuhause, hoffnungslose Verzweiflung. Gab es überhaupt noch Wege? Wie konnte ich Traudchen informieren? Konnte ich ihr überhaupt noch erklären, dass es wohl nichts werden würde? Ich war wieder am Anfang.
Immer härter wurde das Grenzregime, was jetzt noch tun?
Sollten wir aufgeben?
Zurückgehen? Nach all dem?
Dieser Staat gab kein Pardon. Er rächt sich an den Aufsässigem, an denen, die sich nicht krumm machten.
War alles sinnlos? Ich rechnete nach, wie viele Jahre es wohl dauern würde, bis sie mich vielleicht aus dem Zuchthaus entlassen würden. Sie hatten ja auch bei jeder Vernehmung meiner Frau klar gemacht, was mich erwarten würde, sie hatte oft darüber geschrieben.
Ich sage es wieder: „Solange ich lebe, werde ich meinen Richtern die Frage stellen, wie sie von mir verlangen konnten, mich zu ergeben?

Hat man vergessen, was die DDR für ein Unrechtsstaat war? Viele wussten, so wie bei den Nazis, was mit denen, die sich nicht anpassen konnten, wie wir es wohl waren, geschah.
In ihrer Wut darüber, wie meine Brüder sie vorgeführt hatten, würden sie mich vielleicht sogar umbringen.
Auch das war ja wohl bekannt. In der DDR (Deutsche Demokratische Republik) gab es noch die Todesstrafe. Aber nach meinen Richtern war das alles zumutbar, da wir uns ja selbst in Gefahr begeben hatten.
Sie waren überall, in einem Auszug des Protokolls der Sitzung des Zentralen Stabes des ZK, unter Leitung von Honecker wird deutlich, sie hatten auch die Kanalisation im Griff.
Wir spürten es ja in aller Form.
Aus Staatsarchiven liegt ein Protokoll vor, aus dem hervorgeht, wie die Staatsterroristen ihre Treibjagd aufs eigene Volk planten und eröffneten:

P r o t o k o ll

über die Lagebesprechung des Zentralen Stabes (der Sozialistischen Einheitspartei) am 20.09.1961 von 3.30 Uhr bis 09.30 Uhr

Leitung: Gen. H o n e c k e r

Teilnehmer : Gen. H o n e c k e r
Gen. V e r n er
Gen. H. Hoffmann
Gen. E. M i e l k e
Gen. K r a m e r
Gen. H o r n i n g
Gen. S e i f e r t
Gen. E i c k e m e i e r
Gen. M e n z e l
Gen. We i ß
Gen. E n d e
Gen. W a h n e r
Gen. S c h n e i d e r
Gen. Ex n e r

Protokoll geführt: Gen. :Exner
Genosse Honecker gab einleitend bekannt, dass die Sitzung aufgrund eines Beschlusses des Politbüros des ZK der SED stattfindet. Das Politbüro hat die z.Zt. noch bestehenden unzulänglichen Pioniermaß-

nahmen zur Sicherung der Staatsgrenze in Berlin kritisiert, der Erfolg des am 13.8.1961 geführten Schlages gegen die Militaristen und Revanchisten darf nicht durch Nachlässigkeiten im Grenzsicherungssystem beeinträchtigt werden. Alle Durchbruchversuche müssen unmöglich gemacht werden. Gen. Honecker beauftragte nach einleitenden Ausführungen Gen. Generalmajor Seifert die Lage an der Staatsgrenze in Berlin einzuschätzen.
Genosse Generalmajor Seifert berichtet wie folgt über die Lage an der Staatsgrenze in Berlin:

Der Stab des Ministeriums des Innern konzentrierte in den letzten Tagen seine Arbeit auf die Stabilisierung der Grenzsicherung in Berlin. Die Sicherungskräfte wurden umgruppiert und 2 Grenz-Brigaden gebildet. Es wurden alle Kräfte aufgeboten, um den politisch-moralischen Zustand zu verbessern. 402 Genossen der mittleren Polizeischule Aschersleben wurden in der Grenz-Brigade Berlin zur Stärkung der **Kader** aufgenommen. Die 1. Grenz-Brigade Berlin` ist strukturmäßig aufgefüllt.

Vom 13.06.1961 bis zum 18.09.1961
Erfolgten 216 Grenzdurchbrüche
mit insgesamt 417 Personen
Davon sind in der Zeit vom 13.08. bis 31.08.
128 Grenzdurchbrüche
und in der Zeit vom 01.09. bis 18.09.1961
88 Grenzdurchbrüche festgestellt worden.

5 VP-Angehörige wurden fahnenflüchtig. Zurzeit gibt es täglich noch 5-6 Grenzdurchbrüche mit ca. 10-11 Personen. Es sind gewaltsame Grenzdurchbrüche mit Kraftfahrzeugen eingetreten.

Maßnahmen:
Es wurden Pioniermaßnahmen zur Verstärkung der Sperren eingeleitet. Die Schwerpunkte in den Abschnitten I, II und IV wurden beseitigt. Im Abschnitt I waren z.B. 17 Grenzdurchbrüche zu verzeichnen. Die Pioniermaßnahmen wurden durch Ziehen von Gräben, Legen von Betonplatten und Betonschwellen verbessert. In der Nacht

vom Sonnabend zum Sonntag (16. zum 17.09.) wurden 59 gesperrte Straßenübergänge zusätzlich mit Straßenschwellen blockiert.
In der Nacht vom Sonntag zum Montag (17. zum 18.09.) wurden Gräben gezogen.

Diese Maßnahmen reichen noch nicht aus. Mit Unterstützung des Magistrats des demokratischen Berlins müssen schnell weitere Sperrmaßnahmen durchgeführt werden wie, Gräben ziehen, Straßen aufreißen, Schwellen legen, Sandaufschüttungen usw.
Der Stab des Ministeriums des Inneren hat geplant, im Abschnitt der ersten Abteilung (Nordabschnitt) und im Abschnitt der VI. Abteilung 18 – 20 km Grenzmauer zu errichten. Bis zur Fertigstellung sollen Gräben gezogen werden.
Außerdem ist die Kanalisation zu beachten, wenn auch bisher noch keine Grenzdurchbrüche 'unter Ausnutzung der Kanalisation erfolgten, so gab es doch einige Versuche.
Es bestehen zwar an den Eingängen Gitter, doch es besteht die Möglichkeit unter diesen hindurchzukriechen. Es wird geprüft, um eine bessere Sicherung der Kanalisationseingänge zu schaffen.
Entschiedene Maßnahmen sind zu treffen in der Bernauer, Harzer Straße u.a. wo die Grenzlinie entlang der Hausgrundstücke verläuft.

Es gibt immer noch Fälle des Abseilens aus Wohnungen.
Eine vollständige Räumung oder schnellere Räumung unzuverlässiger Elemente muss erfolgen.

Gen. Honecker stellt die Frage, ob die getroffenen Maßnahmen ausreichen, um Kfz-. Durchbrüche zu verhindern. Dazu berichtet Gen. P. Verner: Die bisherigen Maßnahmen reichen nicht aus, das beweist das Beispiel in der Bouchestraße. Hier verläuft die Grenze entlang der Bordkante der Straße, d.h. die Hausgrundstücke mit ihren Vorgärten liegen auf Westberliner Gebiet. Der Zaun reicht nicht aus, um Durchbrüche zu verhindern.

Vorschläge:

- Entlang des Drahtzaunes in der Länge der Straße die Fahrbahn aufreißen oder Betonplatten legen.
  Eine Parteikommission ist eingesetzt,
  um alles noch mal zu überprüfen.

- Es ist erforderlich neben den Sperren auf der,
  Straße die breiten Bürgersteige zu sichern.
  Fußgänger feste Schleusen einrichten.
  Ein Kfz. darf nicht hindurch können.

- Viele Genossen sind der Meinung, dass es nicht zweckmäßig ist, an der so genannten grünen Grenze eine Mauer zu errichten. Sie wirft bei Nacht Schatten und gibt günstige Möglichkeiten der Annäherung für den Gegner. Besser wären feste Drahtsperren auf 2 Pfählen mit Verspannungen.

  Die Häuser in der Bernauer- und Harzer Straße werden geräumt. 700 Bewohner auf einmal ist nicht möglich. Die Unzuverlässigen werden mit Kampfgruppen in Zivil umgesiedelt.

Gen. Generalmajor Seifert beantwortet die Fragen des Gen. Honecker wie folgt:

Wir kommen nicht aus ohne Schwellen. Auf solche Straßen, die feste Decken haben, sollten Schwellen gelegt werden; wo z.Zt. noch keine Schwellen zur Verfügung stehen, sollen Sandaufschüttungen vorgenommen werden. Hinsichtlich der Mauer, so ist Gen. Seifert der Meinung, kann diese ein starkes Draht-Hindernis ersetzen. Drahtsperren erfordern mehr Zeit als der Bau der Mauer. Die Mauer soll 2 Meter hoch gebaut werden.

Gen. Generaloberst Mielke nimmt zu den aufgeworfenen Fragen wie folgt Stellung:

Die Vorschläge für die Pioniermaßnahmen sind geeignet, man sollte jedoch auf den Bau einer Mauer entlang der so genannten 'grünen Grenze' verzichten. Günstig ist die Drahtsperre, sie ist haltbarer und für die Bekämpfung von Grenzdurchbrüchen geeigneter. Unsere Sicherungs-Maßnahmen an der Grenze haben eine große politische Bedeutung. Gen. Mielke schlägt vor, zur schnellen Durchführung der Pionierarbeiten dem Ministerium des Inneren, dem Ministerium für Nationale Verteidigung und dem Ministerium für Staatssicherheit je einen Abschnitt zuzuweisen.
Gen. Armeegeneral Hoffmann ist der Meinung, dass das Legen von Betonschwellen einen großen Verschleiß an Material darstellt und die einfachste Methode das Aufreißen von Straßen ist, was eigentlich schon in den ersten Tagen nach dem 13.08.1961 beschlossen wurde.

Das Bauen einer Mauer an der sogenannten ‚grünen Grenze' ist unzweckmäßig. Drahtzaun mit Betonblöcken und Gräben ist das Geeignete.

Zum Vorschlag des Gen. Generaloberst Mielke ist zu sagen, dass die Nationale Volksarmee Maßnahmen an der Staatsgrenze West zu treffen hat und die Mitarbeit an der Staatsgrenze in Berlin zu Verzögerungen führen würde.
Es wäre möglich Pionieroffiziere als Fachleute und Kräfte für 4-5 Tage zur Verfügung zu stellen. Gen. Generalmajor Weiß machte den Vorschlag, an der grünen Grenze Hunde einzusetzen.

Genosse Honecker fasst die bisherigen Ergebnisse der Beratung zusammen und ordnet an:

1. Gen. Armeegeneral Hoffmann hat sofort Spezialisten für Pionierarbeiten dem Stab des Ministeriums des Innern zur Verfügung zu stellen.

   Gen. Generalmajor Seifert hat mit den Spezialisten die bisherigen Pläne zu überprüfen und einen exakten Plan der weiteren Pioniermaßnahmen auszuarbeiten. Abschnitt für Abschnitt sind die erforderlichen Maßnahmen festzulegen wie

a) wo sind die erforderlichen Gräben mit
der entsprechenden Tiefe und Breite zu ziehen,
b) wo sind Betonpfähle und Höcker zu errichten und wo sind Platten zu legen,
c) wo und wie werden sichere Personenschleusen eingerichtet, die kein Durchfahren von Fahrzeugen ermöglicht und:

2. Mit der forcierten Verstärkung der Pioniermäßigen Schließung der Staatsgrenze in Berlin muss damit gerechnet werden, das verbrecherische Elemente den Versuch unternehmen, die Staatsgrenze am Westring von Berlin zu durchbrechen. Die Spezialisten sind zu beauftragen, die bisherige Planung und die errichteten Sperren zu prüfen. Die Drahtsperren sind zu verstärken und zu sichern. Alle Wege, die nach Westberlin führen, sind mit tiefen Gräben zu versehen.

3. Durch Panzerhindernisse ist zu gewährleisten, dass kein Fahrzeug durchbrechen kann.

4. Die Sperrzone von 100 Metern ist konsequent durchzusetzen.

Es ist ein strenges militärisches Regime einzuführen.
In diesem Gebiet sind nur die eingesetzten Kommandeure der Grenz Brigade verantwortlich.

5. Mit den Vorständen der LPG ist festzulegen; dass nur niedrige Kulturen anzubauen sind.

6. Im Plan für die Beschleunigung der Pioniermaßnahmen ist festzulegen, in welchen Abschnitten die Kräfte der Nationalen Volksarmee für 4-5 Tage, die Kräfte des Ministeriums für Staatssicherheit und die Kräfte des Ministeriums des Innern, eingesetzt werden.

7. Gen. Generalmajor Seifert hat täglich abends (Zeitpunkt wird noch festgelegt) über den Stand der Durchführung der Pioniermaßnahmen zu berichten.

8. **Gegen Verräter und Grenzverletzer ist die Schusswaffe anzuwenden.**
   Es sind solche Maßnahmen zu treffen, **dass Verbrecher** in der 100 Meter Sperrzone gestellt werden können.
   Beobachtungs- und Schussfeld ist in der Sperrzone zu schaffen.

9. Es sind Maßnahmen einzuleiten, die zur - Erhöhung der Wachsamkeit führen und das klassenmäßige Verhalten jedes Postens erhöhen und festigen. Der Einsatz von Offiziers-Kontrollen ist zu verstärken.

Die Verbindung der Offiziere zu den Soldaten ist zu verbessern.

Ende des Zitats.

Jetzt, wo ich über meine Not vor vielen Jahren berichte, frage ich mich, ob denn meine Richter solche Dokumente, wie das hier zitierte, kennen, gelesen haben?
War der Grenzer, der meine Festnahme vorhatte, nicht williger Handlanger dieser Erpresser? War er nicht aktiver Vollzieher bei der Unterdrückung von Menschenrechten?
Wer kann diese Fragen beantworten?
So wie die Verzweiflung mich zu erdrücken drohte, wurde mir dann aber immer wieder sehr schnell deutlich, dass es ein zurück für mich nicht geben konnte. Es würde meiner Familie nichts nützen, wenn ich zehn oder mehr Jahre, wenn es günstig laufen würde, im Zuchthaus sitzen müsste.
Meine Brüder und ich saßen wieder zusammen. Die Beratungen nach dem erneuten Fehlschlag machten keinen Mut. Aber fast jeden Tag ein Brief. Briefe, die den Willen neu stärkten. Was sollte ich ihr antworten, ich wusste mir keinen Rat? Doch aufgeben?

Nein, und nochmals Nein! Ich musste etwas finden, ich musste, ich musste!
Wieder an der Mauer, in der Nähe vom Checkpoint Charly. Da stand eine Aussichtsplattform, wo ich, wie so viele andere, in den Ostsektor, oder, wie ihn die anderen nannten, den Demokratischen Sektor, sah. Was war zu sehen?
Grenzer und weit entfernt Menschen, die ihren normalen Tageslauf nachgingen. Einfach nur rüberschauen, es brachte irgendwie Nähe zur Familie. Genau kann ich es nicht erklären, wenn ich eine gewisse Zeit rüber gestarrt hatte, ging es mir besser. Dann hatte ich wieder Mut und Ideen.
Neben mir auf der Plattform stand plötzlich ein älterer Mann. Weiße Haare, etwas füllig. Er stellte sich vor, Lebrock sei sein Name. Ich dachte bei mir, es ist schon seltsam, dass sich hier ein Fremder so einfach vorstellt.
Die Leute, die hier die Plattform benutzten, waren entweder Touristen aus Westdeutschland, die sich ihre Gänsehaut holten, oder arme Schweine wie ich, die hier ihren Frust wegträumten.
Ich stellte mich auch vor. Ob ich denn auch Angehörige drüben hätte, wollte er wissen. „Ich habe sie hier schon öfter stehen sehen“, meinte er. Ich bestätigte dies und wir kamen ins Gespräch.
„Die Möglichkeit, Leute rüber zu holen, wird immer schwieriger, bald geht es gar nicht mehr.“ So seine Worte. Er war Meister oder Polier auf dem Bau, er hatte so wie ich, im Westen von Berlin gearbeitet, seine Familie wohnte aber im Ostteil der Stadt. Dann die Mauer.
„Haben sie nicht Lust und Mut, was zu tun, mit mir gemeinsam? Eine gute Möglichkeit habe ich gefunden.“„Was soll das denn für eine Möglichkeit sein?“, so meine Frage.
Lebrock meinte, es ginge nur noch über einen Tunnelbau.
„Tunnelbau?“„Der spinnt,“ ging's mir durch den Kopf.
Dabei habe ich ihn wohl nicht sehr geistreich angesehen. „Sie können mir glauben, es gibt nichts anderes, was einigermaßen sicher ist“ so seine Reaktion.
Natürlich hatte ich auch schon von Tunneln gehört, die zur Flucht gebaut wurden. Aber selbst? Überhaupt keine Vorstellung darüber, wie so etwas zu bewerkstelligen wäre.

Ich war erst einmal sprachlos. Abstand musste ich gewinnen, erst einmal Zeit zum Nachdenken, er merkte meine Reserviertheit.
Wir verabreden uns. Ich erzählte die Neuigkeit meinen Brüdern.
Sie waren skeptisch, Klaus meinte: „Dazu gehört eine Masse Leute und Material, vor allem aber brauchen wir ein Grundstück, wo so etwas überhaupt möglich ist. Das passende Grundstück muss auch absoluten Sichtschutz haben. Drüben, wo der Tunnel enden soll, ist es noch schwieriger. Da geht es um mehr, als nur Sichtschutz!" Bevor wir durch sind, darf der Tunnel nicht entdeckt werden. Und, im übrigen", so Klaus weiter, „wie ich gehört habe, sind die meisten Tunnel bisher von der Stasi begleitet worden."
Beim nächsten Treff mit Lebrock kamen Hotti und Klaus mit. Sie wollten schon wissen, welche Pläne der tatsächlich hatte. Zum Einwand von Klaus wegen des Grundstücks sagt er:
"Genau deshalb will ich es ja wagen, ich habe ein Grundstück gefunden, von dem aus die besten Möglichkeiten für einen Tunnelbau gegeben sind."
„Zeigen sie uns doch die Stelle, dann können wir weiter reden," forderte ich ihn auf.
Nach kurzem Zögern stimmte er zu.
Er ging mit uns nur ein paar Schritte. Jetzt standen wir auf der Höhe des Springergebäudes, Lebrock ging am Gebäude vorbei. In Richtung Mauer war das Springergelände von einem Bauzaun umgeben.
„Ja, und?" sagte ich zum Lebrock und zeigte auf den Bretterzaun.
„Hört zu," so Lebrock, „als die Mauer gebaut wurde, als die drüben damit anfingen, sind auf dieser Baustelle die Arbeiten sofort eingestellt worden. Hinter dem Zaun finden wir alles, was so auf Baustellen rumliegt oder aber gebraucht wird."
Ob das wirklich was war?
Neugierig gehe ich rüber zum Zaun und versuche mir ein Bild zu machen. Die Baustelle lag direkt an der Mauer, das Grundstück von Springer grenzte an die Zimmer- und Jerusalemer Straße. Die Mauer stand dort fast unmittelbar am Rinnstein. Dann war da noch der Bürgersteig, der gegen das Grundstück durch einen hohen Bauzaun abgeschirmt war.
„Wie sieht es denn auf dem Grundstück aus und wie kommen wir da rein, ohne aufzufallen?" so meine Frage an den Lebrock.

Das hatte der alte Baumensch schon besorgt. Am Bauzaun zeigte er eine Stelle, wo die Bretter nur festgeklemmt waren. Wir zwängten uns durch, es war so, wie er es uns erzählt hatte.
„Auf der Baustelle liegen Berge von Aushub, auch Stapel mit Bauholz jeder Art“ verkündete er voller Stolz. Es sah soweit viel versprechend aus.
Wenn wir graben würden, könnten wir unseren Aushub gut entsorgen. So langsam wurde es dunkel, ich machte mir trotzdem Skizzen, es musste ja alles geplant werden.
Für den nächsten Tag verabreden wir uns mit dem Lebrock wieder an der Stelle, wo man ungesehen reinschlüpfen konnte. Bevor Lebrock ging, sagt er noch:
„Ihr müsst euch schnell entscheiden, morgen kann auch diese Möglichkeit schon wieder kaputt sein.“
Als Lebrock weg war, gingen wir zum „Alten Fritzen“, einer urigen Berliner Kneipe, nicht weit vom Springer Verlag entfernt und tranken ein Bier, überlegten und diskutierten. Erst ließ ich meine Sorgen frei:
„Was ist, wenn Lebrock einer der vielen Spitzel wäre, die es an der Grenze zur Genüge gab?“ „Wie könnten wir das rauskriegen?“ fragte Klaus „Bei seinen Erzählungen hatte er erwähnt, dass seine Frau und zwei Kinder drüben im Osten seien. „Wie bei mir“ wandte ich ein, und: „Wäre er ein Spitzel, würde er sicher nicht seine Familie in Gefahr bringen.“ „Soweit käme es vielleicht gar nicht.“ Auch das war eine Überlegung, die Hotti äußerte. „Er wurde vielleicht auf uns angesetzt, um die Schlappe mit der U–Bahn auswetzen und uns zu schnappen, wenn wir den Tunnel nur weit genug im Osten haben.“
Richtig ist aber auch, dass es eine Möglichkeit ist, die nicht so schnell wieder kommt. So meine Überlegungen.
„Wir machen es“, so beendete ich die Debatte.
Was irgendwie hätte gefährden können, musste jetzt geprüft und kontrolliert werden. Einig waren wir uns, erst einmal alles zu beobachten, notieren und bewerten.
Nächsten Tag nach der Frühschicht gehe ich sofort zur Baustelle, um zu sichten, dachte ich. Vor allem ging es um die Frage, ob im Osten ein Gebäude, ein Haus für unsere Zwecke zu finden war.
Das Einzige, welches überhaupt in Frage kam, war das Haus Zimmestrasse. 56. Neben diesem Haus war vor der Zerstörung durch den

Krieg das Eckhaus Zimmerstraße/Jerusalemer Straße. Die Bewohner des Hauses Zimmerstraße 56 mussten über das enttrümmerte Eckgrundstück laufen, wenn sie in ihr Haus gelangen wollten. Der Hauseingang zu ihrem Haus war zugemauert, weil Bürgersteig und Fahrbahn jetzt zum Todesstreifen gehörten. Das Erdgeschoss war geräumt, unbewohnt. Die Fenster, so wie der Hauseingang, zugemauert. Eines fiel uns auf. Ganz oben, im vierten Stock stimmte irgendetwas nicht. Wir hatten Sommer, es gab dort aber zwei Fenster, die nie geöffnet waren. Auch die Gardinen machten nicht den Eindruck einer bewohnten Wohnung. Wir konnten nichts feststellen, hatten aber immer ein Auge drauf.
Viel später, auch lange nach dem Prozess, lernte ich durch Zufall einen Mann kennen, der meinen Fall genau kannte, sein Vater war bei den Grenzern, zu dieser Zeit an dieser Stelle einer der Befehlshaber.
Am 18. Juni 1962 hatte dieser Offizier Urlaub. Der wusste aber sehr genau, dass sich im obersten Stock des Hauses eine konspirative Wohnung befand. Wir hatten vorerst nichts davon gemerkt. Es wäre ein Hinderungsgrund für die ganze Sache gewesen. Doch weiter zu unseren Beobachtungen:
Von dem Haus ungefähr 100 Meter westlich, auch auf einem Trümmergrundstück, stand ein Wachturm.
Bei unseren Beobachtungen zeigte sich, dass beide Grenzer meist in der Nähe des Wachturms oder oben auf dem Turm waren. Im Bereich unseres Zielhauses waren sie selten zu sehen.
Wo sollten wir anfangen? An welcher Stelle und wie?
Der Einstieg für den Tunnel musste unmittelbar am Bauzaun liegen. Nur dann wäre es für die Bewohner des Zielhauses nicht möglich, uns zu entdecken. Wir setzen uns zusammen, berieten, was zu tun und zu beachten war. Einfach buddeln wäre dumm gewesen und zum Scheitern verurteilt. Wir gaben Lebrock Bescheid, dass wir die Sache mit ihm durchziehen wollen.
Weiter mit der Strategie: Der Einstieg für unseren Tunnel war klar.
Unsicher die Frage: Wo sollte der Ausstieg liegen?
Im Hof des Hauses?
Ginge nur, wenn wir in der Nacht die Flucht organisierten.
In der Nacht würde es allerdings bestimmt auffallen, wenn zwei Frauen und Kinder durch die Gegend marschierten.

Die Gefahr einer Kontrolle war einfach zu groß. Also ging es nachts überhaupt nicht. Stichwort: „Kontrolle." Wir waren uns einig. Auch der Polier sah das so. Bevor wir überhaupt loslegen werden wir die Abläufe und Situation im Zielbereich durch intensive Beobachtung abklären. Wir mussten wissen, ob Fremde unkontrolliert und überhaupt ans Haus herankommen konnten. Alles andere wäre sinnlos gewesen. An einer Stelle, wo ständig mit Kontrolle gerechnet werden musste, war das Risiko zu groß. Vierzehn Tage waren bestimmt nötig, so unsere Überlegung, um alle nötigen Beobachtungen verlässlich zu machen. Das hieße für uns drei Brüder, abwechselnd den Tagesablauf vor Ort zu überwachen. Dass der Polier dabei war, war eine Hilfe. Aber ab sofort, und nur dann erklärte ich ihm, würde es durchgezogen, bestimmen meine Brüder und ich, wo es lang geht. Er war einverstanden. So unsere Vorstellung vom Ablauf. Wir brauchten Werkzeug.

Das herbeizuschaffen dauerte auch seine Zeit. Dann kamen wir zur Mannschaft. Wir waren mit dem Polier vier Mann. Die ersten Meter des Tunnels würden wir vier arbeitsmäßig schaffen.

Dann aber, wenn der Tunnel länger wird, wären mehr Arme nötig um den anfallenden Aushub zu entsorgen. Wir überlegten, wer helfen konnte? Spitzel gab's überall, nicht nur vom Osten drohte Gefahr, wir mussten ja auch aufpassen, dass die Westberliner Polizei nichts von unserer Buddelei erfuhr. Die hätten das sofort verboten.

Ich sprach die beiden Studenten an, die schon drüben waren, denen das Schlauchboot von der Stasi abgenommen wurde. Erbes und Ögemann sagten zu, so wie sie Zeit haben würden.

Sie waren auch wichtig, um Mitstudenten zu finden, die ab und zu mit Traudchen den Kontakt hielten. In der Wohnung von Traudchen waren solche Kontakte, nach der Verhaftung von Linke, nicht mehr möglich. Treffpunkt war ab sofort die Wohnung unserer Mutter.

Sie machte trotz ihrer schlechten Erfahrungen mit der Stasi, Gefängnis und anderen Schikanen mit. Dann mussten wir wissen, wie der nähere Bereich um unseren Zielpunkt Jerusalemer Ecke Zimmerstraße aussah. Das ganze Viertel um die Jerusalemer Straße, von der die Schützenstrasse und die Krausenstrasse abgehen, muss abgeklärt werden. Schließlich die Leipziger Strasse mit dem Dönhoffplatz. Von der Leipziger geht die Jerusalemer ab, bis zur Zimmerstraße. Wissen

mussten wir, wie der normale Publikumsverkehr dort ablief. Weiterhin war es auch wichtig für uns zu wissen, ob es noch zusätzliche Kontrollen im Hinterland unseres Zielhauses gab.
Wie soll der Tunnel aussehen? Wie breit, wie hoch? Wie tief muss, soll er sein? Schließlich die immer noch ungelöste Frage: Wo soll er enden? Hinter dem Zielhaus waren niedrige Fabrikgebäude, in denen auch gearbeitet wurde. Wir bekamen heraus, dass es eine Druckerei war. Die Druckerei lag mit dem größten Teil des Geländes außerhalb des Sichtbereiches der Grenzer. Als Endpunkt oder als Einstieg für meine Familie wäre das schon eine gute Lösung. Wissen mussten wir, wann war in der Druckerei Feierabend. Nur dann, wenn am Nachmittag dort Schluss wäre, könnten wir da unsere Aktion durchführen. Klaus erinnerte daran, dass wir die Länge des Tunnels annähernd kennen müssten, erst dann könnten wir Breite und Höhe festlegen. Ist der Tunnel länger, müsste er wegen der Luft zum Atmen breiter und höher sein.
Auch das war klar, jeder Zentimeter mehr an Freiraum, ist mehr Abraum, der rausgeschleppt, entsorgt werden muss. Klar war auch, arbeiten konnten wir nur nachts. Bevor es hell wird, musste die Baustelle sauber aufgeräumt sein.
Langsam wurde mir immer mehr bewusst: Eine weitere Möglichkeit würde es nicht geben.
Jeder Fehler vor Ort würde zugleich auch jede weitere Chance ausschließen. Denn die Stasi würde garantiert meine Frau irgendwo in die Zone umsiedeln mit Aufenthaltsverbot für Ostberlin. Angedroht hatten sie es ja schon. Wäre der Lebrock ein Spitzel, dann könnte das tödlich sein, je nach dem, wie sie uns kassierten. Bei allem Für und Wider, die Entscheidung war gefallen, jetzt musste ich mich kümmern.
Meine Brüder und ich wechselten uns ab sofort bei der Beobachtung der Umgebung ab. Alles, was wir vom Westen her erkunden konnten, alle Schwierigkeiten mit ständigem Positionswechseln, hielten wir präzise per Notizen fest.
Wir konnten uns ja nicht einfach mit einem Fernglas hinstellen und tagelang beobachten. Nein, die Grenzer dürfen keinen Verdacht schöpfen. Vor allem aber, und das war der schwierigste Punkt,

durften wir bei den Spitzeln, die ständig auf der Westseite der Mauer aktiv waren, keinesfalls auffallen.
Alle Wachwechsel, aber auch die Gewohnheiten der einzelnen Posten schrieben wir auf. Ich weiß nicht mehr wer es von uns beobachtete, aber einer berichtete, er habe zweimal irgendwelche Offiziere ins Haus gehen sehen, die erst nach längerer Zeit wieder rauskamen. Was taten die da? Musste ich das werten? Ich machte mir selber Mut. Dachte, es gäbe bestimmt Routineuntersuchungen der Grenzhäuser allgemein.
Ich nahm das nicht so ernst.
Hatte das etwas mit der konspirativen Wohnung der Stasi in diesem Haus zu tun? S.a.a.O. Schon nach kurzer Beobachtungszeit wussten wir, dass Leute, die in dieses Haus wollten, nicht kontrolliert wurden. Die Grenzer in diesem Abschnitt waren vor allem für die Kontrolle und Überwachung des unmittelbaren Mauerbereichs, also Todesstreifen, Drahtverhaue und die Mauer zuständig.
Auch das war einfach zu beobachten.
Der nächste Schritt war jetzt fällig, wir mussten vor Ort, also drüben testen, ob Fremde dort tatsächlich unkontrolliert bis ins Haus kommen würden. Erbes hatte zwei Studenten (es waren ein Ami und ein Österreicher) angesprochen, die auch bereit waren, für uns den Test zu machen. Als Ausländer hatten sie es etwas einfacher als die Westdeutschen.
Wir hatten mit den Beiden eine Uhrzeit vereinbart, die in etwa der Zeit entsprach, die wir für die Flucht meiner Familie vorgesehen hatten. Wir verteilten uns auf unsere Beobachtungspositionen; es war so gegen 17.30 Uhr. Bald mussten unsere Späher kommen. Ich sah sie kommen. Sie gingen in Richtung des Hauses, traten ein, hielten sich etwas auf, wie abgesprochen, ehe sie wieder zurückkamen. Nichts geschah, die Grenzer hielten sich im Bereich des Turms auf. Einer im Turm, der andere unten; er schaute rüber zu unseren Freunden, reagierte allerdings nicht. Sie nahmen keine Notiz von den angeblichen Besuchern.
Unser Test zu dieser alles entscheidenden, fürs Gelingen lebenswichtigen Bedingung war positiv verlaufen.
Die Bewohner des Hauses, nein, wer auch immer kam, wurden nicht kontrolliert. Dies war nicht Aufgabe der dort eingesetzten Grenzer.

Die Häuser waren ja auch hier zur Mauer hin zugesperrt oder vermauert. Dort, wo es keine Häuser gab, waren Stacheldrahtzäune gezogen. Vom Stacheldrahtzaun bis zur Mauer war die stillgelegte Fahrbahn der Zimmerstrasse mit geharktem Kies bestreut. Dies war der so genannte Todesstreifen, den die Grenzer zu überwachen hatten. Wer aus dem Stadtbereich kam, musste, wenn er zur Mauer wollte, über den Stacheldrahtzaun klettern. Dann den geharkten Todesstreifen überwinden und schließlich die Mauer bezwingen. Und dies alles vor den Augen der Grenzer.
Schon zu Beginn unseres Unternehmens, das war uns klar, mussten wir möglichst alle Unwägbarkeiten klären. Die Frage der Ausweiskontrolle war die alles Entscheidende. Wenn diese Kontrolle dort Regel gewesen wäre, hätten wir an diesem Ort nicht so wie geschehen vorgehen können. Ein weiteres Problem war damit bereinigt. Der Zielpunkt lag jetzt fest.
Der Tunnel musste nicht, wie geplant, bis zur Druckerei vorgetrieben werden. Wir konnten etwa dreißig Meter sparen, wenn wir mit dem Tunnelausgang unters Haus gingen.
Dreißig Meter Tunnel bedeuteten außer den statischen- und Belüftungsproblemen mindestens dreieinhalb Wochen kürzere Bauzeit, bedeutete dreieinhalb Wochen weniger Angst vor dem Entdeckt werden. Alles, was an Vorsorge bei solch einem Unternehmen möglich war, mussten wir leisten.
Ich hatte, kurz vor dem Einstieg in diese Fluchtlösung das Gefühl, dass alles getan war, um eine wie auch immer geartete Konfrontation auszuschalten.
Es blieb die Angst, dass es bei einer vorzeitigen Entdeckung unseres Vorhabens von der anderen Seite zum rücksichtslosen Gebrauch der Waffen kommen wird. Jede Meldung über Schusswaffengebrauch der anderen Seite haben wir natürlich registriert und soweit wie möglich - in unsere Sicherheitsstrategie miteinbezogen.
Einer dieser vielen Fälle hat uns besonders berührt.
Ein fünfzehn Jahre alter Junge war bei dem Versuch, den Spandauer Schifffahrtskanal zu durchschwimmen, entdeckt worden und die Grenzsoldaten haben sofort das Feuer auf den schwimmenden Jungen eröffnet und ihn dabei mit sieben Treffern schwer verletzt.

Insgesamt haben zehn Grenzer, vielleicht auch nach Meinung meiner Richter völlig „Arglose“, auf den Jungen ein „Scheibenschießen" veranstaltet.
Nach Meldungen der Presse wurden mehrere hundert Schüsse auf den wehrlosen Jungen abgegeben. Erst als ein West-Polizist zurückschoß und dabei den Grenzer Göring tödlich traf, hörte das Trommelfeuer auf.
Der Vorfall ereignete sich am 23. Mai 1962.
Ein weiterer Fall berührte uns: Am 5. Juni 1962 wurde Axel Hannemann, 17 Jahre alt, in der Spree, in der Nähe der Marschallbrücke, auf der Flucht erschossen.
Wir hatten in Erfahrung gebracht, dass bis zum 18. Juni 1962 schon 24 Menschen an der Mauer erschossen wurden. Ungefähr 12 Menschen sind im gleichen Zeitraum schwer verletzt worden. Unter den Opfern befanden sich auch Frauen und Kinder. Warum haben die Grenzer so brutal geschossen?
Diese Frage zu beantworten, heißt die generelle Frage der Menschlichkeit überhaupt beantworten zu wollen. Wer kann das überhaupt?

Der Schiessbefehl

Nach dem Zusammenbruch der DDR wurde lange Zeit geleugnet, dass es überhaupt einen Schießbefehl gegeben hat.
Die ehemaligen Bonzen leugneten beharrlich vor Gericht die Existenz eines solchen Befehls.

Es gab ihn dennoch.

REGIERUNG
DER DEUTSCHEN DEMOKRATISCHEN REPUBLIK

BEFEHL
DES MINISTERS FÜR NATIONALE VERTEIDIGUNG

Geheime Verschlusssache!
Nr. 76; 61

l. Ausfertigung 4 Blatt

6. Oktober 1961

Inhalt: Bestimmungen über Schusswaffengebrauch für das Kommando Grenze der Nationalen Volksarmee

Die Verbände, Truppenteile und Einheiten des Kommandos Grenze der Nationalen Volksarmee haben die Aufgabe, die Unantastbarkeit der Grenzen der Deutschen Demokratischen Republik bei jeder Lage zu gewährleisten und keinerlei Verletzungen ihrer Souveränität zuzulassen. Zur weiteren Sicherung der Staatsgrenzen der Deutschen Demokratischen Republik

BEFEHLE ICH:

Für die Wachen, Posten und Streifen der Grenztruppen der Nationalen Volksarmee gelten ab sofort die Bestimmungen über Schusswaffengebrauch der DV-10/4 (Standortdienst-! und Wachvorschrift; der Nationaler Volksarmee (Anlage 1) in Erweiterung dieser Bestimmungen sind die Wachen, Posten und Streifen der Grenztruppen der Nationalen Volksarmeen der Staatsgrenze West und Küste verpflichtet, die Schusswaffe in folgenden Fällen anzuwenden;

- zur Festnahme, Gefangennahme oder **zur Vernichtung** bewaffneter Personen oder bewaffneter Banditengruppen, die in das Gebiet der DDR eingedrungen sind bzw. die Grenze nach der Westzone zu durchbrechen versuchen, wenn sie die Aufforderung zum Ablegen der Waffen nicht befolgen oder sich ihrer Festnahme oder Gefangennahme

durch Bedrohung mit der Waffe oder Anwendung der Waffe zu entziehen versuchen;
zur Abwehr von bewaffneten Angriffen bzw, Überfällen auf das Territorium der Deutschen Demokratischen Republik, auf die Bevölkerung im Grenzbereich, auf Grenzposten oder Angehörige anderer bewaffneter Organe der Deutschen Demokratischen Republik im Grenzgebiet zur Festnahme von Personen, die sich den Anordnungen der Grenzposten nicht fügen, indem sie auf Anruf »Halt >**stehen bleiben – Grenzposten**< oder nach Abgabe eines Warnschusses nicht stehen bleiben, sondern offensichtlich versuchen, die Staatsgrenze der Deutschen Demokratischen Republik zu verletzen und keine andere Möglichkeit zur Festnahme besteht;

- zur Festnahme von Personen, die mittels Fahrzeugen aller Art die Staatsgrenzen offensichtlich zu verletzen versuchen, nachdem sie vorschriftsmäßig gegebene Stoppzeichen der Grenzposten unbeachtet ließen oder auf einen Warnschuss nicht reagierten bzw. nachdem sie Straßensperren durchbrochen, beiseite geräumt oder umfahren haben und andere Möglichkeiten zur Festnahme der betreffenden Personen nicht mehr gegeben sind.

- Die Anwendung der Schusswaffe gegen Grenzverletzer darf nur in Richtung Staatsgebiet der DDR oder parallel zur Staatsgrenze erfolgen.

Es gab ihn also, den Schießbefehl, der Befehl, der das Verhalten der Grenzer steuerte.
In dem es um das **Vernichten** von Menschen ging, und mit dem deutlich wird, dass es keine harmlosen Grenzer, schon gar keine Arglosen im Einsatz geben kann.

In dem Protokoll wird aber auch deutlich, welche Herren des Regimes sich dafür verantwortlich zeichnen, was da alles verbrochen wurde. Es ist von Straßen aufreißen und anderen Zerstörungen die Rede.
Es sind ungeheure Werte auf Befehl dieser Menschen mutwillig zerstört worden. Warum werden diese Menschen nicht verantwortlich gemacht? Kassieren eine Frau Honecker und viele andere nicht satte Renten? Wieso werden diese Leute nicht schadensersatzpflichtig gemacht?
Es gibt viele „geheime Verschlusssachen," in denen buchhalterisch genau die Opfer des Schießbefehls aufgelistet werden:

Horst Frank (geboren 7.5. 1942), gestorben 29.4. 1962

Ministerium des Innern
Bereitschaftspolizei
1. Grenzbrigade (B)
I. Grenzabteilung
– Kommandeur –

O.U., den 29. April 1962

Vertrauliche Dienstsache
119/64
1. Ausf. 4 Bl.

A b s c h l u ß b e r i c h t
zum versuchten Grenzdurchbruch am
29.04.62 gegen 0.30 Uhr

Gegen 00.30 Uhr versuchte der Bürger F r a n k, Horst geboren am 07. Mai 1942 in Lommatzsch Kreis Meißen, wohnhaft in Berlin-Weißensee, Smetanastraße 21 die Grenze 200 m nördlich der Klemkestraße vom Neuen Steg aus in Richtung Westberlin zu durchbrechen.

Sachverhalt:

Die eingesetzten Posten, Postenführer [geschwärzt] und Posten [geschwärzt] erkannten vom Postenbereich am Vereinssteg, am Graben in Richtung Neuer Steg eine männliche Person, welche in den Graben gleitete. Die eingesetzten Posten begaben sich im Laufschritt in dieser Richtung und Postenführer Feldwebel [geschwärzt] rief den Grenzverletzer an, der sich bereits aus dem Graben heraus in Richtung Drahtsperre eilig bewegte.
Da dieser den Anruf nicht befolgte, gab F. einen Zielschuß ab.
Da die Posten ein weiteres Gleiten beobachteten, gab der Posten [geschwärzt] 4 Zielschüsse ab und der herbei-geeilte Nachbarposten [geschwärzt] zwei weitere Zielschüsse ab. Daraufhin blieb der Grenzverletzer zwischen dem 2. und 3. Zaun liegen.
Der durch die Schüsse und Nachbarposten alarmierte Stützpunkt unternahm sofort folgende Maßnahmen:

1. Einsatz der Reservegruppe zur Abriegelung. Siehe Skizze.
2. Unterleutnant M e t z i n g, Gerhard, Oberfeldwebel L u d w i g und Oberfeldwebel A r p e, Heinz begaben sich sofort zum Tatort und führten die Bergung des verletzten Frank durch.
3. Verständigung des Rettungsdienstes über die VP-Inspektion Pankow, welche einen Sankra der Feuerwehr einsetzte.
4. Überführung des verletzten Frank in Begleitung von Oberfeldwebel A r p e, Heinz in das VP-Krankenhaus.
5. Einsatzgruppe 2 des Präsidiums der VP – K-Dauerdienst VP-Revier 6 Keibelstraße (Leutnant F l ä m i n g) übernimmt weitere Bearbeitung.

In diesem Fall gab es keinen Warnschuss, es wurde sofort erbarmungslos scharf geschossen. Horst Frank wurde ein Opfer mehr.

- 2 -

14 | Vertrauliche Dienstsache
007 119/64 7
1 . Ausf. 4 Bl.

Handlungen des Gegners :

Während der Abgabe der Schüsse zur Festnahme des Grenzverletzers, wurde durch einen westberliner Bereitschaftspolizisten vom Bahndamm aus, in Richtung des ████████ zweimal geschossen. Gefreiter Kahre Gefreiten Kahre

Nach Aussagen des ████████ gingen die Schüsse über das Grenzgebiet. Bei dem Bereitschaftspolizisten handelt es sich vermutlich um den Brückenposten der Klemkestraße. Gegen 01.00 Uhr erscheinen am Tatort auf westlichem Gebiet, 2 franz. Jeep, 1 MTW der Bereitschaftspolizei und 1 Fztw. mit ca. 20 Personen.

Dabei werden folgende Handlungen beobachtet :

Ableuchten des Grenzgebietes mit Scheinwerfern, vermutlich um die Person zu suchen, unsere Handlungen zu erkennen und Fotoaufnahmen vom Tatort zu tätigen.

Da gegen 00.30 Uhr die Handlungen auf unserer Seite abgeschlossen waren, konnten keine Angaben in die Hände des Gegners gelangen.

Gegen 01.30 Uhr verließen die obengenannten Personen das Grenzgebiet in Richtung Westberlin.

Handlungen des Grenzverletzers :

Der Bürger F r a n k, Horst durchkroch vom Neuen Steg aus, den Drahtzaun des 100 m Streifens. Dabei durchkroch er das eingesetzte Signalgerät und weiter in Richtung Graben.

Die Genossen, die die Bergung durchführten, fanden Fr. in der S-Rolle zwischen 2. und 3. Zaun verfangen vor.

Ergebnis einer durchgeführten Durchsuchung seiner Papiere:

Frank war im Besitz einer Musterungsbescheinigung vom 23.03.62

In den Unterlagen wurde eine Adresse gefunden , M. Kleeberg, Berlin N 65, Lütticher Straße 49,

Ein weiterer Zettel mit dem Vermerk:

XII 321 085 , Schlüter(Oberfähnrich) Chateau Zetelkem (vorgesehen Kultusmin.)

Eine weitere Adresse : Koblenz, Raiffeisenstraße 80

Gegen 06.00 Uhr kehrte Oberfeldwebel A r p e zur Dienststelle zurück und teilte mit, daß der Bürger Frank gegen 04.00 Uhr an den Folgen der Verletzung verstorben ist.

Art der Verletzung : 1 Bauch-Lungenschuß und 2 Oberarmschüsse.

In dem Bericht bzgl. Horst Frank wird deutlich wie die harmlosen Grenzer schon 1961 indoktriniert, verhetzt waren. Auf dieser Seite 2 sind Westberliner „Gegner" d.h. geistig befanden sich die Grenzer, alle, im Krieg. Wo haben meine Richter die Vorstellung vom Arglosen, Harmlosen???

Roland Hoff (geboren 19.3. 1934), gestorben 29.8. 1961

Deutsche Grenzpolizei
5. Grenzbrigade
- Der Kommandeur -

O.U., den 29.8.1961

F e r n s c h r e i b e n

An das
MdI - Stab

Betr.: Versuchter Grenzdurchbruch im Bereich der 13. GB / 11. Kp. mittels Durchschwimmen des Teltow-Kanals

Am 29.8.1961 gegen 14.oo Uhr wurde der H o f f , Roland, geb. 19.3.34 in Hannover, letzte Arbeitsstelle lt. Arbeitsbuch bei der Wasserwirtschaft Forst, wohnhaft unbekannt, beim Durchschwimmen des Teltow-Kanal 20 m nordostwärts der ehemaligen Industriebrücke in Richtung Westberlin durch Zielschüsse getötet.
Der in diesem Abschnitt eingesetzte Sicherungsposten, [illegible] sowie die Posten [illegible] hatte die Aufgabe, die Grenzarbeiten entlang der Uferböschung zu sichern. Zu diesen Arbeiten waren 40 Arbeiter der Fa. Gum (Kanal- und Kanalisationsarbeiten) aus Potsdam eingesetzt. Ofw. [illegible] bemerkte gegen 14.oo Uhr, wie eine Person ca. 70 m von ihm entfernt, in den Kanal sprung. Auf sofortigen Anruf und Warnschuß reagierte diese Person nicht. Sie schwamm in Richtung WB weiter. Daraufhin gab Ofw. [illegible] den Feuerbefehl für die Zielschüsse. Ofw. [illegible] schoß aus seiner MPi in kurzen Feurstößen 18 Schuß, Sold. Pohl und Sold. Lang aus ihren Karabinern insgesamt 9 Schuß. Durch hinzu kommende in diesem Abschnitt eingesetzte Kräfte der Kampfgruppe wurde durch einen Angehörigen der KG ebenfalls ein Zielschuß abgegeben. Name des KG-Angehörigen bisher unbekannt. Die Zielschüsse wurden abgegeben, als H. ca. 15 m schwimmend im Kanal zurückgelegt hatte. Geschoßeinschläge auf westlicher Seite wurden nicht beobachtet.

Nach den Zielschüssen versank die Person sofort in dem Kanal und tauchte nicht wieder auf. Auf der Wasseroberfläche kam eine Aktentasche zum Vorschein, die ca. 20 m kanalabwärts durch einen Genossen der KG geborgen wurde. In der Aktentasche befand sich ein Arbeitsbuch, welches die oben angegebenen Personalien des Hoff, beinhaltete. Dies läßt die Schlußfolgerung zu, daß es sich um den Hoff handelt.

Bei der Leiche konnte festgestellt werden, daß sie durch einen Kopfschuß getroffen war.

Seit 14.30 Uhr waren auf westberliner Seite 12 Feuerwehrleute mit einem Schlauchboot und Stangen eingesetzt, um die Leiche zu bergen. In der Folgezeit erschienen dort im weiteren 8 Stupo, 2 US-Soldaten, 1 Zöllner und ca. 60 Zivilpersonen, welche teils sich an der Suche beteiligten, teils als Zuschauer anwesend waren. Gegen 17.10 Uhr stellten die gegnerischen Kräfte die Suche wieder ein und nahmen sie erneut gegen 18.15 Uhr wieder auf, da durch geschicktes Verhalten beim Herausnehmen der Leiche aus dem Teltow-Kanal dieses durch die gegnerischen Kräfte nicht bemerkt wurde. +)

Zu Menschenansammlungen auf unserer Seite kam es während der gesamten Zeit nicht.

Die Maßnahmen der Suchaktion und der Sicherung wurden durch den Kommandeur der 13. GB persönlich geleitet.

+) Gegen 16.oo Uhr erschienen am westberliner Ufer ein Übertragungswagen des Fernsehens sowie einige Rundfunkreporter.

F r ü m m i n g
Oberstleutnant

Noch ein tragisches Beispiel von harmlosen Grenzern. Arbeiter die an der Uferböschung des Teltowkanal zu tun hatten. Einer springt ins Wasser um abzuhauen. Mehrere dieser Grenzkiller schießen mit Maschinenpistole, andere mit Karabiner an die dreißig Schuss auf den wehrlosen Arbeiter. Auch in diesem Bericht wird deutlich wie verhetzt die Grenzer schon 1961 waren. Auch hier ist nur von den Gegnern die Rede. Wobei es für die Rohheit und Brutalität der Grenzer spricht, das sie nach solch einem Verbrechen noch in der Lage sind sich darüber zu freuen, dass sie den Toten unbemerkt vom Westen bergen konnten und der vergeblich sucht.

Axel Hannemann (geboren 7.4.1945), gestorben 5.6.1962

Ministerium des Innern
Bereitschaftspolizei
1. Grenzbrigade (B)
III. Grenzabteilung

Geheime Verschlußsache!

Berlin, den 05.06. 62

Bericht

zum versuchten Grenzdurchbruch im Abschnitt der 2. Kompanie der III. Grenzabteilung am 05.06. 1962 um 17.30 Uhr.

Am 05.06. 1962 gegen 17.15 Uhr versuchte eine männliche, jugendliche Person von der Marschallbrücke aus in Richtung Reichstagsufer schwimmend die Staatsgrenze nach Westberlin zu durchbrechen. Durch Abgabe von gezielten Schüssen der Grenzposten wurde der Grenzverletzer getroffen und versank.
Auf Befehl des Kommandeurs der 1. Grenzbrigade (B) wurde zur Untersuchung des o. g. Vorkommnisses eine Kommission eingesetzt.
Leiter der Kommission: Stabschef der III. GA, Hauptmann Dreißig
Mitarbeiter: Offz. f. Kommandantendienst, Leutnant Gebhardt

Sachverhalt:
Gegen 17.15 Uhr sprang eine männliche Person von der Ostseite der Marschallbrücke in den Lastkahn Z 2-065
Schiffsführer: Hänsel, Werner, geb. am 30.08. 1930 in Rattwitz, Beruf Schiffer
Arbeitsstelle: VEB Deutsche Schiffsreederei, Berlin, Grünstr. 5-6
auf die Sandladung. Durch den Schiffsführer wurde der Jugendliche bemerkt und das Schiff unmittelbar unter der Marschallbrücke zum Stehen gebracht. Die jugendliche Person versuchte, den Schiffer zu überreden, weiterzufahren. Als er bemerkte, daß das Schiff zum Stehen gebracht wird, sprang er ins Wasser. Durch den Schiffer konnte er jedoch wieder aus dem Wasser gezogen werden. Durch Rufen bzw. durch Zeichen versuchte der Schiffer, die Genossen vom AZKW oder unsere Genossen zu verständigen.
Dabei gelang es dem Grenzverletzer sich loszureißen und wieder ins Wasser zu springen.
Die Grenzposten 7, VEB Deutsche Schallplatte, bemerkten den Grenzverletzer, liefen an die Anlegestelle in Höhe VEB Deutsche Schallplatte.

Postenführer: Gefr. Dütsch, Wolfgang, geb. am 14.06. 1941, wohnhaft Neumark, VP seit 14.09. 1959, organisiert FDJ, FDGB, DSF, Angehöriger 2. Komp. III. Zug

Posten: Gefr. Schlüsche, Reinhardt, geb. am 23.02. 41, wohnhaft Oschersleben, Karl-Marx-Str. 18, VP seit 14.09. 1959, Angehöriger der 2. Komp. III. Zug

Zu diesem Zeitpunkt befand sich der Grenzverletzer ca. 10 m vor der Anlegestelle. Da mehrere Anrufe des Postenführers ergebnislos blieben, wurde durch den Postenführer ein Warnschuß und anschließend 3 Zielschüsse abgegeben. Zur gleichen Zeit gab auch der Posten 2 Zielschüsse auf den Grenzverletzer ab. Durch das gezielte Feuer wurde der Grenzverletzer getroffen und versank im Kanal.
Unmittelbar nach dem versuchten Grenzdurchbruch erschienen auf Westberliner Seite 3 Zöllner mit einem Hund, 1 engl. SPW und 4 Duepos. Ca. 10 Min. nach dem Vorkommnis erschienen ca. 20 Zivilisten, größten Teils ausgerüstet mit Fotoapparaten.
[...]

Der Erschossene hinterließ einen Brief, in dem folgendes steht

> "Wenn Ihr diesen Brief lest, habe ich unseren Staat verlassen oder ..... Bitte, verzeiht mir, wenn Ihr es könnt. Ich habe keinen anderen Ausweg. Den Grund schreibe ich Euch, wenn ich es geschafft habe. Daß ich nichts verbrochen habe, kann ich schon heute sagen. Auch braucht Ihr Euch keinen Vorwurf zu machen. Ich hoffe nur, daß ich Euch keine Unannehmlichkeiten mache. Grüße und Küsse."

Der Erschossene arbeitete als Monteur in einem Elektrobetrieb,(WP kein Herumtreiber, bei der VP noch nicht negativ in Erscheinung getreten, ging in eine Tanzstunde, hatte keinen näheren Freundeskreis, zur Zeit werden noch Ermittlungen im Betrieb und bei Angehörigen des Tanzzirkels geführt.
[...]

Die Brutalität kennt keine Rücksicht. Auch Jugendliche werden von den Arglosen Grenzern nicht verschont. „Durch das gezielte Feuer wurde der Grenzverletzer getroffen und versank im Kanal". Noch einmal ; Sie schossen auf alles was Richtung Westen sich bewegte, aber auch auf die, die die Flucht schon aufgegeben hatten und nicht stehen blieben.

Unbekannte männliche Person, gestorben 20.11.1961

MINISTERIUM DES INNERN
Bereitschaftspolizei
1. Grenzbrigade (B)

IV. Grenzabteilung

O. U., den 27. 11. 1961

A b s c h l u ß b e r i c h t

über den Grenzdurchbruch am 2o.11.1961 gegen oo.3o Uhr an der Schillingbrücke durch durchschschwimmen der Spree.

Personalien

Die Personalien des Grenzverletzers konnten bisher nicht ermittelt werden. Es handelt sich um eine männliche Person.

Sachverhalt

Der Grenzdurchbruch erfolgte am 2o.11.1961 gegen oo.3o Uhr ca. 13o m links von der Schillingbrücke (1o M 5)
Die Annäherung bis zur Grenzdurchbruchsstelle erfolgte durch das Gelände des VEB Elektromotorenwerke Berlin.
Der Grenzverletzer öffnete das zweite Eingangstor zum Betriebsgelände, indem er die Sperrstange von der Straße aus löste und danach das Tor aufschob. Er durchquerte das Werkgelände, ohne vom Wächter bemerkt zu werden, zog sich Schuhe, Mantel und Jacke aus, und ließ sich an der Verladestelle, die nicht verdrahtet ist, ins Wasser.
Als GS im Bereich der Durchbruchsstelle waren eingesetzt:

Postenführer Wm. Naumann, Heinz gb. am 18.o3.1938
VP seit o3.o3.1959, Mitglied der FDJ

Posten Wm. Wagner, Dieter gb. am 27.o8.1942
VP seit o3.o3.1959, Mitglied der FDJ

Der Posten befand sich zur Zeit des Grenzdurchbruches etwa 13o m links von der Durchbruchsstelle.

Nachbarposten rechts war der WG auf der Schillingbrücke

Postenführer Mstr. Brettschneider, Siegfried
VP seit 1953, Mitglied der SED

Posten Wm. Brunner, Joachim
VP seit 196o, Kandidat der SED

Außerdem befand sich etwa 3o m links von der Durchbruchsstelle entfernt ein Boot der Wasserschutzpolizei, welches durch Bootsführer Hwm. Kaip- [illegible] und Hwm. Swoderski besetzt war.
Das [illegible] lag in Richtung Oberbaumbrücke und mußte erst [illegible] eingeschalten zu können.
Um den Fluchtweg des Grenzverletzers abzuschneiden, fuhr das Boot [illegible] den Grenzverletzer zu. Dieser tauchte und näherte sich [illegible] Westberliner- Ufer.
[illegible] er wieder aufgetaucht war und nur noch 15 m vom Westber- [illegible] entfernt war, gab Hwm. Swoderski 7 Schuß aus seiner Pisto- [illegible] Schuß Einzelfeuer aus seiner MP ab.

Ohne Erbarmen, mit Pistole und Maschinenpistole auch dreißig Schuss. Alle die hier aufgezählt sind, wurden schon vor unserer Flucht erschossen oder sollte gesagt werden hingerichtet?

Dieter Wohlfahrt (geb. 27.5. 1941), gestorben 9.12. 1961

Der Mann wurde beim Durchschneiden zweier Stacheldrahtzäune von Angehörigen der Volkspolizei beschossen und getötet.

Ingo Krüger (geboren 31.1. 1940), gestorben 10.12. 1961

Ministerium des Innern
Bereitschaftspolizei
1. Grenzbrigade (B)

III. Grenzabteilung

A b s c h l u ß b e r i c h t

Zum versuchten Grenzdurchbruch am 10.12.61 – gegen 18.25 Uhr an der Kielerstraße in der Nähe des VEB-Weinverarbeitung.

Personalien der Beteiligten Angehörigen der III.GA :

Streife 7 S c h n e i d e r, Georg Gefreiter
geb. am 26.12.1940, VP seit 05.05.1959
DB-Nr. CK 01730, Mitglied der FDJ

S c h n e i d e r, Klaus Soldat
geb. am 27.05.1941, VP seit 01.04.1961
DB-Nr. 050130, Mitglied der FDJ

Streife 8 H o e g n e r, Roland Feldwebel
geb. am 01.08.1934, VP seit 20.10.1955
DB-Nr. 1410680, Mitglied der SED

H a b e n i c h t, Siegfried Gefreiter
geb. am 02.02.1941, VP seit 30.05.1960
DB-Nr. 026581, Mitglied der FDJ

Ermittelter Sachverhalt:

Die Genossen Hoegner und Habenicht waren am 10.12.61 als Posten 8 auf dem Kühlhaus Scharnhorststraße eingesetzt. Gegen 18.25 Uhr bemerkten beide, daß eine Person von der Uferböschung des Spandauer-Schiffahrtskanals ins Wasser sprang und mit kräftigen Stößen schwimmend das westliche Ufer zu erreichen versuchte. Nach mehrmaligen Anrufen und Abgabe eines Warnschusses gaben beide Genossen insgesamt 22 Schüsse auf den Schwimmer ab. Die Person wurde ungefähr in der Mitte des Kanals getroffen gab einen stöhnenden Ton von sich und sank unter.

Erna Kelm (geboren 21.7.1908), gestorben 11.6.1962

Beim Durchschwimmen der Havel trat durch Herzschlag der Tod ein.

Unbekannter Mann, gestorben 22.6.1962

Bei seiner Flucht über die Sperranlagen wurde er von Grenzern tödlich getroffen.

Siegfried Noffke (geb. 9.12.1939), gestorben 28.6.1962

Nach vollendetem Tunnelbau wollte er mit anderen Fluchthelfern Flüchtlinge nach West-Berlin schleusen. Noffke wurde von Grenzern entdeckt und erschossen.

Unbekannter Mann, gestorben 29.7.1962

Der Mann wurde auf der Flucht durch die Exklave Eiskeller von Grenzern tödlich getroffen.

Statt Siegfried Noffke könnte hier Rudolf Müller stehen. Er hat einen Tunnel gebaut, dabei entdeckt worden und erschossen. Einfach so!!!! Nach meinen Richtern dürfte so etwas nicht passieren!!!!!!

Sonntag 4.2.62.

Mein lieber, lieber Engel!

Heute war für mich wirklich ein aufregender Tag.
Nachdem wir aufgestanden und gefrühstückt hatten,
sind wir sofort zur Grenze gefahren. Die Stelle, die
Du uns beschrieben hast, war wirklich leicht zu finden.
Aber was dann geschah, hast Du sicherlich selbst
gesehen. Es war wohl so eine Art Kontrolle die uns
D. da mitgenommen hat. Erst haben sie uns aufgefordert bis zur Leipziger Straße zurückzugehen und
als wir nicht gleich gingen, haben sie uns den
Ausweis abgenommen und wir mußten mitgehen.
Dann nahmen sie uns mit in ihr Revier. Dort
haben sie uns darauf aufmerksam gemacht, daß wir
nicht mehr an die Grenze kommen dürfen. Außerdem
kamen sie mit ~~Spitzfindigkeiten. Sie haben mir ge~~
daß ich in ihrem Buch schon einmal stehe, also
schon einmal an der Grenze angetroffen wurde.
Darauf sagte ich ihnen, daß sie mir das Buch zeigen
sollen, aber das haben sie nicht gemacht. Unglücklicher-
weise ist mein Ausweis nicht in Ordnung.
Darauf haben sie erst nach der Meldestelle telephoniert.
Nachdem sie festgestellt hatten, daß alles in Ordnung
ist, konnten wir endlich gehen. Wir sind dann den
gleichen Weg zurückgegangen, aber Du warst nicht
mehr da. Hoffentlich hast Du nicht das Schlimmste
angenommen, als sie uns mitnahmen. Ich glaube
daß wir vom Pkw verfolgt wurden.
Dann sind wir wieder nach Hause gefahren. Bernd war
so enttäuscht. Das hat er bestimmt nicht an seinem

Geburtstag gedacht. Nachmittags kamen seine Gäste.
Erst kamen Wilfried und Lutz. Dann der Uwe, danach
Christel, Anneliese und Frank und dann Karola.
Die Kinder haben sich sehr gut unterhalten und fern-
gesehen. Um 8^{00} sind alle nach Hause gegangen.

Lieber Engel!

Sei mir bitte nicht mehr allzu böse, daß ich Dir so
wenig geschrieben habe.
Du hast von hundert Küssen geschrieben, aber Du hast
Dich geirrt. Es waren nur sechzig. Einmal fünfzig und
einmal zehn. Du schreibst mir, daß ich mich
beschwert hätte, daß Du mir nichts schickst. Ich habe
mich nicht darüber beschwert darüber, sondern über das
Versprechen das Du nicht gehalten hast. Ich habe mich
darauf verlassen. Aber jetzt ist alles wieder in Ordnung.
Seit einer Woche arbeite ich ~~wieder und Christa geht in~~
den Kindergarten.
Eine Bitte habe ich noch. Schreibe an Deine Mutter.
Sie ist sehr böse auf Dich weil Du nichts von Dir hören
läßt.
Nun muß ich schließen. Es ist schon halb elf.

Gute Nacht und schlafe recht schön

Freitag

Mein lieber lieber Rudi!

Heute mein lieber Rudi will ich Dir endlich
wieder schreiben. Ich machte mir schon solche Sorgen,
weil ich seit Montag keine Post von Dir bekam.
Heute kam endlich wieder ein Brief von Dir.
Berni hat auch geschrieben. Morgen kommt er
wieder von der Reise zurück.
Wir haben auch heute das große Paket bekommen.
Du hättest den Christian sehen müssen, wie er
sich über sein Auto gefreut hat. Er wollte es
sogar mit ins Bett nehmen.
Am meisten haben wir uns über den Kaffee und
die Sachen gefreut. Ich sitze gerade mit Omi im
Wohnzimmer bei einer Tasse Kaffee.
Das Obst hat uns sehr gefehlt, aber jetzt reicht es
wieder für eine Weile. Der Berni wird sich über
den Pax sehr freuen.
Hast Du eigentlich schon Dein Geburtstagspaket
bekommen?
Was Du mir da geschrieben hast jede Woche einen
Zettel schreiben, was wir brauchen das ist nicht
nötig. Was wir zum Essen brauchen das bekommen
wir immer noch. Lebensmittel brauchen wir nicht.
Bloß der Kaffee. Du glaubst garnicht wie gemein
der Kaffee jetzt bei uns schmeckt. Ganz lasch.
Bis jetzt haben wir Mittag im Betrieb gegessen.
Aber ab nächste Woche werde ich selber kochen.
Bei uns sind die Kartoffeln knapp. In dieser
Woche haben wir einmal Mittag mit Kartoffeln

bekommen. Gemüse gibt es auch nicht.
Statt Kartoffeln kriegen wir Brotklöße.
Gemüse kriegen wir als Erbsen und weiße Bohnen.
Einmal gab es sogar Nudeln mit Ziegenkäse[illegible]
Einfach grausam.
Weißt Du was wir mit den Walt Disney Figuren
gemacht haben? In unser Stube rings um die
Lampe waren lauter Fettflecke. Da haben wir die
Figuren ausgeschnitten und auf jeden Fettfleck
eine geklebt. Es sieht wirklich hübsch aus.
Ein Glück das morgen Sonnabend ist, also nur ein
halber Tag. Die ganze Woche war ich [illegible]. Als ich
heute von der Arbeit kam mußte ich mich erst
eine Stunde hinlegen. Ich komme immer so
spät ins Bett und morgens muß ich so früh
raus. Ich freue mich so, wenn ich erst wieder
bei Dir bin. Die Jungens werden auch immer
größer und brauchen ihren Vater. Ich freue
mich, daß Deine Nachbarn so gut zu Dir sind.
Da war ja wenigstens jedenfalls an Deinem
Geburtstag bei Dir.

Lieber Engel morgen schreibe ich Dir mehr.
Jetzt muß ich schließen.

Es grüßt und küßt Dich
Deine Frankchen.

Der Tunnel

Die Lage stand jetzt fest. Ziel war das Haus Zimmerstraße 56. Wir mussten zwischen Baracke und Bauzaun den Einstieg schaffen.

Als Hinweis eine Skizze der Lage:

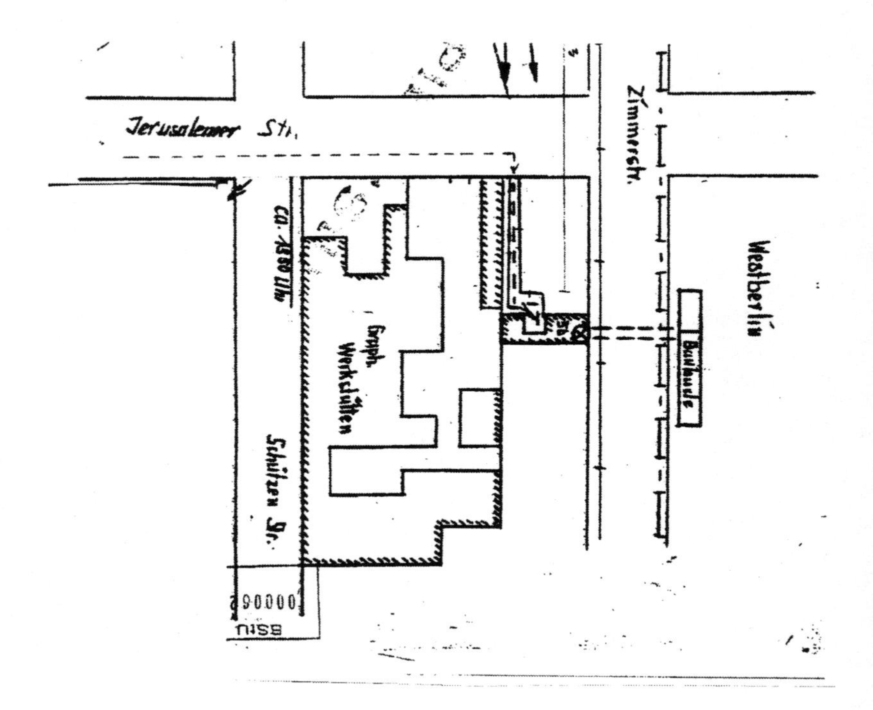

Zurück zu unserem Plan.
So wie das Zielhaus aussah, konnte man sagen, dass es um die Jahrhundertwende gebaut worden war.
Die Kellersohle wäre dann bestimmt nicht aus Beton, wahrscheinlich aus gestampftem Lehm oder aus in Lehm verlegten Ziegeln gewesen. Hoffentlich!
Wie sollten wir durch Beton ohne Gewalt, also ohne Lärm durchkommen?
Aber auch Lehm, ob gestampft oder nicht, wird uns genügend Mühe machen. Jetzt mußte Werkzeug her. Einen Kollegen in der Gießerei, er war Leiter der Instandhaltung, sprach ich an. Er hatte Zugang zu allen möglichen Werkzeugen. Spaten waren nötig, Brechstangen zum Auflockern des Bodens.
Schließlich Feldspaten, da der Tunnel keinesfalls so breit sein würde, um mit einem normalen Spaten arbeiten zu können.
Der Kollege aus der Werkstatt kam kurz vor Feierabend vorbei. Ich sollte mir das Werkzeug ansehen.
Er hatte wirklich an alles gedacht, zwei große Spaten, zwei Feldspaten. Eine große und kleine Brechstange, mehrere Säcke, vier kräftige Leinen, flache Weidenkörbe, Taschenlampen und einige Ersatzbatterien.
Ich war sprachlos, sprachlos über soviel Hilfe. „Geht denn das so von der Firma?“, fragte ich ihn. „Ich habe mit dem Chef gesprochen. Die Firma borgt dir die Klamotten. Wenn du willst, fahre ich dir das Zeug heute Abend an irgendeine Ecke, von der es nicht mehr weit zu eurer Baustelle ist. Wo die Baustelle ist, will ich nicht wissen, dann kann ich mich auch nicht verquatschen, meinte er.
Ich nahm das Angebot an. Wir verabreden uns vor dem Gebäude der Bundesdruckerei, die nicht weit vom Springer Verlag entfernt war und wo es auch nicht auffallen würde, wenn ein paar Säcke ausgeladen werden. Alles war gut in Säcke verstaut. In der hereinbrechenden Dunkelheit gab es auch keine Probleme, die Sachen hinter den Bauzaun zu schaffen.
Die Arbeit konnte beginnen. Unser Einstieg und der Anfang des geplanten Tunnels sollten unmittelbar an dem Bauzaun liegen.

Dieser aus Brettern errichtete Bauzaun stand genau auf der Grundstücksgrenze des Springergrundstückes. Dann folgten Richtung Osten der Bürgersteig und die Fahrbahn der Zimmerstraße.

Dieses Bild zeigt das Haus in der Zimmerstraße 56 im Ostsektor, wo im Keller der Durchbruch erfolgte. Die gestrichelte Linie zeigt den Verlauf des Tunnels.

Die Grenze nach Ost-Berlin, zum sowjetischen Sektor, verlief etwa einen Meter vom Rinnstein entfernt. Nicht weit vom eigentlichen Grenzverlauf, fast in der Mitte der Fahrbahn, stand die Sperrmauer. Dann folgten Todesstreifen und Stacheldraht bis hin zu dem Haus, dessen Keller unser Ziel war. Die Eingänge und die unteren Fenster waren zugemauert. Auf unserer Seite standen drei Meter entfernt von unserem geplanten Einstieg zwei Baubaracken. Somit hatten wir Sicht- und Lärmschutz nach beiden Seiten.
Wenn wir durch den Einstieg im Bauzaun Richtung Tunnel gingen, hätte man uns aus den Fenstern der oberen Etagen sehen können, wenn nicht die Baracken dort ständen.
Aber auch in Richtung Verlag hatten wir durch sie Sichtschutz. Auch der „Hausherr" durfte von unserer Aktion nichts merken.

Die Arbeit konnte beginnen. Was steht am Ende? Diese Frage ging mir nicht mehr aus dem Kopf.
Meine Brüder, aber auch der Lebrock, und die beiden Studenten forderten mich auf, anzufangen. Hotti gab mir einen Spaten, sagte: „Ich wünsche uns viel Glück Rudi, jetzt hauen wir rein." Und gegen die Mauer gewandt: „Traudchen wir kommen". Dies allerdings mit verhaltener Stimme. Mir war komisch zumute, weil ich mir das Ende dieser Geschichte absolut nicht vorstellen konnte. Der erste Spatenstich erzeugte ein für mich in diesem Moment wahnsinnig lautes Klirren. Der Boden war fest und vor allem sehr steinig. Wir hatten natürlich an einigen Stellen rumgekratzt, den Boden geprüft. Aber eben nur gekratzt.
Verfluchter Mist dachte ich, ich will doch loslegen, Metern, wie man so sagt. Einfach drauflos hacken, Boden auflockern war nicht möglich. Die Leute im Haus hätten etwas hören können. Aber auch die Grenzer, von denen man nie genau wusste, wo sie gerade waren. Was soll's? Dafür hatten wir doch Brechstangen. Klaus und der Polier steckten nach einer kurzen Peilung zum Haus einen Rahmen von ungefähr 1.5x2 Meter ab. Zwei Meter waren für die nötige Bewegungsfreiheit, vor allem für den Abtransport des Aushubs nötig. Breiter als eineinhalb Meter vom Bauzaun entfernt, etwa in Richtung Baracke, war nicht möglich. Bewohner des Hauses aus den oberen Stockwerken hätten etwas sehen können.
Ich nahm mir die Brechstange, lockere damit Stück für Stück den Boden auf. Die anderen teilten sich auf. Vorsichtig schaufelte einer den lockeren Dreck in einen der Körbe.
Andere trugen die Körbe mit dem Aushub immer am Zaun entlang bis zur nächsten Grube, die nicht weit entfernt war. Die Idee meines Kollegen, Weidenkörbe zu nehmen, war hier genau richtig. Eimer, Wannen oder andere Behälter hätten beim Gebrauch Lärm gemacht. Die Körbe standen in der Firma nutzlos rum. In ihnen wurde Magnesium, das in der Gießerei verarbeitet wurde, angeliefert. Später war geplant, die Körbe mit Aushub gefüllt auf einem Sack durch den Tunnel zu ziehen. Am ersten Abend, oder besser in der ersten Nacht schafften wir soviel, dass ich bis zum Gürtel in der Grube stand. Als wir die erste Schicht beendeten, legten wir alles

Werkzeug in die Grube. Der Polier hatte auf der Baustelle eine große Sperrholzplatte organisiert, die ausreichte, das Loch abzudecken.
Er behäufelte die Platte mit Erde und bepflanzte das Ganze mit Unkraut, was es auf dem Gelände ausreichend gab.
Hotti meinte, ob das nicht übertrieben sei, vom Haus könnte man doch nichts sehen. Der Polier antwortete, und er hatte Recht, „damit auch Mitarbeiter des Hauses Springer nichts merken würden, werden wir in den Morgenstunden den Eingang immer so abdecken.“ Er meinte dann noch: „Wenn ihr im Tunnel schuftet, was ich nicht mehr schaffe, kümmere ich mich um solche Dinge und dass der Aushub ordentlich entsorgt wird.“
Am nächsten Abend erreichten wir die nötige Tiefe, 2,5 bis 3 Meter um Bauzaun und Mauer unterhöhlen zu können.
Die ersten Blasen an den Händen werden spürbar. Der Polier brachte uns Vaseline mit, die helfen sollte. Er und die Studenten hatten genug zu tun, den Aushub zu entsorgen.
Alles, was wir in der nächsten Zeit ans Tageslicht fördern, musste auf dem Gelände verteilt werden, ein Berg frischen Aushubs wäre auch auf dieser Baustelle aufgefallen.
Wie sollte es weiter gehen?
Bis dahin standen wir in der offenen Grube und schaufelten den Dreck direkt in die Körbe.
Wenn wir aber erst einmal im Tunnel sind und uns immer weiter vom Einstieg entfernen, müssten die Körbe durch den Tunnel nach vorne gebracht werden. Mit den paar Männern war das einfach nicht zu schaffen.
Wir mussten jetzt auch, bevor wir weiter in Richtung Haus gruben, schlicht und einfach Maß nehmen. Wir mussten feststellen, wie groß die Entfernung bis zum Haus tatsächlich war. Mit dem Bandmaß, wie es allgemein gemacht wird, ging es ja wegen der störenden Mauer nicht.
Unser Klaus wusste Rat.
„Wir treffen uns morgen nicht hier, sondern wir Beide,“ er zeigte auf mich „gehen etwas früher, in der Dämmerung zur Aussichtsplattform, da vermesse ich die Straße.“
Nächsten Abend trafen wir uns. Die Plattform war um diese Zeit menschenleer. Er nahm eine rote Maurerschnur aus seiner Hosen-

tasche und verknotete sie mit einer kräftigen Schraubenmutter. Jetzt drückte er mir die Schnurrolle, die auf einen Bolzen gesteckt war, in die Hand. „Wie beim Drachensteigen“ meinte er. In einem günstigen Moment (keine Posten in Sicht- oder Hörweite) warf er die Schraubenmutter in Richtung Osten. Hierbei kam es darauf an, drüben den Bürgersteig zu treffen, möglichst dicht an der auch dort vorhandenen Hausmauer.
Der zweite Wurf passte, die Schraube landete genau im Rinnstein.
Ein Posten hatte wohl etwas gehört, oder sogar gesehen. Jedenfalls kam einer angerannt. „Der vermutet sicherlich irgendeine Provokation der Imperialisten,“ sagte Klaus. Während des Laufens nahm der Grenzer seine Kalaschnikow nach vorne, stutzte merklich, blieb dann aber wie angewurzelt stehen und starrte auf die tanzende Schraubenmutter, die sich beim Zurückziehen bewegte.
Erreichen konnte er die Schraube allerdings nicht; er stand auf der anderen Seite des Zauns. Klaus hatte inzwischen an der Schnur an einer bestimmten Stelle ein Zeichen angebracht. Den Bürgersteig dazugezählt und wir hatten wirklich ein perfektes Maß bis zum Haus. Es waren ungefähr 24 Meter. Hinzu kamen die Meter am Einstieg und unter dem Haus. Vor uns lagen also mehr als 24 Meter schwere Arbeit. 24 Meter auf Knien, aber auch 24 Meter bis zur Erfüllung aller Wünsche.
Der Tunnel musste mindestens 2,5 Meter unterhalb der Fahrbahndecke und des Bürgersteiges liegen. 2,5 Meter deshalb, weil wir mög-lichen Kabelsträngen, Röhren und anderen Versorgungssträngen, mit unserem Tunnel unterqueren mussten.
Am einfachsten wäre es, in dieser Tiefe eine in etwa waagerechte Linie bis zum Ziel durchzuziehen. So jedenfalls erst einmal meine Vorstellung. Entschieden werden musste jetzt auch, wie breit, welchen Querschnitt musste oder durfte der Tunnel maximal haben?
Der Polier Lebrock meinte, 1,50x1,50 Meter müsste er mindestens haben, sonst würde es zu eng zum Arbeiten.
Mir kam das zu viel vor. Wenn ich hochrechnete, dann waren das um die 50 Kubikmeter Aushub, der geschafft werden müsste. Aber auch mein Bruder Klaus machte den Eindruck, dass er es so sieht, wie der Polier. Scheiß Bauleute dachte ich und sagte dem Polier, dass wir morgen die Sache entscheiden. Im Kopf hatte ich schon einen

Versuch, den ich mit meinen Brüdern machen wollte. Mein Nachbar in der Nostizstraße, wo ich wohnte, hat mich mal angesprochen, ob ich große Pappkartons für den Umzug von Ost– nach Westberlin gebrauchen konnte. Er habe genug davon im Keller.
Wie immer trafen wir uns in meiner Wohnung für die nächste Schicht. Heute etwas früher. Mein Nachbar hatte mir von seinen Kartons welche gegeben. Die Brüder kamen und sahen mich leicht irritiert an, als ich ihnen die Kartons im Wohnzimmer zeigte. Was jetzt kam, war eigentlich eine leichte Übung.
Ich stellte die Kartons einfach zu einem Papptunnel mit den von den Bauleuten vorgegebenen Maßen zusammen. Jetzt schob ich die Pappe so lange zusammen, bis das Minimum an Platz erreicht war. Wir wollten ja keinen U-Bahn Tunnel bauen, sondern nur rüberkriechen und mit der Familie wieder zurückkommen.
Mehr nicht, aber auch nicht weniger.
Meine Meinung, „den dicken Polier im Tunnel nicht einzusetzen" unterstützten die Brüder. Weil dann schon aus Sicherheit die Röhre breiter sein müsste.
Wir krochen durch unterschiedliche Querschnitte, bis, ja bis wir bei ungefähr 0,80 x 0,80 Metern landeten.
Wenn wir auf der Strecke ab und zu etwas breitere Nischen graben, die es uns ermöglichen, einander zu passieren, oder Werkzeug und Material zu verstauen, müsste das reichen. Wir waren uns einig, hatten damit statt runde 50 nur noch in etwa 20 Kubikmeter Aushub zu bewegen.
Der Polier maulte, als ich ihm unsere Vorstellung eröffnete, wurde dann aber wieder verträglich.
Der Boden erst hart und steinig, wurde nach Untergraben des Bürgersteiges feucht und so in sich stabil, dass wir glaubten, den Tunnel ohne Abstützungen schaffen zu können. Nur langsam ging es vorwärts.
Immer morgens, bevor wir Schluss machten, war der Zollstock fällig, jeder Meter, der geschafft war, bedeuteten für mich 1000 Millimeter mehr an Hoffnung. Es wurde aber auch immer schwieriger. Die Meter der Hoffnung wurden mehr und mehr zum Transportproblem.
Einfach die vollen Körbe nach hinten reichen, dabei vorne schippen, was das Zeug hält, ging nicht mehr.

Wir organisierten uns. Vorne beim Schachten oder Buddeln waren wir immer zu zweit. Entweder Hotti und ich oder Klaus und ich. Es ging nur mit Feldspaten. Die Erde wurde in einen Korb gegeben. Wenn er voll war, musste er vom zweiten Mann nach hinten transportiert werden.
Jetzt war der Weg weiter. Klaus hatte die Idee, den Korb auf einen Sack zu stellen, der an beiden Enden eine Leine hat. Vorne der Polier oder die Studenten, die uns inzwischen gut verstärkten, zogen und sorgten dafür, dass der Korb schnell aber richtig entleert wurde.
Schnell, weil wir beim Graben auch nicht eine Minute Wartezeit gebrauchen konnten. Es durfte, wenn es hell wurde, nichts vom Aushub sichtbar sein.
Eine andere Möglichkeit wäre, die Körbe zu tragen, war aber wegen der Enge im Tunnel nicht möglich. Einer der Studenten hatte die Idee, den Aushub, wenn er draußen war, nicht in den Körben wegzutragen, sondern alles in Säcke zu füllen und diese dann auf der Baustelle verteilt zu entleeren.
Säcke deshalb, beim Transport und beim Ausschütten gab es fast keine Geräuschentwicklung. Das war überzeugend, und es wurde ab sofort so gehandelt.
Die ersten Nächte, es wurde immer drei oder vier Uhr morgens, hatte von uns ihren Tribut gefordert. Meine Kollegen auf der Hütte (Gießerei) merkten, dass ich ziemlich fertig war. Sie versuchten, mich zu entlasten wo es nur irgendwie ging. Wir gelangten an den Punkt, wo es so nicht weiter ging. Unser Tempo durften wir nicht verringern, jeder weitere Tag wurde ein größeres Risiko entdeckt zu werden.
Ich musste mir irgendwie Freiraum verschaffen.
Ich ging zu meinem Arzt, vertraute mich ihm an.
Er hatte Verständnis für meine Not. Sie haben es im Kreuz, so seine Worte, bleiben sie mal zwei Wochen zu Hause.
Er schrieb mich krank.
Die Brüder hatten noch keine festen Jobs, sie arbeiteten hier und da zur Aushilfe. Die Studenten ließen die eine und andere Vorlesung sausen. Es musste ja weiter gehen.
Auch Klaus N., ein alter Freund der Familie, bei dem ich seit der Mauer viele Wochenenden verbracht hatte, half mit.

Eines Abends sprach Erbes mich noch einmal darauf an, dass an der Uni eine Gruppe Studenten mit anderen zusammen eine Fluchthilfe-organisation unterstützten. Das waren die mit den 10.000.-DM. Pro Nase.
Soviel Geld war für mich einfach undenkbar, und zweitens wollte und konnte ich meine Familie solchen Geschäftemachern mit der Not anderer Menschen nicht anvertrauen. Viel später werden über Leute dieses Schlages abenteuerliche Filme gezeigt. So, als wenn die andere Seite nur aus Idioten bestanden hätte.
Die Arbeit ging weiter, alles andre war nicht wichtig.
Trotzdem, es war für uns alle, die wir dabei waren, der härteste Job, den wir bisher gemacht hatten. Mit zunehmender Länge unseres Tunnels merkte ich, dass ich vorne, aber auch die beiden Jungs die mit mir abwechselnd vorne waren, immer schwerer Luft bekamen. Was konnten wir tun, die Luft musste verbessert werden.
„Es dürfen" so Klaus, „die Sackzieher, die Entsorger nicht zu dicht im Tunnel sitzen, und am Einstieg nur dann, wenn es nötig ist, also wenn ein Korb mit Erde landet". Nach dem Motto, weniger Münder hinten am Einstieg, bessere Luft für vorne. Unsere Ausdünstungen, die Wärme im Tunnel, trockneten die Erde aus. Wir merkten es zu spät.
Ein dumpfes Geräusch hinter mir, wo mein Bruder Horst als Zweiter seine Arbeit machte. Er nahm von mir die vollen Körbe mit Aushub ab und reichte mir leere zu.
Ich hatte ihn vorne abgelöst, weil man die Arbeit höchstens eine halbe Stunde verrichten konnte. Dann brannte die Lunge wegen der schlechten und heißen Luft. Wenn das Blut gegen die Schläfen drückte, dann half für einen Moment, schnell im Boden zwei Hände voll Erde wegscharren und den Mund zum Atmen in die Kuhle. Es gab dann zumindest für kurze Zeit das Gefühl von kühler Luft. Hinzu kam, die Knie taten fürchterlich weh. Da wir nur auf Knien arbeiten konnten, spürten wir jeden noch so kleinen Kieselstein.
Das dumpfe Geräusch, was war das? Ich drehte mich um; Hotti war weg! Ich sah nur noch einen großen Haufen Erde.
Was war passiert? Die nicht abgestützte Decke ist runtergekommen. Oh Gott, oh Gott, Panik ergriff mich. Hotti war nicht mehr zu sehen. Ich rief leise, hoffte, dass er nach hinten entkommen konnte. Keine Antwort. Ich konnte ja auch nicht rumschreien.

Wir mussten leise sein. Wir waren ja, wenn man so will, die Untermenschen der DDR. Plötzlich meldete sich Klaus, er rief mich leise beim Namen. „Bist du noch vorne?“ „Ja“, war meine Antwort, „Hotti ist verschüttet.“ Wir stürzten uns auf den nach unserem Ermessen riesigen Haufen Erde. Mit den Händen schaufelten wir sie zur Seite, ohne zu wissen wo der Kopf sein könnte? Er musste atmen. Die Enge des Tunnels machte die Versuche fast unmöglich. Wir merkten dann plötzlich, der ganze Haufen bewegte sich etwas. Wir bekamen zum Glück seinen Kopf frei. Hotti bewegte sich. Den ersten Schock hatte er überwunden.

Das Foto zeigt links meinen Bruder Hotti und mich bei der Arbeit im Tunnel.

Mit einem kräftigen Schnaufen und Schütteln machte Hotti sich frei. Atmete tief durch und sackte dann vor Erschöpfung in sich zusammen. Klaus gab ihm die Flasche Wasser, die wir immer dabei hatten. Erst spülte er den Mund aus, denn er hatte eine ordentliche Portion

Sand genommen. Gemeinsam schafften wir erst einmal die nicht geplante Erde beiseite. Sahen uns den Schaden mit unseren Taschenlampen und Petroleumfunzeln genauer an.
Über uns ein großes Loch. Es ging so weit nach oben, dass wir die Packlage, also mehr oder weniger groben Schotter, der direkt unter dem Asphalt ist, sehen konnten.
Einen riesiger Berg Erde, den wir rausschaffen mussten, ohne einen simplen Meter Fortschritt zu erreichen. Aber auch das schafften wir.
Eine, wie man so sagt Schadensmeldung, machten wir uns selbst:
Fast zwei Meter Erde zusätzlich von oben nach unten gestürzt, kein Personenschaden, aber Zeitschaden. Glück im Unglück, wenn die Fahrbahn, unter der wir genau zu diesem Zeitpunkt arbeiteten, durch Autos benutzt würde, hätten wir im Tunnel bestimmt ein Auto begrüßen können. Nachdem wir den über uns hereingebrochenen Riesenhaufen Sand entsorgt hatten, sahen wir erst wie groß dieses Loch war. Hier hätte das besagte Auto bequem parken können.
Das Gute bei diesem Malheur war der gewonnene zusätzliche Raum. Das Schlechte, wir mussten nun noch leiser sein. Zwischen uns und den Grenzern waren nur noch ungefähr 30 Zentimeter Fahrbahndecke.
Unsere Wärme, unsere Ausdünstung trocknete die Erde aus. Es konnte so nicht weiter gehen. Wir durften unser Glück nicht herausfordern. Stützen mussten jetzt her, ehe noch mehr einstürzt. Der Polier und die anderen Helfer verteilten sich auf der Baustelle, wir brauchten Bretter und Stempel.
Wir hielten mit dem Graben einen Moment inne, machten uns daran, das Stützmaterial zu verstauen. Der gewonnene Freiraum bot sich als Lager geradezu an. Das nächste Problem war, wie abstützen, wenn wir überhaupt nicht mit Vorhämmer oder ähnlichem arbeiten durften?
Wir drei Brüder fingen vorne an, alles andere kam nicht in Frage. Überall begann der Sand zu rieseln, wenn wir nur mit der Schulter die Wände des Tunnels berührten.
Unser Team war wirklich total in Form.
Sie schafften Bretter, ziemlich breit und etwa 1.50 Meter lang, herbei. Dazu Kanthölzer von ungefähr einem Meter.
Wir legten sofort los. Klaus und ich hielten jeweils die Bretter an die Decke. Hotti nahm dann zwei Kanthölzer und ein kürzeres Brett von ungefähr 0,80 –1,00 Meter, das unter unsere längeren Bretter zum

Abfangen kam. Dann setzt sich Hotti zwischen beide Stempel und drückte sie mit aller Kraft in die Senkrechte. Hotti arbeitete wie eine Hydraulik. Ich war erstaunt, dass es so überhaupt funktionieren konnte. Es machte jetzt alles mehr Mühe. Der Zeitaufwand wurde auch größer. Irgendwann, etwa zur Halbzeit der Arbeit, wir wollten unsere Tarnplatte vom Einstieg entfernen, stand plötzlich ein Mann vor uns. Er stellte sich als Pförtner oder Hausmeister vom Springer Verlag vor. Ob wir denn nicht wüssten, dass die Buddelei auf einem fremden Grundstück Sachbeschädigung sei. Ich war völlig erschrocken, dachte, jetzt sei alles vorbei; die ganze Arbeit umsonst. Auf meine Frage, was er denn eigentlich von uns wolle, erklärte er in relativ ruhigem Stil; er sei bei einer Routinekontrolle, er hatte vor, die hinter der Baracke montierte Wasseruhr der Baustelle abzulesen. Dabei sei er auf den Deckel getreten der nachgegeben habe.
Somit war unser Geheimnis geplatzt.
Was sollten wir machen? Wie reagieren? Reden musste ich, ging es mir durch den Kopf.
„Darf ich ihnen nur mal erklären, worum es uns geht?“ fragte ich ihn. Er nickte mir zu, „nun reden sie schon“ sagte er. Ich erzählte ihm von Traudchen, den Kindern, der Trennung und wie sie von der Stasi drüben schikaniert werde. „Wir haben uns schon mächtig gequält, die bereits geleistete Arbeit kann doch nicht umsonst gewesen sein. Es ist unsere letzte Chance. Bitte melden sie uns nicht.“
Er versprach, der Polizei nichts zu melden; behielt sich aber vor, es seinem Chef zu berichten. Eine Bedingung stellte er, bis sein Chef informiert sei, müssten wir aufhören.
Wir sahen uns an und stellten fest, dass dies doch ein faires Angebot war. Wir verabreden uns für den übernächsten Tag, so die Zeitvorstellung des Hausmeisters.
Hotti und ich waren wieder die Ersten am „Schacht“, wie wir unseren Tunnel nannten. Es dauerte nicht lange, und der Hausmeister kam. Ich sah ihn an, und sah ihn doch nicht. Für mich stand mit der Antwort dieses Menschen alles auf dem Spiel.
Wie er uns erzählte, hatte sein Chef, Axel Springer, der jeden Donnerstag wohl in seinem Berliner Verlag war, sich von ihm direkt berichten lassen, nachdem der örtliche Chef (Burnitz) es vom Hausmeister erfahren hatte.

Springer stellte, so der Hausmeister, die Frage, ob es denn seiner Meinung nach hier wirklich ein Familienvater ist, der seine Angehörigen rüberholen wolle und eben keine Geschäftemacher. „Wenn dem so ist,“ so Springer, „dann helfen sie den armen Menschen wie sie können. Sehen sie zu, dass die Leute zügig voranmachen, denn lange lässt sich so etwas nicht geheim halten.“
Ich war wie vom Donner gerührt. Springer war es, der mir die Möglichkeit gab, wieder mit meiner Familie zusammenzuleben.
Meine bisherige Meinung über Springer musste ich korrigieren, als Gewerkschafter habe, oder hatte ich schon meine Vorurteile. Diese dummen Vorurteile haben nicht nur Gewerkschafter wie ich. Nein, spätestens nach meiner Verurteilung war mir klar, auch Juristen sind davor nicht gefeit. Es gibt viele Mitbürger, die solch eine Springermacke mit sich herumtragen.
Am nächsten Abend, die Zwangspause war zu Ende, merkte ich, dass die Jungs sich in den paar Tagen neuen Mut geholt hatten. Wir trafen uns an unserem Haupteingang. Auch der Hausmeister war verabredungsgemäß vor Ort. Aus dem Staunen kam ich, aber auch die Brüder nicht mehr heraus. Der Hausmeister besorgte uns Stromanschluss, Kabel und Baulampen. Wichtiger war es aber, wir hatten den Rücken frei, wir mussten nicht, wie bisher, nach hinten und vorne gleichzeitig für Deckung sorgen. Natürlich war auch gegenüber dem Springerhaus generell Vorsicht angebracht. Wir durften nicht ins Gespräch kommen.
Von dem Bauholz durften wir jetzt mit Billigung des Besitzers das nehmen, was nötig war. Das war die Nächstenhilfe von Springer für Menschen in Not. Springer hatte, ohne uns zu kennen, geholfen, nur das ist richtig. Aber eben menschlich, nur menschlich, was aus unserer Sicht unvergesslich bleibt. Mit dieser für uns zutiefst menschlichen Haltung hat Springer unsere Familie gerettet.
Die Arbeit im Tunnel wurde, je weiter wir voranschritten, oder besser krochen, äußerst schwierig. Wir waren ja mitten unter dem Feindgebiet. Jedes laute Geräusch musste vermieden werden. Die Grenzer liefen quasi über unseren Köpfen Streife. Ein einfaches Niesen unter der Erde könnte das Misstrauen wecken.
Es war wieder Schichtbeginn. Der Polier nahm mich zur Seite, hatte was Dunkles in der Hand, wollte es mir geben. „Was ist das?“ „Hör“ sagte er zu mir leise, „ihr habt doch gemerkt, wie schnell der Tunnel

einstürzen kann?“ „Ja und?“, frage ich zurück. „Ja und! Was hätten wir, oder besser gesagt, ihr da vorne gemacht, wenn die Straße eingebrochen wäre und euch zwei Maschinenpistolen angeguckt hätten?“
Die Frage konnte ich erst einmal nicht beantworten, was sollte ich da auch sagen? „Siehst du die Pistole.“ Es war also eine Waffe, die er mir zureichte. „Die Waffe würde in der Not verhindern, dass ihr drauf geht.“
Phu!
Mir blieb erst einmal die Luft weg.
„Behalte erst einmal den Scheiß“ sagte ich, „das mache ich nicht alleine, wir werden mit den anderen darüber entscheiden. Jetzt weiter an die Arbeit“ forderte ich ihn auf und kroch nach vorne.
Wir hatten ungefähr zwölf Meter des Tunnels geschafft. Es wurde langsam zur Qual. Die Knie, der Rücken wollten nicht mehr.
Wer auch immer von mir solche Arbeit jemals verlangen würde, für keinen Preis dieser Welt könnte man mich dazu überreden. Aber hier musste es weitergehen. Ich sehe es jedenfalls so, wenn Menschen sich lieben, zueinander wollen, sind keine Hindernisse zu hoch oder zu tief, keine Mühe zu groß.
Ich fragte mich oft, wenn ich da verbissen die Erdmassen bekämpfte, wie ich meinen Brüdern und Freunden ihren Einsatz jemals danken kann. Plötzlich schlug ich mit meinem kurzen Spaten auf etwas Hartes. Es klang wie Stein oder ähnlich hartes Material. Klaus, unser Maurerbruder ist sofort zur Stelle. Er half mit, das Hindernis vorsichtig freizulegen. Es war sehr solider Beton; wir hatten das mitten in der Straße liegende Kanalrohr erwischt.
Es war genau jenes, wie wir es aus unserer Kanalstudie kennen. Es war tatsächlich mindestens zwei Meter stark. Erinnerungen wurden in uns wach. Was tun? Wir legten eine kurze Pause ein, um zu beraten. Der Polier meinte, „schlagt das Ding mit einem kräftigen Hieb in Stücke. Die halten nicht viel aus, wenn an der richtigen Stelle geschlagen wird.“
Irgendwie dachte ich, der Mensch dreht durch. Mit meinen Brüdern war ich mir einig, zerschlagen kam nicht infrage. Erstens machte es zuviel Lärm und zweitens wussten wir überhaupt nicht, wie denn der Kanal überwacht wurde. Eine drittes Risiko war, der Kanal war

voller Dreck und dann würden wir vor lauter Gestank überhaupt keine Luft mehr bekommen.
Was das hieß, wussten wir inzwischen.
Blähungen hat jeder irgendwann, wem auch immer was passierte bei der Arbeit, es dauerte ewig, bis der Mief aus dem Tunnel abgezogen war. Wir waren uns schnell einig, wir müssen unter dieses Kanalrohr. Unser Standort war in etwa mittig vom Rohr, wir mussten noch mindestens 1,50 - 2 Meter in die Tiefe gehen.
Schwierig war es schon. Um unter dieses Rohr zu kommen, mussten wir schon eine gewaltige Menge Erde bewegen, die wir sonst nicht anrühren würden. Aber auch das war nicht völlig nutzlos. Der Tunnel bekam hierdurch zwangsläufig Stufen.
Hotti meinte, für den schlimmsten anzunehmenden Fall, dass wir entdeckt und sie hinter her uns schießen würden, könnte dieses Rohr lebensrettend sein. So gesehen hatte er natürlich Recht. Würden wir entdeckt, dann gäbe es kein Erbarmen. Wegschauen oder Erbarmen waren an dieser Grenze nicht erwünscht. Wie denn auch? Dafür waren die Grenzer befehlsmäßig aufgestellt. Das harte Disziplinarsystem innerhalb der Grenztruppe kannte kein Erbarmen mit Abweichlern. Gewissensnot des Einzelnen wurde, wie bei den Nazis, nicht akzeptiert. Bei der verordneten Treibjagd bekamen die Grenzer sogar noch Abschussprämien für jeden erlegten Flüchtling.
Aber, auch das war richtig, wir mussten ja ab einer gewissen Entfernung zu unserem Zielhaus abwärts gehen, oder wie es beim U-Boot heißt, tiefer tauchen, um das Ziel auch genau zu erreichen.
Im letzten Drittel unseres Weges musste das spätestens getan werden. Nur so konnten wir es schaffen unter die Fundamentmauern des Hauses an die Kellersohle, dem eigentlichen Ziel, zu kommen.
Die Unterhöhlung des Kanalrohrs kostete viel Kraft und Zeit. Wir machten Schluss und wie schon so oft, trafen wir Zeitungsausträger bei ihrer Arbeit, es wurde schon wieder einmal Tag.
Da ich krankgeschrieben war, blieb etwas mehr Zeit zum Ausruhen, wobei jeder Tag einfach zu kurz war. Ein wenig Schlaf, dann schaute ich, wie immer gegen 10.00 Uhr in den Briefkasten ob Post von Traudchen da war. Auch nach dieser schweren Nacht gab es wieder einen wunderbaren Brief.

Sie schrieb so schön, wie ich es mir nie hätte vorstellen können. Ich weiß nicht warum, aber diese Briefe gaben mir ungeheure Kraft und Mut. Ich ging runter zur Markthalle, holte Obst, Kaffee und anderes, was drüben Mangelware war, und was Freude machte.
Ging zur Post, hatte mir vom Gemüsehändler in der Markthalle einen Karton besorgt, mache ein Paket fertig, schickte es ab. Irgendwie ging es mir durch den Kopf, das war sicher eins der letzten Pakete. Nie wieder wirst du dich soweit von deiner Familie entfernen, dass Pakete und Briefe nötig sind, um den Kontakt zu halten.
Ich fuhr vom Bahnhof Gneisenaustraße zur Kochstraße und beobachtete das Treiben am Check-Point-Charly. Ich fragte mich, ob denn bestimmte Menschen alles tun dürfen, die Normalverbraucher jedoch bestraft werden, wenn sie bei Rot über die Kreuzung laufen. Für mich war es immer noch unfassbar: Mitten in der Stadt, eine Grenze, die von schwer bewaffneten Soldaten bewacht wird.
Dann schlenderte ich in Richtung Springer Verlag.
Eine Straße davor gab es eine Beobachtungsplattform, wo ich auch den Lebrock kennen lernte. Ich versuchte drüben etwas Besonderes zu sehen, konnte aber nichts erkennen. Dann ging ich zur Jerusalemer Straße, wo es auch eine Möglichkeit zur Einsicht in den Ostteil gab. Von dort hatten wir in der Vorbereitungszeit unserer Aktion die andere Seite beobachtet.
Es war auch hier nichts Besonderes festzustellen außer zwei Posten, die sich am Turm aufhielten, der zirka 60 Meter von unserem Zielhaus, Zimmerstrasse 56, entfernt war. Eine Frau ging in Richtung Haus, die Posten störten sich nicht daran.
Wie immer!
Ich machte mich wieder fort. Noch ein wenig Handpflege, die Blasen der ersten Tage hatten sich in eine ordentliche Hornhaut gewandelt. Im Gegensatz zur Anfangszeit unserer Arbeit, wo wir unseren Einstieg durch zwei lose Bretter im Bauzaun selbst einrichten mussten, trafen wir uns bei Schichtbeginn in der letzten Zeit immer an einer richtigen Tür, die es natürlich auch in diesem Bauzaun gab. Der Hausmeister hatte uns einen Schlüssel von dem Vorhängeschloss gegeben. Jetzt mussten wir nicht immer wieder die Zaunlatten lösen und festmachen. Da ich immer als Erster dort war, hatte ich auch den Schlüssel.

Meine Brüder kamen auch gleich danach, sie brachten noch den Klaus Neugo mit, der, wie schon gesagt, ein alter Freund von uns war, der ab und zu mithalf. Schließlich kam auch schon Lebrock, aber nicht allein. Hotti sagte gleich, „Wen der wohl dabei hat?“ Er fuhr auch gleich den Polier an: „Wer ist das? Du weißt, wir haben eine Verabredung, bei der Fremde nichts zu suchen haben!“
Lebrock hob beschwichtigend die Hände und sagte:
“Tut mir leid Freunde, ich habe es vergessen zu sagen, aber das ist ein alter Kumpel vom Bau, der auch so ein armes Schwein ist wie wir. Er hat seine Verlobte drüben, er will bei uns mitmachen.“
Wir sahen uns ziemlich sprachlos an, genau das hatten wir vereinbart, keiner wird dazu genommen, jeder Mitwisser ist mehr Gefahr. Ich sagte zu Hotti und den anderen, außer Lebrock und seinem Bekannten, dass ich sie einmal sprechen wolle. Wir besprachen kurz die Situation, Lebrock und sein Kumpel standen abseits und warteten. Wir wussten, genau das konnte tödliche Folgen haben.
Was blieb zu tun?
Hotti meinte, Beide, Polier und Bekannter gehörten verdroschen, eingesperrt, bis die Sache vorbei sei. Am besten bei Rudi im Kohlenkeller. Es war wirklich schwierig, auch die Studenten waren verunsichert. Schließlich, was sollten wir machen, als ihn zu akzeptieren. Bis heute ist mir die Rolle von Elner, so hieß der Kumpel vom Polier, aber auch die vom Polier nicht ganz geheuer.
Es ist soviel Unlogisches in der Folgezeit passiert, aber dazu später. Für den Moment war er eine Hilfe, der Tunnel wurde länger und länger.
Der Abtransport der Erde wurde immer schwieriger. Elner war angeblich auch vom Bau, er konnte jedenfalls zupacken. Langsam machte unsere Arbeit Fortschritte und das Ziel rückte näher. Über andere Studenten, die von Erbes angesprochen wurden, wurde Traudchen vorab informiert. Meine Briefe, in denen ich Andeutungen machte, hatte die Stasi abgefangen, wie ich später erfuhr.
Wie weiter vorne schon erwähnt, viel später, nach der Wende, fand ich sie wieder. Sie hatten alles, was ihnen verdächtig erschien, unterstrichen. Sie waren hinter uns her. Das nachstehende Foto zeigt einen Auszug aus der Stasiakte, die Teile meiner Briefe an meine Frau wiedergeben.

Auch das ist ein Beweis dafür, dass die Stasi viel mehr wusste, von unseren Plänen zur Flucht, als wir angenommen hatten.

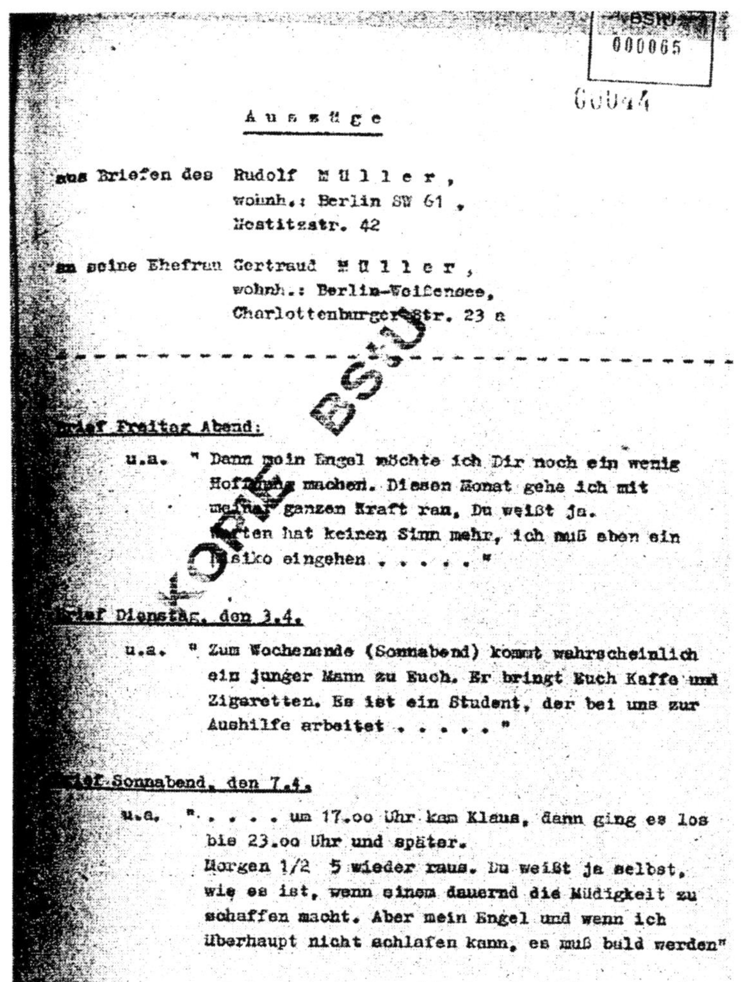

00044

A u s z ü g e

aus Briefen des Rudolf M ü l l e r ,
wohnh.: Berlin SW 61 ,
Nostitzstr. 42

an seine Ehefrau Gertraud M ü l l e r ,
wohnh.: Berlin-Weißensee,
Charlottenburger Str. 23 a

Brief Freitag Abend:

u.a. " Dann mein Engel möchte ich Dir noch ein wenig Hoffnung machen. Diesen Monat gehe ich mit meiner ganzen Kraft ran, Du weißt ja. Warten hat keinen Sinn mehr, ich muß eben ein Risiko eingehen . . . . . "

Brief Dienstag, den 3.4.

u.a. " Zum Wochenende (Sonnabend) kommt wahrscheinlich ein junger Mann zu Euch. Er bringt Euch Kaffe und Zigaretten. Es ist ein Student, der bei uns zur Aushilfe arbeitet . . . . . "

Brief Sonnabend, den 7.4.

u.a. ". . . . . um 17.oo Uhr kam Klaus, dann ging es los bis 23.oo Uhr und später. Morgen 1/2 5 wieder raus. Du weißt ja selbst, wie es ist, wenn einem dauernd die Müdigkeit zu schaffen macht. Aber mein Engel und wenn ich überhaupt nicht schlafen kann, es muß bald werden"

In ihrem Brief vom 31.5. schreibt sie, der Stasimensch hat ihr meine Briefe zurückgegeben. Die Auszüge oben fand ich u.a. in meiner Stasiakte. Auch das ein Signal. Sie waren uns auf der Spur.

Zur Sicherheit trafen sich die Studenten und Traudchen nach wie vor im Garten unserer Mutter. Sie sollten andeuten, dass es nicht mehr

lange dauert und dass sie die Hoffnung nicht aufgeben sollte. Mut machen, darum ging es.
Ganz gezielt ging sie mit den Kindern jetzt regelmäßig zu meiner Mutter in den Garten. Die Stasileute, die sie ständig beobachteten, sollten darin nichts Auffälliges sehen. Auch das war klar, diese Beobachter der Stasi stellten sich nicht besonders geschickt an.
Traudchen berichtete später darüber, sie machte sich mit ihrer Schwester einige Male einen Spaß daraus, die Herren von Horch und Guck in die Irre zu leiten. Vom Verstecken spielen als Kinder kannten wir die Häuser auch, und vor allem die, in denen es vorne und hinten einen Ausgang gab. Also gingen die beiden Frauen vorne rein, hinten wieder raus. Ihr Schatten wartete vor dem Eingang, vielleicht steht er heute noch dort und hat die Wende verpaßt. Trotz der allgemein traurigen Situation blieb immer noch ein wenig Zeit zum Lachen.
Aber es zeichnete sich immer mehr ab, all die Signale von mir schafften es nicht, die beginnende Hoffnungslosigkeit zu verhindern.

Am 11.6. schrieb sie den letzten Brief vor der Flucht:

Mein lieber, lieber Rudi!

Heute will ich Dir endlich Pfingstgrüße schicken. Das Fest ist ja schon fast vorbei und ich hoffe, dass Du es auch gut verlebt hast. Gestern war ich mit den Kindern den ganzen Tag bei Deiner Mutter im Garten.
Ich habe es mir ganz anders vorgestellt. Es war wirklich schön dort. Deine Mutter war auch sehr nett und hat sich sehr gefreut, dass wir kamen. Morgens nach dem Frühstück sind wir schon losgefahren. Unser Mittagessen haben wir uns mitgenommen. Christian hat den ganzen Tag an der Pumpe gespielt. Dann hat er abwechselnd mit Bernie die Blumen gegossen. Den ganzen Tag haben beide geplanscht und sich mit Wasser bespritzt.
Mittag haben wir draußen im Garten gegessen. Die Kinder hatten einen Bärenhunger. Nachmittags kamen noch Bekannte, die bei Mutter im Haus wohnen. Wir haben uns sehr nett unterhalten. Es war überhaupt nicht langweilig. Heute war

Marianne bei uns mit ihren Kindern. Etwas später kam auch Annelies mit Franki. Christian hat zu Frank gesagt: „Mein Vati kommt bald und dann bringt er mich immer in den Kindergarten." Ich glaube er hat die größte Sehnsucht nach Dir. Die Geburtstagskarte hat er den Franki auch gezeigt und dann hat er ganz stolz gesagt: „Von meinem Vati." Bernie ist jetzt auch wieder vernünftig, zurzeit hat er Ferien. Gestern Abend hat er mir solange zugesetzt, bis ich um 9.00 Uhr noch mit ihm auf den Rummel gegangen bin. Am Weißen See ist wieder einmal Rummel. Rummel ist eigentlich übertrieben. Ein paar Buden und Auto Skooter. In der Badeanstalt wird jetzt schon gebadet. Wenn es wieder so warm ist, werde ich auch bald mit Bernie baden gehen.

Meinen Bikini kann ich aber nicht anziehen, sonst schiebe ich Reklame für Knochen. Berni war schon baden im Freibad Pankow. Das wird geheizt. Er hat schon einen Sonnenbrand.

Christian möchte am liebsten auch schon baden gehen, aber für ihn ist es noch zu kalt. Heute hat er uns gezeigt, wie er im Kindergarten turnt. Wir haben so gelacht. Erst hat er die Arme in die Luft geworfen und dann ist er auf Zehenspitzen gelaufen wie ein Storch. Deine Mutter hat gesagt sie möchte Christians Gesicht sehen, wenn er Dich einmal wieder sieht. Darauf bin ich auch gespannt.

Aber ich glaube nicht daran, dass wir es einmal schaffen. Ich habe doch kein Glück.

So nun werde ich schließen.

Es grüßt und küsst Dich Deine
Traudchen

Mir kam das Heulen, was haben wir eigentlich verbrochen, warum dürfen wir nicht zusammen sein?

Ich musste es schaffen.

Nichts würde mich davon abhalten, meine Familie zu holen. Ich stellte mir immer wieder die Frage, wie kommt ein Staat dazu, unter Androhung tödlicher Gewalt Familien daran zu hindern, zusammenzuleben.

Was nutzte das Grübeln, bei dieser Schinderei musste ich den anderen immer ein Beispiel sein, sie durften nicht den Mut verlieren. Sie halfen mir schließlich, meine Frau und Kinder rüberzuholen. ohne Bezahlung, nur für die Sache.
Die Arbeiterei im Tunnel wurde auch immer schwieriger. Unsere Abwärtsbewegung, um unter das Kanalrohr zu gelangen, wurde zur richtigen Quälerei. Dann merkten wir, dass der Boden immer fester wurde. Es war fast schon harter Mergel, sodass ohne Lärm kein Durchkommen mehr möglich war.
Wir krochen unters Rohr wieder zurück und berieten mit Klaus und dem Polier, was zu tun ist. Schließlich waren wir uns einig. Die einzige Möglichkeit, wieder nach oben, in die alte Höhe, bei der wir vor dem Kanalrohr aufgehört hatten.
Zwei Nächte umsonst geschindet? Wir trösteten uns damit, dass wir das Loch unter dem Kanalrohr mit dem neuen Aushub anfüllen können. Jetzt also umgekehrt, das Rohr wurde oben freigelegt, statt schräg nach unten, jetzt nach oben. Wir müssten auf normale Art schnell und zügig das Rohr passieren können. Im Ergebnis schon ein ganzes Stück vor dem Rohr, Erde von oben weg, unten anschütten wie eine kleine Rampe.
Wir hatten wieder weichen Sand ohne Steine, es ging ohne Lärm weiter. Es musste auch ohne Lärm weiter gehen, aber wie es so ist, plötzlich ein höllischer Krach. Ich war gerade nicht vorne, Klaus war der Feldspaten aus der Hand gefallen, aufs Kanalrohr. Mir blieb der Atem stehen. Flüsternd verständigten wir uns, das Rohr wurde sofort mit einer Schicht Sand bedeckt.
Klaus hatte Recht, in der Nähe des Kanals musste es ruhig sein. Wir wussten ja nicht, ob irgendwo in der Nähe Kanaldeckel offen waren und Posten reinlauschten.
Das hatten wir ja bei unserem Ausflug in die Unterwelt des Kanalsystems festgestellt, der Schall wird dort unten verstärkt und weit getragen. Wir waren mit unserem Tunnel jetzt wieder nahe unter der Packlage. So dicht unter dem Asphalt der Zimmerstraße war wirklich absolute Ruhe angesagt. Wie gefährlich es war, wurde uns bald bewusst. Vorne war ich am graben, wühlte mich weiter in Richtung Kellerwand unseres Zielhauses. Plötzlich hörte ich irgendwelche Geräusche. Drehte mich zu Hotti, der hinter mir die

vollen Körbe abnahm, und fragte ihn verärgert, wer denn da rumlachen würde. Hotti meinte auch was gehört zu haben, er zischte den nächsten Helfer an, dass die hinten gefälligst die Schnauze halten sollen. Leise, aber doch hörbar kam von hinten Protest. Keiner hier hatte laut oder überhaupt gesprochen, auch nicht gelacht. Hotti und ich, wir sahen uns an.
Plötzlich wieder Lachen, nicht laut, eher verhalten, aber zu hören.
Wir guckten uns beide an. Mein Gefühl sagte mir, „Höchste Gefahr", leise sagte ich zu Hotti: „Du, wir hören die Grenzer, die stehen irgendwo am Haus und Quatschen miteinander".
Es war schon der helle Wahnsinn, wir quälten uns hier unten, trauten uns nicht tief Luft zu holen. Ganz in der Nähe Grenzer, wir hörten sie sogar Gespräche über alle Belanglosigkeiten dieser Welt führen, gleichzeitig aber die grenzenlose Gefahr, die von diesen Bewachern der mörderischen Grenze ausging.
Weiter ging es, noch leiser, ab sofort mussten wir das Umfeld ständig beobachten. Aber wie? „Wir haben doch den Stromanschluss vom Hausmeister," meinte Klaus, „ich habe da eine Leiter gesehen, die stellen wir immer, wenn wir abends anfangen, vom Westen her an die Baracke. Da muss einer rauf und die Lage unauffällig im Auge behalten. Der muss immer wissen, wo sich die Grenzer aufhalten.
Kommen sie in die Nähe unseres Bereichs, oder machen dort Pause, dann muss unser Posten den Strom für den Tunnel unterbrechen. Damit sind wir auf der sicheren Seite."
So machten wir es ab sofort.
Es gab aber noch ein anderes Problem, wir waren ja schon in der Nähe unseres Ziels. Wir mussten in jedem Fall tiefer, dass Fundament des Zielhauses galt es zu unterqueren. Wenn der Boden dort wieder hart oder steinig ist, was dann?
Klaus meinte, „es kann sein, dass der harte Boden nur im Bereich des Kanalrohrs als Unterlage eingebracht worden ist. Lasst uns ab Rohr schräg nach unten graben."
Weiter ging es, irgendwo, das Kanalrohr lag jetzt ein paar Meter hinter uns, unser Brüderchen Klaus musste mal wieder Maß nehmen.
Wo waren wir denn eigentlich? Nach Schätzung von Hotti und mir kurz vor dem Ziel. Stimmte die Prognose, dann müssten wir noch mehr nach unten. Klaus nahm seine Maurerschnur, legte sie an und

in der Tat, nach seiner Berechnung fehlten noch ca. 2 Meter in der Horizontalen. In der Vertikalen, das heißt in die Tiefe, nach unserer Einschätzung nochmals zirka 2 Meter. Wir machten Schluss und verschoben die Wahrheitsfindung auf den nächsten Tag, vielmehr auf die nächste Nacht.
Nach einer guten Stunde in der nächsten Nacht klirrte es wieder heftig. Hotti war mit seinem Spaten auf Mauerwerk gestoßen.
Gleich war ich mit vorne, versuchte mit Hotti die vor uns liegende Mauer soweit wie möglich freizulegen. Auch das dauerte nicht lange, vor uns eine richtige saubere Klinkerwand. Jetzt musste es abwärts gehen. Wir erweiterten auch den Bereich vor der Mauer des Hauses, um insgesamt genügend Spielraum zu haben.
Spielraum für den Abstieg unters Fundament, aber auch als Fluchthöhle für den kritischen Fall. Hier mussten wir besonders gut abstützen, über uns war jetzt der Bürgersteig, der eben nur gepflastert ist, also keine Teerdecke mit Packlage wie bei der Fahrbahn. Zusätzlich liefen ja auch noch die Grenzer über diesen Bürgersteig, es wäre schon kritisch, wenn die da einbrechen würden.
Es machte Schwierigkeiten. Wir brauchten einiges Material für den so genannten Fluchtraum. Die Höhe verlangte genügend langes Stützmaterial. Auf der Baustelle war das Material natürlich nicht sauber und ordentlich gestapelt, es gab nur angehäuftes schon gebrauchtes Schalungsmaterial. Wir hatten jetzt gut drei Wochen Schachtarbeit hinter uns.
Ich spürte Erleichterung, aber auch ein innerliches Vibrieren packte mich. Jetzt kam bald der alles entscheidende Tag, die alles entscheidende Stunde.
Es war der 16. Juni, irgendwann in der Mitte unserer Buddelei hatten wir uns, die Brüder und der Polier, aber auch die Studenten Erbes und Ögemann darüber unterhalten, wie es denn beendet werden soll.
Einigkeit hatten wir noch nicht gefunden. Jetzt war jedenfalls Zeit, die Boten mussten rüber, das Ziel greifbar nahe.
In dieser Nacht schafften wir es noch bis unters Fundament. Hinter der Fundamentmauer nahmen wir noch genug Erde weg, um am nächsten Abend auch sicher bis zur Kellerdecke durchzukommen. Ich schlug vor, Schluss zu machen und die noch fehlenden Absprachen zu treffen.

„Wie sollen wir es machen?“ lautete meine Frage an die Anderen. Meine Brüder, aber auch die Studenten hielten es für das Beste, wenn die Frauen und Kinder wie Spaziergänger, oder besser, wie Besucher, möglichst mit Blumen, nicht alle auf einmal die Jerusalemer Straße runterlaufen würden, ins Haus rein, wo wir sie dann in Empfang nehmen und durchschleusen sollten. Hielt ich für falsch, schlicht für nicht möglich.
„Hört mal,“ sagte ich, „wir können doch nicht allen Ernstes die Frauen mit den Kindern einfach so ins Blaue laufen lassen. Die haben überhaupt keine Ortskenntnis, was für sich schon Unsicherheit erzeugen wird. Schließlich die Angst, die sie haben werden, wenn sie auf sich allein gestellt, in einem völlig unbekannten Bereich sich zurechtfinden müssen. Es ist doch so,“ versuchte ich sie zu überzeugen „wir sind doch sicher, es gibt keine Kontrolle durch die Grenzer, zumindest hier in unserem Bereich. Das haben wir doch lange genug überprüft. Wenn das aber richtig ist, kontrollieren sie doch schon gar nicht, wenn jemand aus dem Hause rausgeht. Wenn ich dann mit der Gruppe zurückkomme, gehen wir auf Besuch. Die Geburtstagsidee ist prima, die nutzen wir.“
Für mich überraschend war der Polier auch meiner Meinung und bestärkte mich in meiner Absicht, selbst hinüberzugehen.
Hotti meinte: „Können wir ja auch so machen, ihr habt ja Recht, aber Rudi, nicht du, ich werde rüber gehen. Es kann ja doch ein Affe drüben frech werden, dann kann ich ihn wohl besser zur Ruhe bringen.“
Wir beide, der Polier und ich, waren nicht dieser Meinung und damit war die Sache klar. Als Treffpunkt wurde der Dönhoffplatz ausgewählt. Da war Publikumsverkehr, die Frauen würden da bestimmt nicht auffallen. Selbst dann noch, wenn in letzter Minute noch was passieren sollte, wären die Frauen und Kinder sicher. Dann waren wir uns einig, jeder musste seine Angehörigen informieren.
Über Boten, Adresse Mutters Garten, wurde Traudchen schon am nächsten Nachmittag nach Feierabend über den Treffpunkt „Dönhoffplatz Ecke Jerusalemer Straße" informiert. Ihr wurde auch signalisiert, einen Blumenstrauß mitzubringen. Sie wusste auch, ich würde sie vom Treffpunkt abholen.

Wir waren uns einig, dass so ungefähr 18.00 Uhr die richtige Zeit sein würde, dann gibt es auf der Leipziger Straße genügend Feierabendverkehr, um darin unterzutauchen.
Mit den Kindern mussten sie alle zu Mutter in den Garten, nur von dort hatten sie eine Chance, unbeobachtet wegzukommen.

Wir wühlten uns vom Rande des Mauerwerks, genauer der Innenseite des Fundaments schräg nach oben, Richtung Kellerboden. Am Fundament und Drumherum mussten wir genügend Freiraum vorsehen, nicht nur für uns, wir mussten ja damit rechnen, dass sich mehrere Personen gleichzeitig hier aufhalten könnten.
Nachdem wir etwa 3 Meter im Quadrat Freiraum hinter der Fundamentmauer hatten, ging es schräg nach oben, wir wollten, wir mussten die Kellersohle erreichen.
Auch das gelang.
Es war schon ein besonderes Gefühl. Jetzt wurde uns erst bewusst, was wir geschafft hatten. Ohne Maschinen, ohne Belüftung, aber auch ohne Aussicht auf grenzenlosen Profit, hatten wir es erreicht. Anstelle von Profit, wie ihn andere obskure Fluchthelferorganisationen, auch mit Hilfe der Stasi einstrichen, winkte mir, uns, das Schönste was es überhaupt auf dieser Welt gibt, sich freuende Kinder, eine endlich wieder glückliche Frau, eine frohe Familie. Die Nähe der Kellerdecke war schon zu spüren, wir waren ungeheuer angespannt, wie wird sie beschaffen sein. In Lehm gelegte Ziegel, gestampfter Lehm, so wie wir kalkuliert hatten?
Die Angst vor dem Betonfußboden verdrängte ich. Warum sollten wir solch ein Pech haben?
Dann war es geschafft.
Über uns Ziegel, so wie es Klaus, unser Bauspezialist, aber auch der Polier vorausgesagt hatte. Es blieb nur noch das Stückchen Stein, um in den anderen Teil Berlins zu gelangen.
Wir machten Feierabend. Klaus zog noch ein paar Balken unter die jetzt freiliegende Kellerdecke. Er hatte ja Recht, wenn er meinte, es könnte ja jemand aus dem Haus im Keller was zu tun haben, dann wäre es nicht so schön, wenn dieser Mensch in unser Loch fällt.

Als wir jetzt Schluss machten, hatte ich eine eigenartige Stimmung. Auch den anderen war wohl nicht ganz geheuer. Ab sofort keine Nachtschicht mehr.
Der irre Druck war doch fast vorbei. Wir müssten doch jetzt schon froh gewesen sein, über das, was wir geschafft hatten!
Gedanken in diese Richtung kamen gar nicht auf, sie wurden schon verdrängt von den Fragen, die sich mit dem nächsten Tag ergaben.
War das nicht genau der entscheidende Moment? War alles andere nicht ein Kinderspiel gegenüber dieser letzten Entscheidung? Gab es irgendwelche Unwägbarkeiten, die nicht berücksichtigt wurden? Es ging es mir ständig durch den Kopf.
Wir, Hotti, Klaus, Kalli, der Polier, die Studenten Erbes und Ögemann hielten trotz der sehr frühen Stunde noch einmal ein Meeting ab. Pausenstation war die Markthallenkneipe, die schon gegen vier Uhr vollen Betrieb hatte. Dort gab es schönen heißen Kaffee, und vor allem frische, mit Jagdwurst belegte, Schrippen.
Hatten wir an alles gedacht?
Erneut, noch einmal die Diskussion über die Frage, wer geht denn raus, wer holt die Frauen ab?
Hotti, der es wieder wie selbstverständlich für sich in Anspruch nahm, den Pfadfinder zu spielen, begründete dies mit seiner Erfahrung in gefährlichen Situationen. Er spielte dabei auf seine Zeit in der Fremdenlegion an. Das war mir einfach zu kurz gedacht. So gut wie er es auch meinte. Ich betonte noch einmal, wenn es auf Kampferfahrung ankäme, dann würde ich meine Familie nicht in diese Situation bringen.
Es muss ohne Gefährdung über die Bühne gehen. Eine gefährliche Situation, wie er sie sich vorstellte, durfte es nicht geben. Schließlich waren wir uns einig, diese Rolle hatte ich zu übernehmen, was für mich von Beginn an klar war.
Ich nahm mir die Zeitung von vorhin und las die Rede von Willy Brandt etwas genauer. Willy Brandt und Adenauer hatten gestern in Berlin anlässlich des 17. Juni Reden gehalten.
Die von Willy war abgedruckt; hier noch einmal auszugsweise der Text.
Der Regierende Bürgermeister von Berlin bezeichnete in dieser Rede die vorsätzliche Tötung von Personen, die die Mauer zu überwinden

suchen, ausdrücklich als **Flüchtlingsmord,** der auch Kindern gegenüber verübt worden sei.

Er führte wörtlich aus:
"Der Schießbefehl ist ein Bruch der Haager Landkriegsordnung. Sie verbietet die Tötung von Wehrlosen und Verwundeten, sogar im Kriege, sogar zwischen verschiedenen Völkern. **Wer diese Regeln bricht, gehört vor ein internationales Gericht!**
Das gilt auch für Einzelpersonen.
Jeder Uniformierte drüben muss das wissen.
Wer sich auf einen Befehl beruft und ein Verbrechen begeht, handelt nicht anders als ein Kriegsverbrecher und besudelt die Welt:
Seht her!
An dieser Mauer wird das Menschenrecht mit Füßen getreten. Schüsse auf Wehrlose, sogar auf gehetzte Kinder, das muss jedes menschliche Empfinden empören. Das hat nichts mit Ideologie zu tun. In dieser Frage kann es keine Neutralität geben. Das ist allein eine Sache der Menschlichkeit. Wir hier wissen, wo wir stehen.
Wir werden Verbrechen gegen die Menschlichkeit nicht hinnehmen.
Wir werden uns das nicht gefallen lassen. Das gebietet nicht nur das Gesetz, das gebietet auch das Gewissen.
Ich kann es nicht anders sehen.
Ich fordere noch einmal in aller Form auf: Weg mit dem Schießbefehl!
Und noch eins: Eher würde ich nicht mehr Bürgermeister sein wollen als Anweisungen zu geben, die Mauer als etwas Rechtmäßiges zu respektieren.
.... ***jeder unserer Polizeibeamten und jeder Berliner soll wissen, dass er den Regierenden Bürgermeister hinter sich hat, wenn er seine Pflicht tut, indem er von seinem Recht auf Notwehr Gebrauch macht und indem er verfolgten Landsleuten den ihm möglichen Schutz gewährt."***

Donnerwetter denke ich, der Willy spricht wirklich das aus, was alle, die ich kenne, denken und reden.
Ich lese den anderen vor, was in der Zeitung steht.
„Wenn der das so meint, wie es da steht", sagte Hotti, „dann ist es doch richtig, dass wir, oder besser du, Rudi, eine Waffe einsteckst.

Die knallen blind drauflos, sie kriegen ja für jeden umgelegten Menschen ein Preisgeld.
Fest steht, wenn die uns schnappen, weil wir einen gottverdammten Verräter an Bord haben, ist es das Ende! Wir würden, wenn sie uns nicht gleich umlegen, nie mehr aus dem Knast rauskommen."
Hotti traute von Beginn an weder dem Polier noch seinem Kumpel. Nur, mit solchen Befürchtungen wollte, konnte ich mich nicht belasten. Sonst hätten wir alles falsch gemacht. Was Hotti so sagte, über die drohende Gefahr, die brutale Schießwütigkeit an der Grenze gegenüber Wehrlosen, auch was uns als Strafe erwarten würde, findet zwar allgemeine Zustimmung. Wir hatten aber auch die Sicherheit, alles so gut vorbereitet zu haben, dass dieses Horrorgemälde nicht Wirklichkeit werden konnte.
Wir berieten nochmals die einzelnen Schritte unserer geplanten Aktion. Diesmal gingen wir nicht ins Bett wie sonst nach der Schicht, sondern trafen uns mit den Helfern die alle ihre Rollen kannten.
Letzte Abstimmung konnte trotzdem nicht verkehrt sein.
Es waren auch die Frauen meiner Brüder und andere, die wir so gut kannten, dass sie eingeweiht werden konnten.
Dass es am nächsten Tag losgehen sollte, erfuhren alle erst zu diesem Zeitpunkt, sodass nichts mehr verraten werden konnte. Für den alles entscheidenden Tag war vereinbart, schon gegen 12.00 Uhr am Tunnel zu sein, um nochmals die außerhalb des Geländes gelegenen Aktionspunkte zu prüfen, und um zu sehen, ob das allgemeine Umfeld unverändert war. Das war es dann. Wir wünschten uns Glück bei der Aufgabe am nächsten Tag und trennten uns. Wieder in meiner Wohnung hätte ich eigentlich schlafen müssen. Es war natürlich nicht daran zu denken; also las ich die letzten Briefe von Traudchen. Las noch einmal von den Schikanen, denen sie ausgesetzt war.
Die Zweifel, ob es denn richtig war, was wir vorhatten, waren wie weggewischt. Anstelle dessen war, wie in den nun hinter uns liegenden Wochen, die absolute Entschlossenheit da. Es würde für mich der Schicksalstag werden. Erstmals werden wir am helllichten Tage unsere Baustelle aufsuchen; dann werde ich in den Ostsektor hineinspazieren, ein nicht zu beschreibendes Gefühl der unendlichen Anspannung, das sich meiner bemächtigte.

Das sind dann Momente, wo Menschen wie ich, die nicht viel von der offiziellen Frömmigkeit halten, sich dabei erwischen, ein Stoßgebet nach oben zu schicken.
Dabei merkte ich erst, welche große Angst ich hatte.
Traudchen war informiert, ein Zurück kann, darf es nun nicht mehr geben. Sollte ich sie heute wirklich sehen, fühlen, sie und die Kinder küssen dürfen?
Das Telegramm war abgeschickt. Es lautete:

Gratuliere zum 6. Hochzeitstag am 18.06.1962!
Dein Rudi

Übersetzt hieß das: „Am 18.06.1962 um 6.00 Uhr zum vereinbarten Treffpunkt kommen."
Mittags trafen wir uns in der Nähe der Baustelle. Doch was war das? Irgendetwas stimmte doch nicht; etwas war verändert. Dann sahen wir es. Dicht an der Jerusalemer Straße, auf westlicher Seite, ein Fernsehturm, so ein mobiler, wie er zum Aufnehmen oder Ausstrahlen von Sendungen genutzt wird.
Mich überkam die große Panik, ich dachte erst, einer von uns, oder der Hausmeister von Springer oder die Springerleute selbst hatten die Leute vom Fernsehen über unseren Plan ins Bild gesetzt. Schon raste es wieder durch den Kopf. Das Vorurteil: Warum sollte Springer uns einfach so gewähren lassen, ohne Gegenleistung?
Wenn es aber so wäre, das wäre der Abbruch.
Denn das würde die Gefahr für uns ins Unkontrollierbare vergrößern.
Der Hausmeister tauchte dann auch schon auf. Er sah in meinem Gesicht das Entsetzen, erhob beschwichtigend die Arme, und sagte: „Die Fernsehleute sind schon seit dem frühen Morgen bei der Arbeit. Sie drehen für den Schulfunk eine Sendung von der Mauer. Am frühen Nachmittag soll das alles beendet sein. Ihr könnt mir glauben, wir haben nichts damit zu tun, der Senat hat das eingefädelt.“
Innerlich nahm ich die Verdächtigungen über die Urheberschaft wieder zurück. Unser Erschrecken war dennoch nicht geringer. Die Grenzer drüben ertrugen keine Öffentlichkeit. Sie wurden vielleicht bei ihren Schandtaten identifiziert. Ich ahnte es schon, bestimmt waren sie jetzt aufgedreht, unruhig.

Und ich hatte Recht. Wir beobachteten durchs Fernglas, was sich an unserer Baustelle plus näherer Umgebung tat. Es war schon erschreckend zu sehen, dass alles von gestern nicht mehr zutraf. Die relative Ruhe in diesem Bereich war jetzt nachhaltig gestört.
Neben dem normalen Posten waren mehrere Offiziere zu sehen, die den Aufnahmeturm beobachteten. An unserem Haus waren mindestens zwei Offiziere in den Fenstern des oberen Stockwerks zu sehen. (In der Aussage einer Hausbewohnerin als Zeugin wurde dann bestätigt, dass Männer unter der Führung eines Offiziers in die leerstehende Wohnung gegangen sind. Was dort noch geschah, ist auch in den Aussagen sehr nebulös.)
Wir machten, um zu unserem Einstieg zu gelangen, einen Riesenbogen um das ganze Gelände. Wenn wir vorher zu unserem Einstieg gingen, war es dunkel. Jetzt war helllichter Tag, es wäre schlimm, wenn im letzten Moment drüben jemand etwas merken würde.
Nachdem wir uns einzeln in Deckung des Bauzauns und der Baracken in das Loch abgesetzt hatten, hockten wir uns in unserem Tunneldom zusammen. Das war der große Einbruch, wo Hotti verschüttet worden ist. Nach oben zur Decke war dadurch ein großes Loch entstanden. Wir hatten es so gelassen. Werkzeug und alles andere waren dort gut aufzubewahren. Noch einen Vorteil hatte der Dom, man konnte sich darin für einen Moment gerade hinstellen, das Kreuz und die Knie wieder einrenken und auch etwas besser Luft holen. Ein weiterer Vorteil, die Leinen, die wir zum Ziehen der Säcke mit den Sandkörben einsetzten, waren wegen der großen Strecke einfach zu kurz. So haben wir zusätzlich dort eine Umladestation für den Aushub mit der nächsten Seilschaft organisiert.
Es waren bei uns tatsächlich „richtige Seilschaften“, die gemeinsam in eine Richtung zogen. Eine harte Knochenarbeit. Schließlich konnten wir in diesem Dom, wenn es draußen stark regnete, Aushubmaterial und Schalungsholz zwischenlagern.
Wir hockten uns also im Dom zusammen. Lagebesprechung steht an: Wie machen wir in der für uns völlig unerwarteten Situation weiter?
Soviel stand fest, draußen war es jetzt im Moment völlig anders als wir geplant hatten. Ich zwang mich, äußerlich ruhig zu bleiben, tief drinnen merkte ich allerdings schon eine bis dahin nicht gekannte

Unruhe. Es riss mich innerlich hin und her. Sorge hatte ich jetzt auf einmal, mehr als je zuvor, ob es denn gelingen könnte. Sollte ich die Sache mit dem Fernsehturm nicht als Warnung sehen?
Mein jüngster Bruder Karl, der die Verständigung zwischen draußen und drinnen im Tunnel zur Aufgabe hatte, kam und teilte uns mit, dass die Arbeiten am Fernsehturm eingestellt worden seien. Was ganz wichtig war, auch die Grenzer kämen langsam zur Ruhe. Aber was hieß das schon. Keiner wusste, wie sie sich nach der Aufregung verhalten würden.
Es war doch auch vorstellbar, dass sie aus Angst vor den herumlaufenden Offizieren besonders scharf waren. Noch einmal die Frage in der Runde“ Packen wir es?“
Hotti sprach für die anderen mit: „Jetzt können wir nicht mehr zurück. Wir müssen durch. Einfach durch.“ In meinem Kopf raste es; was hatte sich jetzt verändert?
War alles anders, oder würden sich die Grenzer beruhigt haben?
Konnte ich das Ganze überhaupt noch stoppen, selbst wenn ich es wollte?
Die Familie war zu diesem Zeitpunkt sicher schon unterwegs. Es gab keine Möglichkeit sie zu erreichen, ihnen das Signal zum Abbruch zu geben. Traudchen und die Kinder würden unbenachrichtigt, wer weiß, wie lange dort warten.
Längeres Verweilen am Treffpunkt hätte wiederum auffallen können. Eine Festnahme zur Personenkontrolle wäre unter Umständen die Folge gewesen. Man hätte ihre Identität festgestellt und neue, nicht einschätzbare Schikanen der Stasi hätten gedroht.
Es blieb dabei, wir mussten es durchziehen, jetzt oder nie. Alles andere war mit großer Entdeckungsgefahr verbunden. Bei einer Pause, längerem Zuwarten würden Hausbewohner oder auch andere unseren Tunnel entdecken.
Die Arbeit von Wochen wäre umsonst gewesen. Nicht nur das, unsere Hoffnungen wären dahin geschmolzen wie der Schnee in der Sonne. Traudchen hätte nie mehr den Mut für einen neuen Versuch.
Aus der Stasiakte wurde später dann deutlich, dass diese Entscheidung die Richtige war. Die Grenzer führten regelmäßig Kellerkontrollen durch. Erst am 15.6., also drei Tage vor unserer Sache, wurde von den Grenzern eine Kontrolle durchgeführt. Alle Keller wurden

überprüft, außer dem Keller, in dem wir landeten, weil dessen Mieterin nicht anwesend war, fand dort auch keine Kontrolle statt.
Am 15.6. wäre auch noch nichts zu sehen gewesen, der Durchbruch geschah erst am 18.6.
Zu unterstellen ist, sie suchten vor allem nach Tunneln, die von Ost-nach West aus den Kellern heraus gegraben wurden. Dass es auch andersherum ging, war zu diesem Zeitpunkt wohl nicht Stand der Erkenntnisse.
Wie aus dem Protokoll erkennbar, hat eine Frau Klopfgeräusche mitbekommen.

In der Stasiakte heißt es dazu:

Abschrift
Bereitschaftspolizei
1. Grenzbrigade (B)
Abteilung Aufklärung
Unterabteilung – A –
III. Arbeitsgruppe O.U. den 18.6.1962

Bericht
...Am Freitag, den 15.6.62, wurde eine Kellerbegehung von der Grenzkontrollgruppe von der IV. Grenzabteilung in diesem Abschnitt durchgeführt. Dabei wurde festgestellt, dass der Keller von der Frau A: verschlossen war und nicht kontrolliert werden konnte. Frau A. befand sich zu dieser Zeit auf Arbeit, als sie nach Hause kam, wurde ihr mitgeteilt, von Hausbewohnern, dass eine Kellerkontrolle stattgefunden hat. Da die Frau A. der Meinung war, dass man ihren Keller aufgebrochen hat, begab sie sich sofort nach unten, stellte keine Beschädigungen fest und ging wieder nach oben. Sie betrat ihren Keller angeblich nicht.
In der Unterhaltung sagte uns Frau A. und M., dass sie in letzter Zeit nachts des Öfteren Klopfzeichen vernehmen konnten. Sie waren jedoch der Meinung, dass diese Klopfzeichen von unseren Grenzposten kamen...
Ende des Zitats.

Bruder Horst, Klaus und ich krochen durch den Gang bis zum Ende, krochen im wahrsten Sinne des Wortes.
Wir hatten uns nach der langen Buddelei schon daran gewöhnt, wie Maulwürfe auf allen vieren voran zu krabbeln. Nur der Kopf duckte sich immer noch nicht so, wie er sollte. Immer wieder, jedes Mal beim Raus- oder Reinkriechen, stieß ich mit dem Kopf an irgendwelche Abstützungen und andere Hindernisse.
Meine Sorge war, ob denn die Familie, die den Tunnel ja nicht kannte, ohne große Blessuren durchkommt.
Wir krochen bis zu der Stelle, wo wir am Abend vorher die Kellerdecke soweit freigelegt hatten, dass wir nur noch den Durchbruch machen mussten. Dann waren wir unter der Grundmauer durch, über uns befand sich die Kellerdecke.
Jetzt wo es soweit war, wurde mir erst so richtig bewusst, was ich denn gleich tun würde. Meine Familie wartete im ungefährdeten Bereich, wo normales Leben war. Bis zu unserem Treffpunkt am Dönhoffplatz müssten es etwa dreihundert Meter sein. Hin- und zurück also cirka sechshundert Meter.
In meinem Kopf wurden diese sechshundert Meter zu einer schier unendlichen Entfernung. Der Mond konnte nicht weiter sein. Es blieb ja doch ein erhöhtes Risiko, von Grenzern oder Vopos angehalten zu werden.
Angst kroch in mir hoch. Angst davor, aufzufallen, es nicht zu schaffen. Die Posten unmittelbar an unserer Baustelle hatten wir überprüft, ihr Verhalten beobachtet. Sie kontrollierten die Besucher unseres Zielhauses nicht. Sie kümmerten sich überhaupt nicht um den rückwärtigen Grenzbereich. Aber die offene Frage, wer und was würde da sonst noch auf mich zukommen? Sicher, wir hatten durch Studenten auch den Dönhoffbereich überprüfen lassen. Aber aus Zeitgründen nicht so gründlich wie den unmittelbaren Grenzbereich.
Was bliebe mir für ein Ausweg, wenn eine Streife des so genannten Hinterlands mich anhielte und kontrollierte?
Was, wenn eine Offiziersstreife genau dann erschiene, wenn ich dort bin?
Anders gesagt, wenn ich das alles gewusst hätte, was ich jetzt nach Kenntnis meiner Stasi Akte weiß, ich hätte es so und dort nicht gemacht. Von Sonderstreifen der Stasi war mir nichts bekannt. Wie

denn auch? Die absolute Präsenz dieser für mich kriminellen Vereinigung war einfach nicht vorstellbar. Der Mensch, der als Erster am „Tatort“ war, trat als Oberfeldwebel zur Täuschung seiner Kameraden auf, war aber in Wirklichkeit Leutnant in besonderer Funktion. Im Auftrag der Stasi.
Die Absprache mit allen Beteiligten sah wie folgt aus:
Im Tunnel sollen nur Bruder Horst, Klaus und ich sein. Der Polier sollte sich in der Verlängerung der Jerusalemer Straße, **direkt hinter der Mauer** so aufstellen, dass er leicht verdeckt über die Mauer in die Jerusalemer Str. in Richtung Dönhoffplatz sehen könnte, seine Hauptaufgabe war, die Bewegungen der Grenzposten im zurückliegenden Bereich zu überwachen.
Sein Standort war der Sockel einer Litfass-Säule, der es möglich machte, etwas über die Mauerkrone zu blicken und damit in die Richtung, aus der die Flüchtlingsgruppe und ich kommen würden. Er hatte von dort auch Einsicht zum sogenannten Todesstreifen, zum eigentlichen Postenweg das heißt zum Ort des Geschehens. Seine Aufgabe war es auch, Blickkontakt mit dem Hausmeister zu halten, der auf einer der Baubaracken sich zum Schein mit Hammer und Nägeln darum bemühen würde, die Dachpappe neu zu befestigen.
Er sollte auf Zeichen des Poliers achten und auch selbst, in seinem Sichtfeld, alle Bewegungen der Grenzposten beobachten.
Das Sichtfeld des Hausmeisters ging nicht bis Dönhoffplatz, da die Baracke versetzt zur Jerusalemer Straße stand.
Der Hausmeister hatte aber wegen seines hohen Standortes (auf dem Dach der Baubaracke) als Einziger einen direkten Blick auf die Zimmerstraße / Ecke Jerusalemer Straße.

Aus dem Bericht der 1. Grenzbrigade, Oberstleutnant Göring. Aus 1962:
Ab 17.15 Uhr bestieg eine männliche Person in Arbeitskleidung eine auf Westberliner Gebiet vor dem Objekt des „Springer-Konzerns" 4m von der Grenzmauer entfernte Baubude und begann dort Dachlatten festzunageln.
Dabei führte die Person Beobachtungen durch.
Ende des Zitats

Auch diese, aus unserer Sicht, gut getarnte Position wurde also von den Beobachtern der anderen Seite registriert. Das weiß ich heute, aber nicht zum damaligen Zeitpunkt.
Doch zur Aufgabe des Hausmeisters auf der Baracke:
Nähern die Posten sich bei ihrem Streifengang der Zimmerstraße oberhalb des Tunnels, sollte der Hausmeister den Stecker der Lichtleitung rausziehen, so, wie wir es auch nachts gemacht hatten, als wir in Hörweite der Grenzer buddelten. Entfernten sich die Posten, sollte er das Licht wieder einschalten.
Andere Freunde postierten sich noch weiter entfernt, Richtung Kommandantenstraße, wo sie mit Hilfe eines Kofferradios zum richtigen Zeitpunkt die Aufmerksamkeit der Grenzposten, die sich eventuell im Wachtturm aufhielten, ablenken sollten. Unsere Beobachtungen hatten ergeben, dass Gruppen junger Leute, zumal wenn junge Frauen dabei waren, die Grenzposten doch zeitweilig ablenken konnten.
Es wäre schon hilfreich gewesen, wenn die Randale im richtigen Moment den Blick der Posten weg von unserer Aktion, hin in Richtung Kommandantenstraße, ablenken würde. Das Signal für die rechtzeitige „Randale" musste vom Polier, der die Flüchtlingsgruppe in weiterer Entfernung, aus Richtung Dönhoffplatz kommend, sichten konnte, mittels Boten gegeben werden.
Die Organisation dieses Bereichs wurde von Klaus Neugok übernommen. Der Kumpel vom Polier, Elner, der ja seine Verlobte rüberholen wollte, war zur vereinbarten Zeit nicht erschienen, auch das noch, dachte ich, warum war er nicht da?
Ob denn wohl seine Verlobte zu dem Treffpunkt kommt? Dachte ich bei mir. Wenig später konnte ich feststellen, dass sie nicht kam.
Ihr Verlobter, der spätere Hauptzeuge der Staatsanwaltschaft, sagte im Prozess aus, sie sei verhaftet worden.
Noch eine Merkwürdigkeit: Traudchen hatte diese Verlobte vorher einmal gesehen. Wie sie mir nach der Flucht berichtete, war die Verlobte so korpulent, dass sie niemals durch den schmalen Tunnel durchgekommen wäre. Jetzt erscheint mir das als der schlüssige Beweis dafür, das mit Elner etwas nicht stimmte. Er kannte den Durchmesser der Tunnelanlage, er hatte ja mitgebuddelt. Wie konnte er dann ernstlich davon ausgehen, seine Verlobte würde da durch-

kommen. Sie hätte wie ein Pfropfen den Tunnel verstopft, es wäre spätestens dann zu einem Drama gekommen. In den Stasiakten, in den Ermittlungen zu meinem Prozess wurde diese Aussage überhaupt nicht hinterfragt. Wenn ich das alles auch nur geahnt hätte, was für ein drohendes Unwetter über unserem Plan schwebte, ich hätte sofort, wie auch immer, die Aktion abgeblasen. Weil ich nicht wahnsinnig bin und niemals war.
Bruder Karl hatte schließlich die Aufgabe übernommen, sich in der Markgrafenstraße (Parallelstraße der Jerusalemer Str.) zu postieren. Hier befand sich eine Aussichtsplattform, von der Besucher über die Mauer sehen konnten.
Karl hatte den Auftrag, wenn er von uns das entscheidende Signal bekommen hat, das die Kellerdecke durchbrochen ist, sich sofort mit der Westberliner Polizei in Verbindung zu setzen.
Denn auch das war uns bewusst: Die Grenzer würden sich nicht scheuen bei Fluchtversuchen den Flüchtenden nachzuschießen. Deshalb war es uns wichtig, die Polizei und damit auch die zuständigen Alliierten zu informieren.

Der Durchbruch

Unterhalb der Kellerdecke hatten wir ja am Tag zuvor den Tunnel verbreitert, um einerseits genügend Arbeitsraum zum Durchstoßen der Decke zu haben, andererseits für den Fall, dass wir doch Grund für eine beschleunigte Flucht haben sollten, ausreichend Platz für alle Beteiligten zu haben.
Hotti und ich waren jetzt vorne, am Ende, nachher hoffentlich am Anfang des Tunnels. Wir hatten unsere verkürzten Brechstangen, Kuhfüße, dabei. Sie sollten uns das Tor in den Osten öffnen.
Hotti setzte als Erster seinen Kuhfuß an einer Fuge in der Decke an. Es knirschte, Stücke vom Ziegel brachen an der Fuge raus. „Halt mal die Lampe etwas höher,“ knurrte er mich an. „Ich muss was kontrollieren.“ Auch ich war irritiert darüber, dass beim ersten Versuch die Deckensteine nicht daran dachten, möglichst leise runterzufallen.
Wir überprüften beide, es zeigte sich zu unserem Schrecken, die Steine waren fest miteinander verbunden.

Den Grund hierfür konnten wir trotz aller Bemühungen nicht feststellen. Es war keinesfalls möglich, die Steine mit Gewalt, wie mit einem Hammer oder ähnlichem herauszubrechen, weil der dabei entstehende Lärm mit Sicherheit die Hausbewohner, wenn nicht sogar die Grenzer aufmerksam gemacht hätte.
Das Risiko war einfach zu groß.
Es war uns bekannt, dass sehr häufig Bewohner solch extremer Randlagen zur Mitarbeit bei der Grenzüberwachung verpflichtet wurden. Nachdem wir mühselig einige Brocken eines Ziegelsteines entfernt hatten, wurde uns klar, die Steine waren nicht in Lehm oder anders lose verlegt. Die Fugen waren fest, betonähnlich. Die Steine einfach rauszuhebeln, ging somit nicht.
Wir kratzten mit unseren Kuhfüßen trotz allem eine Fuge mühselig zur Hälfte raus. Es rührte sich einfach nichts.
Über den Steinen war noch etwas, was ein Durchbrechen der Decke verhinderte. Klaus kam zu uns gekrochen, er wollte wissen, warum es nicht voranging.
Auch er versuchte sein Glück und meinte, dass über den Steinen noch etwas wäre. Aber, so Klaus, irgendwie bewege sich die Decke, was bedeutete, dass es kein Beton war, das wäre dann wohl auch das Ende der Geschichte gewesen. „Was machen wir jetzt?" frage ich Klaus und Hotti. „Kratzen" meinte Klaus. Er war der Auffassung, wir müssten ein oder zwei Steine soweit frei kratzen, bis wir sie raushebeln könnten.
Es ging sicher nicht anders, also ran. Abwechselnd, erst mit dem Kuhfuß, dann mit einem kräftigen Schraubendreher, bearbeiteten wir die Fugen von zwei nebeneinander liegenden Steinen.
Schließlich hatten wir mehr als dreiviertel der Fugen frei. Mit viel Mühe, aber leise versuchten wir jetzt die Steine zu lösen. Die Kanten brachen erst einmal aus. Die Geräusche, das Bersten des Steins, ich war mir fast sicher, war oben auf der Straße ganz laut zu hören. Die halben Steine grinsten mich förmlich an, als wenn sie mir sagen wollten: „Bis hierher und nicht weiter!"
Sie waren abgeplatzt, soweit, wie die Fugen ausgekratzt waren.
Oh, Gott, jetzt wieder Fugen kratzen?
Wie lange sollte das jetzt noch dauern? Langsam kam bei mir die Panik hoch, eine knappe halbe Stunde noch bis zur vereinbarten Zeit.

Vom Durchbruch immer noch entfernt, wie weit? Es war nicht einzuschätzen. Selbst wenn es ganz schnell geht, ich konnte nicht einfach so rausrennen. Erst wenn die Luft nach Meldung unserer Beobachter rein ist, kein Posten in der Nähe wäre, erst dann konnte ich, wollte ich rausgehen. Das kostete aber Zeit, Zeit, die uns jetzt weglief.
Klaus machte den Vorschlag, die Decke von unten hoch zu drücken. Sie war nicht steif, sie gab etwas nach. Also müssten wir von unten den richtigen Druck gegensetzen. Sie könnte dann brechen. Alles war mir recht. Nur durch mussten wir jetzt.
Wir stellten uns abwechselnd auf Kanthölzer, um mit gebeugten Knien mit den Schultern unter die Kellerdecke zu kommen. Beim Pressen gegen die Decke stellten wir tatsächlich fest, dass sie etwas wippte, nachgab. So ging es aber nicht, der Druck war zu schwach. Wir versuchten es mit einem etwas längeren Kantholz. Ein kleiner Riss wurde sichtbar. Leichter Staub rieselte herunter.
Dann wieder eine Zwangspause. Zwangspausen immer dann, wenn das Licht ausging. Es war zum Verzweifeln, die verabredete Zeit, 18.00 Uhr, war schon gleich verstrichen. Bruder Horst stemmte sich immer wieder mit den Schultern und aller Kraft, die möglich war, unter die Decke. Zusätzlich legte er sich ein kurzes Kantholz auf die Schultern, um damit gegen die Decke zu drücken. Wir bekamen kaum noch Luft. Der erhöhte Sauerstoffverbrauch, bedingt durch die enorme Kraftanstrengung, und der jetzt noch auftretende Zeitstress, setzte bei uns wohl die letzten Reserven frei.
Noch einmal, ich mit dem längeren Kantholz und mit den Füßen gegen pressend, Hotti mit seinen Schultern. Die Adern drohten zu platzen. Noch ein Ruck, dann:
„Mit einem - aus der Sicht von uns Tunnelmenschen (die wir ja zu dieser Zeit waren) - gewaltigen Poltern brach die Decke über uns durch.“
Hotti ging erst einmal in die Knie, ihm war vor Anstrengung schwindlig geworden. Vor meinen Augen drehte sich die Tunnelwand. Die Lampe hatte plötzlich rote Kreise. Beide hielten wir den Atem an, aus Angst auch andere könnten das Poltern gehört haben. Nach kurzem Verschnaufen gaben wir zum Eingang des Tunnels das verabredete Signal, dass es nunmehr soweit ist.

Über uns war eine Öffnung entstanden, vier oder fünf Steine waren ausgebrochen. Die anderen Steine ließen sich jetzt vergleichbar einfach lösen, bis die Öffnung so groß war, dass sie genügend Raum bot, um schnell genug durchzukommen. Aber auch wieder nicht zu groß.

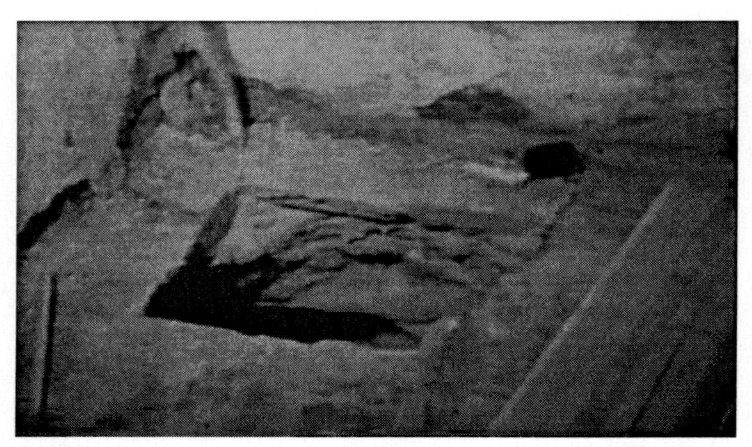

Das Bild zeigt den Durchbruch im Keller des Hauses in der Zimmersraße

Sollten wir bei der Rückkehr verfolgt werden, musste die Decke als Schutz für uns dienen, wenn wir unterhalb im Vorraum des Tunnels warten müssen, bis einer nach dem andern im Tunnel verschwindet. (Der Tunnel war so schmal angelegt, dass immer nur eine Person Platz hatte. Wir mussten hintereinander durch.) Jetzt ging es schnell. Wir konnten, nachdem wir uns in den über uns liegenden Raum gehangelt hatten, auch feststellen, was uns die Arbeit so schwer gemacht hatte. Kein normaler Kellerraum war es, was wir vorfanden, nein, wir hatten das Pech dort gelandet zu sein, wo es zusätzlich noch einen sehr stabil wirkenden Teerboden auf den Steinen gab. Der Lärm, den wir ausgelöst hatten, war durch umstürzende Waschwannen und andere Geräte verursacht worden.
Ein neues Hindernis baute sich auf.
Die Tür zum Vorkeller war recht stabil. Sie war nicht nur aus Latten, wie man es so kennt, nein, sie war aus stabilem Holz. Das alte Problem, wie ohne Lärm aufbrechen? Es war in der Tat paradox, wir waren jetzt im Ostteil von Berlin, in dem so genannten Sowjetischen

Sektor und dabei, aus einem fremden Keller aus- und nicht etwa einzubrechen. Mit den Kuhfüßen, ging es dann aber doch recht schnell, die Tür des Kellers zu öffnen. Wir hoben sie aus den Angeln. „Rudi," Hotti fragte nochmals, „soll ich nicht lieber gehen?" Was sollte ich da noch antworten, der Hotti meinte es ja wirklich gut. Ich drückte seinen Arm kurz, sagte: „Danke Hotti, ich weiß, du willst nur das Beste, aber glaube mir, wir tun so das Richtige."
Jetzt machte ich mich an die Erkundung des Vorraums. Drückte die Türklinke der Vorkellertür. Ich hatte es schon befürchtet. Auch diese Tür war verschlossen. Aber langsam bekamen wir Übung. Brechstange ran, an der richtigen Stelle ausgehebelt und sie war offen. Schnell machte ich mich jetzt fertig. Ich säuberte meine Kleidung, rückte alles zurecht und bereitete mich vor, in den Osten einzutauchen. Meine Mütze, die ich bei der Arbeit im Schacht immer aufhatte, legte ich beiseite, nahm mit Zögern die Pistolentasche, die der Polier mir gegeben hatte. Die Waffe in meiner Hand fühlte sich kalt an, kein angenehmes Gefühl, es war erst einmal nur matt glänzendes Metall. Ich steckte sie in meinen Hosenbund. Wohl war mir nicht dabei. Waffen hatten für mich immer eine abschreckende Wirkung. Nur für den Notfall sollte sie sein. Der Notfall war aus unserer Sicht die unwahrscheinliche, nicht planbare Situation, dass im näheren Bereich des Tunnels die Familie von den Treibjägern (wie die Grenzer wegen ihres menschenverachtendem Vorgehens auch genannt wurden) mit Waffen bedroht würde. Nötig, hiervon war ich zutiefst überzeugt, war es wegen der eindeutigen Vorsorge, die wir getroffen hatten, aus meiner Sicht nicht.
Ein ganz anderer Grund bestärkte mich aber darin, doch dem Rat zu folgen und die Waffe mitzunehmen. Es stand für mich fest, verhaften ließ ich mich nicht. Lebend würden die mich nicht wieder kriegen. Das alleine war der Grund sie einzustecken. Damit sie nicht sichtbar war, hatte ich eine leichte Weste dabei, die ich über dem Arm trug. Wenn sie mich trotz aller Vorsicht geschnappt hätten, das war für mich in diesem Moment klar, hätte ich mich notfalls selbst erschossen. Noch einmal Stasikeller und dann, wenn ich Glück gehabt hätte, lebenslang ins Gefängnis. Glück? Das heißt, es gibt genügend Beispiele für vollstreckte Todesstrafen aus politischen Gründen. Diese Gedanken schob ich jetzt aber weit weg. Ich war wie

im Fieber. Es trieb mich hinaus. Meine Frau und die Kinder warteten. Ich dachte nur noch an die Nähe, die wieder sein würde. Die Monate der Trennung, der Leere waren gleich vorbei.
Wir hatten ja vereinbart, dass ich erst dann rausgehen würde, wenn der oder die Posten auf dem Streifenrückweg in Richtung Postenturm, zirka 80 Meter von der Jerusalemer-Straße entfernt, angekommen sind und damit dem Geschehen den Rücken kehren.
Die Zeit war schon um 20 Minuten überschritten. Durch meinen Kopf schoss es, warum noch mehr Verzögerung? Musste ich auf das Zeichen warten?
„Hotti, was meinst du?“ fragte ich ihn. Er zuckte mit den Schultern und sagte: „Ich würde rausgehen, die halten doch keinen an.“ Von unseren Leuten kam auch kein Signal. Die Lampe an einem Holzbalken befestigt, beleuchtete schwach unseren jetzt fertigen Tunnel. Es stand zumindest keiner der Grenzer direkt vor der Tür.
Ich atmete tief durch, wollte den Schritt, den ersten Schritt auf den Hof wagen. Plötzlich leises Rufen vom Tunneleingang, „das Licht ist ausgegangen, Rudi da muß was sein!“ Hotti war es der sich meldete. Erst einmal erstarrte ich mitten in der Bewegung. Kein „erster Schritt,“ nein, schon wieder etwas Unerwartetes. Hotti kam nach vorne und berichtete, dass einer der Grenzer vom Turm Richtung Jerusalemer-Straße unterwegs sei. Ich überlegte kurz, dachte daran, dass alles platzte, wenn der sich dort etwas länger aufhalten würde. Wir aber warten. Ich ging raus. Von der Sonne geblendet musste ich erst einmal die Augen zukneifen. Hinterher steht die Frage im Raum: War das der entscheidende Fehler von mir? Wir hatten vereinbart, wenn beide Treibjäger sich am Wachturm aufhielten, dann sollte mit mehrmaligem Ausschalten des Lichts das Startsignal gegeben werden.
Raus gehen, ohne auf das dieses Signal zu warten?
Auf dem Hof war kein Mensch sichtbar. Ich schaute die Fassade hoch, ob an den Fenstern des Hauses jemand zu sehen war. Ziemlich oben hing Wäsche am Fenster. Alles war ruhig. Die Sonne warf ihr gleißendes Licht auf Haus und Hof als wollte sie die kleinste Ecke ausleuchten. Die einzige Öffnung des Hofes von diesem Haus war genau in Richtung Westen. Es war gegen 18.20 Uhr und damit auch gegen die Sonne gerichtet. Vielleicht ganz gut dachte ich in diesem Moment. Wer schaut schon aus dem Fenster genau in die Sonne. Ich gab mir

einen Ruck. Hotti schlug mir von hinten kurz auf die Schulter, „Du schaffst es, wir schaffen es, vor denen kriechen wir nicht.“ Dann lief ich, wie geplant über den Hof des Hauses Zimmerstraße 56 zu einer etwa vier Meter breiten Öffnung, die in die Begrenzungsmauer zum Nachbargrundstück, ein enttrümmertes Eckgrundstück, geschaffen wurde. Diese Öffnung war der Durchgang für die Bewohner des Hauses, in dem unser Tunnel endete. Das gesamte Grundstück war bis zur Mauer und zur Jerusalemer Straße mit einem Stacheldrahtzaun abgesperrt, um zu verhindern das Personen über dieses Grundstück unmittelbar zum Zaun vor der Mauer gelangen konnten. Dieser Zaun lief dann im rechten Winkel parallel mit der Jerusalemer Straße ungefähr soweit, dass er mit der Öffnung zum Hof des Hauses, aus dem ich jetzt kam, aufhörte. Am Ende dieses Zaunes befand sich ein Pfosten mit einem Feldtelefon.
Ich ging durch die Öffnung der Begrenzungsmauer in Richtung Jerusalemer Straße. Nach nur wenigen Schritten hatte ich Überblick zur Jerusalemer Straße. Ich sah sofort den Treibjäger mit seiner Maschinenpistole. Der stand in der Nähe des Feldtelefons. Einfach so. Starrte mich an, auch einfach so. Das war völlig ungeplant. Genau diese Begegnung sollte nicht stattfinden. Insgeheim hatte ich gehofft, dass der sich nicht aufhielt, sondern wieder zurück zum Turm unterwegs sei.
Ich erschrak nicht nur, nein, es war mir so, als ob ich zur Salzsäule erstarrte. Ich hatte steife Knie, war völlig unsicher. Was tun? Zurück ging nicht mehr, also an dem Posten vorbei auf harmlos machen, nicht auffallen. Ich überwand die Starre. Es gab keine andere Möglichkeit, ich musste direkt auf ihn zugehen. So in zirka zwei Meter Abstand, nur noch getrennt durch den Stacheldraht, trafen sich für einen Moment unsere Blicke. Ich grüßte ihn, indem ich mit zwei Fingern an die Stirn tippte. Der Mensch in Uniform sah mich aber nur mit leerem Blick an. Mich überkam das Gefühl, als wenn der meine Gedanken lesen konnte. Er grüßte auch nicht zurück. Ich bog nach links ab, lief jetzt die Jerusalemer Straße weiter über die Schützenstraße in Richtung Krausenstraße, die am Dönhoffplatz vorbeiführt. Jetzt war ich mitten in Ost-Berlin, einen Grenzer im Rücken, der mir bestimmt hinterher blickte. Beim Laufen in Richtung Dönhoffplatz jagten sich die Gedanken:

„Wer von den Menschen, die mir entgegen kamen, die vor mir gehen, war Polizei, war Zivilstreife oder sonst wer?“
Mich überkam eine unbeschreibliche Angst, es könne etwas Schlimmes passieren. Angst davor, dass meine Familie zerstört wird. Auf dem Weg zum Treffpunkt spürte ich die Augen des Grenzers im Nacken brennen.
Nie hätte ich geglaubt, der Spruch, „die Haare stehen zu Berge“ könnte wirklich stimmen. Jetzt merkte ich, wie sich meine Haare im Nacken sträubten. Wie sich die Kopfhaut förmlich zusammenzog.
Mich umzudrehen, nachsehen ob der mich immer noch beobachtet, wagte ich nicht. Er könnte ja etwas merken. Inständig hoffte ich, dass seine Aufmerksamkeit von etwas anderem abgelenkt würde. Die Waffe schoss es mir durch den Kopf!
War es ein Fehler, sie überhaupt mitgenommen zu haben?
Mir fiel wieder ein, dass es einen Grund geben könnte. Gut, dass ich sie dabei hatte. Als letzter Ausweg sozusagen. War sie überhaupt geladen? Ob da ein Magazin drin war und wenn ja, mit wie viel Schuss oder waren es nur Platzpatronen. Ich hatte es nicht einmal geprüft. Warum auch? Es kam mir alles in diesem Zusammenhang so unwichtig vor. Ich erinnerte mich, der Lebrok gab sie mir bevor ich in den Tunnel abtauchte, mit den Worten: „Sie ist geputzt, geölt und geladen.“
An der Ecke Krausen/Jerusalemer Straße am Dönhoffplatz sehe ich schon meine Familie. Es war nicht mehr weit und ich würde meine Frau, meine Schwägerin und die Kinder treffen. In die Arme fallen, große Begrüßungsarie durfte nicht sein.
Schon packte mich die Sorge, meine Lieben könnten die Gefahr vergessen. Dann stand ich vor ihnen, ich hätte sie an mich reißen können, Beherrschung war aber angesagt. Traudchen und ihre Schwester sahen mich nur mit großen Augen an. Es waren müde und angstvolle Augen.
Sie dachten wohl an vieles andere, nicht aber an große Begrüßungen. Einer, mein jüngster Sohn Christian stellte solche Überlegungen nicht an. Zu spät reagierte Traudchen, die ihn an der Hand festhielt.
Er riss sich einfach los, kam mir laut jubelnd und mit ausgebreiteten Armen entgegen. Was blieb mir übrig, ich fing ihn auf und drückte ihn. Denn trotz, oder gerade wegen seiner geistigen Behinderung,

war er sehr anhänglich und dankbar für jede Zuwendung. Ich war gerührt, er hatte mich nicht vergessen. Ich zog ihn an mich, drehte mich in Richtung Grenze, schaute die Strecke zurück, die ich gerade gekommen war. Der Posten von eben stand immer noch wie angewurzelt dort. Er schien uns sehr intensiv zu beobachten. Beobachter berichteten später, dass der Posten, nachdem er die Wiedersehensszene gesehen hatte, zum Feldtelefon ging und ein Gespräch führte. Sofort in Richtung Grenze zurück, was ich eigentlich vorhatte, ging nicht. Der Posten stand noch immer an der Stelle, von wo er uns beobachtet hatte. Die Verwandten des Poliers hatte ich noch nicht gesichtet, die Verlobte von dem Elner auch nicht.
Zu meiner Frau sagte ich: „Los, wir gehen erst eine Runde ums Karree, um noch die letzten Absprachen zu treffen. Die anderen müssen in der Nähe sein.“ Wo, dachte ich, sind die nur, sie müssen aber irgendwo in der Sichtweite von uns sein, die verabredete Zeit ist schon längst vorbei. Ob es denen zu lange gedauert hat? Auch das wäre eine Möglichkeit. Langsam gingen wir los. Es sollte den Eindruck erwecken als würden wir einen Spaziergang mit den Kindern machen. Der tiefere Sinn war jedoch, aus dem Blickfeld des Grenzers zu verschwinden. Wir gingen über die Fahrbahn der Krausenstraße in Richtung Markgrafenstraße und dann die Markgrafenstraße in Richtung Leipziger Straße.
Das ganze Karree, nämlich Krausen-, Markgrafen-, Leipziger- und Jerusalemer-Straße war zu dieser Zeit ein großes abgeräumtes Trümmerfeld.
Langsam liefen wir jetzt die Leipziger Straße in Richtung Jerusalemer Straße, als ich eine Frau mit zwei größeren Kindern sah. Sie kamen langsam auf uns zu. Die Frau hatte einen Blumenstrauß dabei, sah auch in etwa so aus, wie der Polier seine Frau beschrieben hatte.
Die Blumen waren das Zeichen. Es mussten die Leute des Poliers sein. Die Verlobte von Elner war immer noch nicht zu sehen. Meine Bedenken, ob nicht etwa die Verlobte von Elner die Sache verraten haben könnte, kamen mir wieder hoch. Musste ich Hotti doch Recht geben? Erst viel später wurde mir bekannt, dass über 50 Prozent aller Fluchtversuche, so wie wir ihn unternahmen, der Stasi bekannt waren und entsprechend verlaufen sind.

Langsam auf die Gruppe zuschlendernd, sprach ich sie an „Hallo, sind sie Frau Lebrock? Wollen sie auch zum Geburtstag?“
Sie nickte mir zu, ehe ich noch weiter was sagen konnte, hörte ich Traudchen sagen, sie stand so eineinhalb Meter hinter mir, „Schau mal nach rechts rüber, was da kommt.“ Ich schaute rüber, dachte, mich trifft der Schlag.
Im Sturmschritt kamen da zwei Grenzposten mit Maschinenpistolen quer über das oben beschriebene Trümmergrundstück auf uns zugelaufen. „Jetzt ist alles vorbei,“ raste es mir durch den Kopf, „die sind alarmiert worden“, der Vergleich von der Treibjagd schoss mir durch den Kopf. Treibjagd auf Menschen, jetzt auf meine Familie?
Was tun?
„Geht ihr weiter, als wenn nichts wäre“ sagte ich zu Traudchen, „Sie auch Frau Lebrock, bei einer Kontrolle kann nichts passieren, die Leipziger Straße ist kein Sperrbereich, ihr habt ja eure Ausweise“.
„Ich gehe auf die andere Seite, zur Bücherei. Wenn die Luft wieder sauber ist, gebe ich Signal.“
Kontrolle würde bei mir Verhaftung heißen, das Ende. Ich drehte mich um, lief über die Fahrbahn der Leipziger Straße auf die andere Seite, wo wegen der Geschäfte mehr Passanten liefen. Stellte mich vor ein Schaufenster der Maxim Gorki Buchhandlung und konnte so in dem spiegelnden Schaufenster das Vorgehen der Grenzer beobachten. Im Schaufenster lagen die gesammelten Werke von Lenin. Das Paradies der Menschheit wird darin beschrieben. Von Treibjagd auf Menschen habe ich darin nichts gefunden. Die Panik in meinem Kopf wurde immer größer. Was tue ich eigentlich hier mitten im Ost-Sektor?
Was, wenn die Grenzer jetzt zu mir kämen?
Davonrennen? Aber wohin? Wohin, einfach rennen?
Mir war natürlich klar, würde ich rennen, dann knallen sie mich wie einen Hasen ab. Mich ergeben? Einfach mich stellen? Noch mal Stasi-Gefängnis? Bei allem, was passiert war, würden sie mich auf Lebenszeit einsperren oder mehr.
Wie schon erwähnt, nach der Wende wurde bekannt, es gab in der DDR immer noch die Todesstrafe vor allem für Regimegegner und Überläufer.

Viel später stellen Richter eines demokratischen Staates fest: „Weil ich mich selbst in Gefahr begeben habe, wäre mir das alles zuzumuten.“
Bin ich verraten worden? Hatte der Lebrock mir die Waffe gegeben, damit ich hier damit geschnappt werde?
Die Waffe musste weg! Das war der nächste Gedanke. Aber wohin? Ich sah nicht weit von dem Schaufenster entfernt einen Gully. Soll ich sie dort reinwerfen? Schnell, so wie der Gedanke gekommen war, verwarf ich ihn wieder. Als wenn mir eine Stimme laut zurief:
„Bist du irre? Was ist mit deiner Familie?“ Ich gab mir einen Ruck, und gleich kam wieder der Gedanke auf: „Vielleicht ist die Waffe doch noch nützlich?
Traudchen hatte sich mit ihrer Schwester und den Kindern etwas von der anderen Familie gelöst. Sie liefen langsam die Leipziger Straße entlang. Die Grenzer beachteten im Moment weder mich, noch Traudchen. Sie gingen direkt, schon fast zielstrebig auf die Familie von Lebrock zu. Blieben dort erst einmal stehen. Noch kamen sie nicht zu mir. Tief durchatmen, sagte ich mir. Beobachten konnte ich alles im Schaufenster der Bücherei. Ich konnte beobachten, wie die Grenzer die Frau ansprachen. Diese griff in ihre Handtasche und übergab denen etwas. Es war wohl der Ausweis.
Nach einem kurzen Blick des Grenzers auf das Papier gab es eine Handbewegung, die soviel wie „Mitkommen“ bedeutete. Sie liefen in Richtung Kommandantenstraße, wo an der Ecke Krausenstraße so etwas wie eine Kommandozentrale der Grenzer dieses Bereiches war. Jetzt wurde es kritisch für uns. Was würde mit den Lebrocks gemacht? Was spielte sich in dieser Kommandozentrale ab. Meine Gedanken überschlugen sich erneut.
Ganz bestimmt werden sie überprüft. Die Frau hatte sicher alle möglichen Sachen in der Handtasche, Papiere und Dinge, die man sonst nicht zurücklässt.
Nicht zurücklässt, wenn man auswandern will, für immer. Wird es jetzt eng für uns? Würden die Lebrocks schweigen? Die Verlobte von Elner, das war der Mann den Lebrock mitgebracht hatte, war auch noch nicht zu sehen. Wer davon, Frau Lebrock oder die Verlobte von Elner würde uns verraten oder hatte es schon getan?

Diese Sorge machte mich fast wahnsinnig. Ein Anhalten, ein Zurück gab es aber auch nicht. Also weiter. Mit soviel Zweifel konnte es nur schief gehen.
Nachdem die Grenzer mit ihrer Beute außer Sicht waren, ging ich über die Leipziger Straße zurück zur Familie. Traudchen und ihre Schwester sagten keinen Ton. Die Augen beider Frauen spiegelten die Angst, das blanke Entsetzen wieder. Zusammen liefen wir in Richtung Dönhoffplatz, überquerten erneut die Jerusalemer Straße. Dabei riskierte ich wieder einen Blick in Richtung Mauer. Es war zum Heulen. Da stand schon wieder, oder immer noch, einer der Grenzer. In etwa an der gleichen Stelle, an der er sich aufhielt, als ich dort vorbei gegangen war. Erkennen konnte ich ihn nicht, die Entfernung war zu groß.
In meinen Kopf überschlugen sich die Gedanken. Was war jetzt richtig? Sofort weiter gehen, auch auf die Gefahr hin, dass der Posten immer noch dort stehen und uns anhalten würde? Sollten wir noch warten? Dann hätten die verhafteten Lebrocks vielleicht schon alles erzählt und die Posten würden angerufen und alarmiert.
Nach Aussagen von Augenzeugen ist kurz vor dem Zeitpunkt, als wir in den kritischen Bereich kamen, bei den Posten ein Anruf eingegangen.
Was war das? War es schon das befürchtete Signal, einzugreifen, die Gruppe zu stoppen, koste es, was es wolle? Wenn die Aussage der Lebrocks vorlag, dann haben sie schon durchgeladen und entsichert, nach dem Motto, die Treibjagd kann beginnen, es winkte eine fette Prämie. In den Grünanlagen des Dönhoffplatzes gab es eine Bank. Wir setzten uns erst einmal hin. Diese Bank stand parallel zur Jerusalemer Straße und war durch ein kleines Häuschen, Toilette oder ähnlichem und außerdem noch durch Sträucher gegen die Sicht der Posten an der Mauer geschützt, das glaubte ich jedenfalls damals.
Traudchen griff meine Hand, „Rudi wir werden und müssen es schaffen, bleibe ruhig.“ Sie merkte wohl, wie es innerlich bei mir aussah.
Nach Monaten die erste Berührung meines Engels. Sie sagte es ganz ruhig und bestimmt. Mein Anflug von Schwäche war weg. „Bernd“ sagte ich zu meinem ältesten Sohn, der zu der Zeit elf Jahre alt war, und bis dahin kein Wort gesagt hatte, „Knie dich am Straßenrand hin

und tu so, als wenn du deinen Schuh zumachen musst. Von da kannst du den in der Uniform sehen." Er schaute mich fragend an, „Bernd, wenn er sich verzieht, gibst du uns das Startzeichen."
Er machte das sehr gut, schließlich sagte er: „Papa, der ist weg, es ist keiner mehr zu sehen." Ich sah Traudchen noch einmal an, „kommt, wir machen es jetzt, gleich ist alles geschafft."
Nachher berichteten unsere Beobachter, der Posten habe sich unverhältnismäßig lange im Bereich der Jerusalemer Straße aufgehalten. Einfach so, ohne ersichtlichen Grund. Auch, dass er dann Richtung Turm lief. Hier besprach er sich mit dem zweiten Posten, der kurz vorher einen Anruf bekommen hatte.
Wir näherten uns immer mehr der Ecke, wo es nach rechts in Richtung Haus, Richtung Tunneleingang ging. Noch wenige Schritte und wir waren etwa dort, von wo man im schrägen Winkel die Strecke zum Postenturm einsehen konnte. Zum Postenturm, wo sich die Grenzer normalerweise oft und länger aufhielten. Der Postenturm stand gegenüber dem Restaurant „Alter Fritz." Von dort konnten Freunde von einer Treppe etwas über die Mauer sehen und auch beobachten, was denn die Grenzer machten.
Sie sollten sich auffällig benehmen, das Kofferradio laut spielen und anderes, in der Hoffnung, die Aufmerksamkeit auf sich zu lenken. Anscheinend aber, wie sich nachher herausstellen sollte, ohne großen Erfolg. Ich konnte jetzt den Turm, aber zu meinem Schrecken auch einen Grenzer sehen, der in unsere Richtung marschierte und schon die halbe Strecke geschafft hatte.
Was war mit denen los? Warum kam der schon wieder in unsere Richtung?
Jetzt nur nicht die Nerven verlieren, beruhigte ich mich selbst.
Merkte, wie die beiden Frauen mich erschrocken ansahen. „Hört mal, ihr Beiden, jetzt nur keine Angst zeigen und nicht ablenken lassen. Seht nicht zu ihm hin. Ihr geht weiter, auch wenn der Grenzer etwas sagt oder ruft. In jedem Fall mit den Kindern weiter gehen."
Mir ging es darum, dass die Frauen und Kinder möglichst nahe an den Hof kommen würden. Hier standen meine Brüder bereit, sie in Deckung zu ziehen. Wenn der Posten etwas von uns wollte, würde ich ihn in ein Gespräch verwickeln, ihn von der Familie ablenken.

„Herrgott, hilf uns“ ging es mir in diesem Moment durch den Kopf, „mach, dass der Posten doch nur zufällig zurückgekommen ist.“ Die Frauen wußten, hinter dem Mauervorsprung, am Eingang zu dem Hof standen die Brüder Horst und Klaus bereit, um sie in den Tunnel zu führen.
Die wenigen Meter bis zur Ecke oder besser gesagt zu dem Eckgrundstück, über das wir laufen mussten, um zu dem Haus zu kommen, in dem unser Tunnel war, schienen unendlich weit.
Den Posten einfach nicht beachten, vielleicht hilft es.
Wir gingen nun möglichst ruhig in Richtung Hofeingang. Krampfhaft versuchte ich, nicht schneller zu werden, ich sah nur die Rücken meiner Familie. Jetzt waren wir um die Ecke, im Hof hinten, sah ich in Deckung der Hofmauer Hotti stehen, er gab Zeichen, das wir schnell machen sollten. Er hatte auch den Grenzer gesehen. Wir hatten ihn jetzt schon im Rücken. Meine Familie war, wie geplant, mir schon einige Meter voraus, es müsste gelingen.
Ein harter durchdringender Ton zerriss die Hoffnung, die Stille.
Der Grenzer rief laut und hart:
„Halt, stehen bleiben, sofort stehen bleiben, weisen Sie sich aus!"
Er rief es laut.
Zu laut!
Die Stimme kam mir überzogen, nicht normal vor.
Sie war erregt, für mich einfach erschreckend laut.
Warum tat er das? Was wollte er? Eine Kontrolle war doch nicht üblich. Wir hatten doch genau deshalb an dieser Stelle den Tunnel gegraben.
„Was stimmte hier nicht? Wir sind verraten!“, raste es durch meinen Kopf. Die Frau Lebrock hat alles zugegeben, um ihre Haut zu retten. Jetzt beginnt für uns die Treibjagd. Wir, die Kaninchen. Die in Uniform, die staatlich beauftragten Treibjäger.
Jetzt losrennen? Hätte keinen Sinn.
Wir waren noch zu weit entfernt von der Deckung. Hoffentlich würde die Familie weitergehen, das ist lebenswichtig, wenn der auch noch so laut schrie. So meine Überlegung in diesen alles entscheidenden Sekunden.
Ich musste ihn beruhigen.

Ich drehte mich zu dem Mann, der jetzt in diesem Moment, zu einer tödlichen Gefahr für meine Familie wurde, um.
Sah ihm ins Gesicht.
Langsam, ganz langsam ging ich auf ihn zu.
Ich musste ihn beruhigen. In ein Gespräch verwickeln.
Wollte ihm die Geschichte vom Geburtstag der Tante Marta klarmachen. Wir hatten beobachtet, dass mindestens eine ältere Dame in dem Haus wohnte, auf die das zutreffen konnte.
Dazu kam es aber nicht mehr.
„Stehen bleiben!" schrie er jetzt. Sein Gesicht für mich erschreckend groß. Es war kreidebleich, er war aufgeregt, hektisch. Warum? Was wusste er? Er stand auf der anderen Seite des Zaunes.
Zwischen uns ein paar Meter und der Stacheldrahtzaun.
Ich verspürte nur noch Angst.
Ein Gefühl, als wenn der Boden unter meinen Füßen wegbricht. Verflucht dachte ich, das war genau die Situation, die nie entstehen durfte.
„Jetzt ist alles aus," raste es durch meinen Kopf. Die Gefühle in diesem Augenblick, die wahnsinnige Anspannung zu beschreiben, sind schwierig, es fehlen einfach die Worte.
Ein Albtraum, wie er schlimmer nicht sein könnte. Ein Leben reicht sicher nicht aus, um das zu vergessen.
Zwei Meter vor ihm stand ich jetzt, versuchte ihm die Sicht in Richtung meiner Familie zu nehmen. Damit war auch das Schussfeld für den Grenzer eingeschränkt, die Familie hatte eine bessere Chance.
Was nun?
Sekunden oder Bruchteile forderten Entscheidungen. Reden, sagte ich zu mir selbst, Reden ist jetzt die einzige Möglichkeit. „Mensch, mach doch keinen Scheiß, ich bin eben erst hier vorbei gekommen. Du hast mich doch gesehen, wir wollen zum Geburtstag," sagte ich und versuchte ruhig und gelassen zu wirken.
Seine Waffe, die ich wie in Zeitlupe fixierte, die Maschinenpistole, hatte er mit dem Lauf nach unten über der Schulter hängen. Er hielt sie mit einer Hand fest. Mir war klar, er brauchte sie nur anzuheben und schon konnte er schießen. War sie entsichert? War sie nicht?
Wer konnte das jetzt genau wissen? Ich jedenfalls nicht.

Auf meine Beschwichtigungsversuche ließ er sich nicht ein. Plötzlich, unerwartet und doch in diesem System konsequent, hob er seine Waffe.
Kaum wahrnehmbar, dennoch tödlich bedrohend.
Richtete sie an mir vorbei, auf meine Familie, schrie: „Frauen und Kinder bleiben alle stehen oder ich schieße!"
Heute weiß jeder, im Schießbefehl steht: „Zweimal zum Stehen bleiben auffordern, dann schießen und vernichten."
Auch das weiß ich heute. Er verhielt sich genau nach dieser Vorschrift. Der laute, schneidende Ton, es war mir klar, der hatte etwas bemerkt, ahnte etwas oder war vorgewarnt. Weiß, unwirklich weiß kam mir sein Gesicht vor.
Der hörte nicht, was ich sagte.
Auch nicht, wenn ich jetzt die Arme hochheben und ihm sagen würde," wir wollen doch nur abhauen," die Frauen und Kinder waren sein Problem. Die liefen weiter.
Sie waren in meinem Rücken, wie weit waren sie schon? Kriegen sie die Gefahr mit?
Wie viel doch innerhalb von Bruchteilen einer Sekunde durch den Kopf gehen kann?
Beim Beschreiben dieser dramatischsten Sekunden meines Lebens wird es mir so richtig bewusst, wie es ist, wenn man keinen Ausweg mehr sieht.
Eine Bewegung. „Jetzt schießt er!", raste es durch meinen Kopf, die Kinder, die verzweifelte Angst.
Was tun?
Instinktiv eine Körperbewegung zur Seite.
Seine Waffe nicht nur auf mich, nein, mit einem leichten Schwenker kaum zu erkennen, aber doch tödlich bedrohend, auch wieder oder immer noch, auf meine Familie gerichtet.
Noch einen Schritt zur Seite, um mich zwischen Maschinenpistole und Familie zu bringen. Er durfte nicht schießen. Er durfte nicht.
Meine Waffe! Ich spürte sie. Jetzt erschien sie mir wie eine Hoffnung.
Das harte Metall der Waffe drückte am rechten Arm. Sie wurde von der Weste die ich über den Arm trug, verdeckt. Noch!

Lieber Gott, lass es so bleiben. Wie ein Stossgebet schickte ich diesen Wunsch unbewusst los. Einfach so?
Nein, in tiefster Verzweiflung und ratloser Angst. Seine Maschinenpistole, ich starrte wie in Hypnose auf sie. Plötzlich machte er mit ihr nochmals eine leichte Bewegung, kaum wahrnehmbar, aber in Richtung meiner Familie.
Ich explodierte förmlich.
Ich riss sie raus, ja, ja, ich riss sie raus. Aus dem Gürtel, hob sie an. Der reagierte sofort, seine Waffe, sie zeigte auf mich, die Mündung starrte mich an. Dunkel glänzend.
War alles zu Ende?
Sah ich bei ihm eine Bewegung? Seine Hand war es.
Beim Abdrücken sah ich nur seine Hand, seinen Arm, die Waffe, in dieser verzweifelten Situation, nicht mehr Herr der Sinne, gab es nur ein Ziel, ihn treffen, ich musste ihn treffen, seinen Arm, seine Hand, die Waffe, er durfte nicht schießen.
Mit Sicherheit wusste ich nur eins, auch jetzt viele Jahre danach, ich war überzeugt, ja absolut sicher, dass er seinen Befehlen folgt. Der Befehl lautete: „**Töten**."
Gesagt hatte ich, „weitergehen," und die Familie ging auch weiter, und der schießt.
Es raste wieder durch den Kopf, Festnahme, Stasi, Traudchen im Gefängnis, die Kinder im Heim, die Familie, das Leben zerstört.
Ich drückte ab, bewegte den Abzug, ein kleines Stück Stahl, nach hinten. Ich habe nur noch schemenhaft in Erinnerung dass der Grenzer eine Bewegung rückwärts machte, die Waffe von ihm zeigte nach oben.
Stille, danach, eine Sekunde, eine Halbe? Jetzt zur Familie, was machten sie? Sie standen erstarrt, dann Panik, ein ungeheurer Lärm, Schüsse, Dauerfeuer brach über uns ein. Schreien konnte ich nur noch: „Rennt, rennt" schrie ich in wahnsinniger Angst:
„Er schießt, er schießt."
Dachte, es sei immer noch der Grenzer, der uns aufgehalten hatte.
Zwischen den Füßen der Familie sah ich Dreck Hochspritzen. Es waren die Geschosse, die ihn hochpeitschten.
Jetzt nur noch den Frauen und Kindern hinterher, sie rannten. Doch Bernd und Traudchen blieben stehen, plötzlich und unerwartet.

Sie schrieen mir zu: „Der Christian, der Christian!“ Was war mit dem Jungen? Losgerissen hatte er sich und war stehen geblieben. Ich sah den Jungen auch sofort, er war wie erstarrt, steif stand er, um ihn Schüsse.
Ich riss ihn hoch, sehe Einschläge dort aufspritzen, wo der Junge stand. Einer meiner Brüder nahm ihn mir ab. Für einen kurzen Augenblick sah ich dann noch zwei Männer, mindestens einer von ihnen in Uniform, mit Pistole in der Hand, aus Richtung Jerusalemer Straße auf uns zulaufen. Woher kamen diese Grenzer plötzlich?
Sie gehörten nicht in unsere Vorsorge; sie durften eigentlich nicht dort sein.
Am Tunneleingang, an der Öffnung im Kellerfußboden stand Klaus und schickte sie alle ins Loch. Hotti war weiter oben im Hof. Als die Schüsse fielen, rannte er nicht in Deckung, was eigentlich die normale Reaktion wäre, nein er kam sofort raus, wo die Schüsse einschlugen, um zu helfen, er packte die Frauen an den Armen und riss sie in Sicherheit, hinter die Trennmauer, in den Kellereingang.
Allen voran war Bernd im Tunnel, so als wenn er genau wusste, wo er war. Die Brüder schoben, ja stießen die Frauen und Kinder in den Einstieg. Hotti und ich verbarrikadierten die Kellertür mit einer starken Bohle, um es den Verfolgern nicht zu leicht zu machen.
Dann war Hotti mit Christian verschwunden, als Letzter bin ich rein. Hörten wieder Schüsse, von wo? Ich weiß es nicht, überzeugt bin ich davon, sie haben uns in dem Tunnel nachgeschossen. Der Versatz in der Linienführung unseres Tunnels bewahrte uns davor, getroffen zu werden. Helfer hatten inzwischen den Frauen und Kindern auf der anderen Seite aus dem Tunnel herausgeholfen, als jemand rief:
„Die schießen über die Mauer, schnell in Deckung." Als ich schließlich am anderen Ende des Tunnels, aus dem Loch herauskroch, ging ich nur wenige Meter, als sich mir eine Person in den Weg stellte, die sich als Mitarbeiter des Staatsschutzes vorstellte. Der Mann verlangte meine Waffe und sagte sinngemäß: „Sie haben nicht geschossen, wenn Sie das zugeben, haben Sie keine ruhige Minute mehr". Woher dieser Mann kam, von wem er überhaupt von unserer Sache wusste, ich weiß es bis heute nicht.
Es blieb auch keine Zeit lange zu überlegen.

Der Hausmeister vom Springerverlag rief uns zu, wir sollten schnell ins Verlagsgebäude laufen, da wären wir sicher. Innerhalb des Gebäudes - es war wohl in der Kantine - saßen wir zuerst einmal wie erstarrt, bis meine Schwägerin einen Schreikrampf bekam und wir alle uns bemühten, sie zu beruhigen und dabei auch selbst wieder zu uns fanden. Sie hatte am rechten Bein eine blutende Wunde. Es kann ein Querschläger oder ein von einem Geschoss hochgeschleuderter Stein gewesen sein.
Im Nachhinein ein Beweis dafür, wie dicht die Treffer von dem zweiten Grenzer gelegen haben. In der Kantine waren auch andere Leute. Meinem Erachten nach waren es Mitarbeiter des Springer Verlages.
Da nachmittags in einer Zeitungsdruckerei Hochbetrieb herrscht, war das wohl nichts Besonderes. Einige von ihnen sprachen uns an und fragten, ob etwas passiert sei. Da sie (wohl wegen der Grenznähe) die Schüsse gehört haben mussten, war entsprechende Neugierde vorhanden. So richtig wahrnehmen konnte ich alles erst einmal nicht. Meine Frau war da, die beiden Jungs hatten alles gut überstanden, es war gelungen.
Leute von der Kripo waren plötzlich auch da. Sie wollten von uns wissen, was geschehen ist. Wir saßen in einem kleineren Raum, Besprechungszimmer oder ähnliches und konnten uns zum ersten Mal nach langer Zeit ansehen und Luft holen, als die Tür aufging. Egon Bahr kam herein, gefolgt von Heinrich Alberts, dem Innensenator. Egon Bahr war zu diesem Zeitpunkt der Pressesprecher des Regierenden Bürgermeisters Willy Brandt.
Er reichte mir die Hand, beglückwünschte uns zur gelungenen Flucht. Ob es denn Verletzte gegeben habe, ob denn alles in Ordnung sei.
Auch Alberts beglückwünschte uns. Stellte ein paar Fragen, dann waren die Herrschaften schon wieder weg. Nach dem Auftritt von Bahr wurden wir von der Kripo zu den Vorgängen befragt.
Bei der Kripo erzählten wir nichts davon, dass ich eine Waffe hatte. Den Hinweis des Staatsschutzmannes, so meinte ich, sollten wir beachten.
Die Vernehmung dauerte nicht mehr lange, wir konnten endlich nach Hause in unsere Wohnung. Es war trotz allem ein unbeschreibliches

Gefühl wieder mitten in der Familie zu sein. Erst in der Wohnung kamen wir dazu, uns richtig zu umarmen.
Wir hielten uns für Minuten zu viert umschlungen, keiner sagte etwas, wir waren wieder zusammen.
Der nächste Morgen kam schnell, zu schnell. Es klingelte an unserer Wohnungstür, Hotti war es, er winkte mit einer Zeitung. Eine dicke Schlagzeile:

-Vopo von Vopo erschossen- In der Meldung hieß es, der Grenzer der uns aufhalten wollte, sei in der Hitze des Gefechts ins Feuer seines Kameraden geraten, dabei zu Tode gekommen.
Nach diesen Ereignissen wurde im sowjetischen Sektor der Stadt eine gewaltige Propaganda gegen mich ausgelöst. Sie hatten mich sofort als den Täter abgestempelt. Sie wussten wohl durch Traudchens Handtasche, die sie bei der Flucht verloren hatte, wer hier geflüchtet war. Mein Bild wurde in den Medien - bis hin zu den Reklamesäulen - mit der Beschriftung „Meuchelmörder" verbreitet. Unsere Mutter wurde kurzfristig verhaftet und aufgefordert, sich von ihrem Sohn loszusagen. Meine Wohnung befand sich in der Nostizstraße in Kreuzberg. Sie war klein, aber am Abend des ersten Tages nach unserer Flucht fand ich alles nur schön. Die Kinder gingen mir nicht von der Pelle, wie es so in Berlin heißt. Es gab viel zu erzählen, die Zeit verging rasend schnell. Wir wollten schlafen gehen. Nach diesen Ereignissen waren wir alle müde und kaputt. Als es plötzlich klingelte. Zwei Herren in Zivil standen vor der Tür. Es waren zwei Amerikaner, wohl Leute von der CIA. Sie waren ziemlich aufgeregt aber erleichtert, mich zu sehen.
Nachdem in Ostberlin per Lautsprecher verkündet wurde, dass man meiner schon habhaft wäre, hatten die beiden sich in Bewegung gesetzt, um das zu überprüfen. Sie erklärten uns, wir dürften alleine nicht auf die Straße. Im Übrigen würden sie die Nacht über das Haus unter Bewachung stellen.
Wie Recht sie doch hatten. In der Stasiakte, die ich 38 Jahre später zu Gesicht bekam, wird auch deutlich, dass sie von der Wohnung Nostizstraße wussten, sie waren dort. Haben auch mit meinen Nachbarn gesprochen.

Am nächsten Morgen kam die Kripo. Sie wollte uns zum Verhör abholen. Sie kamen jedoch kaum zu Wort, da waren die Amerikaner schon da und erklärten den sichtlich verdutzten Beamten, dass sie den Fall übernommen haben, dass dies jetzt außerhalb der deutschen Behörden stünde.
Uns wurde verboten, das Haus zu verlassen. Sie blieben bei uns. Ständig kamen und gingen alle möglichen Leute. Schließlich erklärten sie uns, dass wir nach Westdeutschland ausgeflogen werden, allerdings nicht mit einer normalen Maschine.
Es war noch nicht richtig hell, jetzt hieß es fertig machen und nichts außer leichtem Handgepäck mitnehmen.
Auf der Straße stand ein VW-Bus. Wir mussten einsteigen und ab ging es in schneller Fahrt. Die Strecke war nicht zu erkennen denn der Bus hatte verhängte Fenster.
Wir hielten an, die Türen wurden aufgerissen. Wir waren in einer amerikanischen Kaserne. Hier standen drei Militärbusse. In einem von diesen mussten wir einsteigen, und die Fahrt ging weiter.
Jetzt begriff ich erst, was eigentlich abging. Es bestand wohl ernsthaft die Befürchtung bei den Amis, dass die von drüben uns, aber in erster Linie mich, in den Osten abschleppen wollten.
Alle drei Busse fuhren in verschiedene Richtungen, es war wie in einem Film. Hinter uns der Wagen mit den beiden Amis, die wollten wohl sicher sein, dass wir auch ankommen.
Als wir jetzt anhielten, man hörte es schon am Lärm von Flugzeugmotoren, waren wir auf dem Flughafen. Es war der militärische Teil vom Flughafen Tempelhof. Wir hielten unmittelbar neben einer zweimotorigen Propeller-Maschine, dessen Motoren schon liefen.
„Aussteigen," hieß es, „schnell, schnell" die Gangway hoch, rein ins Flugzeug. Im Flugzeug saßen schon meine Brüder. Die Frau von Hotti und die Kinder der Brüder sollten mit einer Linienmaschine nachkommen, das geschah dann auch. Sie reisten in Begleitung eines CIA - Mannes getarnt als Familie.
Dann wurden die Türen der Maschine zugemacht, die Maschine rollte an und startete.
Es war keine normale Passagiermaschine, sondern ein Militärflugzeug mit Bänken, die in der Maschine längs angeordnet verliefen, also für Fallschirmspringer oder ähnlichem.

Unsere Begleitung waren zwei Zivilisten und ein ziemlich groß gewachsener Militärpolizist mit weißem Helm.
Während des Fluges war die Unruhe (oder war es Angst?) der Begleiter zu spüren. Ständig ging einer von denen nach vorne, wohl um zu hören, wo wir waren und wie die Lage ist. Sie sagten uns zwar nichts, aber die Angst steckte an. Wir starrten alle aus den kleinen Fenstern der Maschine, in der Erwartung, Russische oder DDR-Jagdflieger, die uns zum Landen zwingen könnten, zu sehen.
Schließlich kam der Mensch von der MP aus dem Cockpit, strahlte über das ganze Gesicht, schlug mir auf die Schulter und dröhnte mit seiner Stimme: „Mister Miller, everything is o.k., now we are in West-Germany." (Herr Müller, alles ist o.k., jetzt sind wir in West-Deutschland).
Gelandet sind wir in Frankfurt auf dem militärischen Teil. Am Flugfeld warteten zwei große Ami–Schlitten. Man brachte uns nach Oberursel in ein Militärcamp. Für alles war gesorgt. Die Kinder hatten Gelegenheit zum ersten Mal in ihrem Leben Cornflakes und andere Sachen, die sie vorher nicht kannten, zu essen und zu trinken.
Drei Wochen blieben wir dort. Abgesehen von der guten Versorgung, war es uns absolut verboten, mit irgendjemandem in Verbindung zu treten. In dieser Zeit wurden wir, vor allem ich, von den Amis, aber auch von deutscher Seite zu dem ganzen Vorfall befragt. Wir bekamen auch Zeitungen, wie das Nachrichtenmagazin ‚Der Spiegel', in dem Schauergeschichten über mich geschrieben wurden. Es gab Zeitungen, die eine angebliche Beteiligung oder Rädelführerschaft von Springer in die Welt setzten. Aber auch der Originalton „Neues Deutschland", die Zeitung derjenigen, die den Befehl zur Treibjagd auf Menschen gegeben hat, war im Spiegel nachzulesen. Die Zeitungen im Sowjetischen Sektor Berlins waren noch schlimmer. Sie gipfelten in ihren Meldungen mit der Unterstellung, Springer hätte mich beauftragt in den Osten zu gehen, um dort einen Grenzer zu erschießen.
Ich wollte Einspruch einlegen wegen der verlogenen Darstellung in der Presse. Die Herren vom Staatsschutz allerdings meinten, es würde sich alles totlaufen, wenn ich nicht antworte. Die warten nur darauf dass ich mich melde.
Ich gab mich damit zufrieden.

Westdeutschland

Nach dem Aufenthalt in einem Übergangslager in Gießen und kurzfristig in Wesel standen wir vor der Entscheidung in welchem Bundesland wir unsere weitere Zukunft aufbauen wollten. Durch Vermittlung des Arbeitsamtes erfuhren wir, dass es bei den Klöcknerwerken in der Nähe von Siegburg Arbeit gab und, was genau so wichtig war, in absehbarer Zeit auch eine Wohnung. Als Hilfsarbeiter konnte ich dort anfangen. Auch Traudchen und ihre Schwester bekamen Jobs bei einer anderen Firma, den Dynamit–Nobel Werken in Troisdorf.

In Ostberlin ging es der Familie nach unserer Flucht nicht gut. Die Sippenhaft schlug wieder zu. Unsere Mutter war wieder einmal ganz vorne bei den Schikanen. Sie schrieb uns darüber im August und September 1962.

Alle, auch die älteste Schwester von Traudchen, die ja wirklich alles getan hatte, dem Regime zu Diensten zu sein, indem sie zur Stasi ging und die Fluchtabsicht von uns anzeigte, wurde ihren Job los. Meine Brüder Johannes, der Staatsanwalt und Peter, der Kommissar bei der Kripo, wurden beide entlassen. Sie mussten sich eine neue Arbeit suchen.

Unsere Mutter

Zwei Briefe unserer Mutter, die aus der Not heraus geschrieben wurden, in Angst und Sorge um uns. Von den Stasi-Strolchen gepeinigt und drangsaliert, von Gerichten im Namen des Volkes verurteilt. Verurteilt, weil sie die Sehnsucht ihrer Söhne nach Freiheit unterstützt hat. Sie hat nur das getan, was von guten Eltern erwartet wird; Wertvorstellungen ihren Kindern vermitteln, die sie zu selbstbewussten Menschen werden lässt.

In den Briefen wird auch spürbar, wie brutal dieses System mit Müttern umging. Es wird auch spürbar, dass die Menschen aus unserem Bezirk die mich kannten, das was ich getan habe, völlig anders. sahen und beurteilten als die Obrigkeit.

Obwohl Mutter wusste, dass die Stasi auch Briefe kontrollierte, hielt sie mit Kritik an diesem Staat nicht zurück. 1962 trifft sie in einem

Brief die Feststellung: „Änderungen bei uns sind nur möglich, wenn die mal weg sind. Dann wird alles besser," hat sie geschrieben, ungefähr dreißig Jahre bevor das kommunistische Regime, das sich DDR nannte, von seinen eigenen Bürgern mit Schimpf und Schande davon gejagt wurde.

22.8.62 +

Mein lieber Rudi Traudchen u Kinder!

Nehme an daß dieser Brief Euch auch ein bischen Freude macht und Euch gut erreicht, das muß ich schon sagen, Ihr bringt mich ganz schön durcheinander, aber ich freue mich daß es Euch allen gut geht und Ihr seid in Sicherheit, aber seit vorsichtig denn die werden zu allen Mitteln greifen das hat die Stasi zu mir gesagt, als ich Ihnen sagte mein Sohn ist kein Mörder ich glaube es nicht ~~aber bis er es mir selbst sagt, da sagten~~ sie, die Gelegenheit werden sie nicht haben also Ihr könnt euch denken was sie damit meinten, ich habe viel aushalten müssen vor allem seelisch die nehmen keine Rücksicht ob ich die Mutter bin sie lügen frech drauf-los, sogar beim Termin, fragen sie mich welche Kinder ich am liebsten hätte, da sagte ich, alle gleich. sie sagten sie liebt alle gleich auch den Mörder R. wie mir zu Mute war das könnt Ihr euch denken; im Moment ist Ruhe hoffendlich bleibt es auch so, darum sage ich Euch immer wieder

seid vorsichtig und Rudi Du gehst nie spät allein
bleibt unter Menschen, denn Du wärst für die
hier ein gefundenes Fressen lebend kämst Du
nicht aus ihren Klauen wenn Du auch unschuldig bist, das warst Du für mich von
Anfang an, es glaubt auch niemand außer
diejenigen die glauben wollen unter denen
ist auch [illegible] und die
Christel übrigens hat Ihr. ihre Stellung behalten und Anneliese nicht, sie macht sich auch
viel Gedanken über Euch, Frandchen deine Mutter
war da bei mir und wollte von Euch etwas wissen ich konnte ihr nur sagen Euch geht es gut.
ich soll Euch herzlich von Ihnen grüßen.
Eure Wohnung ist ziemlich teuer verkauft
worden die Nachbarin hat vieles gekauft, der
Uwe fährt mit Berni sein Rad und die
Wäsche sollen sie auch von der Leine genommen
haben, nun Euch wird es wohl nicht mehr weh
tun die Hauptsache es ist alles gut gegangen
denn wenn es umgekehrt gewesen wäre da wäre
schlimmer, Rudi Du hast doch immer einen
Schutzengel, aber auch ich habe für Euch gebetet.
Nun alles alles Gute wünsche ich Euch und auch herzl.
Küsse an die beiden Jungs u Frandchen Eure Euchliebende
Mutter u. Oma.

Das Original war nicht zu scannen. Abschrift:

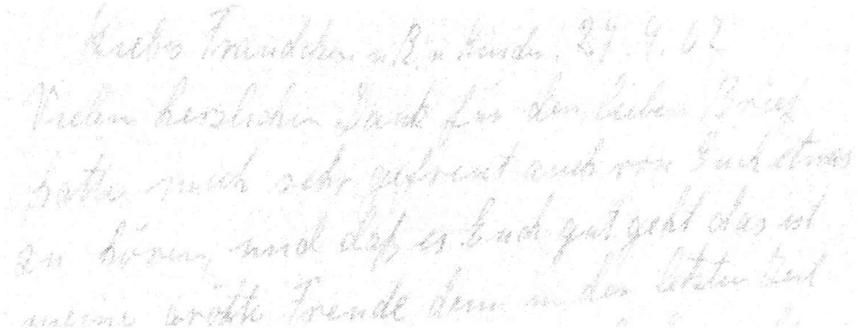
Liebes Traudchen u. R. u. Kinder. 27.9.62
Vielen herzlichen Dank für den lieben Brief
hatte mich sehr gefreut auch von Euch etwas
zu hören und daß es Euch gut geht das ist
meine größte Freude denn in der letzten Zeit

Liebes Traudchen, R und Kinder! 27.9.62
Vielen herzlichen Dank für den letzten Brief, hatte mich sehr gefreut auch von Euch etwas zu hören und dass es Euch gut geht, das ist meine größte Freude, denn in der letzten Zeit habe ich mir viel Sorgen um Euch gemacht. Ich habe zu Gott gebetet, dass er Euch behüten möge. R. soll auch weiterhin vorsichtig sein. Liebes Traudchen! Deine Mutter war überglücklich von Dir Post erhalten zu haben, und Deine Schwester Anneliese nicht minder. Deine Schwester Christel hat doch die Stellung verloren, sie muss jetzt nach Potsdam zur Arbeit fahren und hat auch weniger Geld, das schadet ihr nichts, das ist die erste Strafe für die Gemeinheit die sie begangen hat. Als deine Mutter zu ihr sagte, das schadet dir nichts, da sagte sie, sei stille sonst vergesse ich mich. Soweit sind wir schon. Dass Christian den ersten Tag von R. nicht weg wollte, das kann ich mir lebhaft vorstellen. Ich freue mich für Euch mit, denn die Familie gehört nun mal zusammen. Das können diese Menschen hier nicht verstehen. Werdet alle glücklich und zufrieden den Strapazen, habt ihr es ehrlich verdient. Ich bin nur froh, dass alles gut abgelaufen ist, denn andersrum wäre es nicht auszudenken.
Die Menschen, die sich da hinstellen, die müssen damit rechnen. Nun der Schuldige an allem ist natürlich immer nur der Westberliner. Aber nach dieser Zeit kommt auch eine andere und dann wird der Schuldige sich auch für das alles verantworten müssen und R. wird **rehabilitiert werden**. Dann müssen sich auch noch andere verantworten, für das was sie ihn jetzt alles anhängen wollen. Sogar zur Flucht der Brüder soll R. verholfen haben. Unser sogenannter Staat

ist ja nicht besser. Mir haben sie erst drei Jahre Bewährung gegeben, jetzt mussten sie alles zurücknehmen, da kann man sehen was bei uns für Nulpen sitzen. Nun muss ich schließen.
Einen herzlichen Gruß an Irmchen, viele herzliche Küsse an Christian, Bernie und ich küsse Euch alle herzlich, alles alles Gute auch weiterhin wünscht
Euch Eure immer liebende Mutter u. Oma

Wie schrieb meine Mutter?
Ich bin nur froh, dass alles gut abgelaufen ist, denn andersrum wäre es nicht auszudenken und die Menschen, die sich da hinstellen, die müssen damit rechnen.
Nun der Schuldige an allem ist natürlich immer nur der Westberliner, aber nach dieser Zeit kommt auch eine andere, dann wird der Schuldige auch für das alles sich verantworten müssen und R. wird rehabilitiert werden.
Sie schrieb das, obwohl sie unter permanenter Beobachtung steht, sie glaubte 1962 an ein Ende des Systems.

Wie sehr das System die Familien vergiftete, ist an den folgenden Protokollen der Stasi über den Verrat in der Familie zu erkennen.

Anmerkung:
Die durchgestrichenen Zeilen in den Protokollen wurden von der Behörde für die Stasi Unterlagen vorgenommen und nicht vom Autor.

BStU
000210

00149

Hauptabteilung V/1/V Berlin, den 21. 6. 1962

Bericht

Betr.: Provokation an der Staatsgrenze der DDR, Jerusalemer Straße, am 18. 6. 1962

Am 21. 6. 1962 wurde gegen 9.00 Uhr vom Kaderleiter des Regierungskrankenhauses mitgeteilt, daß die [geschwärzt] Christel P l a g e eine Aussage in Zusammenhang mit dem Mord an dem Uffz. HUHN zu machen habe, da sie die Schwägerin des Mörders sei.
In Absprache mit der Leitung der Abteilung begaben sich die Gen. Hptm. Pirschel und Ltn. Grummt ins Regierungskrankenhaus, um eine erste Befragung zum Sachverhalt zu führen zwecks weiterer Entscheidung durch den Leiter der Abteilung bzw. Hauptabteilung.

Zur Person der P.:

Nach der Flucht wurde die Familie entsprechend dem Prinzip der Sippenhaft in die Zange genommen. Die Schwester Christel, die ja in ihrer Angst um ihre Stellung zur Stasi gelaufen ist, um ihre Schwestern anzuschwärzen, verlor letztlich trotzdem ihren Job. Das hier wiedergegebene Protokoll ist ein Beweis mehr für die Brutalität des Systems der DDR. Deutlich wird vor allem, wie tief der MFS in alle Bereiche des Staates vernetzt gewesen ist.

Seit 1958 ist die

Müller, Gertraud
geborene PLAGE
geb. am 23. 11. 1937

mit dem Mörder MÜLLER, Rudolf, verheiratet. Sie ist wohnhaft in Berlin-Weißensee, Charlottenburger Straße.
Seit dem 13. 8. 1961 wohnt die Schwester PLAGE, Irmgard, geb. am 9. 7. 1939, bei der Gertraud MÜLLER.
Die Gertraud M. heiratete 1958 ohne Wissen und Zustimmung der Eltern und Geschwister des Rudolf MÜLLER, der zu diesem Zeitpunkt als Bäcker arbeitete. Es ist bekannt, daß MÜLLER vor seiner Verheiratung Student an der ABF der Humboldt-Universität gewesen sein soll und dort straffällig, inhaftiert und exmatrikuliert wurde. Die Gründe dafür sind nicht bekannt.
Seit ca. 2 Jahren vor dem 13. 8. 1961 arbeitet der MÜLLER, Rudolf, in Westberlin in einem Betonspannwerk. Näheres ist nicht bekannt.
Durch diese Arbeit hatte die Familie MÜLLER ein relativ hohes Einkommen und legte sich eine ganze Reihe Wertgegenstände aus Westberlin zu, u. a. Fernsehapparat und Möbeleinrichtungen.

Der M. selbst hat noch 5 Brüder,

Am 13. 8. 1961 soll der MÜLLER, Rudolf, sich in Westberlin aufgehalten und gearbeitet haben. Er verblieb nach dem 13. 8. in Westberlin und kehrte nicht zu seinem Wohnsitz Berlin-Weißensee zurück. Seitdem fand ein enger Briefwechsel zwischen seiner Ehefrau und ihm statt.

Zwischen der PLAGE, Christel, und der MÜLLER, Gertraud, besteht enge Verbindung, jedoch finden nicht regelmäßig Besuche statt und das Verhältnis ist auf Grund der positiven politischen Einstellung der PLAGE, Christel, und der negativen Einstellung ihrer Schwestern Irmgard und Gertraud sehr gespannt.

Im April 1962 erhielt die PLAGE, Christel, erstmalig von ihrer Mutter Kenntnis, daß 2 Studenten aus Westberlin bei der Gertraud MÜLLER gewesen sein sollen, worauf sich die PLAGE in die Wohnung der MÜLLER begab und ihr auf den Kopf zusagte, daß die M. die Absicht habe, nach Westberlin flüchtig zu werden. Die M. versprach damals ihrer Schwester, daß sie nicht die Absicht habe, nach Westberlin zu gehen.
Am nächsten Tag suchte die PLAGE, Christel, wiederum ihre Schwestern auf und stellte fest, daß der Westfernsehapparat ohne ausreichende Begründung verschwunden war. Sie schloß daraus, daß eine RF vorbereitet wird.
Am gleichen Abend suchte sie erneut innerlich beunruhigt ihre Schwester auf und traf dort eine angebliche Arbeitskollegin mit ihrem Verlobten aus Westberlin (Student). Dieser Freund soll Brillenträger sein und dem MÜLLER sehr ähnlich sehen.
Auf Grund der Anwesenheit dieser Person nahm die Christel P. erst recht an, daß hier eine RF vorbereitet wird.
Da sie sich auf Grund ihrer Funktion dazu verpflichtet fühlte, sofort irgend eine Dienststelle zu informieren, begab sie sich umgehend in die VP-Inspektion Weißensee, Albertinus-Str., und sprach bei der Abteilung K. vor. Auf Grund des Sachverhaltes begaben sich zwei Genossen der Abt. K. in Zivil mit der Christel P. zu der Wohnung der M., Gertraud, wo die P. unter einem Vorwand prüfen sollte, ob die beiden verdächtigen Personen sich noch in der Wohnung aufhalten.
Die MÜLLER, Gertraud, erriet an dem unsicheren Verhalten ihrer Schwester, daß das erneute Aufsuchen nur ein Vorwand sei und lief ihr nach. Dabei stellte sie fest, daß ihre Schwester Verbindung mit einer vor dem Haus wartenden männlichen Person aufnahm, worauf die MÜLLER, Gertraud, ihrer Schwester auf den

- 4 -

Auf Befragen, weshalb sie diese wichtigen Informationen nicht unmittelbar und sofort an die Leitung des Regierungskrankenhauses oder den zuständigen Mitarbeiter des MfS herangetragen hat, bemerkte sie, daß sie Hemmungen hatte, da es ja in ihrem Verhalten in der Vergangenheit Beanstandungen gab in Zusammenhang mit der [geschwärzt] und sie somit Angst hatte, erneut "anzufallen". Weiterhin war ihr bekannt, daß die Kaderabteilung des MAI ihre Schwester Anneliese dazu befragt hatte. Deshalb nahm sie an, daß die Kaderabteilung des Regierungskrankenhauses von der VP ebenfalls davon informiert worden ist.
Sie habe jedoch nach Bekanntwerden im April sofort ihrer Oberin [geschwärzt] Kenntnis gegeben und sie um Rat gefragt, die sie sofort an die Kaderleiterin, [geschwärzt], verwies. Jedoch unterließ sie es aus demselben Grund, die [geschwärzt] zu informieren. Die Oberin, Frau [geschwärzt] hat auf Grund dessen, daß sie glaubte, es geht alles in Ordnung, von sich aus keine weitere Meldung erstattet.
Ferner hat sich die PLAGE, Christel, mit der Medizinstudentin [geschwärzt] und mit der sie befreundet ist, beraten, die der Meinung war, daß hier eine Geheimdiensttätigkeit vorliegt.

Zum Schluß unserer Aussprache wurde prinzipiell darauf hingewiesen, daß sie zwar politisch richtig gehandelt hat, indem sie im April d. J. die VP von der beabsichtigten Republikflucht ihrer Schwestern informierte, jedoch es als [geschwärzt] und verantwortliche Mitarbeiterin des Regierungskrankenhauses ihre Aufgabe gewesen sei, die Leitung des RKH bzw. das MfS sofort zu informieren.

Wir wiesen sie darauf hin, daß es möglich ist, daß sie in diesem Zusammenhang nochmals ausführlich gehört wird.

(P i r s c h e l)
Hptm.

(G r u m m t)
Ltn.

Horst, Klaus und Karl, meine Brüder, die mit uns nach West-Deutschland ausgeflogen wurden, sind mit ihren Familien nach kurzer Zeit wieder zurück nach Westberlin geflogen, sie konnten sich nicht an die neue Umgebung gewöhnen, den richtigen Job fanden sie auch nicht so schnell.
Wir konnten und durften nicht zurück. Die Behörden sagten uns, dass sie jede Verantwortung ablehnen würden. Für uns zählte aber vor allem, wir waren zusammen, es war wieder schön.

Hilfsarbeiter

Beide hatten wir, wie schon gesagt, Jobs gefunden. Traudchen als Hilfsarbeiterin bei der Dynamit Nobel AG, ich als Maschinen-arbeiter bei Klöckner, später in der Gießerei und im Walzwerk.
Als wir dort 1962 anfingen, hatten wir nichts außer den Sachen, die wir am Körper trugen. Untergebracht waren wir erst in einem Über-gangsheim bis unsere Wohnung fertig wurde.
Dennoch, ich bleibe dabei, wir waren zufrieden. Hatten neuen Mut für die Zukunft; es gab keinen Staat, der uns bespitzeln ließ. Die erste Hilfe kam von der IG-Metall, meiner Gewerkschaft.
Meine Verwaltungsstelle in Berlin, wo man mich von meiner Arbeit bei den Hüttenwerken Tempelhof her kannte, hatte mein Problem nach Frankfurt zur Zentrale gemeldet. Die wiederum hatten herausgefunden, dass ich jetzt bei Klöckner beschäftigt war. Ich bekam eine Einladung nach Köln zur dortigen Bezirksleitung, wo ich mit dem damals zuständigen Sekretär ein Gespräch hatte.
Es war der spätere Minister Wischnewski oder, wie er auch genannt wurde, Ben Wisch. Er machte einen sehr besorgten Eindruck. Ob wir es denn schaffen, wollte er wissen. Woran es vor allem fehle. Schon am nächsten Tag kam ein Kollege zu uns nach Hause.
Er gab mir zur Überbrückung bis zu der ersten Lohnzahlung von der Firma ein Übergangsgeld und wollte noch wissen, ob die Liste, die er von Ben Wisch bekommen hatte, auch komplett sei.
Nicht lange danach kam er mit ein paar Kollegen schwer bepackt mit allen möglichen notwendigen Sachen. Die Metall-Kollegen hatten für uns gesammelt. Angefangen beim Spielzeug für die Kinder, bis zur

neuen Bettwäsche und was noch alles so in einem Haushalt nötig war.
Meine Frau und meine Schwägerin, vor allem aber auch ich waren von dieser Solidarität ungeheuer beeindruckt. Kurt, der Geschäftsführer der IG-Metall aus Siegburg, der als Erster bei uns war, wurde sehr schnell mein Freund.
Es war dies eine Freundschaft, die nie aufhörte.
Selbstverständlich war ich bei Klöckner auch als Metaller aktiv. War bald Vertrauensmann, sehr bald der Sprecher der vielen so genannten Gastarbeiter, die zu dieser Zeit noch nicht als Interessenvertreter gewählt werden konnten. Ich war ja auch erst einmal ein Fremder, ein Berliner im Rheinland.
Deshalb konnte ich sehr gut mitfühlen, wie es den Griechen, Italienern, aber auch Jugoslawen und Türken zumute war, als sie sich entschlossen nach Deutschland zu kommen.
1972 bin ich nach vielen Seminaren und Schulungen, die immer nach Feierabend stattfanden, von der IG-Metall zum Studium bei der Akademie der Arbeit an der Uni in Frankfurt geschickt worden.
Das war für uns noch einmal eine harte Zeit. Wir bekamen nur ein relativ mageres Stipendium. Traudchen war auch in dieser schwierigen Situation ungeheuer stark. Sie ging weiter arbeiten und versorgte praktisch die Familie. Ohne ihre Kraft hätte ich das nie geschafft, wäre meine weitere, respektable Karriere nicht möglich gewesen.
Aber auch dieses Jahr verging.
Danach bin ich wieder zu Klöckner zurück. Bemühte mich weiter um die Gewerkschaftsarbeit. Bei den nächsten Wahlen zum Betriebsrat (Vertretung der Beschäftigten) wurde ich gewählt. Kurt, der Geschäftsführer der Industriegewerkschaft-Metall, unterstützte mich, wollten wir doch bei Klöckner einige „alte Zöpfe" abschneiden.
Vor allem die ausländischen Kollegen haben mich mit ihren Stimmen nach vorne gebracht. Sie hatten zu dieser Zeit nur ein passives Wahlrecht. Sie konnten aus ihrer Mitte keine eigenen Kandidaten aufstellen.
Neben meiner Arbeit besuchte ich weiter Seminare. Machte ein Fernstudium als Sicherheitsingenieur. Die Arbeit in der IG-Metall, alles was ich sonst politisch tat, war immer überschattet von Angst.

Angst, die ich vor irgendwelchen Versuchen der Stasi hatte, mich doch irgendwie zu schnappen.
Angst war es, die mehr und mehr von Traudchen Besitz nahm. Sie wurde mit ihrer Angst nicht fertig. Sie konnte die sich entwickelnden Depressionen nicht zurückdrängen.
Der Osten ließ nicht nach in seiner Verleumdungshetze. Die ersten Meldungen von Verwandten machten mich sehr betroffen. Dass ich von denen direkt nach dem 18. Juni zum Meuchel-Mörder in Presse und Fernsehen gemacht wurde, hatten wir schnell mitbekommen. Betroffen machte mich der furchtbare Vorwurf, auch in Presse und Fernsehen, Sinn und Zweck unseres Tunnels wäre nicht die Befreiung meiner Familie gewesen, sondern ein Auftrag von Springer, durch den Tunnel rüber, einen Grenzer erschießen, und wieder zurück.
Meine Verwandten, vor allem meine Mutter, glaubten diese Hetze nie. Mein tapferes Traudchen wurde durch diese Meldungen und Hetze immer mehr von ihrer Angst in Besitz genommen.
Bei Klöckner wurde ich dann bald Angestellter. Nach meinem Fernstudium als Sicherheitsingenieur und weiteren Seminaren beim Metall-Arbeitgeberverband in Köln war ich dann mit meinem Kollegen Hans für den Arbeitsschutz bei Klöckner zuständig.
Das war eine sehr schöne, wenn auch manchmal schwierige Aufgabe. Wir waren für die heilen Knochen und Gesundheit der Kollegen zuständig. Endlich konnte Traudchen die Arbeit aufgeben, sie konnte sich ein wenig schonen.

Dozent - Gewerkschaftssekretär

1972 wurde ich Dozent für Arbeitsrecht, Sozialpolitik und Arbeitsschutz im neuen Bildungszentrum der Industrie-Gewerkschaft-Metall in Sprockhövel. Das ist die größte und modernste gewerkschaftliche Bildungsstätte in Europa. Sie ist zu diesem Zeitpunkt gerade fertig geworden, hier konnten wir mit modernsten Mitteln gute Erwachsenenbildung machen. Als Arbeitsschutzexperte beim Vorstand der IG-Metall in Frankfurt bin ich dann ab 1974 tätig gewesen. Alles in allem waren es 20 Jahre bei der IG-Metall.

Die gesundheitlichen Probleme der Menschen bei der Arbeit waren mein Arbeitsgebiet. Mangelhafte Arbeitsbedingungen zu erkennen. Die Abstellung dieser Probleme, Veränderung der Arbeitsbedingungen bis hin zu einem Zustand, wo es keine, oder nur geringe Gefährdungen gibt.
Eine Aufgabe, die mich nicht nur ausgefüllt hat, sondern mehr wie eine Berufung war. Gerade weil es schon immer sehr schwierig war, nicht nur die Arbeitgeber zur Veränderung der Arbeitsbedingungen zu bringen, es war oft genau so schwierig, die Kollegen davon zu überzeugen, wie wichtig dies sei.
Wir zogen um, in die Nähe von Frankfurt.
In allen möglichen Ehrenämtern ist man in solch einem Job eingebunden, verbunden mit vielen Dienstreisen. Traudchen war ständig in Sorge, mir könnte von drüben was Schlimmes zustoßen.
Dass die Angst berechtigt war, zeigte sich auch in der Stasiakte.
Alles wussten sie. Was ich beruflich tat, welche Ehrenämter ich innehatte, einfach alles. Woher? Die Wende hat es nicht an den Tag gebracht. Ich bin gerade nach meinem Prozess überzeugt, sie sind noch heute überall. Trotz der ständigen Angst vor dem Unbekannten machte mir diese Arbeit ungeheuren Spaß, immer neue Aufgaben galt es zu lösen.
1991 wurde mir durch den damaligen Arbeitsminister Norbert Blüm das Bundsverdienstkreuz für meine ehrenamtliche Arbeit verliehen.
Neben vielen anderen schon beschriebenen Aufgaben hatte ich mich auch um die Arbeitsmedizin im Namen der IG-Metall zu kümmern.
In diese Zeit fällt auch die Verabschiedung eines Gesetzes, wonach Unternehmen verpflichtet wurden, Betriebsärzte und Sicherheitsingenieure zu bestellen. Der Arbeits- und Gesundheitsschutz sollte damit verbessert werden.
Es fehlte vor allem in den Betrieben, die nicht so groß waren wie die Auto- oder Stahlindustrie, an Arbeitsschutzexperten, an Profis.
1976 waren wir uns mit den Arbeitgebervertretern der Selbstverwaltung einig. Es muss ein zentraler Dienst aufgebaut werden, der die Arbeitnehmer, hier vor allem in den Mittel- und Kleinbetrieben arbeitsmedizinisch betreut. Einig waren wir uns auch, dieser Dienst musste sich selbst tragen. Subventionierung, von welcher Seite auch immer, durfte es keine geben. Der Dienst wurde gegründet und mit

einer paritätischen Selbstverwaltung ausgestattet. Der Vorstand wurde je zur Hälfte aus Arbeitgeber- und Arbeitnehmervertretern gebildet.
Was ist das eigentlich: „Paritätische Selbstverwaltung?“
Hier müssen die Arbeitgeber und Arbeitnehmer paritätisch, also von jeder Seite mit gleicher Stimmzahl, die Regeln und Bedingungen festlegen, die jeder im Betrieb zu beachten hat, damit es möglichst keine Unfälle gibt. Keiner kann den anderen überstimmen, Einigung ist Pflicht. Dies war und ist für mich die erfolgreichste Form des gleichberechtigten Miteinanders von Arbeitgeber und Arbeitnehmer. Nicht bürokratische, praxisfremde Normenproduktion, wie jetzt zunehmend in Europa, war die Lösung. Nein, die Erfahrungen der gemeinsamen Arbeit in den Betrieben, wurde von der Selbstverwaltung in Verhaltensregeln verankert und in den Betrieben mit innerer Überzeugung umgesetzt.
Auch der gemeinsam gegründete Dienst zur Versorgung der Mittel- und Kleinbetriebe wurde von dieser gemeinsamen Verantwortung getragen. Nach einiger Zeit wählte man mich zum Vorsitzenden des Vorstands. 1992 hatte dieser Dienst zirka 1200 Mitarbeiter.
Wirtschaftlich war das Unternehmen zu diesem Zeitpunkt noch relativ gut aufgestellt. Was fehlte war, auch auf einem immer schwieriger werdenden Markt, eine angepasste Unternehmens-Struktur.

Geschäftsführer

Es ging dann recht schnell. Mit der amtierenden Geschäftsführung sah der Vorstand keine Möglichkeit den dringend erforderlichen Turnaround durchzuführen. Man trennte sich. Nach dem Trennungsbeschluss sahen mich alle an und stellten mir die Frage, ob ich denn nicht bereit wäre, vorübergehend, bis ein Nachfolger gefunden sei, das Amt des Geschäftsführers zu übernehmen.
Es war ja nicht nur die Verantwortung für so viel Menschen. Nein, es kam ja noch hinzu dass ich schon 61 Jahre alt war, also ein Alter, wo in unserer jetzigen Zeit jeder anständige Mensch mit der Arbeit aufzuhören hat (so das allgemeine Vorurteil). Mit Traudchen war abgesprochen, dass ich mit 63 Jahren bei der Industriegewerkschaft-Metall aufhöre und in Rente gehe. Dann war ja noch mein jetziger

Arbeitgeber, die IG-Metall. Wird es denn möglich sein, schnell, wenn möglich sofort, dort aufzuhören? Da ich bei der Gewerkschaft einen relativ großen Zuständigkeitsbereich hatte, war auch das nicht so ohne weiteres möglich. Drei Tage Bedenkzeit waren wenig, mussten aber reichen, weil sonst die Gerüchteküche die ganze Sache gefährden könnte. Schließlich war ich als Gewerkschaftsfunktionär nicht bei allen gerade beliebt. Die Wahl zum Geschäftsführer war aber nur mit den Stimmen der Arbeitgeber möglich. Traudchen war sofort der Meinung, diese Chance sollte ich mir nicht entgehen lassen. Auch mein damaliger Arbeitgeber, die IG-Metall, genauer gesagt, der damalige Vorsitzende Franz Steinkühler, stimmte zu, dass ich kurzfristig die neue Aufgabe übernehmen sollte. Dann war ich der Hauptgeschäftsführer eines relativ großen Unternehmens. Von einem Tag zum anderen vom Gewerkschaftsfunktionär zum Unternehmer. In dieser Zeit gelang es mir, aus einer doch mehr dem öffentlichen Dienst zugewandten Firma ein wettbewerbsfähiges Unternehmen aufzubauen. Vom ersten Tag an bis zu meinem Ausscheiden machte das Unternehmen gute Gewinne. Es gelang uns trotz starker Konkurrenz, den Umsatz und die Gewinne ordentlich zu steigern. Als besonderer Beweis für eine tüchtige Belegschaft war die reibungslose Umwandlung von einem mehr auf öffentlichen Dienst ausgerichteten Unternehmen, hin zu einer wettbewerbsorientierten Firma in Form einer GmbH.

Den Mitarbeitern sagte ich zu Beginn, deutlich aber auch ehrlich, dass alle, das Management mit eingeschlossen, ab sofort mehr und effektiver arbeiten müssen. Versprochen ist aber auch, wenn wir Geld verdienen, bekommen die Mitarbeiter, die Leistungsträger, neben ihrem Gehalt einen Anteil an diesem Gewinn.

Das Geld wurde verdient. Anders als in vielen Unternehmen wurde die Truppe nicht reduziert. Die Mannschaft bekam in dieser Zeit Sonderzahlungen in erheblicher Höhe. Das Unternehmen konnte starke Rücklagen bilden. Am Ende meiner Zeit als Geschäftsführer konnte ich das Unternehmen schuldenfrei übergeben.

Es waren acht harte, aber auch erfolgreiche Jahre. Was für eine Truppe, sie brachte es fertig, das letzte Jahr meiner Geschäftsführung zu dem erfolgreichsten des Unternehmens seit Bestehen zu machen. Stolz bin ich auch darauf, es geschafft zu haben, dass in diesen acht

Jahren keiner unserer Mitarbeiter Angst um den Job haben musste. Sie konnten sich darauf verlassen, dass wir das Ergebnis der gemeinsamen Arbeit sinnvoll einsetzten, die Existenzsicherung von mehr als 1500 Mitarbeitern und deren Familien hatte oberste Priorität und war nur möglich mit gemeinsamer guter Arbeit.
Wie ging es dann weiter?
Schlimmer konnte es nicht kommen.
Weihnachten 1994, ein Schreiben aus Berlin, von der Staatsanwaltschaft. Gegen mich liefe ein Ermittlungsverfahren wegen Totschlages. Es wird davon ausgegangen, ich hätte den Grenzer, der uns bei der Flucht aufhalten wollte, erschossen. Ob ich bereit sei auszusagen. Der Schock saß tief. Begreifen konnte ich all das nicht. Meine Frau war total verzweifelt, sie sollte diesen Schock niemals verkraften.
Was tun, war hier nun wirklich die Frage. Inzwischen riefen auch Bruder Horst, Karl und Klaus an. Alle waren sie angeschrieben, aufgefordert worden, sich als Zeugen bereitzuhalten.
Einen Freund, Dr. Reiner, Jurist und hoher Verbandsfunktionär, fragte ich um Rat. Er hörte sich meine Geschichte an. Da er als Anwalt in Berlin zugelassen war, übernahm er spontan meine Vertretung. Er riet sofort zur Aussageverweigerung, nahm Kontakt mit der Staatsanwaltschaft auf und erreichte die Einstellung des Verfahrens. Ich atmete auf, denn alles hatten wir erwartet, nur das nicht. Die Freude dauerte nicht lange. Es war wieder Weihnachten, wieder ein Brief aus Berlin, wieder Aufnahme der Ermittlungen. So ging das grausame Spiel dreimal hintereinander.
Dr. Reiner legte eine Dienstaufsichtsbeschwerde gegen den ermittelnden Beamten ein. Er verlangte ultimativ die sofortige endgültige Einstellung. Keine Reaktion. Monate vergingen, ich war in Gedanken beim Geschäft, der Firma. Irgendwann gab es ein Schreiben von der Kripo in Berlin, indem ich aufgefordert wurde, bei den Ermittlungen gegen den zweiten Grenzer meine Aussagebereitschaft zu erklären. Die Ermittlungen begründeten sich auf dem Vorwurf der versuchten fahrlässsigen Tötung, als er bei unserer Flucht auf uns das Feuer eröffnete.
Mein Anwalt riet mir davon ab, ich verweigerte die Aussage. Obwohl ich jetzt wieder die damalige Dramatik, die um uns einschlagenden Geschosse förmlich spürte. Der zuständige Beamte

rief mich dann auch noch an, er wollte mich doch zum Aussagen überreden. Aber wir wollten unsere Ruhe, nichts als das. Warum sollte ich den Grenzer anschwärzen, für mich waren das die Kleinen, die man hängt, und die Großen wurden wie so oft, wieder weitgehend verschont. Später, in meinen Prozess, wurde gerade dieser Grenzer zum schlimmen Münchhausen.
Die Ruhe in meiner Sache war trügerisch. Plötzlich fand ich mich in Berlin wieder, voller Zweifel, voller Angst, fühlte mich verraten. Ich verstand diese Welt nicht mehr. Mein Anwalt, mein Sohn Bernd und ich hatten vereinbart, uns gegen 10.00 Uhr im Hotel „Stadt Berlin" zu treffen. Tags zuvor sind wir per Auto nach Berlin gefahren, um die unerwartete, drohende, in mir eine panische Angst auslösende Gefahr aufzuheben, zu klären, es als Irrtum zu identifizieren. Was war geschehen?
Es war am Mittwoch der gleichen Woche, ich hatte eine Besprechung in meinem Büro in Bonn, so gegen 16.00 Uhr. Meine Sekretärin kam ins Besprechungszimmer, bat mich, doch dringend mal herauszukommen.
Ich wusste, wenn Frau Bernau mich während einer Sitzung unterbrach, war es schon dringend. Sie sagte mir, dass meine Frau angerufen hätte und ich solle unbedingt gleich zurückrufen. Meinen Gesprächspartnern deutete ich an, ich würde gleich zurück sein und ging zurück in mein Büro. Normalerweise kam es nicht vor, dass Traudchen tagsüber anrief und schon gar nicht um Rückruf bat. Auf dem Wege zum Schreibtisch meinte Frau Bernau: „Ihre Frau hat sich sehr erregt angehört, als wenn etwas Schlimmes passiert sei. Deshalb habe ich sie gestört." Ich ging dann auch gleich an meinen Schreibtisch und rief bei mir Zuhause an.
Traudchen meldete sich. Ihre Stimme ist völlig weg, es ist nicht mein Traudchen, mit der ich sprach. Panik und Verzweiflung hatten von ihr Besitz ergriffen. Das menschliche Gehirn ist schon etwas Besonderes. Alles, was an Gefährdungen, Unglücken und Ähnlichem geschehen könnte, raste in Bruchteilen von Sekunden durch meinen Kopf.
Dann die Auflösung der Vorahnungen.
Das Haus war nicht abgebrannt, keiner war krank, auch Christian ist unversehrt. Dennoch eine schlimme, ja eigentlich unvorstellbare

Nachricht. So furchtbar, dass ich im Nachhinein denke, das Haus abgebrannt, wäre dagegen harmlos gewesen. Traudchen sagte mit kaum wahrnehmbarer Stimme: „Rudi, in der Wohnung stehen drei Kripobeamte, die sind gekommen, um dich zu verhaften. Es geht um die Sache von Berlin, um unsere Flucht, den Tunnel."
Es war ja nicht zum ersten Mal, das daran gedreht wurde. Aber verhaften, abführen, dachte ich, das kann doch nicht wahr sein. Traudchen hatte kaum noch eine Stimme. Ich versuchte sie zu beruhigen, sagte ihr, sie soll mir doch den Vorgesetzten dieser drei Kripobeamten ans Telefon bitten.
In der Zwischenzeit rief ich noch schnell Frau Bernau zu mir, bat sie, meinen Gesprächspartnern zu erklären, dass wir die weitere Besprechung vertagen. Frau Bernau sah mich auch ganz erschrocken an; ich muss wohl ziemlich mitgenommen gewirkt haben.
Meine Frau hatte inzwischen den Leiter dieser Gruppe ans Telefon geholt. Es meldet sich ein Kommissar, der sich mir vorstellte und gleich zur Sache kam, indem er sagte, die Berliner Staatsanwaltschaft hätte seine Dienststelle um Amtshilfe gebeten. Amtshilfe insofern, als sie mich nach Berlin zur Einvernahme bringen sollen. Dass er dies alles nicht versteht, wo doch die Sache schon über 35 Jahre her ist, meinte er. Dann stellte er mir die Frage, wo denn meine Firma sei und wann ich denn wieder in Leeheim wäre.
„Vor Freitagmittag komme ich nicht, und darüber hinaus bin ich der Auffassung, es handelt sich um einen Irrtum, der sehr schnell von meinem Anwalt in Berlin aufgeklärt wird."
So meine Antwort.
Ich war wirklich dieser Meinung.
Am Freitag sollte ich dann zum Revier kommen, um ihm das, was in Berlin gelaufen sei, mitzuteilen. Dies sei sicher die beste Lösung, meinte der Beamte, denn er wollte nicht, dass vor der Firma ein Polizeiaufgebot aufmarschiere, um mich abzuholen.
Er bat mich dann, am Freitagmittag zur Polizeistation zu kommen, auch wenn die Sache bis dahin in meinem Sinne geklärt sein sollte.
Er müsse seine Akte entsprechend abschließen.
So verblieben wir letztlich.
Nachdem die Beamten weg waren, rief meine Frau noch einmal an und berichtete über das, was geschehen war.

Sie sagte mir, dass die Kripo von Mord erzählt hätte. Sie habe dann in ihrer Aufregung angefangen, von dem Ereignis vor 35 Jahren zu erzählen, dabei habe sie auch gesagt, dass der Grenzer auf uns doch schießen wollte und ich nur meine Familie verteidigt hätte.
Mir war in diesem Moment klar, hier könnten Probleme aufkommen, bis dahin hatten wir von unserem Aussageverweigerungsrecht Gebrauch gemacht. Nie etwas davon erzählt, dass ich eine Waffe bei mir hatte, dass ich geschossen habe.
Sie war, das merkte ich, mit den Nerven am Ende und konnte vor Weinen nicht mehr sprechen. Seit vielen Jahren wurde sie die Angst nicht los, die Angst vor der Allmacht der Stasi, die sie in aller Brutalität in Ostberlin vor der Flucht kennen gelernt hatte.
Immer träumte sie davon, dachte daran und erzählte davon, dass die Stasi mich verschleppt oder umbringt. Mehr und mehr wurde sie depressiv, entfernte sich von uns, lebte nur noch in Angst. Nach der Wende ging es ihr einige Zeit besser.
Die ersten Ermittlungen begannen, wir erkannten, dass die Stasi nur offiziell aufgelöst aber nie aufgehört hat, ihre Verbindungen zu pflegen.
Als zu spüren war, wie die untersuchenden Beamten der Stasi und deren Unterlagen alles glaubten, uns aber nichts, brach ihr Nervenkostüm völlig zusammen.
Was für ein Wunder, wenn erst ein niemals erwartetes, ein eigentlich für unmöglich gehaltenes Ereignis, ja ein wahrhaftiger Wunschtraum in Erfüllung ging. Die über drei Jahrzehnte währende Angst war aufgelöst, es gab kein Unrechtssystem DDR mehr, es fing ein neues Leben an. In solch einer einmaligen Hochstimmung kommt dann ohne Vorwarnung, sinnigerweise kurz vor Weihnachten, immer wieder vor Weihnachten, von dem zuständigen Staatsanwalt in Berlin die Mitteilung über die Neuaufnahme der Ermittlungen.
Wie soll da ein Mensch wie mein sensibles Traudchen noch Hoffnung haben. Wie schon geschrieben, sie konnte diesen Kampf nicht durchstehen. Ich hätte mich mit dem Urteil über unsere Flucht um des lieben Friedens willen abgefunden. Niemals, solange ich noch atme, werde ich dieser Gerichtsbürokratie es nachsehen, dass sie mit Verantwortung dafür trägt, den besten Menschen den es für mich auf dieser Welt gab, zerstört zu haben. Traudchens letzte Worte

bei meinem Besuch am Abend vor ihrem Tod, war die Frage: **„Warum haben sie uns nicht geglaubt, dass du unser aller Leben gerettet hast? Warum haben sie den Stasileuten mehr geglaubt als uns?“**
Meine Antwort habe ich verschluckt, sie wäre in einem Vergleich von Juristen, die sich über das Leben stellen, geendet.
Die Grundlage aller Ermittlungen ist und waren Stasiakten, von denen der zuständige Beamte später feststellte**, dass sie sehr ordentlich ermittelt und geführt worden sind!**
Nach dem Gespräch mit meiner Frau setzte sich Frau Bernau für einen Moment zu mir, wie wir es kurz vor Feierabend öfter taten, um den Tag langsam auslaufen zu lassen. Wir hatten ein sehr gutes Miteinander gefunden, schließlich kannten wir uns schon etwa 20 Jahre.
Vor einiger Zeit hatte ich ihr die Geschichte von 1962 in Berlin erzählt. Auch sie hatte ein Gespür dafür, dass es Ärger geben könnte.
Es wollte auch kein Gespräch aufkommen, sie ging an ihrem Schreibtisch, um aufzuräumen. Es war schon nach 17.00 Uhr, ich musste nach Bonn, unser Sitz war am Rande dieser Stadt, um dort mit einem Banker ein kurzes Gespräch zu führen. Mein Fahrer wartete schon und fuhr mich in die Stadt.
Es war gegen 17.30 Uhr, als Frau Bernau mich anrief. Sie berichtete, dass vor unserem Eingang, den sie von ihrem Arbeitsplatz aus sehen konnte, ein Polizeiwagen hielt, aus dem zwei Beamte ausstiegen, und eingelassen werden wollten.
Ich sagte ihr, sie solle sich beruhigen und erst einmal hören was die wollen. Obwohl es mir langsam klar wurde, dass es ernst wird. Es dauerte eine Weile bis sie wieder anrief. Sie war ziemlich erregt als sie berichtete, das die Polizei meinetwegen da war und Einlass ins Haus verlangte.
Sie verweigerte ihnen den Zugang mit dem Hinweis, dass sie alleine sei und die Polizei ja wohl keinen Hausdurchsuchungsbefehl habe. Sie ließen sich abwimmeln, blieben aber mit Ihrem Auto vor der Tür stehen. Ich versuchte am Telefon meine Sekretärin zu beruhigen, was aber nicht so leicht war.
Wie sie mir berichtete, geschah dann Folgendes: Vorab; wir hatten mit dem Nachbarhaus, in dem die Staatsanwaltschaft von Bonn ihren

Sitz hat, vereinbart, dass immer dann, wenn der eigene Hausmeister Urlaub hatte oder krank war, der Hausmeister vom Nachbar abends kontrollierte ob alles verschlossen und auch sonst in Ordnung sei. Dieser Fall war gerade akut.
Die Polizisten sahen aus ihrem Fahrzeug, dass der Hausmeister vom Nachbarn, also der Staatsanwaltschaft einen Schlüssel zu unserem Haus hatte. Sie nutzten die Gelegenheit und verschafften sich Zutritt zum Haus. Frau Bernau ging sofort auf den Gang, um der Polizei entgegen zu gehen. Ich konnte mir vorstellen, wie ihr zumute sein musste.
Mir war jetzt klar, dass der so rücksichtsvolle Beamte, mit dem ich zuvor telefoniert hatte, wollte mich nur in Sicherheit wiegen. Er hatte selbstverständlich die Kollegen in Bonn informiert, die jetzt ihre Aufgabe erfüllen wollten. Was tut man in einer solchen Situation? Nun die meisten Bürger werden und würden die Dinge ihren Lauf lassen und sich verhaften lassen.
Nur was heißt das in meinem Fall?
Nach dem Anlegen der Handschellen würden sie mich abführen, auf die Wache und in eine Zelle bringen. Ich bin ja für die Beamten aus Bonn erst einmal einer der wegen Mord gesucht wird. Was für einen Mord, oder eben doch kein Mord, doch mehr ein Opfer. Was auch immer. Solche Erwägungen stellen die um Amtshilfe ersuchten Beamten nicht an.
Nach der Nacht im Polizeirevier dann Abtransport. Ähnlich wie beim Viehtransport in einer Sammelfuhre, die dann auf der Fahrt nach Berlin in anderen Städten jeweils die für Berlin bestimmten Verhafteten nach dem Zuladprinzip mitnimmt. Der Transport kann sich bis zu zwei bis drei Tage erstrecken.
Es war August, mit entsprechendem warmen Wetter, und da der Verhaftete in der Regel keine Wäsche zum Wechseln aber auch keine Hygieneartikel dabei hat, landet der Vorgeführte völlig gestresst vor dem Haftrichter, oft schon gebrochen und somit schon in einer schlechten Ausgangssituation. Ist das nicht eine perfide Machtausübung über Menschen?
Das und mehr ging mir durch den Kopf, als Frau Bernau mir alles berichtete. Sie erzählte auch, sie verwahrte sich dagegen, wie die Polizei so einfach ins Haus eindrang und vor allem dabei war, die

Türen der einzelnen Zimmer zu öffnen, um sich dort umzusehen. Im Übrigen verwies sie die Beamten nochmals auf das ihrer Meinung nach unrechtmäßige Handeln. Sie war völlig aufgeregt und ratlos. Was sollen wir denn machen, fragte sie, was wollen sie denn jetzt tun? Es war inzwischen schon fast 19.00 Uhr, mein Gesprächspartner war wieder weg. Frau Bernau geriet langsam in Panik. Ich inzwischen auch, ließ mir aber nichts anmerken, glaubte ich jedenfalls. Sie rief mich noch einmal an, „was machen wir jetzt?" war ihre Frage.
Es war schon eine bemerkenswerte Situation. Allein die Wortwahl von Frau Bernau „was machen wir denn jetzt?" Ist ja nicht selbstverständlich. Ich sagte ihr, sie solle jetzt fahren, ich würde dann schon sehen, die Dinge in die Reihe zu bringen. Inzwischen hatte ich auch meinen Anwalt in Berlin erreicht, der völlig überrascht wegen dieser Entwicklung war. Wir vereinbarten, dass ich nach Berlin komme, während er versuchen wollte, einen Termin mit dem zuständigem Richter zu verabreden. Ich fuhr dann nicht in meine Wohnung nach Troisdorf, sondern zu einem ehemaligen Kollegen, um dort zu übernachten.
Irgendwie hatte ich doch ein komisches Gefühl. Eben noch Geschäftsführer einer großen Firma, jetzt einer, der von der Polizei mit Haftbefehl gesucht und verfolgt wird. Hinterher stellte sich heraus, dass die Polizei an diesem Abend in der Wohnung in Troisdorf versucht hatte, mich zu finden. In Troisdorf, in der Nähe von Bonn war meine kleine Zweitwohnung, die ich immer dann nutzte, wenn ich in Bonn im Büro lange zu tun hatte. Diese Nacht war sicher nicht zum Schlafen. Die Gedanken jagten durch meinen Kopf. Die Ausweglosigkeit der Situation wurde immer deutlicher.
Warum wollten sie mich verhaften?
Über dreißig Jahre ist die Sache bekannt. Dreimal Ermittlungen aufgenommen, dreimal eingestellt.
Schließlich dann ein Theater, als wenn ich wirklich ein gemeingefährlicher Killer wäre.
Konnte man mich, der einen allgemein guten Ruf hatte, der jederzeit erreichbar war, konnte man mich nicht völlig normal vorladen, vernehmen und anhören? Glaubten da einige die Springerstory von dem Auftragskiller, die nicht nur von der Stasi, sondern auch von

einigen Schreibern bei uns mit Inbrunst verbreitet wurde? Gab es da Personen, die mit Sendungsbewusstsein die DDR endlich reinwaschen wollen?
Kann es sein, das diese an sich doch normale Befragung nicht stattfand, weil ich das Einverständnis zur Aussage von der Hinzuziehung meines Anwaltes abhängig gemacht hatte. Wollte man es diesem Widerspenstigen, nämlich mir zeigen?
Als ich am nächsten Morgen im Büro anrief, sagte mir Frau Bernau, dass die Polizei (Kripo) im Hause sei und mich suche. Alle möglichen Leute habe sie befragt. Besonders interessiert seien sie an meiner Auto- und Handynummer.
Noch mehr verunsichert fuhr ich zum nächsten Kaufhaus. Es war Sommer, und da sind Hemden schon einmal schnell verschwitzt (vor allem nach solch einem Stress). Ich kaufte mir ein neues Hemd. Die Verkäuferin sah mich doch etwas merkwürdig an, als ich sie fragte, wo ich es denn direkt anziehen könne.
In der Zwischenzeit war ich mit meinem Sohn Bernd in der Nähe von unserem Wohnort Leeheim verabredet, die Autos zu tauschen.
Nach Frankfurt musste ich die A3 runter oder genauer gesagt hoch. Welche Gedanken hatte ich jetzt? Logisch, die Angst im Nacken, ob sie mich auch schon auf der Autobahn suchen. Wie mache ich mich unsichtbar?
Ich versuchte möglichst zwischen oder hinter großen Lastern, zu fahren. Wenn die Strecke frei war, ohne Baustellen und wenig Verkehr, überholte ich die Lastwagen mit Vollgas, um irgendeiner Polizeistreife keine Chance zu geben, meine Nummer zu erkennen. Ich schaffte es, traf meinen Sohn am verabredeten Treffpunkt. In Berlin haben wir dann nicht im Hotel übernachtet, sondern bei Bekannten.
Am nächsten Morgen, es war schon ein ungutes Gefühl, als ich die von meinem Traudchen vorbereitete Reisetasche mit Wäsche und Rasierzeug mitnahm, um zum Treffpunkt mit dem Anwalt zu fahren. Der Anwalt war schon da und außer sich darüber, dass trotz seiner Kontakte zur Staatsanwaltschaft ihm überhaupt nichts mitgeteilt worden ist. Nicht mitgeteilt über irgendwelche neuen Erkenntnisse in der Sache, die solche Maßnahmen, wie die Derzeitigen, überhaupt rechtfertigten.

Häftling

Er sagte, dass er gleich einen Termin mit dem Oberstaatsanwalt hätte und da würde wohl alles in die Reihe kommen.
Danach können wir uns in der Klinik in Marzahn (die neue Unfallklinik) noch treffen, wo wir beide noch etwas dienstlich zu regeln hätten. Mir war dieser Optimismus zu sehr gespielt. Vorstellen konnte ich mir überhaupt nicht, dass die solch eine Aktion veranstalten, um dann nach einem Gespräch mit dem Anwalt alles zu vergessen.
In der Tat, als er zurückkam, war mir schon klar, bevor er etwas sagte, es wird schlimm und er kann nichts daran ändern.
Kalter Schweiß stand auf seiner Stirn. Sein Gesicht blass, so hatte ich ihn noch nie gesehen. Er war eigentlich ein sehr harter Knochen, den nichts aber auch gar nichts aus der Ruhe bringen konnte.. Ein rotes Papier zog er aus der Tasche, den Haftbefehl.
Er gab ihn mir zu lesen, sagte dabei: „Erschrecke nicht, was da steht, ist alles zu widerlegen."

Dann las ich:

Landgericht Berlin
Berlin, dem 31. Juli 1997
(540) 1 Kap ins 1422/90 Ks(3/97)

Haftbefehl

GEGEN

Rudolf M Ü L L E R, geboren am 22. Februar 1931 in Berlin, wohnhaft:
Westring. 65,
64560 Riedstadt
Deutscher, verheiratet,

Verteidiger:
Rechtsanwalt Dr. Dieter Priger Platz 6, 1000 Berlin,

Wird die Untersuchungshaft angeordnet.

Er ist dringend verdächtig, in Berlin-Mitte, am 18. Juni 1962

Einen Menschen heimtückisch getötet zu haben.

Es folgt der Text voller Vorwürfe, die nach erster Sicht auch im Ansatz völlig daneben lagen. Soviel sah ich aber schon auf den ersten Blick. Es hatte verdammte Ähnlichkeit mit meiner Stasiakte, die ich vor einiger Zeit einsehen durfte. Da sagte ich noch zu Traudchen, „was ein Glück, dass die Verfasser dieser Lügen nicht mehr im Amt sind, dann ginge es uns aber schlecht".
So ist das Leben, sie sind zwar nicht mehr im Amt, ihr Atem, ihr Arm reichte mit ihren raffinierten Fälschungen bis in unsere demokrati-schen Amtsstuben.
Jetzt ging es uns nun doch schlecht.

Was für ein Leben!

Der Haftbefehl ist kein böser Traum.
Ich sollte verhaftet werden.
Vor mehr als dreißig Jahre ist all das geschehen, wofür ich jetzt ganz schnell und dringend eingesperrt werden soll. Stasierkenntnisse, die über einen Klassenfeind zusammen gefälscht wurden, sind augenscheinlich die Basis für den Haftbefehl.
Mir war in dem Augenblick, als ich diesen Unsinn im Haftbefehl las, als würde der Boden unter meinen Füßen wegrutschen.
Der Anwalt bestätigte die Ausweglosigkeit der Situation und er hat zugesagt, dass ich mich spätestens um 13.00 Uhr beim Gericht stelle.
Es war schon 12.00 Uhr.
Bernd, mein Sohn, stand neben mir.
Genauso fassungslos wie ich.

Auf dem Weg zu unserem Auto, wo wir die Tasche mit dem Notwendigsten hatten, bedrücktes Schweigen. Draußen gab ich Bernd alles, was ich an Geld und Kreditkarten so bei mir hatte.
Ein paar Mark steckte ich mir ein.
In meinem Kopf die große Leere. Alles, was ich aufgebaut hatte, alles, was das eigentliche Leben bedeutete, war nichts mehr.
Wir fuhren nach Moabit. Das Gebäude des Landgerichts für sich ist schon für den betroffenen Menschen eine Folter. Eine Kaskade der Macht von Menschen über Menschen. Wie ein überdimensionaler Fleischwolf, indem vorne die Menschen aufrecht hineingehen und hinten als zermahlene kleine Würstchen herauskommen. Vor uns lag dieser monströse Bau. Mir war klar, wenn ich da hereingehe, gibt es kein zurück. Dann haben Menschen wieder Gewalt über mich.

Bild: Landgericht Berlin Moabit

Das Leben raste in einem ungeheuren Tempo durch meinen Kopf. Die Gedanken blieben abrupt und wie einen ständigen Schrei an einem bestimmten Punkt meines Lebens stehen. 43 Jahre ist es her, längst vergessen. Da war es wieder, so dicht, als wenn es gestern erst gewesen wäre. Kein Albtraum!
Nein! Die STASI ist wieder da, ständige Fragen, Tag und Nacht grelles Licht, nicht mehr wissen ist es Tag oder ist es Nacht?
Wofür lebe ich noch?
Die Zelle in Rummelsburg, der Keller im Stasibunker, die Enge der Zelle, die perversen Wachleute, die sich selbst eingesperrt fühlen,

ihren Frust mit immer neuen Schikanen an den Häftlingen austobten. Das totale Ausgeliefert sein, das Nicht- Mehr- Mensch-Sein.
Das war Ziel und Sinn dieser Art von Menschenverbrauch gewesen. Gewesen? Wo war ich denn jetzt? War ich nicht dorthin zurückgekehrt, wo ich schon einmal war, wohin mein Kopf mich gerade versetzt hat? Nein, mein Inneres wehrte sich dagegen: Es gab einen großen Unterschied. Damals wurde ich von einem Unrechtsystem mit einem Unrechtsurteil verdonnert.
Aber auch von Juristen.
Juristen, die angeblich auch unabhängig waren. In Wirklichkeit staatstreu und im ständig vorauseilenden Gehorsam urteilten sie so unabhängig, wie der Staat es von ihnen erwartete. Juristen, die ihre Urteile im Namen des Volkes sprachen, schon lange aber vergessen hatten, welchem Volk sie dienen, vor allem, was denn das Volk tatsächlich wollte.
Panische Angst überkam mich, „hör doch einfach auf", sagte mir eine leise, innere Stimme. „Du bist doch alt genug, alles, was ein Mensch nur erreichen kann, hast du geschafft. Laß es sein! Jetzt einfach ins Taxi steigen und weg."
Wohin? Es war August, sehr warm. Der Weiße See tauchte in den Gedanken auf. Ich spürte das weiche Wasser, die Kühle, die Stille in der Tiefe des Sees, die ich als Heranwachsender von unendlich vielen Tauchversuchen her kannte.
Sehnsucht hatte ich jetzt nach diesem See. Er ist mir plötzlich ein erstrebenswerter Endpunkt meines Lebens, eine endgültige Rückkehr zu den Wurzeln meines Lebens. „Ich will keinen Kampf mehr," ging es mir durch den Kopf.
Zu Bernd, meinem Sohn, sagte ich, dass er jetzt noch meine Papiere bekäme und alles andere, ich mache Schluss.
Bernd, den ich noch nie so betroffen gesehen hatte, hielt meinen Arm, drückte ihn fest, sagte: „Hör mal, ich habe dich immer bewundert wegen deiner Stärke, du hast nie aufgegeben, das darfst du jetzt auch nicht. Vor allem gönne doch denen, die dich hier reinbringen wollen, nicht den Triumph." Also nahm ich meine Tasche mit den notwendigsten Sachen und wir gingen gemeinsam ins Gerichtsgebäude, in einen Gerichtssaal, wo die Kammer, die nun auch für mich zuständig sein würde, noch in einer Verhandlung war.

Es ging um Mord oder Totschlag.
Wir sollten das Ende der Verhandlung abwarten. Dann war es soweit. Die Vorsitzende Richterin war relativ ruhig, auch sehr freundlich, kam auf mich zu, reichte mir die Hand. Sie verlas den mir schon bekannten Haftbefehl, dann gab es Fragen, Fragen zu einer Geschichte, die so lange zurücklag.
Der Staatsanwalt war ein junger Mann, der damals, 1962 sicher noch nicht geboren war. Mir ging durch den Kopf, ob der denn überhaupt eine Vorstellung der Situation an der Mauer im Jahr 1962 hatte.
So, wie der Staatsanwalt kritiklos die Inhalte der Stasiakten nicht nur übernahm, sondern zu seiner eigenen Position machte, dass alles weckte in mir die schlimmsten Befürchtungen. Meine Entscheidung, mich selbst in Berlin den Behörden zu stellen, reichte für ihn, mir vorzuwerfen, ich habe mich in Bonn der Verhaftung durch vorsätzliche Flucht entzogen. Daraus gab es für die Staatsanwaltschaft nur die Konsequenz, den Haftbefehl zu vollziehen und den Angeklagten in die Justizvollzugsanstalt Moabit einzuweisen.
Nach kurzer Beratung kam das Gericht wieder zurück. Der Haftbefehl sei zu vollziehen. Einweisung!

Landgericht Berlin Berlin, den 31. Juli 1997
(540) 1 Kap Js 1422/90 Ks (3/97)

Haftbefehl

Gegen

Rudolf M Ü L L E R,
geboren am 22. Februar 1931 in Berlin,
wohnhaft: Westring 65,
64560 Riedstadt/Leeheim,
Deutscher, verheiratet,

Verteidiger: Rechtsanwalt Dr. Dieter Greiner,
Prager Platz 6, 10779 Berlin,
Tel.: 030/ 211 19 57

wird die Untersuchungshaft angeordnet.

Er ist dringend verdächtig,
in Berlin-Mitte,
am 18. Juni 1962

einen Menschen heimtückisch getötet zu haben.

Dem Angeschuldigten wird folgendes zur Last gelegt:

Bild: Haftbefehl Seite 1

Das war es dann.
Für mich brach eine Welt zusammen. Wieder einmal war ich ihnen ausgeliefert. Ausgeliefert, von einer Minute zur anderen in einem Räderwerk, welches jedem Einfluss entzogen ist. Wo Menschen nur noch Objekt sind, die ihre Selbstbestimmung sofort und insgesamt zu vergessen haben. Ein Wachmann nahm mich in Empfang, ging mit mir an eine Tür, Schlüssel rasselten, (dieses Geräusch weckte böse Erinnerungen in mir) wir waren im verschlossenen Bereich, im Gefängnis. Der Wachmann war bei meiner Anhörung vor Gericht zugegen, hatte alles mit angehört.
Er sagte nur, dass er das, was mit mir geschehe, überhaupt nicht verstände.
„Kannst mir glauben," so sagte er, „wenn ich an deiner Stelle gewesen wäre, hätte ich nicht anders gehandelt. Meine Familie hätte ich diesen Strolchen der DDR auch nicht ausgeliefert."

Das war für mich zwar kein Trost in dieser Situation, jedoch ein Zeichen dafür, dass normale Menschen, vor allem solche, die alt genug sind, um sich an die Mauerverbrechen der DDR zu erinnern, genau so wenig Verständnis dafür hatten, was mit mir geschah, wie ich. Nach einem mir endlos vorkommenden Weg durch irgendwelche Gänge lieferte er mich bei anderen Wachleuten ab, die mich aufforderten, die Taschen zu leeren. Taschenmesser, Wertsachen und Geld war abzuliefern.
Dann kam ich in eine Sammelzelle. Ein trister, schlecht beleuchteter und noch schlechter belüfteter schmaler Raum mit zwei Bänken. Die Bänke waren besetzt. An der Wand gegenüber der Tür standen auch noch Inhaftierte.
„Was sind das für Menschen?“, ging es mir durch den Kopf.
Auch hier, von der Mischung her alle Typen, wie ich es schon einmal erlebt hatte. Einen Unterschied gab es, ich sah keinen, dem man das Politische ansah. Die gab es hier nicht. Ich sagte kurz "Hallo" und stellte mich zu den anderen an die Wand.
Die Tür ging noch öfter auf und es kamen noch mehr Leute in den ohnehin schon überfüllten Raum. Die Luft war ungemein stickig, fast alle rauchten. Die Hitze (August), der Mief, das Stimmengewirr, laut und hektisch, überwiegend unverständlich, viele andere Sprachen. Insgesamt eine Situation, die nicht menschenwürdig ist, auch nicht vereinbar mit dem Grundsatz der Unschuldsvermutung.
Nach einiger Zeit rief mich ein Wachmann aus der Sammelzelle raus und ging mit mir einige Türen weiter, sagte dabei, er hätte von meiner Sache gehört und ich soll in der leeren Zelle, in die er mich dann brachte, warten.
Anscheinend hatte es sich schon herumgesprochen, zumindest bei den Wachleuten, in welcher gottverdammten Lage ich steckte.
Irgendwann wurde ich von einem anderen Wachmann zum Magazin gebracht, wo es Bettwäsche (das berühmte blau karierte) und alle anderen nötigen Utensilien gab.
Schließlich stand ich vor einer Zellentür, ein Wachmann von der Station kam und übernahm mich.
Dann knallten die Riegel, wie ich es schon kannte. Es gibt Zeitraffer nicht nur im Film. Urplötzlich war alles wieder da. Jetzt fehlten nur noch Nikulla und die anderen Gefährten eines längst vergangenen

Lebens. Die Zelle 381 in Rummelsburg wurde wieder Realität. Ich befand mich in einem für jeden normalen Menschen tödlichen Kreislauf. Innerhalb der nächsten drei Tage könnte Dr. Rainer Haftprüfung gegen Kaution beantragen. Doch viel Hoffnung gab es nicht, bei den Vorwürfen. Was tun?
Wer noch nie einer solchen Situation ausgesetzt war, kann sich nicht vorstellen, was es heißt, keinen Willen mehr haben zu dürfen. Nicht mehr Herr über das eigene Handeln sein zu können, irgendwelchen Menschen ausgeliefert zu sein.
Nach dem Gesetz ist jeder Verdächtige unschuldig, bis durch Urteil das Gegenteil festgestellt wird. Dürfen Unschuldige, nur Verdächtige, entwürdigend, diskriminierend, unter Missachtung ihrer Grundrechte unter gleichen Bedingungen wie rechtskräftig Verurteilte, eingesperrt werden?
Wobei sicherlich die Frage berechtigt ist, ob denn verurteilte Menschen so behandelt werden dürfen.
Erst einmal war ich beruhigt. Die Zelle hatte ich für mich alleine. Das war schon mal wichtig, denn ich musste mit mir selbst ins Reine kommen. Musste sondieren, wie es denn nun weiter geht.
Die Zelle, ein Doppelstockbett, ein Schrank, ein kleiner Tisch, zwei Stühle, Waschbecken und Toilette sahen aus, als wenn sie schon 100 Jahre ihren Dienst verrichteten. Der Fußboden war ein Beweis für das hohe Alter des Hauses. Holzdielen, die in sich schon ausgehöhlt waren, von den vielen Füßen, die sich darauf bewegt haben.
Der Hauptmann von Köpenick könnte gut über diese Dielen gelaufen sein. Jeder Schritt knarrte, auch der letzte Rest Farbe war abgeschabt. Fassungslos vom ersten Eindruck, überflog ich noch einmal den Haftbefehl. Warum schreiben die von der Stasi ab? Gab es da eine stillschweigende Kumpanei zwischen Ermittlern? Ich überlegte, ob denn hinter dem ganzen Theater mit mir nicht doch mehr steckte, als es den ersten Anschein hatte. Könnte es sein, dass die Justiz, ob bewusst oder unbewusst, einen Ausgleich zu den vielen Prozessen gegen die ehemaligen Grenzer brauchte. Sollte ich wohl als Bauernopfer meinen Kopf hinhalten?
Will unsere Justiz ihre große Weisheit und vor allem Gerechtigkeit beweisen? Also, jetzt steht doch ein Wessi vor Gericht, der aus reiner

Mordlust einen völlig harmlosen, arglosen Grenzer heimtückisch ermordet hat.
Seht alle her, vor allem alle Ossis, wir, die Wessis, sind gerecht und verfolgen auch die Täter aus dem Westen. So richtig passend wird das erst richtig, wenn dieser Killer vom Grundstück eines Axel Springers seinen Angriff auf arglose Grenzer und die friedfertige DDR startete. Inwieweit Geld von Springer geflossen ist, weiß man nicht genau, deutet die Möglichkeit jedoch immerhin an. Schließlich, damit die Story vom Killer auch glaubhaft werde, unterstellte die Staatsanwaltschaft kurzerhand, dass ich einige Zeit bei der Fremdenlegion verbracht hatte.
Das tönt doch so richtig an, ein Profikiller, ein Söldner, der für Geld Menschen umbringt. Wie gut, dass es doch verlässliche Stasiakten gibt.
Springer, CIA und alle bösen Agenten dieser Welt, nach der Schilderung des Tathergangs gab es sie wohl nur im Westen. Sie hatten ihr Werkzeug, Personen wie mich, die für sie den Killer spielte.
So las ich viele Male diese haltlosen Vorwürfe. Verzweiflung packte mich, mein Verstand weigerte sich, alles zu begreifen, es als real zu akzeptieren. Notizen machte ich. Wofür?
Es soll einen Haftprüfungstermin geben. Vielleicht würden dort Fragen gestellt. Angst, simple Angst überkam mich, weil es allem Anschein nach möglich ist, mit solchen primitiven, aus Stasiakten übernommenen, einfach so hingeschluderten Anschuldigungen einen Menschen einzusperren. Und wie schon gesagt, ohne ein einziges Wort mit dem Betroffenen geredet zu haben.
Was in den berüchtigten Stasiakten abgebildet wurde, diente vor allem dem politischen Ziel, den Verbrechen des Staates DDR an der Mauer einen Schein von Rechtfertigung zu geben. Gleichzeitig aber auch als Vorwand, den bestgehassten Mann im Westen, den größten Zeitungsverleger Deutschlands, Axel Caesar Springer endlich an den Pranger stellen zu können. Was die Handlanger des Tötens an der Mauer, nämlich die Stasi, in ihre Protokolle gegossen hat, wird von demokratischen Justizorganen als „gut ermittelt“ bezeichnet.
Ich steigerte mich. Es blieb die ernüchternde Bilanz.
Eingesperrt, nicht nach der Wende der Held, der seine Familie trotz Maschinenpistolen und Todesstreifen und Vernichtungs-Befehl aus

staatlicher Geiselhaft befreit hat. Nein, genau das Gegenteil von allem, was zu erwarten war. Eingesperrt und als Mörder angeklagt.
Als Mörder? Die Grenzer, die ihrem Vernichtungsbefehl gegenüber Flüchtlingen, sogar Kindern mit Belobigung des Staates, quasi als Kopfgeldjäger erfüllt hatten, werden und wurden doch nur wegen Totschlag angeklagt und nur zum Teil verurteilt?
Warum ich als Mörder? Wie geht es weiter?
Wie komme ich raus? Für den Haftprüfungstermin muss die Kaution beschafft werden. Gesprochen wurde von 100.000.- DM. Woher nehme ich das Geld, wenn ich selbst nicht mit meiner Bank reden kann. Als Eingesperrter, immer noch Unschuldiger aber dennoch von allen Kontakten die nötig wären, abgeschnitten. Welchen Sinn macht wie in meinem Fall die U-Haft?
Was sollte ich nach zirka 35 Jahren wohl noch verschleiern?
Auch das ist für mich in diesen Moment die Frage, sollen Menschen wie ich in dieser Situation gebrochen werden? Ist hier wirklich noch ein Stück Mittelalter bei der Justiz erhalten geblieben?
Welchen Sinn machte bei mir das Einsperren?
Flucht verhindern? 66 Jahre bin ich alt, noch in Arbeit, Geschäftsführer einer großen Firma.
Flüchten? Mit meinem behinderten Sohn und meiner schwer depressiven Frau, die vor lauter Stasischikane den Lebensmut verloren hat?
Warum? Wohin? Eine Flucht hieße auch, ein schlechtes Gewissen.
Dieses Gewissen, dieses schlechte Gewissen steht der Politik und den Politikern zu.
Sie hatten der Geiselhaft von 18 Millionen Menschen der DDR außer verbaler Kritik und Feiertagsreden nichts entgegengestellt. Eine neue Variante des Menschenhandels hatten sie zugelassen. Umso mehr Terror-Urteile gegen Flüchtlinge, umso mehr harte Devisen für den Freikauf. Der Mauer-Terror wurde zum Geschäft für die Geiselnehmer.
Meine Gedanken überschlugen sich. Ich versuchte, mich zu bremsen, nüchternes Einschätzen meiner Lage war jetzt nötig. Plötzlich knallten die Riegel. Die Zellentür ging auf. Ein Zivilist stand in der Tür. Er stellte sich als der für diesen Trakt zuständige Pfarrer vor. Fragt nach meinen Namen, sagte dann, es sei ein Telefongespräch für mich.

Ich sollte mitkommen, die Anruferin wird gleich noch einmal zurückrufen. Wer denn angerufen habe, wollte ich wissen, konnte mir nicht vorstellen, dass es möglich war, bis hier durchzukommen. Er meinte: „Allgemein ist es auch nicht üblich, aber die Anruferin machte es schon sehr dringend."
Wir gingen eine Etage tiefer, an der Zentrale vorbei, wo er Bescheid sagte, dann waren wir auch schon in seinem Büro.
Er wollte wissen, was mit mir geschehen ist und meinte, er könne nicht glauben, was er über meinen Fall gehört hatte. Ich erklärte kurz, was passiert war. Dann klingelte auch schon das Telefon auf seinem Schreibtisch. „Fassen sie sich kurz" sagt er noch, als er mir das Telefon gab, „sonst kriege ich Ärger."

Gute Freunde

Als ich mich meldete, war ich doch sehr erstaunt.
Frau Bernau, meine Sekretärin war am Apparat. Sie war sehr besorgt, wie es mir denn gehe, ob ich das denn durchstehen würde. Dann sagte sie, ich solle mir keine Gedanken wegen der Kaution machen, sie hatte inzwischen mit meiner Familie und der Bank gesprochen, die Kaution stehe zur Verfügung.
Auch der Anwalt wisse Bescheid, der könne jetzt beim Haftprüfungstermin die benötigte Summe bereitstellen. Eben noch die absolute Verzweiflung, Hoffnungslosigkeit.
Und dann dieses Telefongespräch. Ich kam mir richtig schäbig vor wegen meines Kleinmuts. Da schaffte es doch diese Frau mich in der Zelle anzurufen, sie kommt durch und hatte auch schon die Kaution organisiert.
Solange ich sie kannte, das waren zu diesem Zeitpunkt runde zwanzig Jahre, hatte sie immer ihre Zielstrebigkeit unter Beweis gestellt. Manchmal bekam ich es schon mit der Angst zu tun, wenn sie richtig loslegte. Egal, wer in ihr Fadenkreuz kam, wenn es um Ungerechtigkeit oder um die FIRMA ging, wurde es hart. Sie war Chefsekretärin und ich der von ihr akzeptierte Chef.
Wenn, wie gesagt, es um das Unternehmen ging, vielleicht sogar Schaden zu besorgen war, dann war nichts mehr von ihrer eigentlich sprichwörtlichen Freundlichkeit zu spüren.

Für mich war es jedenfalls immer eine Freude, und zwar jeden Morgen, wenn sie, aber auch ihre Kollegin Annegret nicht minder sehenswert, immer gut gelaunt in den oft sehr schwierigen Job einstiegen. Den konnte keiner besser machen als diese beiden Damen. Sie waren beide absolute Profis.
Zurück zu meiner Situation. Frau Bernau, Traudchen sowie meine Söhne, das waren einfach Menschen, die daran glaubten, dass ich es schaffe. Also musste ich kämpfen und noch einmal kämpfen, denn nichts ist schlimmer, als zum Schluss festzustellen, dass der ganze Einsatz nichts gebracht hat, weil der, dem es galt, nicht mehr will oder keinen Mut mehr hat.
Die Gedanken des Zweifelns verdrängte ich aus meinem Kopf. Es musste weiter gehen. In der Zelle war es schwül. Meine paar Sachen hatte ich schnell einsortiert. Jetzt war Zeit, noch einmal alles, was geschehen war, Revue passieren zu lassen. Eine Strategie musste aufgestellt werden. Priorität hatte vor allem, ich musste wieder raus. Bei der ersten Anhörung hatte ich ja zugegeben, eine Waffe gehabt und auch einmal geschossen zu haben. Traudchen hatte ja auch noch in ihrer Angst, als die Kripo bei ihr im Haus war und mich verhaften wollte, den Beamten gesagt, es war doch kein Mord gewesen, mein Mann hat doch nur verhindert, dass dieser Grenzer auf die Kinder und uns schießt .
Sie hatte damit natürlich zugestanden, dass ich eine Waffe hatte.
Dr. Rainer, mein Anwalt, war darüber ärgerlich und meinte, seine ganze Verteidigungsstrategie müsse jetzt umgestellt werden.
Fest stehe, wenn es den Haftprüfungstermin gibt, müsse ich bei der jetzigen Linie bleiben und wie man so schön sagt, die Wahrheit und nichts als die Wahrheit sagen. Der Staatsschutz, der uns aus Berlin ausfliegen ließ, drängte damals darauf, bei der Aussage mit dem von mir niedergeschlagenen Grenzer zu bleiben und von der Waffe nichts zu sagen.
Die haben mich doch letztlich reingeritten, mit dem Verschweigen aus Staatsräson, wenn ich es richtig deute.
Mist dachte ich in meiner Zelle, was denken sich diese Leute, die mich jetzt vors Gericht zerren. Im Haftbefehl wird als einer der Haftgründe angeführt „zumal er die Tat bestreitet.“ Direkt nach unserer Flucht hätte ich genau den Hergang so schildern können, wie es wirklich war.

Zu dieser Zeit wusste jeder, um die angespannte Situation an der Mauer. Es wäre wohl keiner auf die Idee vom arglosen Grenzer gekommen. An der gegebenen Notwehrsituation wäre kein Zweifel aufgekommen. Es hätte wohl auch keiner die Stasi um Rat gefragt.
Zu diesem Zeitpunkt, als armer Hund in der Zelle, fragte ich mich schon, warum hat dieser Staat, der gleiche Staat, von dem ich jetzt nach 35 Jahren wie ein Schwerverbrecher behandelt und vor den Kadi gezerrt werde, mich denn damals *genötigt, falsch auszusagen*?
Es passte wohl zu dieser Zeit in die hohe Politik, nach dem Motto, was nicht sein darf, kann nicht sein.
Jetzt saß ich hier im Gefängnis. Stand vor dem Gericht als hartnäckiger Lügner da, so jedenfalls der Staatsanwalt. Mein Problem war, wird es denn von dem Staat, der mich hier eingesperrt hat, von wem auch immer, Unterstützung geben?
Habe ich doch nichts anderes getan, als das, was der Regierende 1962 der Weltöffentlichkeit deutlich gemacht hatte.

Wie sagte Willy Brandt?
„Und noch eins: Eher würde ich nicht mehr Bürgermeister sein wollen, als Anweisungen zu geben, die Mauer als etwas Rechtmäßiges zu respektieren. Jeder unserer Polizeibeamten und jeder Berliner soll wissen, dass er den Regierenden Bürgermeister hinter sich hat, wenn er seine Pflicht tut, indem er von seinem Recht auf ***Notwehr*** *Gebrauch macht und indem er verfolgten Landsleuten* ***den ihm möglichen Schutz gewährt."***

Willy Brandt sagte den Bürgern Hilfe zu, wenn sie anderen den ihnen möglichen Schutz gewähren. Genau das, was ich getan habe, war in dieser Situation nur möglich.
Wo blieb denn jetzt die Hilfe, kam mir in den Sinn?
Vor lauter Grübeln merkte ich nicht, wie die Zeit verging, jedenfalls war es wohl Abendbrotzeit. Die Riegel knallten, die Tür ging auf, der Kalfaktor stand in der Tür. Es gab Kaffee, für den Neuzugang eine Packung Margarine und einen Becher Marmelade, dann noch reichlich Wurst und etwas Obst.
Mir war es zwar völlig gleich, was es da gab; wer hat schon Appetit nach solch einem Desaster?

Jetzt konnte ich aber einen der Mithäftlinge aus der Sammelzelle verstehen. Der Mann sah ziemlich abgerissen aus. Auf die Frage eines anderen, warum er denn hier wäre, sagte dieser, „wegen Zechprellerei.“
Einfach so, ein Lokal ausgesucht, ordentlich gefuttert, dann dem Wirt gesagt, der soll die Bullen rufen, er habe nämlich kein Geld.
Seine Begründung, er müsse sich mal wieder erholen, so richtig regelmäßig essen, dafür sei der Knast sehr gut geeignet.
Die Polizei kam, da er keinen Wohnsitz hatte: prompte Einweisung.
So ist das nun mal, für jemanden wie mich bricht die Welt zusammen in diesem Knast sich wieder zu finden, der andere nimmt es als Kuraufenthalt.
Wobei von Kur nicht wirklich die Rede sein kann, da müssen die Bedürfnisse schon auf ein für unsere Gesellschaft recht niedriges Niveau gesunken sein.
Allein der Schallpegel, der sich draußen aufbaute. Der Knast in Moabit ist ein klassischer Sternbau. Die Mitte ist wie eine Radnabe in der sich die Räume des Wachpersonals befinden. Hier sind Aufgänge, Verwaltung, Wachen und alles so angeordnet, dass der Blick auf die wie Speichen eines großen Rades angeordneten Zellenflügel immer gesichert ist.
Daraus ergibt es sich, dass immer die Fenster zweier Zellenflügel gegenüberliegen. Da es in Moabit wohl keinen stört, wird von Fenster zu Fenster quer über den Hof alles, aber auch alles, was möglich ist, lautstark ausgetauscht. Das dann auch noch in allen Sprachen dieser Welt. Mir wurde gesagt, zirka 70 % der Insassen von Moabit sind nicht deutscher Nationalität.
Was soll’s, ich wollte mich an diesem Ort nicht lange aufhalten.
Um den Lärm einigermaßen zu dämmen, schloss ich das Fenster, setzte mich an den kleinen Tisch und nahm mir die Anklageschrift vor.

Anklage

Nach meinem Erleben im Knast der Stasi, jetzt wieder frisch in Erinnerung, war die Anklage das Geschreibsel eines Ermittlers, der nichts anderes zu tun hatte, als mich zum Superagenten der Kampfgruppe gegen Unmenschlichkeit des Bundes freiheitlicher Juristen und

letztlich der Amerikaner zu machen. Nach dem politischen Kalkül des Systems der DDR, zu dieser Zeit noch im tiefen Stalinismus, war es nicht die Frage, welche Schuld kann dem Delinquenten nachgewiesen werden. Nein, es ging immer nur darum, was man wohl zur Einschüchterung der Bürger am besten verwenden könne. Das wurde dann auch vollzogen.
Aber jetzt war ich ja Untersuchungshäftling in einem Rechtsstaat, dachte ich, da sollte ja wohl nur das in der Anklageschrift stehen, was entweder durch Zeugen beweisbar, oder mit Hilfe von Indizien logisch nachvollziehbar ist.
Aufgewühlt und gespannt auf das, was mir denn nun wirklich vorgeworfen wird, um es zu einer Mordanklage kommen zu lassen, machte ich mich ans Studium dieses Papiers.

Im Originaltext sieht die erste Seite so aus:

Staatsanwaltschaft I bei
10548 Berlin, den 27. Juni 1997
dem Landgericht Berlin
Fernruf: 00000

An das Landgericht Berlin
- Schwurgerichtskammer -

S c h w u r g e r i c h t s a n k l a g e

Bl. 84/III

Rudolf Müller
geboren am 22.Februar 1931 in Berlin
Wohnhaft ....
Deutscher, verheiratet,

- Registerauszug liegt an –

Wahlverteidiger: *Rechtsanwalt Dr. Rainer*
Bl. 73/III

Wird angeklagt,

in Berlin Mitte
am 18. Juni 1962

einen Menschen heimtückisch ermordet zu haben.

Die erste Seite, nur wenig Text. Aber Zeilen, die es in sich haben. Beim Lesen blieb ich immer wieder an einem Wort hängen.
„Heimtücke“
Was ist Heimtücke? Jurist bin ich nicht. Erinnern konnte ich mich an einen Bericht vor einiger Zeit.
Da ging es um Mielke. Einer der gefährlichsten, aber auch der mächtigsten Bosse in der DDR. Chef von VEB Horch und Guck, wie sie in der DDR vom Volk genannt wurde. Der erste Mann beim MFS, der Stasi, der wurde nach der Wende wegen heimtückischen Mordes an einem Polizisten angeklagt. Alles geschehen vor langer Zeit, während der Weimarer Republik in Berlin. Bei einer Demonstration soll er aus dem Hinterhalt einen Polizisten erschossen haben.
Dieser war mit einer Demonstration beschäftigt, ahnte nichts von der Gefahr. Er konnte den Schützen Mielke überhaupt nicht wahrnehmen, weil der aus dem Hausflur eines Hauses, also aus dem Hinterhalt, seine Tat begangen haben soll.
Soweit das Beispiel. Was hatte das mit mir zu tun? Habe ich aus dem Hinterhalt geschossen? NEIN
Habe ich überhaupt die Absicht gehabt zu schießen? NEIN
Warum dann dieser unselige Tatvorwurf? War ich ein Killer, dem es nur darum ging, einen Polizisten zu erschießen? Doch wohl nicht!
In den Augen der Staatsanwaltschaft aber wohl doch? Wir wurden bedroht, deshalb, nur deshalb habe ich überhaupt geschossen.
Ich verbiss mich in diese erste Seite. Die Begründung wird es zeigen, woher dieser Irrtum kommt. Ich musste den Text konzentriert lesen.
Nach der Devise „erst Lesen, dann Urteilen“ machte ich mich an den Text. Was waren denn das für Fakten oder Beweise, die es der Staatsanwaltschaft möglich machten, solch schwerwiegende, ja vernichtende Vorwürfe zu erheben?

Über meinen Lebensweg wurde nun berichtet, wie es die Herrschaften ermittelt hatten. Da kam dann auch schon der absolute Knaller in diesem amtlichen, von Staats-Beamten unterschriebenen Papier.

Wörtlich steht dort:
„Im Sommer 1956 heiratete der Angeschuldigte Gertraud Plage; wenig später verließ er erneut die DDR und meldete sich freiwillig zur Fremdenlegion. Er quittierte jedoch alsbald nach Beendigung seiner Ausbildung Fluchtweise den Dienst, da es im Zuge eines Einsatzes in Marokko zu Unstimmigkeiten mit Offizieren gekommen war. Im Dezember 1958 kehrte Rudolf Müller schließlich nach Berlin zurück und lebte seitdem mit seiner Ehefrau Gertrud und seinen Kindern Bernhard und Christian, im Ostteil der Stadt."

Zweimal, dreimal nein mehrmals musste ich diesen Satz lesen. Es ist einfach ungeheuerlich, der Bösartigkeit wird hier die Krone aufgesetzt. Ich war also in der Fremdenlegion.
Natürlich, jetzt wurde mir so einiges klar. Ein normaler Bürger lässt sich ja wohl nicht so ohne weiteres als Killer anheuern. Diese für mich furchtbaren Bürokraten stecken mich so einfach in die Fremdenlegion. Irgendwo musste ich ja das Killerhandwerk gelernt haben.
Vor einiger Zeit war ich mit Traudchen bei der Behörde für die Stasiunterlagen. Dort dürfen Opfer der Unterdrückung Einblick in die Akten der Stasi nehmen. Dort bekamen auch wir dann Kopien von unserem Fall. Im Übrigen werden wir dort als Opfer geführt, im Gegensatz zu einer Reihe von sogenannten Belastungszeugen. Diese, meine Stasiakte ist hoffentlich von den Ermittlern gelesen worden.
Aber auch ohne Akte hätte man (ein guter Wille natürlich vorausgesetzt) unschwer feststellen können, dass unser gemeinsamer Sohn Christian über ein Jahr nach unserer Hochzeit geboren wurde.
Wie das? Bin ich doch aufgrund der präzisen Ermittlungen der zuständigen Staatsanwaltschaft unmittelbar nach der Hochzeit in die Fremdenlegion gegangen. Ist unser Sohn also ein Zwölfmonatskind? Beim Lesen dieser schlampigen Ermittlungsergebnisse stellte sich bei mir auch die Frage, was denn solche Leute im Kopf haben, wenn sie unterstellen, dass jemand heiratet und unmittelbar nach der Hochzeit sich in die Fremdenlegion absetzt?

Dummheit? Absicht?
Blind vor Ehrgeiz, jetzt endlich einen Wessi und dann auch noch einen Verbündeten von Springer in die Pfanne zu hauen?
Einmal unterstellt, der Ermittler weiß wirklich nicht, das Kinder in neun Monaten zur Welt kommen, aber richtig lesen zu können, ist doch wohl eine der Mindestvoraussetzungen, Beamter zu werden.
In der den Ermittlern vorgelegenen Stasiakte ist auch das Gnadenheft von meiner damaligen Verurteilung 1954 in Ostberlin. In ihm wird von der Ortspolizei in Berlin–Weißensee auf Anfrage des Staatsanwalts von Ostberlin erklärt, dass ich in dem Zeitraum von 1955 bis 1958 in Ostberlin, also der Zeitraum in dem ich nach den Ermittlungen bei der Fremdenlegion war, einer geregelten Arbeit nachgegangen bin und alle Bewährungsauflagen zur vollsten Zufriedenheit erfüllt habe.
Warum hat der Ermittler das alles nicht gelesen? Weil es mich hätte entlasten können?
Noch ein Versuch, mich „madig“ zu machen.
Der Ermittler stellt mit einem bestimmten Unterton im Sinne eines unsteten Lebenswandels fest, nämlich meinem ständigen Wechsel der Arbeitgeber, ohne die Ursache dafür zu hinterfragen.
Der Grund für den häufigen Wechsel lag darin, dass ich auf Lebenszeit aufgrund des Urteils der DDR-Richter nur untergeordnete Arbeiten machen durfte. An anderer Stelle ist beschrieben, wie mein Bewacher in der Bewährungszeit regelmäßig mit meinen Chefs sprach und denen erklärte, was für ein krimineller Typ ich wohl sei, sodass ich alleine wegen der Gerüchte mir schnell einen neuen Job suchte. Erst nachdem ich Güterwaggons nachts leer schippte kam er nicht mehr. Dieser Teil meiner Vita steht in der gleichen Stasiakte!
Ging es nach dem Motto, „Guter Leumund passt nicht zum Mörder, also einfach unterschlagen. Unsteter Lebenswandel, da dauernder Arbeitsplatzwechsel, passt besser ins Bild, also rein damit.“??
Die Lüge von der Fremdenlegion war für mich sozusagen der „AHA–Effekt“ oder das Schlüsselerlebnis meiner Anklage und wie ich jetzt befürchtete, des vor mir liegenden Prozesses.

Weiter im Text:

Der 13. August und seine Folgen für uns wurden völlig weltfremd beschrieben. Auch ein Zeichen dafür, dass auch dieser wichtige Teil des Dramas nur stümperhaft aufgearbeitet wurde. Deprimierend war es schon, dass auch der weitere Text offensichtlich von der Stasi abgeschrieben und nicht Ergebnis ordentlicher Ermittlungen war.
Die Schilderung der Vorgänge um den 13. August und der danach folgenden Zeit der Trennung sind völlig frei erfunden, haben nichts mit der Wirklichkeit gemein.
Es wird dann geschildert, wie und warum wir auf dem Springergelände und genau an dieser Stelle den Tunnel gegraben hatten.

Es heißt da:
„Sie entdeckten auf dem Springergrundstück den an der Grenze gelegenen Bauplatz, auf dem sich eine nicht benutzte Baubude befand. Dieses Gelände eignete sich für die Realisierung des Fluchtplans deshalb, weil die vor Beobachtungen schützende Baubude einen geradezu idealen Einstieg in die auszuhebende Tunnelanlage bot.“

Wir entdeckten nicht zufällig den Springerkomplex, nein, Lebrock machte mich darauf aufmerksam. Er hatte schon ausgekundschaftet, dass es auf dieser stillgelegten Baustelle möglich sein müsste, etwas zu tun.
Die Behauptungen des Ermittlers und der Staatsanwaltschaft sind auch in diesem Teil der Anklageschrift völlig falsch.
Die Darstellung, dass sich dort -eine nicht benutzte Baubude- befand, ist falsch. Es waren zwei unmittelbar hintereinander stehende Baubuden vorhanden, die zeitweise nicht benutzt wurden. Allerdings wurden diese gewartet und damit auch ständig kontrolliert. Also gar nicht ermittelt, einfach erfunden, schlimmer noch: Hier wurden von der Stasi frei erfundene Lügen als eigene Ermittlungen ausgegeben.
„Die vor Beobachtungen schützende Baubude bietet einen geradezu idealen Einstieg in den Tunnel!“
Soweit die amtliche aber dennoch falsche Darstellung.
Der Tunnel fing nicht in der Baubude an, so schön, wie sich die Staatsanwaltschaft das auch vorstellen mag.

Der Tunnel fing etwa vier Meter von den Baubuden entfernt an, es gab keine Verbindung zwischen dem Tunnel und Baubuden.
Der Einstieg in den Tunnel war unmittelbar am Bauzaun zur Zimmerstraße. Wenn die Staatsanwaltschaft oder deren Beauftragte neben der Lektüre der Stasiunterlagen tatsächlich Zeugen befragt hätte, die es durchaus gibt, gäbe es diese Fülle an falschen Tatsachenbehauptungen nicht. Darüber hinaus gibt es Fotos von mir nach der Flucht vor dem Tunneleingang, auf dem eindeutig die Lage unmittelbar am Bauzaun zur Zimmerstraße erkennbar ist.
Frage: Warum wurde dies alles von der Staatsanwaltschaft so falsch dargestellt??

Welche Antworten gibt es?

Weiter im Text taucht der absurde Vorwurf auf, Springer hätte mich angestiftet oder zumindest die ganze Sache finanziert, es heißt dort u.a.:
„so dass die sieben Männer Mitte Mai mit den Grabungsarbeiten beginnen konnten. Inwieweit sie hierbei aktiv von Angehörigen des Axel-Springer-Verlages unterstützt wurden, ist offen.“

Die Staatsanwaltschaft reiht sich, wie schon an anderer Stelle bemerkt, in die Vorurteilskette der Stasi und aller anderen Springergegner ein.
Nach dem Motto:
„Immer Schmutz werfen, es wird schon etwas hängen bleiben.“
Um es noch einmal festzuhalten:
Springer, oder sonstige Angehörige des Verlages, haben nichts gewusst. Keiner, und schon gar nicht Axel Springer selbst, hatte vorher, bis zur Entdeckung unseres Tunnels durch den Hausmeister, Kenntnis von unserem Vorhaben.

Weiter im Text der Anklage:

„Allerdings bemerkten Mitglieder des Verlages nach etwa einer Woche die Bauarbeiten und unterrichteten darüber die Geschäftsleitung des Konzerns.“

Eine weitere, wie ich meine, gezielte Falschdarstellung der Ermittler. Ganz im Sinne der Springerallergie. Wir wurden nicht von irgendwelchen Mitgliedern des Verlages nach einer Woche entdeckt, nein, wir waren schon über die Hälfte des Tunnels vorangekommen, da entdeckte der Hausmeister des Axel Springer Verlages bei einer Routinekontrolle des Baugeländes unseren, mit einer Sperrholzplatte abgedeckten, Tunneleinstieg.
Das liest sich in der Anklage dann so:
„Darüber hinaus ist bekannt, dass der beim Axel-Springer-Verlag als Hausmeister beschäftigte Zeuge regelmäßigen Kontakt zu der Gruppe um den Angeschuldigten hielt."
Dieses „darüber hinaus" lässt eine intensive, vielleicht sogar federführende Beteiligung des Springerverlages vermuten. Ist es das, was insgeheim die Verfasser dieser Anklage unterstellen oder sich wünschen? Ich kann mich des Eindrucks nicht erwehren, weil genau die Stasi und der Staat DDR die Führerschaft Springers bei unserer Aktion als Voraussetzung für den Tunnelbau darstellten, sich dieser Trend auch in meiner Anklage fortsetzt. Ich wünschte mir, meine Ankläger und Richter würden die damalige DDR-Presse wenigstens wahrnehmen. Besser, sie würden sie auch lesen. Springer spielte immer die Hauptrolle, von Frauen und Kindern, von Familie, war nie die Rede.
Der so bemerkenswerte, regelmäßige Kontakt bestand lediglich darin, dass der Hausmeister, und nur der Hausmeister, den Einstieg zu unserem Tunnel durch Zufall entdeckte und uns die Weiterarbeit erst einmal untersagte.
Weiter vorne ist darüber berichtet.
Schütteln musste ich mich über den Stil der Anklageschrift. Das Gefühl überkam mich nicht in Moabit zu sein, sondern Gefangener der DDR beim Studium der Anklage mit Aussicht auf das Todesurteil.
Der nächste Angriff im Sinne der Stasi folgte auch sofort:

„Einzelheiten über die Organisation der Bauarbeiten sowie deren Finanzierung konnten im Zuge der Ermittlungen nicht in Erfahrung gebracht werden."

Da die Staatsanwaltschaft davon überzeugt war, dass bestimmte von ihr benannte Zeugen von Beginn an dabei waren, müsste sie alles über

die Fragen wissen, von denen sie jetzt behauptet, Genaueres nicht in Erfahrung gebracht zu haben.
Auch hier, der einer Strafverfolgungsbehörde eines demokratischen Staates, wie ich meine, unwürdige Versuch, Stasigerüchte und Hetze über eine Fremdfinanzierung zu benutzen.
Die gab es nicht, die Organisation habe ich, als derjenige, um dessen Familie es ging, selbstverständlich übernommen.
So einfach war es; aber diese Frage stand und steht immer noch im Raum: Warum sind meine Frau und ich im Zuge der Ermittlungen nie befragt worden? Hatte jemand, wer auch immer, Angst davor, dass das Stasilügengerüst zusammenbricht?

Noch eine frei erfundene Darstellung:
„Fest steht jedoch, dass die Bauarbeiten am 18. Juni 1962 mit dem Erreichen der Fundamente des Hauses Zimmerstr. 56 sowie dem Durchstoßen einer Kellerdecke abgeschlossen waren. Um das Entdeckungsrisiko möglichst gering zu halten, sollte die Flucht sogleich am Abend dieses Tages erfolgen."

Der Ermittler, oder besser die Verfasser dieses Papieres, eingeschlossen die, die es zu einem Gerichtsdokument gemacht haben, geben damit zu, sie haben wirklich nicht ermittelt!! Darf denn in einem Rechtsstaat eine Klageschrift auf solche Ungenauigkeiten aufgebaut werden? Auf dreiste Lügen?
Fest steht eben nicht, dass wir am 18. Juni 1962 die Fundamente erreicht haben. Das geschah schon 3 Tage vorher.
Was für Vorstellungen haben diese Menschen davon, wie es unter der Erde an den Fundamenten eines alten Hauses aussieht?
Mit dem Erreichen der Fundamente war ein Etappenziel erreicht. Die mussten jetzt unterhöhlt werden, nämlich nach Erreichen der Fundamente ging es noch einmal in die Tiefe, dann unter diese Fundamente durch und die gleiche Strecke wieder hoch, um zum eigentlichen Ziel, der Kellerdecke zu gelangen.
Können diese Bürokraten sich eigentlich vorstellen, dachte ich bei mir, wie viel Aushub zusätzlich bewältigt werden muss, um die Unterhöhlung des Fundaments, den Freiraum unter der Kellerdecke für den Durchbruch, sowie Platz für die Flüchtenden zu schaffen? Es ist

schlicht simpel und arrogant zugleich, wenn solche primitiven Schauermärchen von Beamten einfach erfunden werden.
Glaubten die Mitarbeiter der untersuchenden Behörde, als sie das schrieben, selbst daran? Zu dem Zeitpunkt, als ich das lesen musste, war ich entsetzt und verzweifelt darüber, was dort stand. Menschen ausgeliefert zu sein, die völlig realitätsfern, unsere damalige dramatische Situation ungeprüft simplifizieren.
Sie unterstellen wirklich, dass alles an einem Nachmittag zu schaffen war. Da es ja helllichter Tag war, ging es auch viel schneller.
Die Erde und das was wir freischaufelten und rauszuschaffen hatten, fuhren wir dann nach Meinung des Ermittlers schnell mit der Schubkarre um die Ecke. Warum haben wir eigentlich drei Wochen nachts gearbeitet? Dann haben wir, jedenfalls dem Ermittler zufolge, noch schnell die Kellerdecke durchstoßen, hatten plötzlich Angst vor einer Entdeckung, beschlossen daher schnell, noch am gleichen Abend die Flucht durchzuführen.
Baff!!!! So stellt Hänschen sich ein Fluchtunternehmen an der tödlichen Mauer vor. Was denken sich solche Leute, wenn sie so etwas schreiben?
Den richtigen Ablauf, die Dramatik mit der Kellerdecke ist an anderer Stelle beschrieben. Fest steht, dass wir in der Nacht vom 17. Juni 1962 soweit fertig waren, dass wir für den Tag der Flucht nur noch die Kellerdecke, wie geplant, zu überwinden hatten.
Ich arbeitete mich weiter durch das schwachsinnige, aber letztlich nahezu tödliche, Geschreibsel einer unverantwortlichen Administration. Ein Fehler, eine Verdrehung reihte sich an die andere. Jetzt verlagerte sich nach Meinung des Schreiberlings das Geschehen zum Dönhoffplatz, wo die ganze Truppe locker und wenn möglich gelöst auf mich wartete.

Wie heißt es da?

„Demgemäss begaben sich Gertraud Müller mit ihren beiden Söhnen Christian und Bernhard sowie Irmgard Plage am späten Nachmittag des 18. Juni 1962 zum Dönhoffplatz.

Auch die Ehefrau des Zeugen Lebrock fand sich dort mit ihren Kindern ein, um gemeinsam mit den übrigen Fluchtwilligen auf Rudolf Müller zu warten."

Auch hier falsch ermittelt. Frau Lebrock traf mit den Kindern nicht am Dönhoffplatz ein. Sie lief sehr verunsichert, so mein Eindruck, mit ihren Kindern die Leipziger Straße entlang. Hier sprach ich sie dann auch an.
Allerdings einige Zeit später.
Noch eine rein völlig frei erfundene Beschreibung. Die beiden Flüchtlingsgruppen hatten nicht gemeinsam auf mich gewartet. Bis zu meinem Erscheinen am Treffpunkt hatte meine Familie die Familie Lebrock noch nicht gesichtet. Sie waren noch nicht anwesend.

Weiter:

„Während die Angehörigen des Angeschuldigten vom Dönhoffplatz Richtung Leipziger Straße zur Buchhandlung liefen, wurde Frau Lebrock von Sicherheitskräften der ehemaligen Deutschen Demokratischen Republik, kontrolliert und aus letztlich ungeklärtem Grunde festgenommen."

Völlig falsch dargestellt.

Meine Angehörigen warteten am Dönhoffplatz, am vereinbarten Treffpunkt. Sie hatten keinen Grund Richtung Leipziger Straße zur Buchhandlung zu laufen, welche traumhaften Vorstellungen haben die Verfasser dieser Anklageschrift?
Wie sollte ich meine Familie finden, wenn sie auf der Leipziger Straße irgendwo spazieren gingen?
Sollte ich bei der nächsten Polizeistreife vielleicht fragen, ob sie nicht meine Familie gesehen hätten?
Nach mehrmaligem Lesen dieser Anklageschrift blieb ich immer wieder an dieser Stelle hängen. Glauben wollte, konnte ich es einfach nicht.
Solche, für das gesamte Fluchtvorhaben doch entscheidende Momente werden von den Ermittlern, der Staatsanwaltschaft mit einer geradezu sträflichen Oberflächlichkeit behandelt, die sicherlich Beweis dafür ist,

dass eben nicht ermittelt, sondern zum größten Teil aus der Stasiakte abgeschrieben wurde.
Der Rest ist schlechte Fantasie.

Weitere Widersprüche der Anklage

• *In der Anklage wird behauptet, die Verhaftung der Familie Lebrock hat vor meinem Eintreffen stattgefunden.*

• Die Wahrheit ist, wir, die Familie Lebrock und ich haben uns verinbarungsgemäss auf der Leipziger Strasse getroffen und begruesst. Danach erst erfolgte, wie an anderer Stelle berichtet, die Verhaftung, die ich mit ansehen konnte.

Nicht zu glauben.
Ein Ermittler in Sachen Mord, Mord an der Grenze, der Mauer, im Stasisumpf, findet es **unerklärlich**, warum die andere Familie verhaftet worden ist.
Frage an das Gericht: Warum wurde der Grund der Verhaftung der Familie Lebrock nicht ermittelt?
Warum wurde die Frau des Poliers nicht als Zeugin vernommen?

Auch hier Fragen:
Warum kamen diese Grenzer ganz gezielt zu uns?
Was ist nach der Verhaftung mit der Familie geschehen?
Warum ist diese Frau Lebrock nicht vernommen worden? Sie lebt ja wohl immer noch im ehemaligen Ost-Berlin.
Zurück zur Anklageschrift, in der das Durcheinander sich zum kompletten Chaos entwickelt. Der Ermittler (besser gesagt Abschreiber) geht davon aus, die Familie Lebrock ist schon vor meinem Erscheinen verhaftet worden. Dass es anders war, ist oben beschrieben.
Die Fantasie bricht jetzt mit dem Verfasser völlig durch, er stellt fest: „Das Fluchtunternehmen als solches war damit jedoch nicht gescheitert. Vielmehr traf der Angeschuldigte, der zwischenzeitlich mit seinem Bruder Horst den Tunnel durchquert und einige Zeit im Hause Zimmerstr. 56 gewartet hatte, in der Nähe des Dönhoffplatzes auf seine Familie."

Fazit:
Die Familie Lebrock ist also aus unerklärlichen Gründen verhaftet worden. Ich selbst bin zwischenzeitlich nach Durchqueren des Tunnels mit meinem Bruder Horst im Hause Zimmerstraße 56 angekommen. Jetzt wird es abenteuerlich; die unerschöpfliche Weisheit des Ermittlers führt zu der Erkenntnis, ‚wir müssten erst einmal eine kleine Pause einlegen', warten ist angesagt!
Worauf wohl? Auf den Mauerfall? Der kam erst über dreißig Jahre später!
Oder glaubt dieser Mensch das, was in einer der Spitzenmeldungen der Stasi gestanden hatte?
„Ich hätte im sicheren Hort des Tunnels auf meine Familie gewartet. In Sorge, weil sie nicht kam, bin ich dann ans Tageslicht des Ostens rausgekommen, um zu der Familie zu gehen."
Genau das stand vor über 30 Jahren in eine der vielen Falsch-Meldungen. Noch ein Beweis für die gute Ermittlungsarbeit. Auch ein Beweis dafür, dass hier ein Beamter Falschmeldungen ungeprüft als Beweise in ein Verfahren einbringt.
An anderer Stelle ist beschrieben, wie es geschah.
Ich lese weiter, nichts von dem, was dort steht, hat auch nur im Entferntesten damit zu tun, was wir tatsächlich durchgemacht haben. Wort für Wort, Satz für Satz spürte ich das.
Die Antwort darauf, warum mir Heimtücke unterstellt wurde, finde ich auf der nächsten Seite, wo die eigentliche Tat in einer Art und Weise von meinen Anklägern beschrieben wird, dass ich mich schon am Beginn der Lektüre frage, wie solche offensichtlich falschen Tatsachenbehauptungen in einem Rechtsstaat möglich sind.

Es heißt dort, auf mich bezogen:
„Nachdem R. Müller auf seine Familie gestoßen ist, die ja verabredungsgemäß am Dönhoffplatz wartete, sind sie zusammen kurze Zeit später zur Zimmerstraße 56 gelaufen, wo der Grenzer Hinne postiert war. Dieser verlangte vorschriftsmäßig von der Gruppe die Ausweise. R. Müller griff in die linke Innentasche seines Jacketts, um dem Grenzsoldaten die Suche nach dem Ausweis vorzuspiegeln.
Tatsächlich zog Rudolf Müller eine Pistole aus seiner Kleidung hervor und gab auf den zwar mit einer Maschinenpistole bewaffneten, jedoch

situativ gänzlich arglosen Gefreiten einen Schuss mit Tötungsabsicht auf die Brust seines überraschten und daher zur Gegenwehr nicht mehr fähigen Gegenübers ab."

Mir stockte der Atem.

Wie können die so etwas schreiben? Mir kommt das, was da steht, bekannt vor. Woher? Ich zermarterte meinen Kopf, konnte nicht weiter lesen. Wo habe ich das, diese Sprache schon gehört?

Die Erkenntnis kommt schnell.

Der berüchtigte Film aus dem Fernsehen lässt grüßen. Es ist der Film über Axel Cesar Springer. Ein schmieriger Hetzfilm aus der DDR, mit der Handschrift des Demagogen „von Schnitzler".

In diesem Film geht es um unsere Flucht am 18. Juni, aber vor allem darum, Springer so richtig eins auszuwischen, endlich zu beweisen, das dieser Mensch eben nicht der Kämpfer für Recht und Freiheit und, besonders für die Bürger der DDR ist.

Endlich zu beweisen, dass Springer ein Kriegshetzer und Agent ist. Behauptet haben das die Chefkommentatoren von Ulbrichts Gnaden schon immer.

Wie gesagt, es geht in dem Machwerk um unsere Flucht, aber unter anderen Vorzeichen. Die Überschrift war so der richtige Knaller: „Springer wollte nun endlich aus dem Kalten Krieg einen heißen machen." Dann wird in dem Film berichtet und gezeigt, Springer hat mich, den Agenten Rudolf Müller angeheuert, rüber zu gehen und einen Grenzer zu ermorden. In diesem Film wird mit keinem Wort darauf eingegangen, dass es darum ging, die Familie, Frau und Kinder des Rudolf Müller aus Geiselhaft zu befreien.

Nein, in dem Film ging es nur darum, drüben einen Grenzer zu ermorden.

Und wie?

Genau so, wie die Staatsanwaltschaft es in der Anklageschrift beschreibt. In dem Film sieht man einen Mann, der im dunklen Anzug aus einem Haus rauskommt. Er wird von dem dort postierten Grenzer höflich aufgefordert, sich doch auszuweisen.

Der Mensch, der ich sein sollte, griff in die linke Innentasche seines Sakkos, tat so, als wenn er nach seinem Ausweis suchte, zog statt dessen eine Pistole und gab auf den erschreckt zurückweichenden Grenzer zwei Schüsse ab.

Dann dreht der Mensch im Film sich um, verschwindet nach seiner Mordtat wieder in dem Haus, in den Tunnel nach West-Berlin. Er verschwindet durch den von Springer finanzierten Tunnel, um dann im Springerverlag bei Whisky den Sieg, den feigen Mord zu feiern. Genau diesen Teil des Films, den heimtückischen Mord an einem Grenzer mit dem Griff in die Jackentasche, fand sich jetzt 1:1 in der Anklageschrift wieder.
Vierundvierzig Jahre nach Stasi, Zuchthaus Rummelsburg und politischer Verurteilung wird mit mir, so wie es den Anschein hat, jetzt wieder umgegangen wie damals 1954 in der DDR. Der Umgang mit der Wahrheit war doch eine Frage des Systems, oder?
Jedenfalls war auch dieser permanente Missbrauch des Rechts in der DDR, für sich schon Grund genug, einen Systemwechsel herbeizuführen.
Noch einmal den entscheiden Satz:
...gab auf den zwar mit einer Maschinenpistole bewaffneten jedoch situativ gänzlich arglosen Gefreiten einen Schuss mit Tötungsvorsatz auf die Brust seines überraschten und daher zur Gegenwehr nicht mehr fähigen Gegenübers ab.“
Das war es, dieses Machwerk von Klageschrift lag wie ein drohendes Ungeheuer vor mir auf dem Tisch. Immer wieder musste ich es lesen. Begreifen werde ich es nie, wie Staatsbeamte dazu kommen, einfach Dinge so darzustellen, dass sie nichts mehr mit dem tatsächlichen Geschehen gemein haben. Alles, so meine Hoffnung, wird sich im Prozess klären. Auch inwieweit die Aussagen verfälscht wiedergegeben werden.
Samstagvormittag, Untersuchung beim Gefängnisarzt. Mir war nicht ganz klar, ob denn der Arzt nicht ein Mitarbeiter von mir war. Das Unternehmen, das ich als Geschäftsführer leitete, hatte auch einen Betreuungsvertrag mit dem Gefängnis Moabit. Hinterher erfuhr ich dann, dass die Firma nur die Beschäftigten der Haftanstalt betreute, nicht aber die Häftlinge.
Dennoch, die Begegnung mit diesem Arzt war auch nicht gerade von der angenehmen Art. „Sagen sie mal, haben sie in ihrem Alter nichts Besseres vor, als krumme Dinger zu drehen?“ sagte er zu mir und schaute mich so richtig überheblich an. Er hatte meine Einlieferungs-

unterlagen wohl nur kurz überflogen, was von Mord gelesen und sein Urteil oder Vorurteil gefällt.
Täglichen Umgang mit Ärzten hatte ich ja genug in meinem Job, deshalb wusste ich solche Schlaumeier einzuschätzen. „Machen sie ihre Arbeit oder lassen sie mich wieder gehen,“ sagte ich genau so überheblich wie dieser Typ.
Wahrscheinlich war er stinkig darüber, am Samstag arbeiten zu müssen. Montagmorgen, ein Wachtmeister holt mich zur Besprechung mit meinem Anwalt. Es ging um Dienstag, Haftprüfungstermin. Mein ganzes Denken war auf diesen entscheidenden Tag ausgerichtet.
Dr. Rainer meint, es würde alles gut gehen.
Er gab mir einen Zeitungsausschnitt, es war ja wieder der 13. August. Einer der Termine, wo die Presse lauthals über den Mauerbau und die vielen Toten und den Terror an derselben berichtet. Als ich ihn in der Zelle lese, kommt mir schon der Zorn hoch. Auf der einen Seite die richtige und wohl auch geschichtlich notwendige Berichterstattung.
In meiner Anklageschrift jedoch wird die Situation an der gleichen Mauer verharmlost und das Terrorregime an ihr verleugnet.
Mir stellt sich die Frage: Reicht der Arm der STASI bis hin zu meinem Prozess oder leben die Juristen, die meine Klageschrift und die Anklage zu verantworten haben, in einer anderen Welt?

Gedenken an die Opfer einer unmenschlichen Grenze

An den Mauer-Bau vor 36 Jahren wird morgen mit zahlreichen Veranstaltungen erinnert:

■ Parlamentspräsident Herwig Haase und der Regierende Bürgermeister Eberhard Diepgen legen um 11 Uhr einen Kranz am Peter-Fechter-Kreuz an der Zimmerstraße (Mitte) nieder. Kranzniederlegungen in den Bezirken: In Spandau um 10 Uhr am Mahnmal Bergstraße, um 10.15 Uhr am Mahnmal Finkenkruger Weg und um 10.30 Uhr am Mahnmal Oberjägerweg, in Reinickendorf um 14 Uhr am Gedenkkreuz an der Oranienburger Chaussee. Für Wedding und Prenzlauer Berg an der Gedenkstätte Bernauer Straße um 18.30 Uhr, in Steglitz um 15 Uhr am Mahnmal vor der Matthäuskirche und in Wilmersdorf um 10 Uhr am Gedenkstein am Fehrbelliner Platz.

■ Ausstellungen: Um 19 Uhr wird „Berlin – Szenarien für den Grenzstreifen" in der Evangelischen Versöhnungsgemeinde (Bernauer Straße 111, Wedding) eröffnet. Tempelhof: Das Notaufnahmelager Marienfelde zeigt seine Ausstellung an der Marienfelder Allee 66–80 von 11–20 Uhr. Um 11, 14 und 17 Uhr gibt es Sonderführungen.

■ Diskussion: Um 10 Uhr können Weddinger und Prenzelberger Schüler in der Ernst-Reuter-Gesamtschule an der Stralsunder Straße 54 mit Zeitzeugen diskutieren.

■ Mauer-Galerie: Um 19 Uhr wird der erste sanierte Abschnitt der East Side Gallery an der Mühlenstraße (Friedrichshain) übergeben.

■ Mauer-Markierung: Das „Museum der verbotenen Kunst" im Wachturm Puschkinallee/Schlesischer Busch (Treptow) beginnt um 11 Uhr mit der provisorischen Markierung des Mauerverlaufs. *pet*

Morgen ist 36. Jahrestag des Mauerbaus – 1000 Todesopfer

Bis zu 1000 Menschen starben an der innerdeutschen Grenze. Diese Zahl nannte gestern die „Arbeitsgemeinschaft 13. August" vor dem 36. Jahrestag des Mauerbaus. Registriert und belegt sei inzwischen der Tod von 916 DDR-Flüchtlingen – 255 von ihnen an der Berliner Mauer – sagte der Leiter der Arbeitsgemeinschaft, Dr. Rainer Hildebrandt, im Mauermuseum am Checkpoint Charlie. Doch seien immer noch nicht alle Nachforschungen abgeschlossen. Noch 1992 waren Experten von nur 372 Grenztoten ausgegangen.

Die Arbeitsgemeinschaft zählt zu den Opfern nicht nur die Toten an den Grenzen in Berlin und zwischen den deutschen Staaten, sondern auch DDR-Bürger, die bei Fluchtversuchen über Bulgarien, die damalige Tschechoslowakei, Polen oder Ungarn ums Leben kamen.

Die Arbeitsgemeinschaft forderte abermals den Erhalt der letzten Mauerreste in Berlin. Dort sind noch an zehn Stellen Teile der ehemaligen Grenzanlagen erkennbar. Der längste erhaltene Mauerstreifen steht an der Niederkirchnerstraße vor dem Berliner Abgeordnetenhaus. Dort will die Arbeitsgemeinschaft einen neuen Zaun errichten, um die fast überall von „Mauerspechten" beschädigten Reste zu schützen. Hildebrandt forderte die Unterstützung des Berliner Senats.

Am ehemaligen amerikanischen Grenzkontrollpunkt Checkpoint Charlie will die Arbeitsgemeinschaft auf dem Gelände des American Business Center an der Friedrichstraße ebenfalls eine Gedenkstätte einrichten. Das Bezirksamt Mitte würde allerding bisher die Genehmigung für die Aufstellung von Original-Schildern verweigern.

Spektakulär, was Künstler Ben Wargin mit „seinen" 50 Metern Mauerrest vorhat: Sie sollen die künftige Bibliothek des Bundestages teilen. *Niko*

Bilder: Zeitungsausschnitte 13.August 1998

Nachmittag des gleichen Tages, ich wurde wieder gerufen, der Wachtmeister holte mich zur Sprechstunde. Wer würde mich denn hier besuchen, fragte ich mich.

Im Sprechzimmer, ich staunte nicht wenig, der Bernd und seine Schwester Karola saßen dort.

Was für eine Situation, der Vater, den sie immer als besonders stark erlebt haben, sitzt vor ihnen als armes gefangenes Würstchen. Sie sind beide sehr berührt, es war nicht zu verbergen. Ich versuchte, sie zu trösten mit dem Hinweis, dass morgen der Haftprüfungstermin schon vieles klären, ich natürlich freikommen würde.
Im Kopf war ich mir überhaupt nicht sicher.
Es blieb, wie sollte es anders sein, das Prinzip Hoffnung mit dem tiefsten Wunsch, es möge bald vorbei sein. Wieder in der Zelle, jagten sich die Gedanken, die Panik machte sich wieder breit.
Was konnte noch alles passieren, wenn schon die Klageschrift ein völlig anderes Bild darstellte, gegenüber dem, was und wie es wirklich geschehen ist. Was war an diesem Leben denn noch wichtig? Das Gespenst der Kapitulation kam wieder hoch. „Du bist doch schon so alt, hör doch auf, willst Du denn immer noch kämpfen?"
Ich ging zum Waschbecken, machte mein Gesicht mit kaltem Wasser nass. Ich will, nein, ich musste wieder Tritt fassen.
Gab es in meinem Leben nicht schon ähnliche, scheinbar ausweglose Situationen?
Irgendwie ging es doch weiter. Auch das war mir nicht neu, abends im Bett, wenn mich die drohende Gefahr nicht einschlafen ließ, dachte ich, ob es denn nicht doch einen Gott irgendwo gibt? In solchen Augenblicken wird einem bewusst, was ein Stoßgebet zu bedeuten hat. Dieses große Gefängnis, auch das fiel mir dabei ein, würde hell erstrahlen, wenn die vielen Stoßgebete, die da jeden Abend gen Himmel geschickt werden, jedes nur ein kleiner Lichtstrahl wäre.

Dienstag, 13.August 1998, Haftprüfungstermin.

Was wird? Jedenfalls war die innere Anspannung kaum zu ertragen. Es ging ja um einiges, nicht mehr und nicht weniger als erst einmal darum, ob ich eingesperrt bleibe oder entlassen werde. Bliebe ich inhaftiert, stellte sich auch die Frage meines Jobs. So wollte ich die Firma nicht verlassen. Mein Vertreter, ein noch recht junger Mann, sehr gut und ehrgeizig, würde es bestimmt packen. Es kann aber auch schwierig werden, weil er noch nicht die notwendigen Kontakte besaß. In der Kiste bleiben bedeutete auch ein Gefühl der Machtlosigkeit, des Ausgeliefertseins. Hinzu kam noch vor allem mein Traudchen, die

kranker denn je war. Schwerste Depressionen hatten sie wieder im Griff. Davon stand nichts in der Anklage, das teuflische System der Bespitzelung und Pression, dem sie besonders ausgeliefert war. Selbst nach der Flucht hatte sie diese ständige Angst nicht verkraftet. Die Klage, der Mordvorwurf, all das im Stil der Stasi, ihr Lebensmut ist daran zerbrochen.
Ich musste raus, sie brauchte mich.
Im Gerichtssaal wenig Öffentlichkeit, Verwandte von mir, mein Anwalt, der Staatsanwalt. Dann die Kammer, die Richter betraten den Gerichtssaal, wir standen alle auf, setzten uns wieder. Für mich überholter, muffiger Brauch.
Die Vorsitzende Richterin kam schnell und gleich zur Sache.
Der Anwalt erklärte, dass die geforderte Kaution vorliege, und forderte die Aussetzung des Haftbefehls. Der Staatsanwalt faselte wieder von der Schwere der Tat und Höhe der zu erwartenden Strafe. Er verlangte Fortsetzung der Haft. Die Kammer befragte mich noch mal zum Ablauf des 18. Juni, dem Tag der Flucht.
Dann zog die Kammer sich zur Beratung zurück.
Warten war angesagt. Schlimmes Warten, denn möglich war alles, auch die Fortsetzung der Haft. Nach zirka eineinhalb Stunden ging es weiter.
Die Vorsitzende erklärte den Haftbefehl für ausgesetzt und gibt die Auflagen des Gerichts bekannt, die ich zu beachten hätte.
Der Staatsanwalt legte sofort Einspruch ein und verlangte erneut, wegen der Höhe der zu erwartenden Strafe, die Fortsetzung der Untersuchungshaft.
Die Vorsitzende Richterin wischte sozusagen ruhig, aber sehr bestimmt die Einwände der Staatsanwaltschaft vom Tisch und erklärte, die Staatsanwaltschaft solle doch ihre Einwände per schriftlichen Einspruch einreichen.
Es blieb bei dem verkündeten Beschluss.
Wieder Frei!!!
Eben noch ein sogenannter Macher, von Terminen gejagt. Dann in einer ganz anderen Welt, wo nichts mehr von eben zählt. Nur noch eine Nummer im wahrsten Sinne des Wortes, Mächten, Kräften oder auch Zwängen ausgeliefert, die real nicht vorstellbar waren. Und doch sind sie da.

Und selbst ist man alldem völlig hilflos ausgeliefert.
Es war ein plötzliches, hereinbrechendes Hochgefühl, wieder auf der Straße zu stehen, entscheiden zu können, und zwar völlig selbstbestimmend, wohin man gehen will.
Dreimal die Woche musste ich mich bei dem Polizeirevier melden.
Den Pass abgeben und, wie schon gesagt, Kaution stellen. Für die Meldung bei der Polizei wurde akzeptiert, dass ich mich am Sitz meiner Firma melde. All das war mir erst einmal völlig gleich, meine Haftentlassung war angeordnet, ich durfte wieder ein fast normaler Mensch sein.
Meine Sachen hatte ich sehr schnell zusammengepackt, die Formalitäten erledigt. Die schwere Tür zur Freiheit öffnete sich und draußen stand meine gesamte Familie, soweit sie aus dem Raum Berlin stammten. Dann war Bernd mit seiner Schwester da, sie hatten meinen Dienstwagen dabei.
Was erwartete mich denn jetzt in meinem Job, was für Gerüchte waren verbreitet, war doch die Kripo mehrmals in meinem Büro. Sie hatten mich gesucht, sie fragten eine Reihe Mitarbeiter über mich aus.
Wir fielen uns erst einmal alle in die Arme, gingen gut essen, dann ging es ab nach Hause. Traudchen hörte nicht auf zu weinen. War es Freude, Kummer oder Angst? Sie war nicht mehr in der Lage, Hoffnung zu haben. Angst hatte ich, große Angst, sie könnte sich etwas antun. Währen des Prozesses tat sie es.
Am nächsten Tag, Büro Bonn.
Meine Frauengruppe empfing mich mit einem Glas Sekt und auch ein paar Tränen. Frauengruppe heißt, um mich herum, also auf der Etage der Geschäftsführung, gab es in der Tat eine Reihe starker Frauen. Im Sekretariat Frau Bernau und ihre Kollegin. Dann Frau Runes und Frau Daue, beide waren die Experten für Öffentlichkeitsarbeit. Frau Runes fungierte auch als Pressesprecherin. Auch Frau Dr. Locker, die für mich den gesamten wissenschaftlichen Teil unserer Arbeit abdeckte. Diese fünf Frauen, unterschiedlichsten Alters, waren einfach Spitze und leisteten gute Arbeit.
Alles, was in den letzten Tagen so passiert war, wurde immer wieder durchgesprochen. Erstaunt war ich schon, was so an Gerüchten kursierte. Das Beste kam von einem, der es eigentlich von seinem Studium als Jurist hätte besser wissen müssen. Seine unverschämte

Vermutung darüber, was denn die Polizei von mir wollte, war einfach die Unterstellung, der Müller hat bestimmt was getrunken, jemanden mit seinem Auto umgefahren und Fahrerflucht begangen.
Einen Tag später hatte einer der Mitarbeiter Geburtstag. Wie üblich bekam er von mir zwei gute Flaschen Wein. Wir setzten uns alle zusammen um etwas zu essen, kurz anzustoßen und zu reden. Natürlich nicht lange, es gab viel zu tun.
Es gehörte meiner Meinung nach zur Rolle des Chefs, auch solche Kontakt-Gelegenheiten zu nutzen. Bei dieser Gelegenheit informierte ich die Mitarbeiter über das, was tatsächlich passiert war, worum es ging.
Zum betrieblichen Alltag übergehen war nicht möglich. Wichtig war, meine Gesellschafter sprachen mir trotz „Mordanklage“ oder vielleicht gerade deshalb oder besser wegen der Art und Weise, wie die Anklage zustande kam, ihr uneingeschränktes Vertrauen aus.
Einen guten Bekannten von mir, er war zu dieser Zeit Oberstaatsanwalt in Nordrhein–Westfalen, rief ich an. Ich wollte von ihm eine Einschätzung meiner Situation. Er war ungefähr mein Alter, wusste also über die Situation an der Mauer Bescheid. Ganz bestimmt besser als die beiden Staatsanwälte, die ich in Berlin bis dahin ertragen musste.
Er kam vorbei. Ich berichtete ihm alles und zeigte ihm die Klageschrift.
Kopfschüttelnd gab er mir die Anklageschrift zurück.
Wenn die Sache hier in NRW anstünde, wäre solch eine Klageschrift nicht denkbar. Es gäbe wohl überhaupt kein Verfahren.
Er riet mir dringend, einen erfahrenen Strafverteidiger zu nehmen, denn das, was bisher von Dr. Rainer gemacht worden sei, reiche für solch eine Geschichte nicht aus.
Immerhin ginge es um Mord, wenn es auch seiner Einschätzung nach Nothilfe bzw. Notwehr, schlimmsten Falles, was er aber für undenkbar hielt, Totschlag war, der aber sei schon längst verjährt.
Er nannte mir einige Namen von guten Strafverteidigern, die ich dann auch kontaktierte.
Einer aus der Gegend war bereit, mich zu verteidigen, es wurde naturgemäß das Honorar vereinbart. 550.- DM pro Stunde. Was sollte ich machen, er wurde mein neuer Verteidiger. Das dem Dr. Rainer zu erklären, war nicht einfach, er war zumindest sehr engagiert. Der neue

Anwalt, ich nenne ihn Fox, stieg stark ein, führte ein Gespräch mit der Vorsitzenden Richterin, meinte dann aber anlässlich einer Besprechung, er kenne einen guten Schriftsteller, der aus meiner Geschichte eine gute Story machen würde.
Wenn ich einverstanden wäre, würde sicher das halbe Verteidigerhonorar dabei herausspringen.
Mir blieb, wie man so schön sagt, die Spucke weg.
Was würde solch ein Angebot für meinen Prozess bedeuten? Es bestünde wohl die Neigung, möglichst viel Öffentlichkeit über den Prozess zu provozieren, damit das geplante Buch sich besser verkaufen würde. Genau das wollte ich aber nicht.
Ich musste vor allem an die Firma denken. Für einen Dienstleister kann es nicht gut sein, wenn der Geschäftsführer vor Gericht steht, wegen Mord angeklagt ist und dann auch noch ständig in der Zeitung steht.
Das durfte nicht sein. Ich löste die Vereinbarung mit dem Anwalt und vereinbarte mit einer anderen Kanzlei meine Verteidigung. Auch hier ein erfahrener Strafverteidiger, nur eine andere Strategie.
Vom Honorar her gab es keine wesentlichen Unterschiede.
Während der eine, den ich Fox genannt habe, mit mir meinen Auftritt vor Gericht üben wollte, mit viel Pathos, wollte der andere, Dr. Mel, dass ich überhaupt nicht vor Gericht aussage oder nur in ganz geringen Dosen.
Was war richtig? Im Nachhinein: Mein Schweigen vor Gericht war ein Fehler. All die Lügen, die dort offiziell verbreitet und geduldet wurden, hätte ich besser richtig stellen können, als mein Anwalt.

Der Anwalt versuchte zuerst, das Gericht davon zu überzeugen, dass keine Verhandlung stattfinden müsse. Das ging schief. Schließlich wurden wegen der Länge der Wartezeit bis Prozessbeginn die Meldeauflagen Schritt um Schritt zurückgeführt.
Diese Prozedur war oder ist, wie in meinem Fall, nicht gerade einfach für den Betroffenen.
Bei meinem ersten Auftritt bei der Polizei in der Nähe meines Büros gab es erst einmal erstaunte Blicke. „Sind sie nicht der Chef von dieser Firma?“ war die erste Frage.

Ich erschien ja in meiner Arbeitskluft, also im Anzug und Krawatte. Dann wurde erst die Akte gelesen. Dann die verwunderte Frage, wie das denn geht, wegen Mord angeklagt und trotzdem frei? Was ist denn da vor dreißig Jahren passiert? Ich erzählte.
Dabei merkte ich allgemeine Aufmerksamkeit bei den Polizisten, mehr jüngere Leute, einer machte die Tür zu. Die Wache ist für einen Moment geschlossen. Einige Fragen, dann allgemeines Kopfschütteln, entsprechende Kommentare. Obwohl die Leute auf dem Revier sehr freundlich waren, wurde die Melderei auf Dauer lästig. Zu Beginn war es kaum mit meiner Zeit in Einklang zu bringen. Jeden zweiten Tag auf der Polizeiwache antanzen, blieb bei aller Freundlichkeit der Polizisten, ein Problem.
Immerhin hatten wir über 175 Niederlassungen, alles lässt sich nicht aus der Ferne regeln. Es gab also genug Außentermine. Das Verfahren selbst, sich ständig zu melden, ist sicher nicht mehr zeitgemäß. Es soll ja wohl eine mögliche Flucht verhindern helfen. Bei den heutigen Möglichkeiten, mit dem Personalausweis fast überall hinzufliegen, greift dieses Mittel schon gar nicht mehr.
Schließlich sollten die zuständigen Behörden, die da Haftbefehle ausstellen, schon genauer prüfen, ob denn Anbetracht der Umstände und des persönlichen Umfeldes der Betroffenen, dieses aus meiner Sicht, existenzgefährdende Mittel absolut nötig ist.

Der Prozess.

Die Vorladung war da. Am 9.12.1998 sollte es losgehen. Man muss es sich einmal vorstellen, im August 1997 will die Staatsanwaltschaft mich möglichst schnell, nach über dreißig Jahren geradezu überfallartig in Handschellen verhaften, abtransportieren und einbunkern. Nach über einem Jahr, genau 16 Monate später beginnt die Verhandlung.
Im Laufe dieses Jahres, wie vorher auch schon, nicht eine Frage zur Sache. Das einzige Sachgespräch war der Haftprüfungstermin. Ich glaube, dass ich der einzige wegen Mord angeklagte Mensch bin, der nicht ein einziges Mal von irgendjemandem angehört oder vernommen worden ist.

Dafür sind ehemalige Stasileute und andere Sympathisanten des DDR – Systems ausgiebig zu Wort gekommen. Selbstredend ist diesen Leuten, auch dem Menschen, der 1962 auf uns geschossen hat, erst einmal die eigene Aussage vor der Stasi 1962, zum Nachlesen gegeben worden. So konnten sie sich in ihren Aussagen von Treibjägern zu arglosen Zöllnern wandeln.
Wie gesagt, 16 Monate später der Prozess, das Ergebnis? Im Dezember 98 völlig offen. Es beginnt eine Lebensphase der Angst, der Sorge, der absoluten Ungewissheit.

Trotz allem, es war so weit.
Der 9.12.1998, was würde das für ein Erinnerungspunkt in meinem Leben? Wird danach alles vorbei sein, alles wieder in der Reihe?
Oder sehe ich dieses Moabit wieder von innen? Vielleicht doch mit Krenz und Konsorten zusammen! Solches und Ähnliches ging mir durch den Kopf. Dann die große Sorge, wie viel Öffentlichkeit würde es geben? Wann ist es zu viel, wann ist es der Firma, den Mitarbeitern nicht mehr zuzumuten?
Was ist, wenn alles gut geht? Bei einem Freispruch, alles vorbei? Wieder alles in der Reihe?
Natürlich nicht. Immer bleibt dieses Schuldgefühl. Egal was die Richter urteilen, für mich kommt nur ein Freispruch wegen Notwehr in Frage. Aber das ist es nicht.
Ein Mensch ist gestorben.
Durch meine Schuld? Darüber versucht das Gericht Recht zu sprechen, was aber, egal wie es ausgeht, nichts mit dem Schuldgefühl zu tun hat, das nie weg sein wird.
Durch unseren Willen frei leben zu wollen, konnte dieser tragische Geschehensablauf erst seinen Gang nehmen. Nichts kann das ändern.
Die Ladung zum Termin war sicherlich auch erschreckend, mindestens 12 Verhandlungstage wurden vom Gericht vorgeplant. Der Anwalt meinte sogar, es könnten durchaus mehr werden.
Da musste ich bei mir gleich einen inneren Kassensturz machen. Denn jeder Prozesstag sollte 4500.- DM. kosten.
Ohne den Anwälten zu nahe zu treten, ein richtiger Prozess ist so etwas wie eine Gelddruckmaschine. Möglichst viele Fragen, Anträge,

Verfahrensrügen und alle möglichen Zeugen vorladen, schon bricht die Zeitplanung des Gerichts in sich zusammen.
Jeden Freitag sollte Termin sein, immer um 9.00 Uhr. Also, langfristig planen, Freitag war deshalb ganz gut, die Woche war dann gelaufen, ich konnte es von der Firma aus gut einteilen. Doch im Zusammenhang mit dem vor mir stehenden Prozess eine spannende Frage. Was wäre mit dem Maschinenarbeiter Müller von Klöckner passiert?? Wie sollte der das alles bezahlen?
Kann die Antwort sein, die Sorgen brauchte ich mir dann nicht zu machen, eine Kaution von 100.000.- DM hätte naturgemäß der Hilfsarbeiter Müller nicht aufbringen können. Einen entsprechenden Anwalt auch nicht. Kann die Schlussfolgerung richtig sein; „wenn du arm bist, bleibst du im Knast?" Ja, wie sollte es denn anders laufen? Nicht zu Ende denken, das hieße doch nichts anderes als jeden Freitag z.Bsp. ordnungsgemäß vorgeführt, nach Willen des Staatsanwalts bestimmt in Handschellen.
Ist so unsere freie, demokratische Gesellschaft organisiert?
Inzwischen hatte die Kammer meine Meldeauflagen nach und nach reduziert, schließlich ganz abgeschafft. Bis auf die Kaution war auch dieser Albtraum vorbei. Jetzt der Endspurt, ich musste heil aus diesem unsinnigen Prozess kommen. Wir setzten uns kurz vorher zusammen. Wir, das waren ein paar Freunde, darunter zwei Journalisten, die beide am Prozess teilnehmen wollten. Da zu erwarten war, dass zumindest am ersten Prozesstag viele Pressevertreter da sein würden, musste eine Strategie her, sie abzuwimmeln oder wenigstens zu steuern.
Peter, mein Bruder, mit dem ich die größte Ähnlichkeit hatte, sollte als Fuchs zum Einsatz kommen. Was bedeutete, so tun, als wenn er der Angeklagte wäre, während ich von einem Pulk Brüder und Freunde abgeschottet würde. Michael, einer der beiden Journalisten, übernahm die Rolle des Sprechers, wenn nötig auch die des Bodyguards. Allzu aufdringliche Zuschauer oder Journalisten abzudrängen, oder sich gegebenenfalls für spezielle Interviews verabreden.
Thomas, der andere Journalist, ein Freund von Peter, sollte sich unter das Volk mischen, um herauszuhören, wie die Stimmung ist und wer denn dort überhaupt so als „Öffentlichkeit" teilnehmen würde.
Den Ablauf im Prozess beobachten, die Eindrücke verarbeiten und darüber hinaus ein Gedächtnisprotokoll von jeder Sitzung anfertigen.

Das war die Hauptaufgabe von Thomas. Verabredet war, immer sofort nach der Sitzung das Protokoll abzustimmen.
„Es sei besser, nicht auszusagen, die Aussage zu verweigern.“ Immer noch Strategie des Anwalts, er blieb bei dieser Einschätzung, auch Traudchen und die Brüder sollten nicht aussagen.
Traudchen, völlig verzweifelt über alles, was mit dem Prozess zu tun hatte, machte sich Selbstvorwürfe, war nicht mehr ansprechbar.
Nur weg von Zuhause war mit einem Mal ihre alles verdrängende Vorstellung. Ich konnte sie auch in dieser Phase nicht alleine lassen. Wir verabredeten mit ihrer Schwester in Berlin, dass sie erst einmal bei ihr blieb um zur Ruhe zu kommen. Die panische Angst vor dem Prozess erdrückte sie fast.
Allein die Tatsache, dass die Klageschrift nahezu identisch mit der Stasiakte war, steigerte ihre Angst.
„Du wirst sehen“, so ihre Vorahnungen, „alles, was ihr vorbringt, werden sie beiseite wischen. Die wollen ein Opfer und die bekommen es.“ Rückblickend muss die Frage erlaubt sein: „Hatte sie nicht recht?“
Als ich ihr anlässlich eines Besuchs bei der Schwester sagte, dass sie auf Wunsch des Anwalts nicht aussagen sollte, war sie erst verwundert darüber. War sie doch die einzige Person, die in der Nähe vom so genannten Tatort gewesen ist. Abgesehen vom Bernd, der sich auch auf gleicher Höhe bewegte, hatte sie den Wortwechsel zwischen mir und dem Grenzer, dessen bedrohliche Haltung gesehen, gehört. Sie willigte dann aber dennoch ein, zumal sie zu diesem Zeitpunkt zu keinem klaren Gedanken fähig war, und den Stress vor Gericht sicher nicht ertragen würde.
Als Ehefrau, als naher Verwandter kann man immer die Aussage verweigern. Das wird aber vor Gericht, im Prozess festgestellt.
Gericht, Presse, und die ehemaligen DDR-Bonzen einschließlich diverser Stasigrößen, die im Gericht als Öffentlichkeit sein würden, waren bei ihrem Gesundheitszustand für sie nicht zumutbar. Das Gericht, so der Anwalt, würde auf persönliches Erscheinen verzichten, wenn sie von ihrem behandelnden Arzt ein entsprechendes Attest vorlegen könne.
Sie ging dann zu dem Arzt. Der hatte seine Praxis im Ostteil der Stadt, wo ihre Schwester lebte.

Als sie den Arzt bat, ihr ein entsprechendes Attest auszustellen, wollte der wissen, für welchen Prozess sie das denn haben wolle. Nichts ahnend erzählte sie ihm von unserer Geschichte.
Das Echo kam für sie völlig überraschend.
Der sagte zu ihr, dass er nicht daran denken würde, ihr ein solches Attest auszustellen. Wörtlich: „Ihr Mann hat unseren Grenzer erschossen, und ich soll ihnen ein Attest ausstellen, damit sie nicht zum Prozess müssen? Das werde ich nicht tun.“ Völlig konsterniert, so erzählte sie es mir später, hat sie den Arzt angeschaut und brach sofort in Tränen aus.
Da wurde diesem Menschen wohl bewusst, was er gesagt hatte, wie er dabei war, seine Macht über Abhängige zu missbrauchen. Er lenkte dann ein und gab Traudchen das Attest.
„Siehst du“, sagte sie mir danach, „das war auch so einer, genau die sind es, die deine Verurteilung wollen und sie werden sie auch bekommen.“
Sie beruhigen, ihre Angst eindämmen war zu diesem Zeitpunkt nicht möglich. Sie gab sich an allem die Schuld, nur weil sie zu mir rüber wollte, sei alles geschehen.
Es war eine schwierige Zeit. Der Prozess, der gerade erst anfangen sollte, Traudchen völlig daneben, schließlich die Verantwortung für die Firma in diesen nicht sehr einfachen Zeiten.
Dann hatten wir ja auch noch unseren Jüngsten, den Christian, der bei Prozessbeginn immerhin auch schon 42 Jahre alt war. Schon lange arbeitete er in einer Behindertenwerkstatt bei uns in der Nähe. Aber, besonders Behinderte wie er brauchen Zuwendung, Präsenz. Wenn es meine Zeit erlaubte, hatte ich mich in seiner Werkstatt ehrenamtlich eingebracht, war dort auch zeitweilig im Vorstand, um zu helfen.
Wer damit nichts zu tun hat, kann sich nicht vorstellen, welche Probleme zu bewältigen sind, um Aufträge für die Behinderten zu finden. Die Arbeit muss so sein, dass die Anforderungen an die Behinderten passen.
Die sind absolut unterschiedlich.
Alle, Schwerstbehinderte, körperlich und/oder geistig, mongolide Menschen, nur geistig Behinderte wie unser Christian, wobei dieses „nur“ dann entsteht, wenn die Fülle und Schwere der Behinderung vieler anderer deutlicher oder erkennbarer ist. Hierbei konnte ich auch

die fantastische Arbeit der so genannten Zivis erkennen. Es war einfach bemerkenswert, wie diese jungen Menschen mit den Behinderten umgingen. Ich erlebte nicht nur simples Aufpassen. Was junge Menschen bewegt, interessiert, brachten sie wie von selbst mit ein.
Sonst vernachlässigte Themen wie Sport, moderne Musik, Zukunftshoffnungen und auch Politik, eben aus der Sicht junger Menschen, werden da thematisiert. Wenn ich in der Werkstatt war, erlebte ich immer aufs Neue voller Staunen, wie die Behinderten mich mit einer sonst sehr seltenen Herzlichkeit begrüßten. Menschen, die sich zum Teil nur lallend äußern können, hier vor allem die Mongoliden, die schweren Fälle, umarmten mich, den fast Fremden.
Dann dachte ich oft an die Nazis, die solche Menschen als unwertes Leben erbarmungslos vernichteten.
Nach der Wende konnte ich aber auch die Aufbewahrungsstätten für geistig Behinderte der ehemaligen DDR besichtigen. Wenn die DDR-Oberen nichts anders getan hätten, als nur den erbärmlichen Umgang mit diesen Menschen, würde es aus meiner Sicht ausreichen, sie anzuklagen, sie zur Verantwortung zu ziehen.
Zurück zu dem jetzt beginnenden Kampf um Gerechtigkeit.
Alle Vorbereitungen getroffen für den 9.12.1998. Start in die große Ungewissheit, aber auch nun endlich alles zu klären. War aber nichts, der Termin wurde verlegt auf den 14.12. am Abend vorher also am 13.12. fuhren wir nach Berlin. Auch Michael, der Journalist war dabei, wir wollten mit meinen Brüdern den ersten Tag der Verhandlung noch einmal durchsprechen.

Der erste Tag

Am nächsten Morgen dann nach Moabit. Wir parkten in gebührendem Abstand. Weil es wohl besser sein würde, als Fußgänger, das heißt einer von vielen, dort anzukommen.
Vor dem Haupteingang standen sie schon mit Kameras.
Wen erwarteten sie?
So wichtig, dachte ich mir, kann ich ja wohl nicht sein. Wir blieben auf der anderen Seite der Straße stehen. Man wusste ja nie.

Warteten vor dem Lokal „Zur letzten Instanz“ auf den Anwalt, der vom Flugplatz kommen müsste. Meine Brüder, übrigens alle vier, die Journalisten und schließlich auch der Anwalt sind pünktlich.
Wir gingen auf das Gerichtsgebäude zu. Der Anwalt wurde von dem Kamerateam angesprochen, sie kannten ihn wohl. Nach einem kurzem Gespräch kam er zurück und sagte zu mir: „ ich habe denen zugesagt, eine kurze Aufnahme von ihnen machen zu dürfen, alles, was zu sagen ist, übernehme ich dann, OK?“
Egal dachte ich und stellte mich mit dem Anwalt in Positur. Sie machten ihre Aufnahme, und dann ging's weiter ins Gerichtsgebäude. Es gab nur einen Durchgang und zwar dort, wo die Kontrolle stattfand. Eine ziemliche Warteschlange, mir ging durch den Kopf „wie viele Menschen doch mit dem Gericht zu tun haben!“
Handy, Ausweis alles musste abgegeben werden; auch Taschenmesser kleinster Abmessung. Als das hinter uns lag, standen wir vor der riesigen Freitreppe, die, wie ich schon einmal anlässlich meiner Inhaftierung feststellte, erdrückend auf jeden kleinen Angeklagten wirken muss - oder soll, was wohl noch richtiger ist.
Erfrischend, die Müller'sche Großfamilie war schon präsent. Der Anwalt hatte erst Probleme damit, was für eine große Familie wir sind, noch mehr damit, dass sie alle da waren.
Saal 820 war der Ort. Als wir näher kamen, sahen wir die Bescherung: Kameras, Kameras, Mikrofone und Menschen. Im ersten Anlauf klappte die Strategie.
Peter ging mit wichtigem Gesicht neben dem Anwalt. Wurde auch prompt angesprochen, alle Kameras ruhten auf ihm.
Wir im Pulk, Michael vorne, konnten uns erst einmal vorbeischmuggeln. Lange wirkte diese Täuschung nicht, schon waren sie bei uns. Michael machte sich aber richtig dick, sagte denen, sie könnten ein paar Aufnahmen machen, Interviews gebe es jetzt nicht, sie könnten aber mit ihm als meinen Sprecher welche vereinbaren. Eine Presseerklärung sei schriftlich vorbereitet, die sie bekommen könnten. Sie machten ihre Aufnahmen und gaben sich damit zufrieden, dass der Anwalt und Michael einige Fragen kurz beantworteten.
Die Saaltür ging auf, der Anwalt und ich konnten gleich rein. Die Presseleute und die Öffentlichkeit haben einen separaten Zugang zur Tribüne.

Der Gerichtsdiener zeigte uns die für den Angeklagten und Verteidiger vorgesehenen Plätze, der Saal füllte sich.
Dann der übliche Ablauf. Das Gericht betrat den Saal, alles stand auf, die Vorsitzende forderte die Kameraleute nachdrücklich auf, im Gerichtssaal Filmen oder Fotografieren zu unterlassen.
Danach ging alles seinen Gang, wie man so schön sagt. Personalien wurden aufgerufen, die Klage verlesen, der Anwalt erhielt das Wort, erklärte, dass ich vor Gericht nicht aussagen würde, was nicht begründet werden müsste. Dieses Recht des Angeklagten sei Verfassungsrecht. Dennoch gab er eine Begründung für mein Schweigen. Er machte deutlich, dass aufgrund der vielen Unterstellungen und Unwahrheiten in der Klageschrift das Vertrauen zur Anklagebehörde hinsichtlich ihrer Neutralität nicht vorhanden sei.
Gleichzeitig erklärte der Anwalt das gesamte Gericht für befangen, wegen der Befürchtung, dass es nicht die nötige Neutralität habe.
Formulierungen, „wie der zwanzig Jahre junge Grenzer." oder „herzzerfetzender Schuss" sind für sich gesehen schon Wertungen, sollen verdeutlichen, wie besonders verabscheuenswürdig die Tat gewesen sei. Nach diesem ersten Geplänkel war der Prozesstag nach gut 60 Minuten beendet, weil eine andere Kammer über den Befangenheitsantrag entscheiden musste.
Dieser Antrag wurde schließlich zurückgewiesen, die Verhandlung nahm ihren Lauf.
Wenn die Zeugen ihre Aussagen machten, schrieb ich das Wichtigste mit. Das, was ich nicht mitbekam, ergänzten wir im Gespräch mit Thomas dem anderen Journalisten, der ein phänomenales Gedächtnis hatte und einiges beisteuern konnte.

Der zweite Tag

18. Dezember 1998 - nächster Verhandlungstag.
Das Gericht hatte die Hauptbelastungszeugin Nr.1, eine Bewohnerin aus dem vierten Stock des Hauses Zimmerstraße geladen. Eine etwa 60 Jahre alte Frau betrat den Gerichtssaal, die nach ihren eignen Aussagen alles gesehen haben wollte.
Schon die Stasi brauchte oder missbrauchte diese Frau als Hauptzeugin. Was für ein Ruhmesblatt für unsere Justiz, dass sie auf

die gleichen Protagonisten zurückgriff. Denn dieser Zeugin hatte man schon 1962 einen anonymen Brief geschrieben, den sie an die Stasi weiterleitete.
Wenn zur damaligen Zeit es jemand wagte, einen, wenn auch anonymen Brief zu schreiben, der vom Text her massiv gegen das System gerichtet war, dann musste der Empfänger es schon sehr auffällig und schlimm getrieben haben.
Diese Zeugin war also zumindest Sympathisantin des Systems. War sie dann nicht befangen? Auch noch als Hauptzeugin?

Der Brief an Zeugin Nr. 1 ist im Original auf der folgenden Seite abgedruckt. Er wurde übersetzt, da das Original in einer nicht von jedem lesbaren Schrift verfasst worden ist.

„Du Sau kommst och noch dran,
bist einer von der SED- Sorte, das
ist die Stimme des Volkes bist wohl
immer da woh geschossen wird
wat verdiensten dabei?“

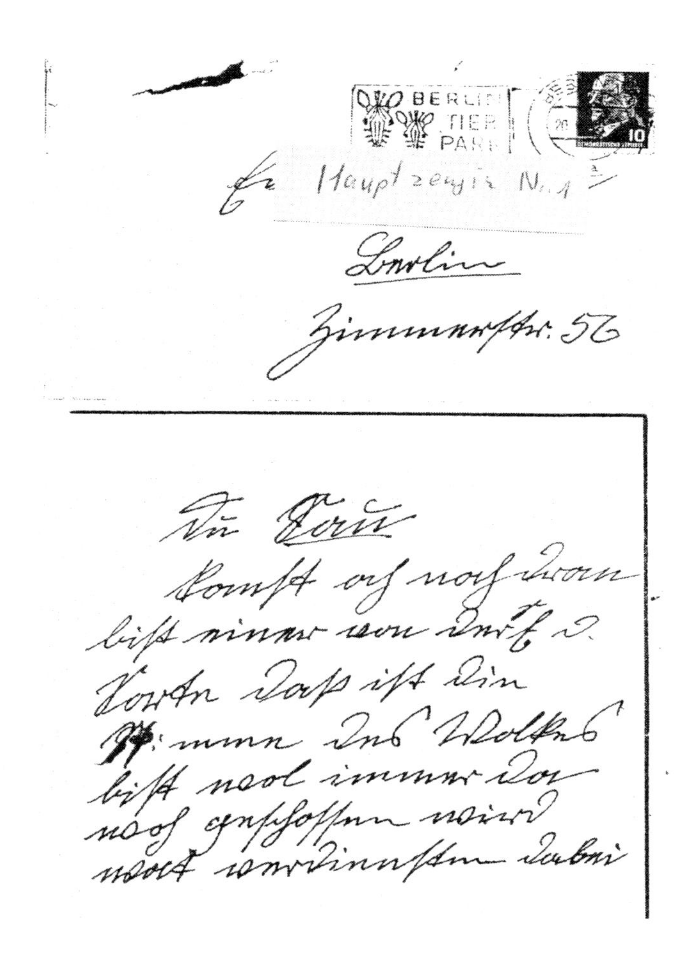

Diese Zeugin sagte nach meinen Aufzeichnungen:

„Kam damals von der Arbeit bei der Jungen Welt (Kampfblatt der kommunistischen Jugend). Ich kann mich an die Abläufe nicht mehr erinnern. Ich stand am Fenster meiner Wohnung im 4. Geschoss, Zimmerstraße 56. Da standen eine Gruppe Menschen und ein Grenzpolizist. Ich nahm an, der wollte die Ausweise kontrollieren. Der Mann zog etwas aus der Tasche, das war eine Pistole. Es waren Kinder dabei, ein oder zwei Frauen, ein Mann. Ich kann das nicht bestimmt sagen.

Frage der Vorsitzenden: Wie weit war das weg?
***Antwort*:** Das weiß ich nicht. (Anmerkung ca. 60-70 Meter, Gegenlicht, Sonne)
***Frage*:** Hatte der Grenzpolizist eine Waffe?
***Antwort*:** Das weiß ich nicht mehr.
Frage: Wurde dort immer kontrolliert?
Antwort: Besucher wurden manchmal kontrolliert, nicht immer.
Frage: Gab es einen festen Posten?
***Antwort*:** Ich glaube, da stand ein Wachhäuschen.
Frage: War es einer oder zwei oder mehrere Posten üblicherweise?
***Antwort*:** Es waren zwei.
Frage: In dieser Situation haben sie nur einen gesehen?
Antwort: Ja
Frage: Sie haben eine Pistole gesehen?
***Antwort*:** Ja das war einer meiner starken Momente.
Frage der Vorsitzenden und des Anwalts:
Sie haben 1991 ausgesagt, sie können sich nicht erinnern eine Pistole gesehen zu haben?
***Antwort*:** Ich kann mich nicht mehr erinnern.
Frage: Bei ihrer Vernehmung 1962 haben sie gesagt, sie hätten es aus der Pistole blitzen sehen?
***Antwort*:** In der protokollierten Aussage von 62 war die Wortwahl häufig nicht die ihre, mir könnte etwas in den Mund gelegt worden sein.
Die Zeugin 1 wurde nicht vereidigt.

Nach den Urteilen bin ich noch einmal die Unterlagen durchgegangen, dabei auch solche, die mir erst **nach dem Prozess** zugänglich wurden. Gerade zu der so genannten Hauptzeugin und ihren Aussagen muss ich allen am Prozess Beteiligten die Frage stellen, ob sie denn Kenntnis von diesen für mich neuen Unterlagen hatten?

Die Ausgangssituation:
Die Zeugin Nr. 1 wohnte im 4. Stock. Der Tatort war mindestens 60 bis 70 Meter von ihrem Standort entfernt. Der Ort des Geschehens lag von ihrem Standort exakt in westlicher Richtung, sie blickte um diese Uhrzeit 18.40 Uhr am 18. Juni voll gegen die tief stehende Sonne. Ich drehte ihr den Rücken zu.

Das Stasidokument mit der Nummer BstU 000021 ist mir erst lange nach dem Prozess bekannt geworden. Es beschreibt die erste Vernehmung dieser Zeugin 1, unmittelbar nach dem Ereignis am 18. Juni 1962.

1. Aussage der Zeugin Nr. 1
18. Juni 1962 vor der ersten Stasi Kommission, unmittelbar nach dem Geschehen

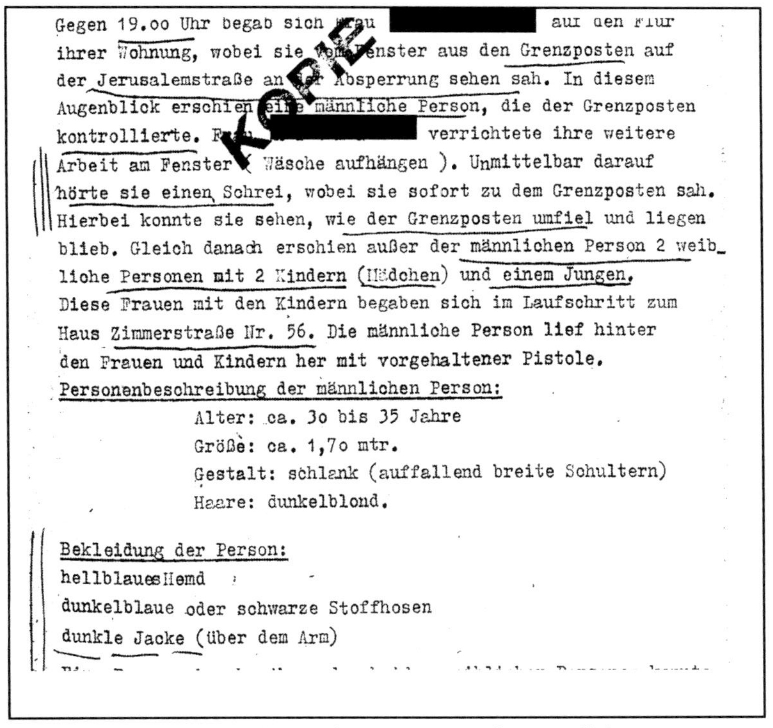

Gegen 19.oo Uhr begab sich Frau [geschwärzt] auf den Flur ihrer Wohnung, wobei sie vom Fenster aus den Grenzposten auf der Jerusalemstraße an der Absperrung sehen sah. In diesem Augenblick erschien eine männliche Person, die der Grenzposten kontrollierte. Frau [geschwärzt] verrichtete ihre weitere Arbeit am Fenster (Wäsche aufhängen). Unmittelbar darauf hörte sie einen Schrei, wobei sie sofort zu dem Grenzposten sah. Hierbei konnte sie sehen, wie der Grenzposten umfiel und liegen blieb. Gleich danach erschien außer der männlichen Person 2 weibliche Personen mit 2 Kindern (Mädchen) und einem Jungen. Diese Frauen mit den Kindern begaben sich im Laufschritt zum Haus Zimmerstraße Nr. 56. Die männliche Person lief hinter den Frauen und Kindern her mit vorgehaltener Pistole.

Personenbeschreibung der männlichen Person:

Alter: ca. 3o bis 35 Jahre
Größe: ca. 1,7o mtr.
Gestalt: schlank (auffallend breite Schultern)
Haare: dunkelblond.

Bekleidung der Person:
hellblaues Hemd
dunkelblaue oder schwarze Stoffhosen
dunkle Jacke (über dem Arm)

Es ist wirklich keine neue Erkenntnis, Zeugen werden möglichst unmittelbar nach dem Geschehen befragt. Dann ist das Ergebnis der Wahrheit am nächsten. Genauso ist es hier auch. Doch wie gesagt, diese Unterlage mit der ersten Aussage ist mir erst nach dem Prozess bekannt geworden.

Zusammengefasst:

1. Sie sieht, dass ich stehen bleibe, *vermutet* eine Kontrolle durch den Grenzer.

2. Sie kümmert sich um ihre Wäsche, hört einen Schrei und sieht *dann erst wieder hin*, sieht den Grenzer fallen.

3. Die Pistole sieht sie erst, als ich mit Frauen und Kinder flüchte.

4. Schließlich habe ich nach Ihrer ersten Aussage eine Jacke über dem Arm.

Sind diese vier Details denn wichtig? Was ändert sich mit dieser Aussage?
Die Unterstellungen der Anklage und die Urteile der Gerichte basieren im Wesentlichen auf die Aussage dieser Frau. Mit dieser Erstaussage wird bewiesen, entgegen der Behauptung der STASI und des Staatsanwalts hatte ich keine Jacke an. Auch, mit jeder weiteren Aussage verändert sich das Erlebte bei dieser Zeugin.
Das Gericht verliert durch diese Aussage die Basis für meine Verurteilung. Dass der Grenzer arglos und wehrlos war und es keine bedrohliche Situation gegeben habe, ich täuschte vor den Ausweis aus der Jacke zu nehmen, statt dessen aber eine Pistole zog, beruht nicht auf die Erstaussage dieser Zeugin. So erlebten wir es: „Der Grenzer schrie, dass die Frauen und Kinder stehen bleiben sollen, er hob die Waffe an".
Diesen Schrei hörte die Zeugin, dann erst schaute sie hin. Sie konnte die bedrohliche Situation nicht sehen, weil sie sich um die Wäsche kümmerte. Überall, auch in der Anklage wird von einer Jacke gesprochen, die ich angehabt haben soll. Von Beginn an erklärte ich, dass dem nicht so war. Nahezu alle Zeugen bestätigen dies.
Warum aber, das ist hier die alles entscheidende Frage, steht auch in der Anklage das mit der Jacke?
Man könnte ja fast glauben, es gibt in unseren Amtsstuben Sympathisanten oder noch schlimmer, ewig Gestrige. Leute, die schon

immer den Hetzparolen des schwarzen Kanals der DDR mehr glaubten als den Stimmen der freien Welt. Leute, die ihre Wühlarbeit gegen die Demokratie nie aufgeben.
Diese Lesart ist schon in den ersten Stunden von der Ost-Presse und der Stasi so verbreitet worden. In fast allen Akten steht es so. Genau das haben unsere Ermittler, die Staatsanwaltschaft und das Gericht einfach so übernommen. Passt ja auch gut zur Heimtücke, dem arglosen Grenzer den Griff in die Jacke vorzutäuschen. Nach der nunmehr vorliegenden Erstaussage (wie gesagt habe ich die erst nach den Prozessen gefunden) steht doch wohl eindeutig die Strategie der Stasi 1962 fest. Sie brauchte Zeugen, die etwas gesehen haben, zur propagandistischen Verwertung. Schon wurde die zweite Aussage gebastelt und veröffentlicht.

2. Aussage der Zeugin Nr. 1 im Jahr 1962 vor der Stasi:

Plötzlich sah ich, wie der Zivilist eine Pistole in der rechten Hand hatte.
Wo er die Waffe hergenommen hatte, weiß ich nicht.
Aus dem Lauf dieser Pistole ***blitzte es plötzlich*** *auf und ich hörte Schüsse.*
Ich kann nicht sagen, wie oft es aufgeblitzt hat und wie viel Schüsse ich gehört habe.
Auf alle Fälle jedoch mehr als einen. ***(Hier wird die Mehrschuss-theorie geboren)***
Bekleidet war der Mann mit dunklen Hosen und einem blaugestreiften kurzärmligen Hemd.

3. Aussage der Zeugin Nr. 1
im Jahr 1991 vor dem Ermittler
der Bundesdeutschen Staatsanwaltschaft :

Frage: *Konnten sie erkennen, wer geschossen hat?*

Antwort: *Damals war ich überzeugt, dass ein Mann aus der Gruppe geschossen hat. Ich kann das nach 28 Jahren nicht mehr vollständig rekonstruieren.*

Frage: Können sie sich erinnern, ob sie bei dem Mann, der geschossen hat, eine Pistole gesehen haben?

Antwort: *Ich kann mich heute daran nicht mehr erinnern.*

Frage: In ihrer damaligen Vernehmung heißt es, sie hätten es aus dem Lauf der Pistole aufblitzen sehen. Können sie sich erinnern, ob sie, obwohl es helllichter Tag war, es haben aufblitzen sehen?

Antwort: *Ich kann mich nicht mehr erinnern.*

4. Aussage der Zeugin Nr. 1-
Im Jahr 1998 vor Gericht:

Der Mann zog etwas aus der Tasche, das war eine Pistole.

Frage: Sie haben eine Pistole gesehen?

Antwort: Ja das war einer meiner starken Momente.

Sie will meine Pistole gesehen haben, warum nicht die Maschinenpistole des Grenzers, den sie ja von vorn gesehen haben müsste?
Vor allem aber die Frage, was ist geschehen zwischen 1991 und 1998?
Was sie 1991 nicht mehr wusste, weiß sie auf einmal 1998, wer oder was hat sie entsprechend vorbereitet?
Wieso hat sie meine Brüder Horst und Klaus nicht gesehen, die unten auf dem Hof standen und ständig das Vorfeld des Hauses, den Zugang beobachteten?

Warum haben meine Brüder, die verabredungsgemäß ständig die Fenster des Hauses beobachteten, sie nicht gesehen?
Warum hat der Ermittler (Hel), der Staatsanwalt, das Gericht nicht ermittelt, wie weit das Fenster der Hauptzeugin Nr.1 vom Tatort entfernt war?
Meine Frage: Was kann da noch erkannt werden?
Warum ist nicht der Sonnenstand um diese Zeit ermittelt worden?
Eine für mich große Schweinerei ist mir nach genauem Studium der Unterlagen, dem Auffinden der allerersten Aussage dieser Zeugin aufgefallen:
Diese Hauptbelastungszeugin hat **1991** ausgesagt, **sie kann sich nicht erinnern,** eine Pistole gesehen zu haben.
In der Anklageschrift schreibt die Staatsanwaltschaft jedoch:

„Dass Rudolf Müller auf den Grenzpolizisten R. mit einer Faustfeuerwaffe geschossen und dadurch dessen Tod bewirkt hat, geht weiterhin aus den Bekundungen der Zeugin (Nr.1) hervor.
Zeugin Nr.1 befand sich zur Tatzeit in ihrer Wohnung und sah aus dem Fenster. Die Zeugin bekundet, dass sie wahrnehmen konnte, wie der Angeschuldigte anlässlich einer Ausweiskontrolle **plötzlich eine Pistole in der Hand hielt** und daraus einen Schuss auf den Grenzpolizisten abgab."
Ende des Zitats aus der Anklageschrift.
Wie ist das rechtlich zu bewerten, wenn wie hier, Ermittlungsbehörden, Anklagebehörden, Aussagen in die Anklage hineinmanipulieren, die überhaupt nicht gemacht wurden?
Wie kommt es, dass dann im Prozess diese Zeugin genau das aussagt, was für einen erwünschten Prozessverlauf dienlich ist? Hat man ihr vielleicht vor der Aussage die Anklageschrift gezeigt, ihr deutlich gemacht welche Aussage erwünscht ist um einen „Wessi" in die Kiste zu bringen?
Diese Zeugin, aber auch andere, haben solche überraschenden Gedächtnis-Auffrischungen zwischen 1992 und 1998.

Wer, Was steckt dahinter??

Hauptbelastungszeuge Nr. 2
Es handelt sich hier um den Elner, der Mann den der Polier Lebrock zu den Tunnelarbeiten mitgeschleppt hat. Dessen Frau oder Verlobte sollte auch mit rüber, sie war aber nicht am Treffpunkt erschienen.
In der Anklage heißt es zu diesem Zeugen:
Diesbezüglich bekundet der Zeuge, dass er gesehen habe, wie Rudolf Müller anlässlich des Abverlangens seines Ausweises durch den Grenzpolizisten eine Pistole auf seinen Gegenüber gerichtet und abgedrückt habe, woraufhin dieser zu Boden gefallen sei.
Frage: Zum eigentlichen Geschehen, was haben sie gesehen?
Antwort: M. kam mit seinen Kindern, der Vopo hat gerufen, **„stehen bleiben!"**, dann fiel er um, und M. kam aus dem Tunnel, ich habe ihm aus dem Tunnel geholfen. **Der Grenzer kam aus dem Postenturm mit vorgehaltener, schussbereiter MP.**
Der andere, der im Turm war, schoss vom Turm, es gab ein Geknatter, dann lag der Vopo auf der Erde.
Da war die Gruppe noch zusammen.
Die Frage der Richterin: Wie viel Schüsse haben sie gehört?
Antwort: Habe vor dem Geknatter ein oder zwei Einzelschüsse, vielleicht ein Echo, gehört.
Jetzt die entscheidende Frage:
Haben sie gesehen, dass M. geschossen hat?
Antwort: Dazu war ich **viel zu weit weg.** Ich war **50 Meter** weg.
Der Belastungszeuge wird zum Entlastungszeugen. Der alles entscheidende Heimtückevorwurf wird durch Zeuge 2 ausgehebelt.
Spannend die Frage der Richterin an den Zeugen, wie denn der Grenzer seine Maschinenpistole gehalten hatte. Dies war wegen des Vorwurfs der Heimtücke wichtig, ja entscheidend.
Seine Antwort war an dieser Stelle eindeutig, der Grenzer hielt die Waffe **schussbereit vor sich.**
Die Richterin nahm eine vorhandene Kalaschnikow und bat den Zeugen E. sie doch so zu tragen wie der Grenzer zu dem Zeitpunkt, als ich dann geschossen haben soll. Zeuge E. weigerte sich, die Waffe in die Hand zu nehmen, er verwies auf ein schlimmes Erlebnis gegen Ende des Zweiten Weltkriegs. Schließlich nahm die Vorsitzende Richterin die Waffe selbst und bat den Zeugen, ihr zu zeigen, wie sie damals vom Grenzer gehalten worden sei.

Das tat der Zeuge dann auch. Es stellte sich heraus, **der Grenzer trug die Waffe schussbereit.**
Der Zeuge Elner sagte weiter aus, seine Frau wäre zu spät zum Treffpunkt gekommen, angeblich wegen eines Italieners. Er sagte aber auch aus, seine Frau wäre am Treffpunkt verhaftet worden, er in Abwesenheit verurteilt. Das kann doch nur heißen, auch diese Frau ist so wie die Familie Lebrock kurz vor unserer Flucht verhaftet und vernommen worden. Muss man dann nicht annehmen, die Grenzer wussten zumindest kurz vor unserem Auftauchen am Tatort von der Sache? **Waren sie dann noch arglos und unvorbereitet?**

Ein weiterer Hauptzeuge wird aufgerufen, soll angeblich auch gesehen haben, dass ich geschossen habe.

Zeuge Nr. 3: Klaus Neugo
Frage der Vorsitzenden: Woher kennen sie den Angeklagten?
Antwort: R.M. ist ein guter Freund, den ich jetzt seit 36 Jahren zum ersten Mal wieder gesehen habe.
Frage: Was ist der Herr Müller für ein Mensch?
Antwort: R.M. war ein sehr sensibler Mensch, der die Trennung von seiner Familie durch die Mauer nicht verkraften konnte."
Frage: Was war ihre Rolle bei der Flucht?
***Antwort**:* Meine Aufgabe war es, die Ablenkungsmanöver, die wir mit Musik und anderen Dingen machten, um die Posten im Wachturm abzulenken, zu organisieren.
Frage: Was sahen sie von der eigentlichen Flucht?
Antwort: Es fiel ein Schuss und dann ballerte es vom Turm aus. Die Frau rannte mit je einem Kind an der Hand und die Kugeln **schlugen um sie herum ein.**
Frage: Was haben sie vom eigentlichen Tathergang in Erinnerung?
Antwort: Den eigentlichen Hergang habe ich von Rudis verstorbenem Bruder Klaus geschildert bekommen. **Danach hat der Posten die Maschinenpistole hochgehoben, dann hat Rudi geschossen.**
Frage: Ist vorher über die Bewaffnung gesprochen worden?
Antwort: Vorher wurde nicht über die Bewaffnung gesprochen.
Frage: Wo waren sie, als es passierte?

Antwort: Habe mit einem anderen von einer Leiter über die Mauer gesehen. Dabei aber R.M. nicht gesehen, nur die Gruppe. Als der Schuss fiel, habe ich nichts gesehen.
Frage: Wie viel Schüsse haben sie gehört?
Antwort: Einen Schuss, 30 bis 60 Sekunden später Salven. Dann konnten wir wieder an einer anderen Stelle von der Leiter rüber sehen. Da habe ich aber nur den anderen Posten auf dem Turm gesehen.

Daraufhin kommt eine Vorhaltung der Richterin, er hätte bei seiner Vernehmung 1992 gesagt, dass er gesehen hat, wie R.M. mit einem Mantel über den Arm in den Osten gegangen ist.
Antwort: Ich habe das gesehen, was ich heute gesagt habe. Was ich 1992 auch schon betont habe, dass ich den eigentlichen Vorgang nur vom Hörensagen anstelle vom Sehen kenne.
Frage: Wie viel Leute haben am Tunnel gearbeitet?
Antwort: Ich habe ungefähr 7 Leute beim Graben kennen gelernt.
Frage: Wissen sie etwas von Absprachen mit Springer?
(Hier der Beweis, das Gericht ist immer noch und immer wieder vom Springer – Virus befallen)
Antwort: Davon weiß ich überhaupt nichts.
Frage: Noch einmal zur Waffe des Grenzers Hinne. Wie hat er sie getragen?
Antwort: Der Posten hat die Waffe **schussbereit** getragen.
Nach dieser Aussage war es mir am Schluss des Verhandlungstages schon besser, hat doch keiner der so genannten Tatzeugen das bestätigt, was in der Anklage stand. Als letzter harter Zeuge kam jetzt nur noch der andere Posten, der eigentliche Streifenführer infrage.

Der dritte Tag

Eigentlich sollte das nur ein Überbrückungstag sein. Da gibt es Vorschriften bei Gericht, die besagen, jede Woche soll mindestens ein Verhandlungstag stattfinden. Ansonsten müsste das gesamte Verfahren wieder neu begonnen werden.
Dafür durfte ich dann für höchstens eine Stunde von Bonn nach Berlin kommen. Das gesamte Gericht war wieder versammelt. Es waren erstaunlich viele Zuschauer anwesend.

Auch die Presse. Auch Spiegel-TV. Der Redakteur erklärte uns: „Wir hatten neulich Pech, eine Kamera war nicht in Ordnung, dürften wir heute vielleicht eine kurze Aufnahme im Gerichtssaal machen? Da es dumm wäre, die Presse zu verärgern und mein Bild ohnehin schon überall veröffentlicht war, willigte ich ein.
Die Vorsitzende Richterin war einen Tag vor Heilig-Abend auch gnädig gestimmt. Man durfte filmen im Saal. Ausgiebig. Auch den Angeklagten und den Anwalt.
Der Termin begann dann mit der Verlesung einer Aussage des „verstorbenen Zeugen Lebrock" aus 1962. Bemerkenswert für mich, es war tatsächlich ein Dokument von der Westberliner Kripo und einmal nicht von der Stasi.
Lebrock, hier handelt es sich um den so genannten Polier, der von Anfang an dabei war und die Stelle für die Tunnelgrabung ausgeguckt hatte.
Nach der verlesenen Aussage hatte er überhaupt nichts gesehen. Allerdings mitbekommen, dass es plötzlich Maschinengewehrsalven gab und wir dann (meine Familie und ich) aus dem Tunnel kamen. Seine Familie war nicht dabei, sie ist ja vorher von einer Doppelstreife abgeführt worden. Was der Familie danach passiert ist, wurde nicht deutlich. Doch sicher ist, dass alle wieder frei gelassen und nicht bestraft wurden.
Merkwürdig:
Alle anderen versuchten Grenzdurchbrüche und Fluchten wurden mit langen Zuchthausstrafen für die Erwachsenen und Kindeswegnahme durch die Stasi und deren Gerichte bestraft.
Doch die Familie Lebrock ging wieder nach Hause! Und das, obwohl bei dem Unternehmen, wo sie mitmachen wollten, ein Grenzer ums Leben gekommen war. Ist nicht ein Student, der nur als harmloser Bote mitgewirkt hat, zu vielen Jahren verurteilt worden?
Wie das? Was steckt wohl dahinter?
In der Aussage des Zeugen ist kein Wort davon zu hören, dass er es war, der mich am Winkgerüst an der Mauer angesprochen und sich praktisch angedient hatte. In der Aussage auch kein Wort zu hören, dass er es war, der uns den Bauplatz bei Springer zeigte, wo wir dann unseren Tunnel gruben. Auch kein Wort davon, dass er es war, der unauffällig aber zielgerichtet immer wieder darauf drängte die Aktion,

um den 17. Juni herum zu starten, weil dann die Posten von der allgemeinen Hektik der Politik um diesen Tag abgelenkt würden. Aber auch kein Wort davon, dass er es war, der zuerst von einer Schusswaffe zur Selbstverteidigung sprach. Und schließlich auch kein Wort darüber, dass er es war, der sich anbot, eine Waffe und die Munition zu besorgen.
Dieser, aus heutiger Sicht und den inzwischen zusammengetragenen Fakten und logischen Zwängen zumindest sehr merkwürdige Zeuge und seine Rolle bei der ganzen Geschichte, blieb bei den Ermittlungen zu dem Prozess völlig unbeachtet. Mir ist zumindest kein Protokoll bekannt aus dem hervorginge, dass die Angehörigen von Lebrock befragt worden sind.
Schließlich noch eine Merkwürdigkeit.
Da gab es plötzlich Bilder im Prozess, die wir während des Tunnelbaues gemacht hatten. Lange vor dem 18.6.1962. Wie kommen diese Bilder in die Akte der Anklage? Auch von der Stasi?
Gehörte Lebrock gar zur Strategie und Taktik von „Horch und Guck, genannt STASI, “ die ihre Augen und Ohren immer dort hatten, wo es der DDR und ihren kalten Kriegern etwas nutzte? Also auch hier? Passte dieses Tunnelunternehmen in den Abwehrkampf, in die „gedeckte, konspirative Vorfeldverteidigung?“
War Lebrock der Stasi – Maulwurf?
Als nach einer knappen Stunde dieser Termin vorbei war, kamen die Fernsehleute und wollten mir ein paar Fragen stellen. Was sollte es, ich beantwortete ihnen ein paar Fragen. Auch die Frage, wie ich denn dies alles fände, diesen Prozess, nach so vielen Jahren und die Anklage wegen Mord? Auch die Frage, ob ich meine Familie noch einmal rüberholen würde.
Ich machte keinen Hehl daraus, wie sehr ich von diesem Rechtsstaat enttäuscht sei, vor allem entsetzt darüber, wie liederlich und nachlässig bei uns ermittelt und sogar angeklagt wird. All mein Tun und Handeln galt nur meiner Familie, was allein schon die Absicht, jemand zu erschießen, ausschließt. Ja, die Grenzer waren auch nur arme Schweine, die selbst nur bedingt Schuld waren an den Verhältnissen an der Mauer. Die Schuldigen sind fast ohne Bestrafung weggekommen. Meine Frau und Kinder würde ich immer wieder aus einer solchen

Situation retten und unterstützen. Damit waren die TV-Leute auch zufrieden und auch dieser Tag vor Gericht ging zu Ende.

Der vierte Tag

Es war schon fast Routine, wie das am 4.1.99 ablief. Höfliche Vorsitzende mit Gute – Neujahrswünsche an alle im Saal, immer noch oder schon wieder ein leicht angesäuerter Staatsanwalt.
Alle waren wieder angetreten, um der Bürokratie im „Gerichts-Unwesen“ gerecht zu werden. Überbrückung heißt das. Dafür werden Zig Tausende Mark rausgeschmissen. Es lebe die demokratische Bürokratie!
So dauerte es etwa eine halbe Stunde. Zur Verhandlung kam eine Verlesung. Die Verlesung der Zeugenaussage von Irmchen, meiner Schwägerin. Irmchen, die leider schon zu diesem Zeitpunkt verstorben war, konnte nichts mehr dazu sagen, wo sie doch unmittelbar beteiligt war. Ihre Aussage gab den Stand des Vorfalls vom Juni 1962 wider. „Sie wurden mehrfach zum Halt und „sich ausweisen“ durch den Posten aufgefordert und als sie dem nicht nachkamen, gab es ein Gerangel. Danach rannte sie weg und hinter ihnen wurde auf sie geschossen.“ Diese Aussage hat sie schriftlich 1992 nochmals der Kripo gegenüber so bestätigt.
Was bleibt und wesentlich ist:
Ihre Aussage über die mehrfache Aufforderung des Postens zum Stehen bleiben und sich Auszuweisen, war eine weitere Bestätigung dafür, das die Posten nicht arglos waren. Spätestens bei Nichtbefolgen musste der rufende Grenzer erkennen, dass unsere Gruppe keine Passierscheine hatte. Wer einen Passierschein hat, setzt sich nicht der Gefahr des Erschießens aus, jeder würde sofort stehen bleiben. Damit war aber auch der Grenzer gewarnt, ihm musste spätestens jetzt klar sein, dass hier etwas mit dieser Gruppe nicht stimmte.
Das war es dann am ersten (vierten) Verhandlungstag des Jahres 99.

Der fünfte Tag

Während des letzten Verhandlungstages lief ein polnisch/ deutschsprechender Mann rum, der alle diejenigen beschimpfte, die ihre

Sympathie mit dem Angeklagten zeigten. Auch mich persönlich griff er mit einer Schimpfkanonade an. Jetzt, am fünften Tag der Verhandlung, lauerte dieser Mensch mich auf und wollte hangreiflich werden. Mein Bruder Peter, dicht hinter mir, griff sofort ein. „Wenn sie nicht sofort machen, dass sie wegkommen, fangen sie sich eine ein. Hauen sie ab, sie Spinner.“ Laut und deutlich musste Peter diesen Menschen zur Räson bringen. Es hatte kein Ende. Auch im Gerichtssaal wurde er renitent, sodass die Vorsitzende ihn des Saales verwies.

Die Vorsitzende eröffnet die Sitzung. Sie verliest eine Notiz meines Anwalts und den Beschluss der Kammer, das Traudchen nicht vor Gericht erscheinen muss. Die Vorsitzende verweist auf ein vorliegendes Attest. Damit war Traudchen raus aus diesem Spiel.

Der ehemalige Hausmeister von Springer wurde vernommen. Er hatte seinerzeit unseren Tunnel entdeckt und für uns bei Springer die Genehmigung zum Weitermachen eingeholt.

Auf Befragen sagt er wahrheitsgemäß, dass er mich als Person nicht kenne. Es war zu spüren, das Gericht, vor allem der Staatsanwalt erwartete jetzt die Aussage überhaupt.

Die Aussage über den Deal mit Springer.

Wer denn sonst, wenn nicht der Hausmeister würde doch hoffentlich die intensive Zusammenarbeit, vielleicht sogar die Rädelführerschaft von Springer zutage bringen. Es wurde wieder nichts, keine Spur von Anstiftung durch Springer, auch bei einigen Journalisten war danach Enttäuschung angesagt.

Was sagte er?

Amerikaner und Staatsschutz hätten ihn nach dem Vorfall je fünf Stunden verhört. Als Hausmeister hatte er damals durch Zufall den Tunnel entdeckt.

Er habe sich bei der Spitze vom Springerkonzern über das weitere Verhalten kundig gemacht. Zustimmung sei erteilt worden. Auf die Frage der Tunnelgräber, ob sie Bauholz und Licht benutzen könnten, wurde dies gestattet. Einmal, so erinnert sich der Hausmeister, habe ihn der Herr Springer bei einem zufälligen Zusammentreffen im Fabrikationsraum die Hand auf die Schulter gelegt und sinngemäß zu ihm gesagt: **„Mögen so viele Leute kommen wie möglich, die Leute die die Freiheit haben wollen, sollen sie auch haben.“**

Am 18.6 habe er von dem Tag X erfahren. Er habe vom Dach eines Schuppens alles beobachtet, wie vereinbart, das waren vielleicht 20 bis 30 Meter vom Tatort entfernt, um notfalls Lichtsignale bei kritischen Situationen zu geben.
Er konnte ungewöhnlich starke Besucherbewegungen von Bussen an einem von den Amis erbauten Podest an der Mauer beobachten. Der eine Grenzposten habe den anderen zu der Stelle geschickt, wo die Flüchtlinge waren. Eine zweite Gruppe von Flüchtigen sei vor der Grenze abgedreht.
Der Grenzer habe dann die MP von hinten zur Seite genommen. Dann habe der Grenzer M. angesprochen. Es gab eine Auseinandersetzung und dann hörte er Schüsse. Es hatte ihn sehr belastet, dass da Kinder waren und lange Salven in Richtung der Flüchtenden kamen. Dann seien sie aus dem Tunnel gekommen, er hatte sie in Richtung Kantine geschickt. Dort kamen viele Menschen, auch Journalisten aus dem Springerverlag (die da arbeiteten „Welt" und „Bild"). In der Kantine mußte er Auskunft geben. Da sei ja auch jemand von der Geschäftsleitung gewesen. Bürgermeister Albertz sei gekommen, dann die Amis, die alle Beteiligten mit zum Tempelhofer Damm genommen hätten. Er selbst kannte vorher keine Namen, er war auch mal im Tunnel. Später hatte er einen Bruder von M. und den „Polier" gesehen. In Spandau wurde einmal in der Wohnung des Bruders darüber gesprochen. Dabei erfuhr er, dass M. nach Westdeutschland ausgeflogen worden sei, das hatte ihm auch der Staatsschutz schon erzählt, dass M. in Sicherheit gebracht worden sei.
Er lag bei der Flucht auf den Schuppen, um keine Aufmerksamkeit zu erregen.
Die Richterin erinnert an die Vernehmung von 1991: H. habe eine Stunde lang auf dem Dach gehämmert.
H. weiter: „Der Posten ging zum Turm und wurde dann in Richtung M. geschickt. M. hatte sich, nachdem er aus dem Tunnel kam, wohl gesäubert, um nicht aufzufallen. Auch ein Bruder war mit im Tunnel, blieb aber im Hauseingang stehen. M. kam auf dem Rückweg mit zwei Erwachsenen und zwei Kindern. H. hat später gehört, erst von einem Reporter und 91 von einer Schwägerin, **dass denen auch Geschosse durch die Beine flogen.**

Der Posten sprach M. an, hatte die MP. von der Seite nach vorn genommen, da fiel der Riemen von der Schulter.“
Dann sei er vom Schuppen runter.
Die Richterin verliest Blatt 9 der Vernehmung von 1991: „M. ging am Grepo vorbei, in Richtung Dönhoffplatz, dann unterhielten sich die Grepos am Turm, **der eine telefonierte von der Jerusalemer Straße aus.**“
Anmerkung:
Das ist der Beweis, die Grenzer waren nicht mehr arglos, sie alarmierten die Sonderstreife.

Danach machte der Polier eine Handbewegung und veranlasste Ham, vom Dach zu kommen, er hatte dann nichts mehr gesehen. – Das habe er, Ham. 1991 bestätigt, hält ihm die Richterin vor.
Was ist richtig?
Zeuge Ham (ehemaliger Hausmeister von Springer): 1991 war die Vernehmung **oberflächlich,** der wollte das **schnell vom Tisch haben.**
Ham: Ich stehe zu allem, was ich heute gesagt habe.
Nämlich, dass ich **keinen Einzelschuss** vor dem Rattern (3-5 Sekunden) gehört hatte Für mich war klar, der Posten vom Turm hatte geschossen. Ich habe gelesen, dass H. von **seinen eignen Leuten** erschossen wurde.
Habe vorher nicht erfahren, ob die Tunnelbauer bewaffnet gewesen sind, obwohl ich mich vor Pfingsten beiläufig beim Polier erkundigt hatte.
Richterin hält Aussage aus Blatt 297 in Band 2 aus 91 vor: „Wusste nicht, dass einer bewaffnet war. 14 Tage später habe der Polier ihm bei einem Besuch im Betrieb gesagt, na ja, was heißt von seinen eignen Leuten erschossen, wir mussten uns ja schützen.“
Davon weiß Ham nichts mehr.
4 Wochen nach dem Vorfall habe er ein Gespräch mit Klaus M., dem Bruder, wie schon gesagt, in Spandau gehabt, da hatte die Schwägerin erzählt, **dass durch die Schüsse Staubwolken neben ihnen aufstoben.**
Auf die Frage von meinem Anwalt stellt Ham klar, wie der erschossene Grenzer (Hinne) die **Maschinenpistole bedrohlich gehalten hatte.**

Frage des Anwalts, der aus der Anklageschrift zitiert:
Schaulustige und Reporter haben sie erwartet, gab es eine Pressekonferenz, wie es in der Anklageschrift beschrieben wird?
Antwort: Das gab es nicht! Es waren nur die Journalisten da, die ohnehin da waren."

Anmerkung:
Die Aussage von dem Hausmeister bestätigte genau das, was ich ausgesagt und was aus meiner Sicht auch tatsächlich passiert ist.

Die Behauptung der Staatsanwaltschaft in der Anklage:
Es hätte eine Pressekonferenz stattgefunden, ist damit widerlegt, es gab sie nicht. Ein weiteres Teil der Klageschrift wurde damit widerlegt. Erneut ist der Beweis erbracht worden, dass der Ursprung dieser falschen Tatsachenbehauptungen, die Stasi-Akte, manipuliert und tendenziös ist.
Die Behauptung, der Grenzer hätte lediglich nach Ausweisen gefragt ist nicht mehr haltbar, er hatte uns mit seiner Maschinenpistole bedroht, auch nach Aussage des Hausmeisters.

Noch eine Anmerkung:
Anlässlich des Prozesses vor dem Landgericht in Berlin sollte Egon Bahr als Zeuge aussagen. Aussagen zu den o.g. tendenziösen Meldungen aus Presse und vor allem der Klageschrift. Die DDR-Presse aber auch der Spiegel hatten behauptet, dass wir nach der gelungenen Flucht im Pressehaus von Springer den „Sieg" mit einer Runde Whisky gefeiert hätten.
***Der von Springer angeheuerte und bezahlte Killer**, diese ungeheure Unterstellung für einen Menschen, der nichts anderes getan hat, als das, was der Urinstinkt der Menschen schlechthin ist, nämlich alles zu tun, um die Familie zu schützen.*
Diese Unterstellung war immer zu spüren. 1962 in der Presse der DDR noch verständlich, aber wortgleich zum gleichen Zeitpunkt im Spiegel.
Aber auch 1998 durch die Staatsanwaltschaft, davor durch die ermittelnden Beamten. In den Protokollen, bei Vernehmungen, schließlich in der Anklageschrift, immer wieder das Phänomen des

grenzüberschreitenden Springerhasses. Wollte hier, wer auch immer, letztlich auf Kosten einer Familie, Springer endlich was anhängen.
Er wirbt einen ehemaligen Fremdenlegionär an und schickt ihn in den Osten um einen Grenzer zu töten.
Im Osten ist darüber wie schon an anderer Stelle berichtet, in diesem Stil ein Film über Springer gedreht worden. Genau unsere Story ist hier der Hintergrund. Wörtlich heißt es dort im Kommentar: **„Er, Springer, wollte endlich aus dem kalten Krieg einen heißen machen und schickte deshalb den Mörder in den Osten, um einen unserer Grenzer zu töten.“**
Dass da ein Vater seine Familie befreite, beschützte, rüber holte, davon wurde in der Ostpresse nichts berichtet.
***Der Fremdenlegionär** erscheint in meiner Anklageschrift, der Staatsanwalt und der ermittelnde Beamte stecken mich dort einfach rein. Warum??? Wer will das Mauersystem im Nachhinein Rehalibitieren?*
Wurde deshalb auch in der Klageschrift diese unsere Flucht so dargestellt, wie es die Stasi von Beginn an konstruiert hatte.
Mein Pech - könnte manch einer sagen. Warum buddelt der auch gerade auf dem Grundstück vom Springer. Nur, in der Not spielte das für mich überhaupt keine Rolle.

Dann noch eine Episode in Zusammenhang mit Egon Bahr.
Er wurde von meinem Anwalt als Zeuge benannt. Es war aber nicht möglich ihn zu erreichen, an einem Wochenende hatte aber die Vorsitzende Richterin, Bahr am Telefon erreicht.
Sie sagte meinem Anwalt, dass nach diesem Gespräch mit Bahr das Gericht davon überzeugt ist, **dass es keine Pressekonferenz und schon gar keine Feier mit Whisky gegeben hat.**
An diesem Tag noch ein wichtiger Zeuge.
Der Postenführer Platzmann, einer der beiden Posten an diesem Tag in dem Bereich Jerusalemer Straße.
Es war ja wohl aus der Sicht des Staatsanwalts einer der Hauptzeugen. Einer der nach der Anklageschrift alles genau gesehen hat. Er wird vorab darüber belehrt, dass gegen ihn wieder eine Anzeige wegen versuchter Tötung, begangen am 18.6.1962 gegen uns, läuft. Dennoch wolle er aussagen. Nach Aufforderung der Vorsitzenden Richterin

berichtet er, wie aus seiner Sicht der Ablauf an diesem Tage zur fraglichen Zeit gewesen ist. Um **15.00 Uhr** hatten wir **Ablösung.** Dabei sind wir darauf hingewiesen worden, hier wäre etwas los. Eine Stunde später kam ein fremder Mann aus dem Haus, den beide nicht kannten. Sie beschlossen ihn später zu kontrollieren, um keinen Rüffel zu bekommen.

Anmerkung von mir:
Woher wollten sie wissen, dass es ein Später gab? Wieso sollte der, wie sie sagten, „Fremde" noch einmal zurückkommen?

Zwei Stunden später kam der Mann wieder. Wir wollten Passierscheine kontrollieren. In diesen Moment klingelte das Postentelefon, er lief zurück und wurde informiert, dass die Postenstreife käme. Beim Telefonieren sah er durch die Schießscharte, und sah, wie sein Kamerad dem Unbekannten etwas zurief.
Der antwortete wohl auch, es gab einen **komischen** Klang, der Posten fiel um. Die Frauen und Kinder liefen weg. Auf Kinder zu schießen, war verboten. Deshalb habe er erst geschossen, als sie weg waren. Er wollte verhindern, dass sie wieder rauskommen und er doch noch auf Frauen und Kinder schießen muss. Dann hat er fünf rote Sterne geschossen: Signal für Schusswaffengebrauch.
Er hat nicht gesehen, ob und wie M. geschossen hat. Das hat er später auch dem Vorgesetzten erzählt: „Ich habe nur einen Schuss gehört. Habe dann drei Salven in die Richtung abgegeben **zu je einen Schuss**." Er verweist darauf, dass er alle Auszeichnungen als guter Schütze hätte, er wollte die Frauen und Kinder nicht treffen.

Anmerkung:
Die Aussage des Zeugen: „Sie wollten Passierscheine kontrollieren" ist falsch. Es gab für diese Lage des Hauses Zimmerstrasse 56 keine Passierscheine. Zeugen haben bestätigt, dass „Tag und Nacht jeder ins Haus konnte, auch Besucher"

Hinweis der Richterin: 1962 haben sie aber ausgesagt, dass sie am Turm standen mit entsicherter M.P., schon als sie die Bewegung im Westen beobachtet hatten.

Antwort: Bei einer normalen Personenkontrolle trug man die Waffe gesichert umgehängt.
Frage der Richterin: 1991 haben sie gesagt, die Waffe wäre gesichert gewesen, 1962 dagegen entsichert und sie hätten auf den Flüchtenden geschossen, bekamen ihn aber nicht mehr in voller Größe zu Gesicht. Wie standen die beiden denn?
Antwort: Der Posten drehte mir den Rücken zu **und verdeckte M.** Deshalb habe ich auch **nicht gesehen**, was geschah, ich habe auch keinen Ruf gehört. Ich habe auch keine Erinnerung, wie der Kamerad Hinne seine Maschinenpistole getragen hat.
Frage der Richterin: Können sie die Kleidung des Täters beschreiben?
Antwort: An die Kleidung von M. habe ich keine Erinnerung.
Die Richterin verweist erneut auf die Aussage aus 1962, danach hatte M. ein graues Sakko, Pullover zirkulär quer gestreift, graue Hose aus Flanell an.
Antwort: M. hatte **das Sakko über dem Arm.** Frauen und Kinder gingen erst weiter, blieben dann auch stehen.
Frage der Richterin: Trugen die Frauen einen Blumenstrauß bei sich?
Antwort: Daran kann ich mich nicht erinnern.
Richterin zitiert Aussagen aus 1962: „Habe M. in die Jacken-Innentasche greifen sehen, Frauen kramten in ihren Handtaschen."
Antwort: Daran kann ich mich nicht erinnern.
Frage der Richterin: Nach ihrer Aussage in 1962 haben sie, nach Erkennen der Personen an der Pestalozzibuchhandlung, die Personen durchs Fernglas beobachtet und die Postenleitstelle benachrichtigt.
Antwort: Das ging gar nicht, mit diesem Telefon konnte man nur angerufen werden.

Anmerkung: *Das war gelogen, was festzustellen für das Gericht ein Leichtes gewesen wäre. Die Aussage von 1962 ist doch der Beweis. Er hat doch vor Stasi und Mordkommission diesen Anruf bestätigt. Wäre es technisch nicht möglich gewesen, dann hätten seine Vorgesetzten und Vernehmer das als falsch korrigiert. So einfach könnte die Wahrheit vor Gericht ans Tageslicht kommen. Warum diese Untätigkeit des Gerichts bei offensichtlichen Falschaussagen??*

Die mangelhafte Ermittlungsarbeit wird bei dieser Aussage sichtbar. Es ist eindeutig und bewiesen, dass eine Offiziersstreife von den Grenzern angefordert worden ist. Die Reihenfolge noch einmal: Der eine Grenzer sieht mich auf die wartende Familie zugehen. Ich werde vom Christian begrüßt. Der Postenführer weist seinen Kameraden an, wie er in seiner Aussage von 1962 bestätigt, bei der Postenleitstelle anzurufen und eine Hinterlandstreife anzufordern. Diese Streife greift, was bewiesen ist, ins Geschehen ein, indem sie die Familie von Lebrock und wohl auch von uns allerdings unbemerkt, die Frau von Elner verhaftet und abführt.

Im Bericht des Ministeriums des Inneren vom 19.06.1962, hier von der **1. Grenzbrigade (B)** heißt es zu diesem Anruf:

Gegen 17.20 Uhr verließ eine männliche Person das Haus Zimmerstraße 56 und lief durch die Jerusalemer Straße in Richtung Schützenstrasse. Die Posten stellten fest, dass dieser Mann mit einer Gruppe von ungefähr 10 Personen, darunter Frauen und Kinder eine Unterhaltung führten. Diese Personengruppe stand auf der Höhe der Krausenstrasse, ca. 350 Meter von der Staatsgrenze entfernt. Die beobachteten Personen blickten ständig in Richtung Staatsgrenze. Hierüber erstatteten die Posten Meldung an den Stützpunkt. Sie baten um Einsatz einer Kontrollstreife zur Überprüfung der Personengruppe. Der Stützpunkt kam diesem Ersuchen nach.

Bei Annäherung der Kontrollstreife gegen 17.50 Uhr zerstreute sich die Gruppe sofort ins Hinterland.

Gezeichnet ist dieser Bericht von „Oberst Tschitschke“.

Anmerkung:

Dieser relativ harmlose Bericht über die Kontrollstreife, dürfte allen am Prozess Beteiligten (oder besser den Beteiligten, die die Stasi von Manipulation freigesprochen haben) sauer aufstoßen. Ich habe diesen Bericht erst nach dem Prozess zu Gesicht bekommen. Was macht ihn so brisant? Alle rätselten darüber, warum die Familie von Lebrock verhaftet worden ist, vor allem, was mit den Verhafteten geschehen ist? Die Antwort: Die Lebrocks sind nicht verhaftet worden, es war wohl eine Fatahmorgana der ich erlegen war. Oder wurde doch manipuliert? Aber „Nein,“ nach Meinung meiner Richter wurde in meinem speziellen Fall nicht manipuliert. Punkt und Basta! Mit

Verlaub. Es wurde! Diese Notiz beweist es. Es heißt dort:„ ***Bei Annäherung der Kontrollstreife gegen 17.50 Uhr zerstreute sich die Personengruppe sofort ins Hinterland.“***
Gezeichnet ist dieser Bericht von „Oberst Tschitschke“.
Das mit der Fatahmorgana war wohl nichts. Hier ist kräftig manipuliert worden. Wie kann eine Kontrollstreife berichten, ***„zerstreute sich die Gruppe ins Hinterland“*** *wenn sie tatsächlich die Familie Lebrock verhaftet hat??????*

Ein zusätzlicher Beweis für die Falschaussage des Zeugen Platzmann (*man konnte von dem Postenapparat nicht anrufen, sondern nur angerufen werden*) ist ein weiteres Vernehmungsprotokoll vom 26.06.1962, wo es eigentlich um falsche Uhrzeiten der ursprünglichen Aussage des Postenführers ging.
Unter dem Aktenzeichen: BstU (steht für Stasi) **heißt es**:
In ihrer Zeugenvernehmung vom 19.06.62 erklären sie, dass nach 17.00 Uhr vom Genossen H. eine männliche Person bemerkt wurde......Antwort von Platzm.: “Nachdem ich mir die Zeiten noch mal überlegt habe, und mit **Unteroffizier Naumann** Rücksprache nahm, der gegen 18.15 von **Genossen Hi. angerufen worden war,** schätze ich, dass wir die unbekannte männliche Person in der Zeit von 18.10 Uhr bis 18.20 Uhr bemerkt haben.“
Frage Staatsanwalt: Haben sie wahrgenommen, woher der Knall kam?
Antwort: Wo soll er denn sonst hergekommen sein, als von Hinne. und Müller? Eigenartig war, ein Pistolenschuss klingt sonst heller, man hat mir später gesagt, wegen der Schussnähe war der Klang verfälscht, an Hinnes Uniform sollen sich Pulverspuren befunden haben(!!!)

Anmerkung:
Wenn ihm solches von den Untersuchungsbehörden der DDR gesagt worden ist, dann wurde auch hier etwas vertuscht. Aus dem in der Akte vorliegenden Untersuchungsbericht des Dezernats für Kriminaltechnik (BSTU 000051) geht eindeutig hervor, es waren keine Nahschüsse, die Hinne getroffen haben, an den Uniformstücken gab es keine Schmauchspuren. Im Übrigen sind die Uniformstücke vom

Krankenhaus abgeholt worden und niemals wieder aufgetaucht. Warum also dieser eigentümliche Klang des Schusses von dem der Zeuge Platzmann berichtete?
Wer hatte noch geschossen? Wenn der Schuss einen dunklen Ton hatte, kann von einem Gewehrschuss ausgegangen werden. Gewehre, wie sie von Scharfschützen benutzt werden.
Warum ist eigentlich niemals versucht worden, herauszufinden, was denn der Unteroffizier Naumann, mit dem nachweislich die Posten telefoniert haben, dem Posten für Anweisungen gegeben hat?
In allen Protokollen werden eindeutig dieses vom Postenführer geleugnete Telefongespräch und der Wunsch nach Hinterlandstreife dokumentiert. Es wird auch bestätigt, dass diese Streife rausgeschickt wurde. Wir haben diese Streife auch hautnah erlebt, gesehen, dass die Familie Lebrock verhaftet worden ist. In den Akten über diese Festnahme totales Schweigen. Keine Aussage zu der Verhaftung.
Kann das Zufall sein??
Auch der Unteroffizier Naumann müsste doch entscheidendes dazu sagen können. Warum haben die Ermittler, die Staatsanwaltschaft, das Gericht, hier nicht wenigstens versucht diese Beteiligten zu finden?

Was wurde von der Stasi hier vertuscht???

Doch weiter mit der Anhörung des Postenführers Platzmann:
Frage Anwalt: Waren ihnen bis zum 18.06.62 Vorfälle an der Grenze mit Schusswaffengebrauch oder Durchbrüche und Flucht bekannt?
Antwort: Die wurden alle ausgewertet, wenn es um Waffengebrauch ging.
Frage Anwalt: War ihnen damals ein Fall bekannt, dass ein Grenzposten erschossen wurde?
Antwort: Ja. Es war der Fall Göring.
Frage Anwalt: Wurde dieser Fall ausgewertet und wurden sie zu besonderer Vorsicht ermahnt?
Antwort: Ja.

Anmerkung: *Es ging dem Anwalt bei diesen Fragen darum, nachzuweisen, dass es an der Grenze zu dieser Zeit einfach keine Arglosigkeit geben konnte.*

Frage Anwalt: War die Periode vor dem 18.06. eine Periode erhöhter Wachsamkeit?
Antwort: Bei uns war immer erhöhte Wachsamkeit.
Frage Anwalt: War ihnen der 17.06. als ein besonderer Tag bekannt?
Antwort: Ja.
Frage Anwalt: Wurden sie zu besonderer Wachsamkeit ermahnt, weil man Provokationen befürchtete?
Antwort: Weiß ich nicht
Frage Anwalt: Was war das für ein Tag?
Antwort: Was hat das mit diesem Fall zu tun? Kam es recht patzig vom Zeugen
Frage der Richterin:
Sind an diesem Tag die Grenztruppen zu besonderer Wachsamkeit ermahnt worden?
Antwort: Na klar.
Frage Anwalt: Zur Waffe, ihre damalige Aussage, sie standen mit entsicherter Waffe, steht im Protokoll, das sie auf jeder Seite unterschrieben haben, war das falsch oder untergeschoben?
Antwort: Daran erinnere ich mich, ich hatte die Waffe nicht entsichert.
Frage der Richterin: Warum steht das dann im Protokoll?
Antwort: Weiß ich nicht.
Frage Anwalt: Im Protokoll vom Juni 62 werden sie wie folgt zitiert:
„Trotzdem ich das Feuer auf den Flüchtigen sofort eröffnete, habe ich wegen des schlechten Schussfeldes nicht getroffen."
92 heißt es von ihnen aber:
„Habe gewartet bis Frauen und Kinder weg waren"
Hierauf keine Antwort.
Frage des Anwalts: Ob es den so war, als er als Zeuge 1992 von der Kripo vernommen wurde, dass man ihm seine Vernehmung von der STASI 1962 vorgelesen hat und er sich dann daran erinnerte, dass er manches widerrufen müsste!?
Der Zeuge musste auch dies bestätigen.

Anmerkung:
Dieses Vorlesen, oder zur Kenntnis geben, damaliger Aussagen, wohlgemerkt vor der Befragung des Zeugen, wirft schon ein

merkwürdiges Licht auf die zuständige Behörde, wie sie mit dem Recht umgeht.
Noch einige Anmerkungen zu dem vom Gericht nicht gerügtem, offensichtlichem Gedächtnisschwund des Zeugen:
Er behauptet gewartet zu haben bis Frauen und Kinder in Deckung waren. Alle Beteiligten; Traudchen, Bernd unser Sohn, Hotti mein Bruder, der Zeuge Neugo, der Zeuge Ham haben erlebt und gesehen, wie die Geschosse von wem auch immer, um uns einschlugen.
Die Aussage, er hätte drei Salven a einen Schuss abgegeben, ist lächerlich und absolut frei erfunden. Alle Untersuchungen, vor allem die der Stasi, berichten von drei Garben mit mindestens zehn Schuss.

Schließlich noch die Frage des Anwalts, ob denn die Waffen von beiden Grenzern anschließend untersucht, kontrolliert worden sind?
Die Antwort: Nein, davon wisse er nichts.
Danach wurde der Zeuge, ohne vereidigt zu werden, entlassen. Hier kamen mir doch erhebliche Bedenken über die Strategie meines Anwalts.
Die Vorsitzende Richterin teilt dann noch mit, der 1962 für Westberlin zuständige Oberstaatsanwalt habe seine Reiseunfähigkeit erklärt, er sei 84 Jahre alt. Möchte aber über das **leidige Verfahren**, wie er es bezeichnete, unterrichtet werden. Das Gericht verkündete, es werde die auf Tonband aufgezeichnete Vernehmung dieses Zeugen in einer Sitzung wiedergeben.

Der sechste Tag

Der Zeuge Allert soll aussagen. Ein ehemaliger Volkspolizist, Grenzer, Polizist und Stasioffizier aus Sachsen – Anhalt. Der war im Frühjahr

1962 als strammer Bonze im Zuge eines „SED Parteiaufgebots“ aus seiner relativ ruhigen Position in der Ostdeutschen Provinz an die doch sehr schwierige Grenze in Berlin versetzt worden. Im Range eines Oberfeldwebels hatte er die Funktion eines Streifenführers der Hinterlandsicherung auszuüben. Dies diente allerdings mehr dem Aufpassen auf die eignen Kameraden als auf die Probleme an der Grenze, wie man hörte. Auch am 18.6.1962 lief er dort, in der Gegend wo das alles passiert ist, mit einem Gefreiten herum, von dem man bis dahin aber auch später während des Prozesses nichts gehört hatte.
Dann bekam er Alarm durch Leuchtkugeln Rot. Das hieß soviel wie „schnellstens zur Mauer“, Schusswaffengebrauch. Er lief also in die Richtung Zimmer/ Ecke Jerusalemer Strasse und sah den Grenzer Hinne am Boden liegen.
Er lief zu diesem hin. Er fühlte den Puls und spürte keinen. Er versuchte ihn mit den Rücken aufzurichten. Er verständigte dann seine Zentrale. Er konnte nicht sagen, wer geschossen hat, er habe auch keine Schüsse gehört. Er weiß auch nicht, ob vor ihm schon jemand bei dem am Boden liegenden Grenzer gewesen sei.
Bei dem Erschossenen lagen die Waffe und der Stahlhelm, es sah nach „nichts verändert aus.“ „Nein,“ sagte er auf Befragen, er hat nicht nach abgeschossener Munition gesucht. Er hat nur anderen Personen zugerufen, dass sie sich nicht am Tatort aufhalten sollten. Ja, vor diesem Vorfall war an der Mauer schon viel Unruhe. Es waren auf der Westseite mehr Menschen und Polizisten als sonst, auch das Fernsehen war dort. Allein dies erforderte erhöhte Wachsamkeit. Es gab auch mehr Steinwürfe als sonst. Es war ja der Tag nach dem 17.Juni. Wir hatten uns schon interessiert, was da los war. Neben der Leuchtspur wurde der Grenzalarm mit Telefon ausgelöst.
Ja, der Postenführer war auf dem Turm.
Frage der Vorsitzenden: Was war befohlen, wie man sich bei Personenkontrollen zu verhalten hat?
Antwort: Der Befehl war, Postenführer sichert und der Posten kontrolliert und zwar muss er sich hinter dem Posten in einigen wenigen Metern hinstellen, mit der Waffe und Laufrichtung in Richtung Posten und zu kontrollierender Person. Allert zeigt wie er die Mpi mit Lauf nach vorn bei solchen Aufgaben halten musste.

Frage: Und wenn Personen der Aufforderung zur Kontrolle nicht nachkommen?
Antwort: Wir sollten ohne Anwendung der Schusswaffe die Personenkontrolle durchführen! 1962 gab es den Befehl zur Anwendung der Schusswaffe noch nicht. Wir sollten die Mittel der einfachen körperlichen Gewalt anwenden.

Anmerkung:
Das ist gelogen, der Schießbefehl ist an anderer Stelle abgedruckt, mit der geheimen Verschlußsache:B3/1 – 13/62 vom 19.März 1962 ist der Befehl Nr. 39/60 in Kraft getreten. Vollzug wird in diesem Befehl bis zum 14.4 1962 gefordert, bis dahin sind in allen Einheiten der Grenzbrigaden aktenkundige Belehrungen über die Bestimmungen des Schusswaffengebrauchs vorzunehmen.
Im Vorfeld ist bei dem Aktenstudium deutlich geworden, wie sehr die Stasi in unserem Fall verstrickt war.
Die Gauckbehörde (Behörde für die Auswertung der Stasi-Unterlagen) wies darauf hin, dass die Anwesenheit einer bestimmten Person als Erster am Tatort ein Indiz dafür sei, dass die Stasi von dem Fluchtvorhaben unterrichtet war.
Das nachfolgende Dokument ist die Bestätigung für diese Aussage.

DER SONDERBEAUFTRAGTE DER BUNDESREGIERUNG

für die personenbezogenen Unterlagen des ehemaligen Staatssicherheitsdienstes

Referat AU 5

Der Sonderbeauftragte · Postfach 11 99 · O-1086 Berlin

Polizeipräsidium Berlin
Dir VB S I Z
z. ZA Hellbusch

Zu Ha[geschwärzt] gibt es in seiner Kaderakte mehrere - im Detail unklare - Lebensläufe. Danach war Ha[geschwärzt] übereinstimmend nach seinem Ausscheiden aus der NVA seit 1959 VP-Angehöriger mit dem Dienstgrad eines Leutnants. Während der Zeit, als er Abschnittsbevollmächtigter (ABV) in Zahna, Kreis Wittenberg, war, erklärte er sich zu einer sechsmonatigen Kommandierung nach Berlin (siehe Anlage) bereit. In diese Zeit fiel offenbar der Vorfall mit Hahn. Nach seinen Angaben war er 1962 für sieben Monate im Range eines Oberfeldwebels eingesetzt. Seit dem 1. 12. 1966 war er Angehöriger des Arbeitsgebietes 1 (K 1 - politische Polizei) im Volkspolizeikreisamt (VPKA) Halle.

Gill

27.4.34 in Coswig

28.4.52 – 22.11.59 Obermst./Komm., NVA/se. IV. Flottille – Warnemünde

! 30.11.59 – 69 An. der K: DVP Abt. VPKA Halle

1.12.69 Ltn., SB Abt. VII, Halle

1.10.72 O'Ltn.

1.7.75 op. HA KD Wittenbg.

1.2.77 Hptm.

1.11.84 HSB

1.10.85 " Major "

Beschl. Re'Komm. v. 13.1.88 J-Rt

Strafakte liegt im ZA

war 1962 kein Grenzpolizist, sondern Ltn. der K im VPKA Halle
Ab 12/69 Offizier HA MfS, es kann angenommen werden, daß H. auf Befehl des MfS nach Bln. war, d.h. der Fluchtplan war bekannt, die „Vereitelung" der Flucht sollte mit dem bekannten Ergebnis enden, wobei die Person des Grenzers zwangsläufig gewesen sein könnte.

Abschrift des Gauckpapiers:

28.4.52 – 22.11.59 Obermeister/Komm. NVA/sec. IV. Flottille – Warnemünde

! 30.11.59 – 69 in der K. DVP Abt. VPKA Halle

i. O. Ltn.

1. 7.75 op.HA KD Wittenberg

1.2.77 Hptm. „

1.11. 84 HSB „

1.10. 85 HSB Major „

Beschl.Re,Komm. V. 13.1. 88 J – Rte.

Strafakte liegt im ZA.
xx. war <u>1962 kein Grenzpolizist</u>, sondern <u>Ltn. Der VPKA Halle</u>.
Ab 12/69 Offizieller MA, MfS, es kann angenommen werden, dass xx. auf Befehl des MfS nach Berlin beordert war, d.h., der Fluchtplan war bekannt, die „Vereitelung“ der Flucht sollte mit dem bekannten Ergebnis enden, wobei die Person des Grenzers zweitrangig gewesen sein könnte.

Gez. Köhler od. ähnl.

Diese, wie ich meine, ungeheure Aussage eines Mitarbeiters der Gauckbehörde ist mir erst nach dem Prozess in seiner Tragweite bewusst, bzw. richtig gewichtet worden.
Mir ist nicht bekannt, ob diese Sache von der Kammer, dem BGH oder gar dem BVG wahrgenommen worden ist. Sicher nicht, denn sonst hätte es nicht zu dem Urteilsspruch kommen dürfen.
Ich frage mich schon, warum die Staatsanwaltschaft, warum die Kammer, die Verwicklungen der Stasi in diesem Fall, in meinem, in unserem Fall, nicht gründlich überprüft hat.

Frage Anwalt: Sie waren Oberfeldwebel und vorher in Wittenberge?
Antwort: Nein, in Wittenberge war ich Polizeimeister.
Anwalt: Waren sie nicht Leutnant der Volkspolizei, bevor sie an die Grenze kamen?
Antwort: Nein
Anwalt: In dem Vernehmungsprotokoll aus 62 steht aber, sie waren Leutnant der Kriminalpolizei? Sind sie zu den Grenztruppen versetzt worden?
Antwort: „Ja ich habe mich nicht gemeldet.“
Frage Anwalt: Ich zitiere aus der Gauck – Akte Band 8: Er erklärte sich nach dem 13.8.1961 bereit, im Rahmen des Parteiaufgebots für einen 6-monatigen Einsatz zum Schutze der Staatsgrenze nach Berlin.“
Antwort: Nein, ich wurde abkommandiert.
Frage Anwalt: Haben sie gewusst, dass gezielt auf Flüchtlinge geschossen wurde?
Antwort: Ich habe bis zum **18.6.62** nicht gewusst, dass auf Flüchtlinge geschossen wurde.

Frage Anwalt: Sind damals Vorfälle nicht den Grenztruppen bekannt gemacht worden?
Antwort: Nein
Frage Anwalt: Sind solche Vorfälle nicht zum Anlass für Belobigungen genommen worden, sind ihnen Fälle von gezielten Schusswaffengebrauch bekannt geworden?
Antwort: Ich kann mich nicht erinnern.
Frage Anwalt: Sagt ihnen der Name Göring etwas und das Datum 23.3 62?
Antwort: Nein
Frage Anwalt: Noch einmal, ist ihnen bekannt, dass Grepos für den gezielten Schuss ausgezeichnet wurden?
Antwort: Ist mir nicht bekannt.
Der Zeuge wird auf Antrag der Verteidigung vereidigt.
Nun wurde dieser Mensch vereidigt. Er hat ordentlich mitgeholfen, die Situation an der Grenze zu verharmlosen. Nicht nur das, er hat offensichtlich in einigen Punkten die Unwahrheit gesagt.
Neben der Tatsache, dass er sich freiwillig an die Berliner Mauer gemeldet hatte, und nicht abkommandiert wurde, ist es völlig unglaubwürdig, wenn er behauptet, er hätte nichts von den Schüssen auf Flüchtlinge gewusst, nichts von Belobigungen, nichts vom Fall Göring.
Dazu ein paar Tatsachen, die auch dem Gericht und vor allem der Staatsanwaltschaft bekannt sind, sie stehen in den Akten.

Auszug aus dem Bericht des Kommandeurs der 1. Grenzbrigade Oberst Tschitschke:
„Obwohl der Befehl des Ministers des Inneren v. März/62 und die schweren Grenzprovokationen vom 23. und 27.5.1962 mit dem gesamten Personalbestand der 1. Grenzbrigade ausgewertet wurde, war die Hinterlandsicherung ungenügend organisiert.“

Anmerkung:
Zu dieser Grenzbrigade gehörte A. Also ist er auch umfassend informiert worden.
Ist das nicht der klassische Fall von Falschaussage unter Eid? Ist erwiesener Meineid nicht ein Offizialdelikt? Oder gibt es für ehemalige Stasioffiziere immer noch oder schon wieder Sonderechte?

Die Informationen auf der nächsten Seite sind allen Grenzern zugegangen, der Schießbefehl, den es unbestritten gab, musste von allen gegengezeichnet werden. Für mich bedeutet diese Geschichte nichts anderes, als das der Zeuge Allert unter Eid etwas gesagt hat, was nicht den Tatsachen entspricht. Da der A. schon eine herausragende Position hatte (Leutnant/ Oberfeldwebel/ Stasi/ Parteigenosse, ist die Unwahrheit offensichtlich.

Bei dem Schießbefehl, von dem die Rede ist, handelt es sich schlicht und einfach um den Befehl, dass Flüchtlinge, die dem Kommando: „Stehen bleiben" nicht Folge leisten, zu erschießen, wie es auch heißt: **„Zu vernichten sind."**

Die tägliche »Vergatterungsformel« der Grenzsoldaten zum Posten-Wachaufzug beinhaltete bis Mitte der 80er Jahre den Satz: »Grenzverletzer [sind] vorläufig festzunehmen oder zu vernichten«. Hunderte von Menschen, die in den Westen fliehen wollten, kamen an den Grenzen der DDR ums Leben. Diejenigen Grenzsoldaten, die Bürger töteten, erhielten von amtlicher Seite Auszeichnungen, Prämien, Sachgeschenke, Sonderurlaub und Beförderung.

(Aus: Im Dienste der Partei – Handbuch)

Betr.: Ermordung und Verletzungen von Angehörigen der Grenzsicherungskräfte der Deutschen Demokratischen Republik

Am 23.5.1962 gegen 17^{30} Uhr wurden an der Staatsgrenze der Deutschen Demokratischen Republik in Berlin N 4, Scharnhorststraße zwischen Sandkrugbrücke und Invalidenfriedhof die Angehörigen der Deutschen Grenzpolizei

G Ö R I N G, Peter
geb. am 28.12.1940 in Dresden
und
L A U M E R, Karl
geb. am 25.10.1941 in Dolni-Benesow/CSSR

anläßlich einer von Westberlin aus organisierten Grenzprovokation durch eine Gruppe westberliner Polizeiangehöriger mit amerikanischen Schnellfeuerkarabinern "US Carbine 30 M 1 oder M 2 beschossen. In Durchführung ihrer Dienstaufgaben, einen gewaltsamen Grenzdurchbruch zu verhindern, wurden dabei der Gefreite GÖRING durch 3 gezielte Schüsse getötet und der Unteroffizier LAUMER durch einen Schuß schwer verletzt.

4 Tage später, am 27.5.1962 erfolgte gegen 16^{45} Uhr erneut eine Beschießung der Grenzsicherungskräfte der Deutschen Demokratischen Republik in dem 400 Meter südlicher liegenden Grenzabschnitt Humboldhafen in Berlin-Mitte.
Bei ihrem Bemühen, einen Grenzverletzer zu stellen, der in das Grenzgebiet eingedrungen war und versuchte die Staatsgrenze der Deutschen Demokratischen Republik zu durchbrechen, wurde auf 7 Angehörige der Deutschen Grenzpolizei und der Transportpolizei von Westberlin aus durch Duensing-Polizisten, Zöllnern und britischen Soldaten gezieltes Feuter abgegeben. Bei diesem Feuerüberfall an der Staatsgrenze der Deutschen Demokratischen Republik erhielt der in Deckung gegangene Postenführer, Gefreiter

J U S T, Gerhard
geb. am 20.5.1941

einen Kopfstreifschuß und wurde dadurch schwer verletzt.

Anmerkung:

Oft stelle ich mir die Frage, waren wir, mein Anwalt mit eingeschlossen, zu naiv im Verlauf des Prozesses? Wir hätten wohl laut und deutlich Falschdarstellungen, von welcher Seite sie auch kamen, anprangern müssen. Für mich ist es nach wie vor unerklärlich, auch nicht hinnehmbar, dass die Anklage sich nur auf Stasiakten bezog.

Ich musste erleben, dass die Bonzen des DDR-Regimes vor Gericht als absolut glaubwürdig bezeichnet wurden. Warum? Warum glaubt das Gericht, die Gerichte den Gefolgsleuten der Diktatur uneingeschränkt? Warum wird den Opfern des Grenzregimes nur dann geglaubt, wenn sie tot sind?
Dass jede andere Aussage, diese Leute selbst belasten würde, was auch für den Zeugen Allert galt, kam keinem während meines Prozesses in den Sinn. Auch nicht, dass bestimmte Zeugen alles tun würden, mich als den verhassten Klassenfeind ins Gefängnis zu bringen?
Hinzu kam während der Verhandlung mehr und mehr das ungute Gefühl, die Kammer tut alles, um die Theorie über die Arglosigkeit der Grenzer aufrecht zu erhalten. Obwohl es sich immer mehr herausstellte, wie aufgeregt und besonders wachsam die Grenzer an diesem Tag dort waren. Die Aussagen der anderen Hausbewohner bestätigten unsere These: Es wurden schon lange nicht mehr Besucher oder gar Anwohner unseres Fluchthauses kontrolliert. Anders als die Anklage es behauptet, gab es dort keine Regelkontrolle durch die Grenzer.

Der nächste Zeuge:
„Die lagen in sicherer Deckung und haben sich in die Hosen geschissen." Der, welcher das sagte, war Zeuge Ringer. Der sich erst mal darüber mokierte, dass man ihn in der Presse und im Mauermuseum als Stasimann darstellte, was nicht stimmt. Aber als er am 18.6 62 nachmittags von seiner Arbeit in den grafischen Werken (deren Fabrikmauer unmittelbar neben dem Haus Zimmerstrasse 56 angrenzte) nach Hause wollte, hörte er es hinter der Mauer mehrmals knallen.
Frage: Wie oft? Weiß er nicht, aber drei Feuerstöße könnten es gewesen sein. Er rannte also in Richtung Jerusalemer/ Zimmerstrasse und wurde prompt durch die Grenzer aufgehalten.
Da lagen überall Grenzer in sicherer Deckung mit Stahlhelmen und Waffen im Anschlag rum, und schissen sich, auf Deutsch gesagt, in die Hosen vor lauter Angst. Einer sagte ihm, dass er da nicht durch könne, da vorne wird geschossen….

Frage der Vorsitzenden: Im Protokoll von 1962 steht, sie kannten den Toten?
Nee- man wundert sich, was alles so in einem Protokoll rein kommt, von dem man nichts weiß…

Anmerkung:
Eigentlich eine kleine Lehrstunde für das Gericht, welches ja nichts von Manipulationen der Stasi gehört hat.

Da die Grenzer ihn also nicht weiter ließen, drehte er ab und lief in Richtung Betriebshof, da kannte er sich gut aus.
Frage Richterin: Sie konnten einfach so gehen wohin sie wollten?"
Antwort: Klar, ich konnte hingehen wohin ich wollte, die Grenzer lagen doch hinter ihrer sicheren Deckung und trauten sich nicht." Er lief also durch den Betriebshof auf die Betriebsbegrenzung zu, dorthin, wo eine Eisentür in der Betriebsmauer war. Die war mit einem Schloss versperrt. Kein Problem, seine Neugierde war so groß, das er das Schloss zerschmetterte und draußen war er.
Unmittelbar vor ihm lag der Grenzer. Ich glaube auf dem Bauch aber ich sah sein Gesicht.
Frage der Vorsitzenden: Haben sie sich die Waffe des Grenzers umgehängt und ihn umgedreht?
Was soll ich?
Seine Waffe genommen, ihn umgedreht?
Daran kann ich mich nicht erinnern, aber die Waffe habe ich ganz gewiss nicht angefasst. Die Lage des Grenzers soll ich eingezeichnet haben mit einem roten Stift? Kann ich mich nicht erinnern. Ja, es war schon viel Zeit vergangen. Von den Schüssen bis zu meinem Eintreffen bei dem Grenzer waren es bestimmt sieben Minuten. Ich glaub schon, dass ich der erste war, der dort eintraf, die lagen doch immer noch in ihrer Deckung, die Grenzer. Ja, über fünf Stunden wurde er hinterher vernommen. Wie diese Formulierungen mit der Waffe und so in das Protokoll von 1962 kommen?
Keine Ahnung, von mir sind sie nicht.

Anmerkung:
Gibt es da Ähnlichkeiten? Da werden doch wirklich polizeiliche- und – oder Stasi-Vernehmungen einfach so ein bisschen aufgebessert und ergänzt. Gerade so, wie man es für einen Fall braucht!

Noch ein Zeuge an diesem Tag, Namens Bachmann. Auf die Frage der Vorsitzenden, ob er wisse worum es denn hier gehe, sagte er. Eigentlich nicht, ich weiß überhaupt nicht was man von mir will. Bachmann war selbst einmal bis zum Juli 1962 bei der Grenze und konnte überhaupt nicht verstehen, was da vor sich ging.

Ja, den Grenzer Hinne kannte er. Der war in seinem Zug, wo er Kraftfahrer war. Da hatte er viele Tote gesehen, mehr als die anderen. Denn sein Kommandeur musste überall hin. So war er auch bei Hi. Er brauchte ein wenig Zeit um sich zu erinnern, er habe das alles verdrängt.

Die Vorsitzende führte ihm mit ihren Fragen geschickt in seine Erinnerungslücken und ihm fiel dann doch einiges ein. Er hatte bis dahin mehrere tote Flüchtlinge gesehen, aber jetzt war es ein Grenzer. Er meinte, es war wohl ein Einschuss, den er bei den am Boden liegenden Hi. sah. Nein, ich kann mich nicht daran erinnern, eine Patronenhülse gefunden zu haben. Weiter weiß er nichts über den Fall. Er ist dann im Juli bei einer sich bietenden Gelegenheit nach West-Berlin getürmt. Und gleich von den Amis für 14 Tage kassiert worden. Dort musste er zu allen möglichen Vernehmungen. Bei denen dann auch oft ein Redakteur vom Rias dabei war. Es kam da manches ins Protokoll. Aus einem Schuss wurden dann mal schnell drei gemacht. Meine Aussagen von früher waren nie ganz richtig! Meinte er zum leicht entsetzten Richtertisch.

Was so was gab es? Fragte da einer der Beisitzer. Ziemlich „Kalter Krieg - weltfremd?“ Ja, bei der Grenze wurden manchmal Tunnel entdeckt. Meistens wurden die dann beobachtet. Und es war bekannt, dass Tunnelbauer bewaffnet waren. Ab Februar war klar bei allen Grenzern, dass geschossen werden muss. Und die Grenzer aus Thüringen und Berlin wurden dann durch die Sachsen, die mehr Erfahrungen hatten, abgelöst. Ja, das Schießen auf Flüchtlinge wurde belohnt mit Sonderurlaub aber dann waren die Schützen plötzlich weg. Die wussten alle, dass sie schießen mussten. Mir hat es ja

deswegen gereicht und ich bin abgehauen, aber ich glaube, ich hätte wohl auch geschossen, wenn es so gekommen wäre.
Frage: Ob denn die Grenzer tatsächlich belobigt wurden, wenn sie einen Flüchtling erschossen haben? Ja, das wurde bekannt gemacht beim Appell, das passierte öfter, die bekamen Urlaub und andere Vorteile.
Der Zeuge wird nicht vereidigt.
Es erfolgt die Verlesung der Zeugenaussage des (verstorbenen) Leutnants der Grenztruppen Sleeb: Band 9, schriftliche Erklärung: VP (Polizei)- Krankenhaus am 18.6.1962 – Dr. Marek und Fiedler: Mehrere Einschüsse, beim Aufschneiden der Uniform entfiel Projektil. **Drei!!** Ein- bzw. Ausschüsse gefunden. Fotos gemacht. Transport ins Gerichtsmedizinische Institut, dort noch am selben Tag obduziert. Die Uniform war noch in derselben Nacht abgeholt worden, und konnte nicht mehr untersucht werden. Sie tauchte, wie schon erwähnt, als wichtiges Beweisstück nie wieder auf.

Anmerkung:
Auch hier wieder unerklärliche Vorgänge, vom Gericht nicht aufgeklärt.
Warum wurde die Uniform beiseite geschafft?
Gab es an ihr Spuren von Nahschüssen, die ihm nachträglich beigebracht wurden?
Gab es Spuren von mehr Schüssen?
Decken sich diese Vertuschungsversuche der Stasi mit der Tatsache, dass niemand der Angehörigen schon gar nicht die Bestatterin vor Ort, wie es üblich ist, den Toten für die Bestattung herrichten durfte, dass extra jemand aus Berlin damit beauftragt worden ist?
Diese Einzelheiten sind mir erst nach dem Prozess zur Kenntnis gelang

Zeuge Professor Kop, Pathologe
Auf Befragen der Vorsitzenden erklärt auch der Prof., dass er den Toten ohne Kleidung bekommen hätte. Somit war es nicht möglich auf Nahschuss zu untersuchen. Im Übrigen berichtet der Prof. anhand von Protokollen über das damalige Untersuchungsergebnis und der vermutlichen Todesursache. Ein Projektil hat er nach seinen

Aussagen dem Toten entnommen, das zweite lag, für den Prof. sehr eigentümlich, in der Bluse, wie ihm berichtet worden ist, bevor man ihm auch dieses Projektil aushändigte.
Beiläufig ließ der Prof. durchblicken, dass er doch sehr verärgert auf die Nachwendezeit sei, er bekommt trotz Nationalpreis der DDR, nur eine Strafrente, d.h. wenig Rente. Diese Form der Rentenkürzung wurde bei einer Reihe von ehemals privilegierten vorgenommen. Er gehörte dazu. Jetzt wurde uns auch klar, warum sich die Aussage vor Gericht erheblich von seiner Aussage anfangs der neunziger Jahre zu meinen Lasten unterschied.
Schließlich noch die Frage meines Anwalts: Sagt ihnen der Name Schwieger etwas?
„Ja das war ein Experte für Fotoapparate. Als der einmal da war, hatte er ihn erzählt, dass H. von den eignen Leuten erschossen worden sei, das wisse er aus sicherer Quelle."
Frage des Anwalts: „Sind sie sicher, dass es sich bei der Leiche um Hinne gehandelt hat?" Der Zeuge antwortet mit „Nein"
Richterin zum Abschluss dieses doch sehr anstrengenden Verhandlungstages: **„Wir sind uns fast einig, dass statt der Mordanklage auch eine Umwandlung in eine Anklage wegen Totschlags in Betracht käme. Wir werden darüber beraten im Senat und bald den Beschluss verkünden.**
Ein logischer und doch nicht erwarteter Paukenschlag! Ist das die Wende?

Der siebte Tag

Beginnt wieder mit einer Vorlesungsrunde. Eine Zeugin, die nicht mehr lebt, ehemalige Bewohnerin des Hauses Zimmerstrasse, berichtet über große Unruhe am 18.6 62 im Westen und im Osten. Da waren Offiziere und Grenzer in einer leer stehenden Wohnung des Hauses (die eindeutig als konspirative Wohnung entlarvt worden ist, wo waren diese Offiziere als der Schusswechsel war?) und schauten zum Westen rüber. Dann sah sie den fremden Mann mit Frauen und Kinder. Der Posten rief wohl, dass sie stehen bleiben sollen. Und dann knallte es ein oder zweimal. Wer geschossen hat, weiß sie nicht. Dann ein Zeuge, der gleich sagt, er wisse nicht was er hier solle.

Die Richterin fragt, ob er sich an den Fall H. erinnern kann, als er bei der Mordkommission tätig war.
Die Antwort: „ Ja, das ist nämlich so, ich dachte schon dass es der Fall ist. Da war ich aber nicht zuständig, sondern ein anderer Mitarbeiter von MUK (Mordkommission) gleichen Namens. Wir sind früher schon verwechselt worden. Aber ich habe ihre Geschäftsstelle doch angerufen und das gesagt!“
Die Richterin guckt ziemlich angesäuert aus der Wäsche. „Danke, für ihr Erscheinen, gehen sie bitte zur Kasse…“
Schon merkwürdig, für welche schlampigen Arbeitsweisen so der Steuerzahler oder der, den man sich als Schuldigen ausguckt, bezahlen muss? Wäre doch nicht schlecht, das Verursachungsprinzip wie überall in der freien Wirtschaft einzuführen und auch mal den Kripomann, den Staatsanwalt oder den Richter für schlampige Arbeit zahlen zu lassen.
Ich bin sicher, der Staat hätte mehr Geld für Schulen, Krankenhäuser, Altersheime und Kindergärten übrig.

Die **STASI** marschiert auf.

Dann hatte er seinen Auftritt, der einst so Erfolgs- und Untergebenen-verwöhnte damalige Chef der STASI-MUK, dem alle anderen MUK's der DDR- Organe unterstanden. (STASI-Mordkommission)
Er war der Chef, dies wurde deutlich. Aber wie das so ist im Leben, er wusste auch nicht alles.
Ja, er hat alles gelesen und geleitet, als sie am 18.6.62 in den späten Abendstunden an den Tatort gerufen wurden. Am Tatort selbst war aber alles schon abgeräumt, es waren viele Grenzoffiziere da, die Leiche war weg. Auch die Kripo der Volkspolizei war wohl mit der Leiche zum Polizeikrankenhaus.
Der Tatort wurde von der STASI fotografiert und auch noch mal abgesucht. Es wurden zwei Hülsen des Kalibers 7.65 gefunden. Mussten vom Täter sein, denn eigene Waffen wurden ja nicht angewendet!
Nanu? Wo kam der denn her? Nichts ahnend und völlig uninformiert als Chef des ganzen riesigen Schnüffelapparates? Der wusste bis heute nicht, das der Grenzer Platzmann mindestens zehn Schuss auf

die Gruppe, wo auch der erschossene Grenzer stand, abgefeuert hatte?
„Ja wir haben uns die Bestätigung vom Grenzkommando eingeholt, dass aus den Grenzerwaffen nicht geschossen worden ist. Dies ist nicht bei den Akten? Merkwürdig.“
Dann wurde der Tunnel untersucht und fotografiert. Dort fanden sie dann eine Pistole. Davon hatte er eine Vergleichsuntersuchung machen lassen. Ja, die Projektile und Hülsen stimmten überein! Dann fanden sie noch Ausweispapiere im Tunnel. Am nächsten Tag wurde dann über die Zentralkartei der Name des „Mörders“ festgestellt.
Anmerkung:
Falsch, meinen Namen, den Namen des Mörders aus deren Sicht, haben DDR- Sender noch am gleichen Tag ab 20.00 Uhr ständig gesendet! Da stellt sich auch wieder die Frage, woher hatten sie meinen Namen, wenn er offiziell erst am nächsten Tag recherchiert wurde? Ist das nicht ein weiterer Beweis dafür, die Stasi wusste meinen Namen und damit alles Andere schon vor dem eigentlichen Geschehen?
Richterin: Wer war denn noch in der MUK?
Er erinnert sich bereitwillig. Doch Zufall oder so gewollt: er nannte drei Namen, immer mit dem Nachsatz – verstorben 19...nein, die Untersuchung wurde von ihm zentral und einheitlich geleitet. Für ihn war klar, Tunnel und Schiesserei war eine Sache. Und doch musste er Missstände registrieren. Denn am Tatort waren 48 Angehörige bewaffneter Organe versammelt. Die Zuständigkeit war nicht ordentlich festgelegt. Und Spuren waren wohl auch nicht mehr zu sichern. Er habe deshalb auch eine Eingabe gemacht und danach wurde alles bei ihm zentral geleitet.
Richterin: Wo lag der Tote, war das gekennzeichnet?
Nein- er war ja schon abtransportiert worden von den Grenzern, es gab aber später ein Foto aus der Zeitung aus Westberlin, daran konnten wir feststellen, wo der Tote lag! Nein, die MUK hatte keine eignen Fotos dieser Lage und des unmittelbaren Tatortes!
Richterin: Der Tatortbefundbericht sagt aus, dass die Lage des Toten mit Kreide gezeichnet worden war und nur eine Hülse gefunden wurde?
Antwort: Das weiß er nicht mehr so genau!

Wie war denn das Kaliber der Waffen der Grenzer.
Die Mpi K hatte anfangs noch Schwankungen im Kaliber, da gab es andere Magazine. Es kann mal 7.62 aber auch 7,65 mm gewesen sein.
Anmerkung:
Dies war eine Neuigkeit, aber auch ein neuer Beweis für die unausgegorenen schlampigen Ermittlungen. Bisher wurde von der Anklage beharrlich behauptet, die Projektile 7.65mm kämen keinesfalls von der Bewaffnung der Grenzer, da die nur und ausschließlich Kaliber 7.62mm hätten.
Frage des Staatsanwalts: Gab es bereits am 18.6. Veranlassung anzunehmen, dass eigne Grenzer geschossen haben? ***Die Antwort*** des Häuptlings der Nichtmanipulierer: Es war üblich, dass alle Waffen aller Grenzer untersucht wurden, um das festzustellen, aber in diesem Fall war der Tatort von allen beteiligten Grenzern schon geräumt. Der Kommandeur wurde angewiesen zu prüfen, ob geschossen wurde. Es wurde die Munition gezählt. Danach war klar, der Posten Platzmann. hat nicht geschossen.
Vorhalt des Staatsanwalts: Der Posten Pla. hat aber selbst eingeräumt, geschossen zu haben. Zeuge erstaunt: Was, der hat geschossen? Dann hätte man doch die Waffe und die Hülsen sichern müssen!

Anmerkung:
Recht hat er. Doch warum tut er so dumm, wenn er doch der Chef war und den gesamten Vorgang von Anfang bis Ende kannte, kennen musste?
Richterin: Es gibt in der Akte keine Hinweise, dass der Grenzer nicht geschossen hätte. ***Antwort:*** Schulterzucken.
Frage: Wie lange ist denn der Fall bei ihnen bearbeitet worden? Na, so um die zwei Jahre! Ja am Tatort seien sie so gegen 21.15 Uhr angekommen. Den Tatort untersucht haben sie erst am 19. und 20.6, weil am 18. im Westen so viele Zuschauer waren.
Frage Anwalt: In welchem Umkreis wurde denn nach Hülsen und Munition gesucht?
Gar nicht, dass hat doch die MUK der Polizei gemacht. Wir haben den Tatort zu viert nur in Augeschein genommen.

Vorhalt des Anwalts: Das steht zu dem von ihnen unterzeichneten Bericht in Widerspruch.
Na wenn das da steht, dann stimmt es. Wir haben keine Munition und Hülsen gesucht, am Tatort war doch alles verändert.
Vorhalt: Dann müsste der Bericht doch nicht stimmen? Wieder nur ein Schulterzucken. Nein, auch die Mauerbegrenzung des Betriebes wurde nicht auf Einschüsse untersucht.
Richterin: Waren Manipulationen möglich? Also anderer Toter, Retuschen an Fotos u.a.?
Glaubt er nicht, kann auch nicht sagen, wer den Toten ins gerichtsmedizinische Institut gebracht hat.
Beisitzer: Wenn auch der Grenzer geschossen hat, wie erklären sie sich, dass damals nicht alles ballistisch geprüft wurde und wo denn die Einschüsse dieses Feuers waren?
Ausweichende Antwort: Am nächsten Tag kam der Vergleich, dass Projektile und Hülse übereinstimmen. Keine Veranlassung mehr nachzusuchen nach den Geschossen der Grenzer.
Anmerkung:
Klar, man hatte ja den richtigen Mörder, was sollte man da noch suchen in den eignen Reihen, das wäre ja ein Skandal gewesen und ein Tiefschlag gegen Ulbricht.
Beisitzer: Ob er denn nie vom Bericht des Oberst Tschischke gehört habe, wo der berichtet, dass Platzmann zehn Schuss abgefeuert hätte?
Antwort: Nie gehört.
Beisitzer: Eigenartig, dass der Chef der Untersuchung sich nicht darum kümmert, dass ein anderer hätte schießen können oder geschossen hat! Es genügte, dass aus Pistole geschossen wurde, daher kein Anlass mehr zu prüfen!
Beisitzer: Oder durften sie in diese Richtung nicht suchen?
Antwort: Nein, wir haben uns nur noch auf den Tunneltäter konzentriert. Wir hatten zwei Einschüsse, zwei Projektile, eine Hülse und das reichte für den dringenden Tatverdacht. Und da waren ja auch noch Zeugen. Es gab keinen Grund nach mehr zu suchen.
Der Anwalt: Woher wussten sie, dass Projektile und Hülse übereinstimmen. Das Gutachten bezieht sich auf die gefundene Waffe im Tunnel? Es gab einen Bericht oder eine Information, dass Projektile und Hülse aus einer Waffe stammen.

Anwalt: Wo ist dieser Bericht?
Keine Ahnung. Im Übrigen schließe ich jede Manipulation völlig aus. So etwas gab es beim MfS (Ministerium für Staatssicherheit) nicht. Soweit der Stasi- Offizier.
Nach der Mittagspause wurde vom Gericht ein schon wichtiger Beschluss bekannt gegeben:
Die bisherige Beweisaufnahme bestätigt, dass der Tatverdacht auf vorsätzlichen Mord nicht gegeben ist bzw. unbegründet ist. Der Haftbefehl und die Aussetzung gegen Kaution werden aufgehoben, da die Fluchtgefahr nicht mehr zu begründen ist. Das Verfahren wird wegen Totschlages im minderschweren Fall fortgeführt.
Als ich diesen Beschluss in seiner vollen Tragweite mir erst einmal bewusst machte, war es mir doch um einiges leichter. Es war irgendwo Licht am Ende dieses dunklen Tunnels zu sehen. Der nächste Zeuge wieder aus dem Stasisumpf, allerdings einer der unteren Chargen. Bahne heißt er. Noch so einer, der bei der Firma treu gedient hat, ohne zu fragen was denn das alles so soll, was er tut. „Ob er denn noch weiß, wie denn die Atmosphäre damals war?“ Die Richterin stellte immer so direkte Fragen. „Es war dunkel, als sie ankamen und sein Auftrag war, alle Spuren zu sichern. Und im Dunkeln war da nichts zu machen. Erst am nächsten Vormittag sind sie dann in den Tunnel rein und haben ihn nochmals durchsucht. Sie fanden eine Waffe, aber es war nicht die Tatwaffe; nein der Tatort selbst wurde nur noch wenig untersucht. Der Fundort der Hülse und die Lage des Toten.“
Ob denn weitere Projektile gefunden wurden?
Ja, bei der Leiche wurden ein oder zwei Projektile gefunden.
Ob es den ein Gutachten gäbe, dass die Projektile und Hülse übereinstimmen?
Das verneinte er, keine Ahnung.
Hat er denn Kenntnis davon gehabt, dass der zweite Posten auch geschossen hat? Auch bei ihm Erstaunen, nein, davon wusste er nichts! Er wusste auch nicht genau, welches Kaliber die Mpi K hatte… 9 oder 7.62 mm? Der Anwalt stellt nochmals die Frage, ob er denn wirklich von den Schüssen des anderen Grenzers nichts wusste, auch nicht durch seinen Kollegen, der ihn in der Pause wohl einige Informationen mitteilen wollte und dabei vom Anwalt gestört wurde?

Nein er wusste nichts, und sein Kollege konnte ihm nichts mehr sagen, der Anwalt war schneller.
Der Richterin konnte man es anmerken, wie sehr ihr diese Art Zeugen auf die Nerven gingen. Doch sie blieb freundlich und entließ diesen ahnungslosen Stasi-Rentner.
Dann kam endlich mal ein richtiger ehemaliger Polizist. Ein Herr Fes schon 85 Jahre alt, er war damals bei der Mordkommission(MUK) und musste diesen Fall mit untersuchen. Er selbst hat den toten Grenzer nicht gesehen und weiß auch nur noch, dass er mal kurz im Tunnel drin war. Wer da noch war? Das weiß er nicht mehr. Ja sie kamen gegen 20.10 am Tatort an. Und ob am Tatort Spuren oder Gegenstände vorgefunden wurden, das weiß er nicht mehr.
Die Richter gaben auf bei soviel Erinnerungsvermögen. Der Anwalt stellte aber noch Fragen: „War den die Aufgabenverteilung mit dem MfS geregelt?" „Ja, die haben alles übernommen. Wir haben nur den ersten Angriff gemacht. Ist alles zu lange her. Auch einen Hauptmann Schulz, der angeblich die Projektile übernommen haben soll, kennt er nicht, kann er nicht mehr einordnen.
Die Richterin verliest dann den Abschlußbericht des Kommandeurs des Abschnitts, Oberst Tschischke: Sie verliest genau die Passagen, die beweisen, wie gut informiert doch die beiden Grenzer waren, über alles was da vor sich ging auf beiden Seiten der Mauer. Der Stützpunkt war stets auf dem Laufenden und gab Anweisungen an die beiden Posten zur erhöhten Wachsamkeit. Der Kommandeur wertete dann auch gleich die groben Wachvergehen und Fehler aus, die beide Posten begangen hatten. Und er verwies auf die erhöhte Sicherheitsperiode durch den Befehl 22/62, den alle Grenzer bekamen und den die beiden offenbar nicht beachteten.
Mein Anwalt gab sofort eine Erklärung zur Sache ab: „Das Gericht möge beachten, was hier durch den Kommandeur dokumentiert wurde, alle Grenzer wussten damals, es war etwas besonderes im Gange an diesem Tage an diesem Grenzabschnitt. Das Gericht sollte dies entsprechend werten.
Der Gerichtstag ging zu Ende, endlich mit einem doch schon positiven Ergebnis

Der achte Tag.

Es war schon der achte Verhandlungstag. Er ist wieder ein Bürokratentag, mit einer Vorlesung von einer halben Stunde. Vorgelesen wird ein Protokoll aus 1962. gefertigt offenbar von dem gleichen MfS – Untersucher, wie bei den anderen. Merkwürdige Deckungsgleichheit der „Aussagen,“ die ja fas alle hier im Saal oder 1992 widerrufen bzw. korrigiert wurden. Eine verstorbene Frau Dummersdorf, Mutter einer anderen Hausbewohnerin hatte damals alles so bestätigt, wie es ihr die MfS-Zuschläger ins Protokoll geschrieben haben. Sie konnte dazu nichts mehr sagen, aber ihre Tochter hatte ja alles schon widerrufen und berichtigt.
Mein ältester Bruder Johannes kam mit einer für uns alle doch bemerkenswerten Nachricht. Gegen ihn läuft ein Ermittlungsverfahren der Staatsanwaltschaft. Es soll ihm der Prozess gemacht werden, auch vor dem Landgericht in Moabit. Es geht dabei um Rechtsbeugung und Freiheitsberaubung. So richtig gerecht wird diese unsere Geschichte, wenn sie zu Ende gedacht wird. Wie schon erwähnt, hatten meine Richter auch festgestellt, wir hätten uns ergeben müssen. Auch von sich selbst in Gefahr begeben war die Rede. Zu Ende gedacht heißt, wir wären verurteilt worden, die ganze Familie. Heißt aber auch, unter Umständen würden meine Richter, die gleiche Kammer darüber richten, was für schreckliche Kollegen die Richter der DDR waren, die uns verurteilt haben.
Die DDR Richter wären dann auch der Rechtsbeugung und Freiheitsberaubung schuldig.
Wie das Leben so spielt. In meinem Prozess lassen sich Juristen darüber aus, wie gut doch die Stasi ermittelt hat und nach wie vor völlig weltfremd Manipulationen der Stasi nicht für möglich halten.
Mein Bruder war für eine gewisse Zeit auch Staatsanwalt in Ost-Berlin. Als solcher wurde er auch mit Republikflucht konfrontiert.
Eine junge Frau ging, so wie es meine Richter gerne haben wollten, zu einem offiziellen Übergang.
Dort gab sie den Grenzern ihren DDR-Ausweis ab, erklärte, dass sie nicht mehr Bürgerin der DDR sei, man solle sie nunmehr in den Westen lassen.

Vorschriftsmäßig wurde diese mutige Frau verhaftet, eine Verurteilung am Tatort fand nicht statt, sie wurde von den arglosen Grenzern ins Untersuchungsgefängnis überführt. Mein Bruder als Staatsanwalt hat in dem dann folgenden Prozess auch vorschriftsmäßig ein Jahr Gefängnis beantragt.
Ein halbes Jahr wurde sie eingesperrt. Das Verfahren gegen meinen Bruder wurde gegen eine Zahlung eines Betrages für einen wohltätigen Zweck eingestellt.
Wo leben wir eigentlich?
Haben sich nicht alle in diesem Falle im Sinne meiner Richter vorschriftsmäßig verhalten? Wenn mein Bruder ein Jahr beantragt hat, dann doch sicherlich deswegen, weil er auf die nach Meinung unserer Justiz so gut geführten und ermittelten Akten der Stasi zurückgegriffen hatte.
Wer kann das Rechtsverständnis, vor allem aber die Logik so mancher Juristen noch begreifen?
Ich stehe vor Gericht, weil ich mich gegen Rechtsbeugung, Freiheitsberaubung und Gewalt gegen meine Familie gewehrt habe. Mein Bruder steht vor Gericht, weil er einen Menschen verurteilen ließ, der sich nicht gewehrt hat.

Der neunte Tag

Erwartungsgemäß wird der Antrag meines Anwalts auf Einstellung des Verfahrens wegen Verjährung vom Gericht auf salomonische Art vorläufig abgelehnt. Eine Entscheidung über eine Verjährung wird mit dem Urteil bekannt gegeben. Na ja, es war ein Versuch wert. Als Zeuge erscheint der Ermittler, der die ganze Sache bis zur Anklage zusammengetragen hat.
Der Auftritt dieses Menschen erinnerte mich schon sehr an meine frühere Zeit bei der Stasi. Da war einer, der alles und jeden erst einmal kommentierte, der Richterin ständig ins Wort fallend, der mich schließlich mit seinen mehr als fragwürdigen Ermittlungen in die Fremdenlegion steckte. Doch sein vorlautes Auftreten nützte ihn wenig. Die Richterin und mein Anwalt gaben ihn durch geschickte Fragestellungen zu verstehen, dass seine „Ermittlungen“ viel zu

wünschen übrig ließen und nicht immer den wahren Verlauf des Tatgeschehens am 18.6 1962 entsprachen.
Auch er war plötzlich, unwissend und vergesslich trotz seines doch sehr jugendlichen Alters, als man ihn fragte, was es denn mit den Beweisen zur Herkunft der Projektile, der Hülse auf sich hatte. Weiß er nicht mehr! Ob er denn der Meinung war, dass am Tatort alle notwendigen Maßnahmen zur Sicherung von Spuren und Beweismitteln eingeleitet wurden von der MUK?
Seine Meinung war, dass die Ost-MUK der Volkspolizei eine sehr gute Arbeit geleistet habe.
Er ließ nichts auf sie kommen.
Bloß er meint andere, als sie es waren: Denn die Mordkommission der Ost – Polizei hat diese Ermittlungen nur zwei knappe Stunden geführt, dann wurde ihr alles von der MUK der Stasi abgenommen. Die führte dann und bestimmte was Sache ist in diesem Fall.
Ob er denn wüsste, dass Geheimdienste in dieser Sache beteiligt waren? Könnte durchaus sein, aber dies weiß er nicht so genau. Wichtige Dinge wurden von ihm allem Anschein nach übersehen. Nein, eine ballistische Analyse hat er nicht in Auftrag gegeben. Wie er es denn bewerten würde, wenn man heute in einem ähnlichen Fall nicht alle Waffen von Personen, die am Tatort bewaffnet angetroffen wurden, untersuchen würde? Wäre das ein gravierender Fehler in der Untersuchung?
Na ja, dem musste er zustimmen, aber er ist davon ausgegangen, dass die Ost MUK alle Waffen, also die von dem zweiten Grenzer, dem Opfer, Hall und vieler anderer, gesichert und untersucht hat.
Wo denn die Protokolle sind? Weiß er nicht!
Man merkte der Richterin an, sie war wohl angesäuert was der da redete und jenes, was er damals in Form eines Ermittlungsverfahrens produziert hatte.
Ja, er hat auch den Zeugen ihre Protokolle von 1962 zum Lesen gegeben. Auch weiß er nun nicht mehr so genau, ob die Ost- MUK alles richtig gemacht haben. Und – von einer Fremdenlegion, in der ich gedient haben soll, davon weiß er nichts.

Anmerkung:
Ist für mich völlig unerklärlich, glaube nicht, dass der Staatsanwalt Geschichten aus Tausend und Einer Nacht erfunden hat.
Ja, den Allert (Stasioffizier und erster am Tatort) hat er vertraut, warum auch nicht. Ob er den Vermerk der Gauckbehörde nicht gewertet habe? Er hat sich mit Allert unterhalten, der war glaubhaft, meinte er!!!

Abgang
Ein Zeuge der besonderen Art ist jetzt im Zeugenstand.
Er hatte wohl unter mehreren Namen operiert. Er soll gesehen haben, als er für das Fernsehen arbeitete und den Tatort wie auch den toten Grenzer filmen sollte, dass dieser mehrere Schüsse im Rücken hatte. Dies hat er auch dem BND (Bundesnachrichtendienst) und dem Staatsschutz mitgeteilt, als er kurz danach in den Westen türmte. Ob dies denn wirklich stimme, fragte die Richterin, sehr misstrauisch? „Nein", meinte er. Er habe dies damals nur so im Auftrag des BND gesagt, wegen des kalten Krieges und so.
Er ist dann im Auftrag des BND wieder in die DDR zurückgegangen und wollte dort spionieren. Dazu hatte er auch einen „stillen Briefkasten" Geheimtinte usw. Doch daraus wurde dann nichts. Er hatte auch seine Fäden zum MfS. Es war der Kammer anzumerken, wie sie den Worten dieser Figur misstrauten. Er wurde vereidigt, nach vielfältiger Ermahnung. Der Staatsanwalt bestand diesmal darauf, nachdem er vom Verteidiger kurz vorher deswegen gerügt wurde, offensichtlichen falschen Aussagen, wie z.Bsp. die von Hall nicht sofort wegen Meineides angegangen zu sein.
Wie kurios sich diese Agentenstory darstellt, war der Ermittlungsakte zu entnehmen. Wie schon angedeutet, keine Mühen wurden gescheut, diesen Zeugen herbei zu schaffen.
Was sich aus den Ermittlungsakten herauslesen ließ, war die Tatsache, dass dieser Mensch für das Ministerium für Staatssicherheit gearbeitet hat. Angeblich ist diese Stasitätigkeit ausgewertet worden.
Ist sie wirklich ausgewertet worden? Dies entzieht sich meiner Kenntnis, es gab keine sichtbaren Ergebnisse. Wenn es stimmt, dass der Westen manipuliert hat, dann ist Kritik darüber berechtigt. Zur Wahrhaftigkeit vor deutschen Gerichten gehört es dann aber auch, die

Manipulationen der Stasi genau so anzuprangern. Das ist in meinem Verfahren nicht geschehen. Es gibt schließlich gerichtsbekannte Pressemeldungen, in denen die totale Manipulation erkennbar ist. Auf den folgenden Seiten sind die offiziellen Pressemeldungen zu unserer Flucht zu finden:

ND v. 29.7.66

Erschossen – erdolcht – erschlagen

Ein System politischer Morde – Kainsmal des deutschen Imperialismus

Der Hetze folgte die Bluttat

18. Juni 1962. An der Ecke Jerusalemer und Zimmerstraße in Berlin stehen Grenzsoldaten und schützen den ihnen zugewiesenen Abschnitt. Sie wissen, daß ein grausamer Feind jenseits der Grenze ständig versucht, das friedliche Leben in unserer Republik zu stören.

Hinter dem Schutzwall wird die Westberliner Bereitschaftspolizei verstärkt. Der Frontstadtsender SFB baut seine Geräte auf, Zeitungs- und Bildreporter stehen bereit, offensichtlich in der Absicht, eine geplante Provokation propagandistisch auszuschlachten.

Gegen 18.50 Uhr bemerken unsere Grenzsoldaten eine verdächtige Person, die aus dem Haus in der Zimmerstraße 56 kommt. Der Gefreite Reinhold Huhn verläßt seinen Postenstand, geht zu dem Fremden und verlangt seinen Ausweis. Statt des Ausweises zieht der Mann eine Pistole aus seiner Jackentasche und schießt. [illegible] bricht tot zusammen.

Der Mörder flüchtet in das Haus zurück. Er war durch einen von Westberlin aus vorgetriebenen Tunnel in das Gebiet der DDR eingedrungen. Der Einstieg zum Tunnel lag auf dem Grundstück, auf dem der Zeitungskonzern Axel Springer die Berliner Redaktionen der „Welt" und der „Bild"-Zeitung angesiedelt hat. Nach dem eigenen Motto: „Ich rege meine Redakteure täglich an, die Unruhe in und um Berlin wachzuhalten", verbreitet Springer in 25-Millionen-Auflage die Hetze gegen unseren Staat.

Am 17. Juni 1962 hatten seine Zeitungen zu Provokationen gegen unsere Staatsgrenze aufgerufen. Der Hetze folgte einen Tag später die Bluttat in der Jerusalemer Straße. Der Mörder, Rudolf Müller, wurde nach vollbrachter Tat vom Chefredakteur der „Bild"-Zeitung empfangen und mit Whisky bewirtet. Der westdeutsche Staat schützt heute noch den Mörder. Doch wer mit den Methoden der Faschisten regiert, soll auch deren Ende nicht vergessen.

R[illegible] – ein Name aus dem un[illegible]dregister der deutschen Imperialisten. Ihnen galt der Mensch nie etwas und jedes Verbrechen als rechtens im Angesicht des Profits.

Bitte mit Betonung: Nach Vorbereitungen mit Kameras etc. komme ich aus den Tunnel, der Posten kommt zu mir, der verdächtigen Person, fragt nach dem Ausweis. Statt Ausweis ziehe ich aus der Jackentasche die Pistole und erschieße den Posten und flüchte ins Haus und Tunnel zurück. Frauen und Kinder? Keine Rede davon. Passt nicht zum Agenten. Alles gelogen. Auch der Griff in die Jackentasche, aber im Originalton in der Anklage!!

Auch Springer wird entsprechend gewürdigt. Auch der Whisky vom Chefredakteur. Auch der erscheint in der Anklage. Wer hat mich eigentlich angeklagt? Die Stasi?

In einem anderen Artikel auch im Neuen Deutschland vom 21.6.62 wird noch mehr verfälscht. Hier werden Hausbewohner, Zeugen zitiert. Eine davon spielt in meinem Prozess eine Rolle.

Auch als Beispiel der von meinem Gericht nicht festgestellten Manipulation.

„Er fiel vor meinen Augen"

Am Tatort des Verbrechens gegen [illegible] / Augenzeugin sah den Mord und den Mörder

... dem grauen Asphalt ist ein weißer Kreidekreis gezogen. Wenn die Grenzpolizisten an der Ecke Jerusalemer und Zimmerstraße auf Posten stehen, suchen ihre Augen den weißen Kreidekreis, in dessen Innern der graue Asphalt dunkel gefärbt ist — gefärbt vom Blut ihres Genos[illegible]on Arbeiterblut [illegible]utschen, der von Ba[illegible]e.

Der Mord war vorbereitet

Hauptmann Otto Schumann, der Kommandeur der Einheit, zu der auch Reinhold Huhn gehörte, schaut lange auf den düsteren Fleck. Sein Gesicht, das blaß und übernächtigt ist, bleibt beherrscht und entschlossen. „Seit dem vorigen Jahr stehen unsere Genossen und ich an diesem Abschnitt unserer Staatsgrenze. In den letzten Wochen und Monaten haben wir fast täglich Provokationen und Hetzkampagnen erlebt. Seit Wochen und Monaten wissen wir, daß jenseits dieser Grenze ein grausamer, bestialischer Feind steht. Wir haben ihm d[illegible] unsere feste Mauer Halt geboten. [illegible] er gibt sein verbrecherisches Spiel noch nicht verloren. Mit Schmährufen und Steinwürfen versucht er, unsere Genossen zu provozieren, mit Plastikbomben und Sprengsätzen eine Bresche in unseren Schutzwall zu schlagen. Und als alle diese Versuche an der Disziplin und Wachsamkeit unserer Genossen sche[illegible]en, schickte er seine Wühlmäuse vor, die den Weg freigraben sollten für den Mörder."

Genosse Schumann weist auf die Dächer einiger niedriger Baubaracken jenseits der befestigten Mauer. „Dort postierten sich bereits Stunden vor der Bluttat die Helfer und Mitwisser. Mit Kameras und Fotoapparaten standen sie bereit. Der Mord war geplant, und sie warteten auf den verabredeten Zeitpunkt."

Der Fremde aus dem Keller

In ihrer Wohnung im zweiten Stock des Hauses Zimmerstraße 56 sitzt Frau von Bornstedt. Die 72jährige alte Dame zittert immer noch vor Erregung, wenn die Rede auf die abscheuliche Bluttat kommt, die unmittelbar vor ihrem Fenster, vor ihren Augen geschah. „Am Montag gegen Abend klopfte meine Nachbarin aus dem ersten Stock, Frau Melchior, bei mir", erzählt sie stockend. „Sie war ganz aufgeregt und berichtete, daß aus dem Kellergang zwei fremde Männer gekommen seien und unten im Hausflur ständen. Wir gingen in mein Zimmer, von dem aus man den Hof und das ganze freie Gelände längs der Mauer sehen kann. Wir sahen den Posten, der uns dem Aussehen nach bekannt war, wie auch die Soldaten uns längst alle kannten. Wir überlegten, ob und wie wir ihm Bescheid geben sollten, aber wir hatten Angst — uns kam das Ganze nicht geheuer vor."

Frau von Bornstedt preßt erregt die Hände zusammen: „Und dann geschah es. Einer der Männer trat aus dem Haus und ging auf den Posten zu. Dieser rief zweimal laut und deutlich ‚Halt!'. Weiter konnten wir nichts hören, aber ich sah, daß der Fremde, der halb mit dem Rücken zu mir stand, etwas aus seiner Jackentasche herauszog. Dann knallte es mehrere Male, und ich sah den jungen Soldaten sich vornüberneigen und zusammenfallen. Mit äußerster Kraft hielt ich mich am Fensterkreuz und starrte wie gebannt auf die Straße. Eine Ewigkeit schien nichts zu geschehen. Dann sah ich den zweiten Posten angerannt kommen, im gleichen Augenblick machte der Fremde kehrt und verschwand wieder im Hauseingang. Ich sah nur noch, wie der zweite Posten sich über den Gefallenen beugte, dann wurde mir schlecht, und ich mußte mich hinlegen."

„Ich werde es nie vergessen"

Die alte Frau weint leise vor sich hin: „Wir kannten doch alle diese jungen Menschen, und nun ist dieser eine ..." Sie verstummt. Dann richtet sie sich auf: „Viel Furchtbares haben wir schon über die Methoden dieser Banditen gehört und gelesen. Aber nun haben wir mit eigenen Augen das Schreckliche gesehen. Ich werde das nie vergessen."

Im Keller ist das Schlupfloch der Mörder zu erkennen. Durch weichen Sand hatten sie sich unter dem Asphalt hindurchgegraben, die Kellerdecke durchgestemmt und schließlich die dicke Bohlentür aus den Angeln gehoben. Dann schlich sich einer von beiden aus dem Haus und traf auf den Grenzposten. Mehrere Schüsse hallten durch den stil-l[illegible] Blut des Gefreiten, R[illegible] färbte den grauen Asphalt ...

Stolz auf die Soldaten

Hauptmann Schumann grüßt die jungen Grenzsoldaten, die für ihren ermordeten Genossen auf Posten gezogen sind. „Ich bin stolz auf diese Jungen", sagt er leise, „daß sie bei all dem die Nerven behalten und diesen Banditen dort drüben nicht umgehend mit gleicher Münze heimzahlen. Aber sie wissen, um was es geht und warum sie hier stehen. Gerade jetzt nach dem Mord an ihrem Freund und Genossen [illegible]

Abschied von Unteroffizier [illegible]

Berlin (ADN). Den letzten Gruß wird die Berliner Bevölkerung am Donnerstag dem von einem Westberliner Frontstadtbanditen ermordeten Unteroffizier Rein[illegible] erweisen. Die Aufbahrung des [illegible]ers, der in treuer Pflichterfüllung zum Schutze der Staatsgrenze der DDR in Berlin sein junges Leben gab, findet am Donnerstag in der Zeit von 8 bis 9 Uhr in der Unterkunft in Berlin-Rummelsburg, Hauptstraße, statt. Daran schließt sich die Trauerfeier bis gegen 10.30 Uhr an.

Um 11 Uhr bewegt sich der Trauerzug mit den sterblichen Überresten des Genossen Reinhold Huhn über die

Hauptstraße, Bozhagener Straße, Warschauer Straße, Frankfurter Tor, Frankfurter Allee, Alt-Friedrichsfelde, Am Tierpark, Bhf. Schöneweide, Adlergestell, Neue Autostraße nach Schönefeld.

Von dort aus erfolgt die Überführung [illegible]em Heimatort des Ermordeten [illegible] feierlichen Aufbahrung am Freitag in Adorf findet um 14 Uhr die Beisetzung mit militärischen Ehren statt.

Das ND war ja wohl offizielles Blatt der DDR. Es wurde also wieder nichts von Frauen und Kindern gesagt, obwohl die Zeugen uns als Gruppe wahrgenommen haben müssen. Diese Frau von Bornstedt wird vom Gericht auch als Belastungszeugin zitiert. Zitiert, obwohl die noch lebenden Zeuginnen alles bestreiten, was Frau B. ausgesagt hat.

Dann zwei Zeugen, die den Mann kannten. Haben alle früher in der Zimmerstrasse gewohnt.
Ja, die hatten an diesen 18.6 Schüsse gehört, doch was passiert war hörten sie erst später. Nur vom weiten haben sie den Grenzer dort liegen sehen, dann wurden sie von den Grenzern verjagt.

Der zehnte Tag

Es sollten nur zehn Tage werden, die Richterin kündigte aber schon vorsorglich weitere drei Tage mindestens an.
Es erscheint der Zeuge Harbig, Sachverständiger in Sachen Mpi-Kalaschnikow. Nein, diese Waffe kann nur mit 7.62mm Patronen beschossen werden und andere Patronen passen da nicht rein. er zeigt dem Gericht, wie man mit der Waffe umgeht, auch dass man sie im Anschlag mit dem Lauf nach vorn, durchaus bedienen kann.
Dies war wichtig, denn genau so kam der Grenzer auf uns zu. Nein, 7.62 von 7,65 zu unterscheiden ist einem Laien nicht möglich. Wie weit den eine solche Waffe trifft und auch noch zu einem Durchschuss führen kann? Na auf mindestens 1200 – 2000 Meter! Nein von einer Übergangslösung mit 7,65mm Munition für die Mpi weiß er nichts.

Anmerkung:
Ein etwas merkwürdiger Sachverständiger, der zwar manches wusste aber Z.Bsp. nichts Konkretes sagen konnte oder sollte über die Bewaffnung der Grenzer an diesem Abschnitt genau am 18.6.62. denn dass damals gerade eine Waffenumstellung war, von der Mpi 41 zur Mpi K wurde nicht einmal erwähnt. Hier vermisste ich auch eine Nachfrage des Anwalts.

Der nächste Zeuge konnte nicht vor Gericht erscheinen, er war zu diesem Zeitpunkt über achtzig Jahre und nicht in der Lage zu reisen. Es war der ehemalige Oberstaatsanwalt a.D. Joachim G. Dieser hatte damals das Ermittlungsverfahren geleitet und auch eingestellt. Es wurde eine relativ lange Tonbandaufnahme abgespielt. Sie gab die Fragen und Antworten der Anhörung vor Ort durch die Kammer und meinem Anwalt wieder.

Auszüge aus der Aussage des Oberstaatsanwalt i.R. Joachim G.

Joachim G. übte als Zeitzeuge massive Kritik am heutigen Prozess. Der Oberstaatsanwalt im Ruhestand verwies darauf, „dass allenfalls von Totschlag" in Notwehr und „von Strafbefreiender Nothilfe die Rede" sein könne. Er selbst sei 1962 „davon ausgegangen, dass M. unschuldig war." selbst wenn er das gewusst hätte, was man heute weiß, hätte er „wie oben schon gesagt" entschieden. Joachim G. wies das heutige Gericht darauf hin, dass nach seinen „über achtjährigen Erfahrungen von 1954 – Ende 1962 jeder Stasi-Akte in solchen Fällen zu misstrauen ist." wie auch andere Vorfälle an der Mauer bewiesen hätten. Das MfS und auch der Generalstaatsanwalt, gab der pensionierte Oberstaatsanwalt seine Erfahrung wider, waren doch nur darauf aus, einem Flüchtling etwas anzuhängen.

***Anmerkung**:*
Gerade haben wir den Chefermittler in meinem Fall, einen relativ jungen Mann gehört. Der behauptete nichts anderes, als dass die Akten der Stasi oder der MUK gut und ordentlich waren, den Stasimajor, der als erster am Tatort war, fand er vertrauensvoll, er sah keinen Anlass der Warnung der Gauckbehörde Beachtung zu schenken!!!

Joachim G. äußerte dem Gericht gegenüber seinen Verdacht, der heutige Prozess gegen M sei eine Reaktion auf die wiederholte Behauptung ehemaliger SED- Größen, in der Bundesrepublik werde gegen Ex-DDR-Prominenz und Grenzer Siegerjustiz ausgeübt: „ Ich kann mich des Gedankens nicht erwehren, dass diese Behauptung durch solche Verfahren abgewehrt werden soll" wie es gegen M. angestrengt worden ist. So der Oberstaatsanwalt i.R. weiter.
Scharf verurteilt er in der Befragung durch das Gericht die Formulierung in der Anklageschrift, die Grenzpolizisten an der Mauer seien arglos und situativ überrascht gewesen. „Die Atmosphäre an der Grenze zu dieser Zeit sei im Gegenteil brisant gespannt gewesen. Es hatte ja schon die ersten Mauermorde gegeben, " sagte der Zeuge G. Konfrontationen lagen damals ständig in der Luft, Tag und Nacht. Er selbst, sagte der ehemalige Oberstaatsanwalt aus, sei über Jahre mit Verschleppung und Mord bedroht worden.
In dieser Atmosphäre der ständigen Bedrohung, erklärte G., musste jeder Flüchtling davon ausgehen, „es kann mir und meinen Angehörigen etwas passieren", obwohl die DDR- Verfassung

Freizügigkeit eigentlich garantierte. Deshalb sei im Fall M. mindestens der strafausschließende Notstand begründet, weil der Grenzpolizist M. mit der Waffe an seinem Recht gehindert hat, die Seite zu wechseln. Wenn ein Volkspolizist auf einen Flüchtling mit gezogener Waffe zuging, sagte der ehemalige Oberstaatsanwalt weiter, „dann hatte aus meiner Sicht der Volkspolizist einen Tötungsvorsatz gehabt:“

Anmerkung:
Die Aussagen dieses, mit der Situation 1962 vertrauten Juristen, bestätigen meinen Vorhalt gegen den gesamtem Prozess.

Originalton des Staatsanwalts:

„Ich wundere mich ein bisschen, dass der Kollege Staatsanwalt, der die Anklage erhoben hat wegen Mordes, dass der so ganz im Sinne von Gysi, Krenz und Genossen, sich dem Gedanken hingibt, dass in Westberlin insbesondere Siegerjustiz ausgeübt würde. Das haben die ja so gesagt und ich kann mich des Gedankens nicht erwehren, verzeihen sie mir, dass auch in diesem Falle die Behauptung der SED und PDS Leute, dass diese Behauptung durch solche Verfahren abgewehrt werden soll.
Das ist meine Meinung.
Ende des Zitats
Der Ablauf meines Prozesses ist für mich Bestätigung dieser Aussage.

Die nächste Zeugin.
Es wurde dieser zehnte Tag auch wieder ein Vorlesungstag.
Die Zeugin Me. lag im Krankenhaus und war nicht vernehmungsfähig.
Die erste Vernehmung von 1962 war so wie die anderen STASI-gefärbt und einheitlich belastend. Die zweite Vernehmung rückt alles gerade. „Sie hat überhaupt nicht gesehen, was sich abgespielt hat. Sie hat lediglich einen Schuss gehört, wer den abgab, weiß sie nicht. Sie weiß auch nicht mehr ob sie das Protokoll von 1962 überhaupt gelesen hat.

Anmerkung:
Für uns, für mich war die Beantwortung der Frage wichtig, ob es denn so wie die Anklage behauptet, Kontrolle der Besucher des Hauses Zimmerstrasse gab.
Die Antwort der Zeugin Melchior
Nach dem Errichten der Drahtzäune wurde nicht mehr kontrolliert.
Frage: Das heißt, wenn ich Sie richtig verstehe, waren die Bewohner des Hauses von den Grenzsoldaten durch den Stacheldrahtzaun getrennt?"
Antwort: Richtig
Frage: Wurden Sie trotz des Stacheldrahtzaunes von den Grenzsoldaten kontrolliert, wenn Sie das Haus betreten wollten?
Antwort: Nein, diese Kontrollen fanden nur statt, solange noch kein Stacheldrahtzaun vorhanden war. Dieser Stacheldrahtzaun wurde meines Wissens vor der genannten Tat und nach der Befestigung der "Mauer" errichtet. Nach Errichtung des Stacheldrahtzaunes fanden meines Wissens keine Kontrollen mehr statt.
Frage: Es kann also davon ausgegangen werden, dass zwischen der vorgenannten Personengruppe und den Grenzsoldaten ebenfalls dieser Stacheldrahtzaun war?
Antwort: Das ist richtig.
Frage: Können Sie sich noch daran erinnern, dass in der Nähe ein kleiner Beobachtungsturm der Grenzsoldaten gewesen war?
Antwort: Nein, daran kann ich mich nicht erinnern.
Das war es.
Es wird der nächste Zeuge aufgerufen. Auch wieder nur ein Protokoll aus 1962. Der Zeuge, mein Bruder Klaus, der Maurer, der Experte des Tunnels. Leider schon verstorben, würde sich im Grabe umdrehen wenn er die Verdrehungen in diesem Prozess mitbekommen könnte.
Kurz und bündig sein Statement: Er hat eine wüste Schießerei gehört und dann den Flüchtlingen geholfen, in den Tunnel zu kommen. er stand leicht verdeckt, hinter der Hofmauer, bereit zum Helfen.
Dann folgt der BKA- Sachverständige (BKA = Bundeskriminalamt) aus Wiesbaden. Er beruft sich auf sein Gutachten von 1990 und erläutert es. Er habe beide Projektile und die Hülse untersucht. Ja die beiden Pistolenprojektile könnten aus einer Waffe stammen. Man

kann unmöglich feststellen und behaupten, dass auch die Hülse aus der gleichen Waffe wie die Projektile abgeschossen wurde. Dies ist nur möglich, wenn die man die Waffe zum Vergleich hat. Und es ist ein Griff ins Dunkel, wenn man genau die Waffe benennen will, aus der gefeuert wurde, ohne dass sie vorliegt.

Anmerkung:
Also wieder sehr von Zweifeln behaftet und nichts ist bewiesen. Nur, dass beide Projektile aus einer Waffe stammen. Na und? Dies wird schon so sein, wenn die Stasijünger diese beiden Projektile zum Austausch vorbereitet haben. Ganz so dämlich waren sie ja auch nicht, da zwei verschiedene Waffen zu nehmen. Das war es ja genau, was eben vertuscht werden musste. Das der H. von zwei verschiedenen Waffen beschossen wurde. Und mindestens eine davon war die eines Grenzers, den wie sagte der medizinische Gutachter Prof. P. noch in seinen Gutachten: Es ist nicht feststellbar an der Hautdurchtrennung, ob es sich um ein Geschoß des Kalibers 7,62 oder 7,65 gehandelt hat.

Diese These bestätigte auch der letzte Zeuge dieses immer fragwürdiger werdenden Verfahrens.
Es war ein sehr seriös anmutender, älterer Herr Warn, der sich, um sein Gewissen zu erleichtern, freiwillig über seinen Pfarrer an die Gauckbehörde in Mecklenburg/Vorpommern gewandt hatte. Dort gab er zu Protokoll, was er jetzt auch vor Gericht aussagte: Er habe über den Fall H. in der Zeitung gelesen und da fiel ihm ein, dass dies anders war. Er hatte am 19.6.62 Frühdienst an der Grenze in Berlin, wo er als Wehrpflichtiger notgedrungen und gegen seine christliche Überzeugung Dienst machen musste.
Als sie gegen 14.00 Uhr wieder in ihre Kaserne kamen, hörten sie von dem Grenzzwischenfall H. damals erzählten Unteroffiziere wie andere, das Gefreiter Hinne wegen taktisch – unklugen Verhaltens von seinem Postenführer von hinten erschossen worden war. Dies sagte man allgemein. Dann wurden sie alle in ihren Versammlungssaal befohlen und dort teilten die Offiziere mit, dass alles anders war und H. von einen anderen erschossen worden sei. Alle wurden sie eindringlich auf ihre Schweigepflicht verwiesen, die sie alle

unterschrieben hatten. Ja, dies wollte er loswerden, weil er glaubt, dass es so war.
Ja, an der Grenze waren die Offiziere mit der Pistole Makarow ausgerüstet und die Grenzer mit der Mpi K 7,62mm

Der elfte Tag

Der Tag begann mit einer Erklärung die ich abgab. Die Vorsitzende Richterin hatte auf meine Bitte mir einen Zeitraum von zwei Stunden eingeräumt, der nötig war, um einiges gerade zu rücken. Es sollte vor allem ein Angriff auf die Anklage sein, die, wie an anderer Stelle schon berichtet, von Halbwahrheiten und Spekulationen nur so strotzte. Schlimmer noch, es gab auch wesentliche Teile die schlicht und einfach, wie man in Fachkreisen es nennt: „Falsche Tatsachenbehauptungen waren."
Währen des Vortrages schon sehr nachdenkliche Gesichter auf der Richterbank. Man merkte es auch der Vorsitzenden an, dass sie einigermaßen berührt war von den Eröffnungen. Auch die sonst doch eher „schreibfaule Presse" schrieben mit, was die Kugelschreiber hergaben. Ich schilderte wie mein Weg vom 17. Juni 1953 bis zum 18. Juni 1962 verlief und warum er so verlief und nicht anders. Schließlich berichtete ich auch über die Zeit danach, über Beruf und Familie, über mein gewerkschaftliches und soziales Engagement, bis hin zum Bundesverdienstkreuz für intensive ehrenamtliche Arbeit im sozialen Bereich. Ich zeigte meine persönlichen Erfahrungen mit dem Diktaturstaat DDR und den hier vor Gericht zur Verhandlung stehenden Anschuldigungen auf. Dem Gericht versuchte ich deutlich zu machen, wie die Stasi um unsere Familie die Fäden knüpfte und uns auch nach der Flucht bis zur Wende ständig im Visier hatte. Ich versuchte aber auch deutlich zu machen, das die Stasi von Anfang an über das Vorhaben zum Tunnelbau und der Fluchtvorbereitungen von Traudchen und den Kindern informiert und wahrscheinlich beteiligt war. Hier, die wesentlichen Inhalte meines Vortrages vor Gericht:

Ablauf und Hintergründe

des Geschehens vom 18. Juni 1962

„Ich habe bis jetzt geschwiegen. Die Gründe hierfür hat mein Verteidiger genannt. Der bisherige Verlauf der Hauptverhandlung hat mich überzeugt, dass das Gericht – ich betone das Gericht – nach besten Kräften bemüht ist, meinem Fall gerecht zu werden.

Ich bitte das Gericht, mir Gelegenheit zu geben, insbesondere auch die Vorgeschichte ausführlich schildern zu dürfen. Denn, nur wer die Vorgeschichte kennt, kann ermessen, in welch verzweifelter Situation sich meine Frau und ich befunden haben. Wir haben alles versucht, um auf „legalem" Weg die Ausreise meiner Familie zu ermöglichen. Die Entscheidung für den Bau eines Fluchttunnels und die Wahl des Ortes, ist nach wochenlangen Prüfungen aller denkbaren Fluchtmöglichkeiten gefallen. Wir waren der festen Überzeugung, dass kaum ein Risiko verblieb. Ich betone das besonders, weil ich den falschen Eindruck des skrupellosen „Fluchthelfers" – wie er in der Anklage und Presse beschrieben wird- widerlegen will.
Ich bin überzeugt davon, wenn die Grenzer meine Familie und mich erschossen hätten, wäre uns das Bedauern der Presse sicher gewesen. Heute würde dafür ein Grenzer vor Gericht stehen, allerdings wegen Totschlags und nicht wegen Mordes.
Zum Geschehen selbst, über das hier das Gericht zu entscheiden hat, ist vorab festzustellen, dass es furchtbar und tragisch ist, wenn ein Mensch gewaltsam zu Tode kommt.
Ist der Mensch noch so jung, wie der Grenzsoldat Hi. dann ist es besonders tragisch. Für mich, für uns, die wir wegen unseres Verlangens nach Freiheit, wie auch immer Ursache für den Tod dieses Menschen waren, bedeutet dies eine Last, die niemals abgelegt werden kann.
Es tut uns unendlich leid, dass dies alles so geschehen ist.
Wir leiden darunter, auch heute noch. Wir waren uns so sicher, dass eigentlich nichts passieren konnte.
Aber auch das ist unumstößlich: Die Verantwortlichen für dieses Geschehen sind die ehemaligen Machthaber der DDR, die das menschenverachtende System an der Mauer errichtet haben.

Meine Familie und ich sind nicht die Täter, wir sind Opfer der Unmenschlichkeit.
Der 18. Juni ist nicht das Ende und nicht der Anfang des Traumas. Es ist ein Teil meines Lebens, wovon ich ihnen heute auszugsweise berichten will."
Weiter ging es mit den wichtigsten Abschnitten meines Lebens. Die alles eng beeinflussende Epoche fing in 53 an. Ich berichtete von meinem Versuch, nach der Arbeiter und Bauernfakultät, mich zum Kripo ausbilden zu lassen, von den Ereignissen des 17. Juni des gleichen Jahres.
Meiner Flucht, den ersten Verrat. Vom Zuchthaus Rummelsburg und dem damaligen Unrechtsurteil mit lebenslänglichem Verlust der so genannten bürgerlichen Ehrenrechte. Von der harten Arbeit als Kutscher, Bauarbeiter oder auch als Kohlenschipper. Von meiner Ehe mit Traudchen, der Geburt unseres Sohns Christian aber auch den primitiven Versuch der Staatsanwaltschaft, mich zur gleichen Zeit, wo ich die harte Bewährungsarbeit ableistete, in die Fremdenlegion zu stecken.
Da der Staatsanwalt auch zuhören musste, wurde ich an dieser Stelle schon deutlich:
„Im Mai 1956 habe ich dann meine jetzige Frau geheiratet. Aus der ersten Ehe lebte mein Sohn Bernhard bei uns. Im Mai 1957 wurde unser Sohn Christian geboren.
Wie schon angedeutet, war ich in dieser Zeit laut der gründlichen Ermittlungen der Staatsanwaltschaft bei der Fremdenlegion, aus der ich dann angeblich 1958 zurückkehrte. Tatsächlich ist mir nach Abschluss meiner Bewährungszeit, Anfang 1958, auf Vorschlag des Generalstaatsanwalts, des Stadtgerichts von Großberlin und der örtlichen Polizeibehörde die Reststrafe erlassen worden. In den Schreiben der genannten Stellen heißt es, dass sie der Aufhebung der Reststrafe wegen gutem Verhaltens meinerseits zustimmen.
Ich erinnere daran:
Die o.g. Schreiben stammen aus Anfang 1958. Sie sind Bestandteil der Stasiakte, die der Staatsanwaltschaft vorliegt. Dennoch hat die Staatsanwaltschaft mich genau in dieser amtlich beglaubigten Zeit (amtlicher geht es ja wohl nicht) in die Fremdenlegion gesteckt. **Warum?**
In der Anklage steht auch – Bezugnehmend auf den Tunnelbau –

„Inwieweit sie hierbei von Angehörigen des Axel-Springerverlages unterstützt wurden, ist offen. Einzelheiten über die Organisation der Bauarbeiten sowie deren Finanzierung konnten im Laufe der Ermittlungen nicht in Erfahrung gebracht werden.“ In der Ostpresse hieß es zu dieser Sache, ich zitiere mit Genehmigung des Gerichts: „Die Bild Zeitung brauchte eine neue Sensation für ihren Krieg gegen unsere Republik und ihre Staatsgrenze. Man finanzierte den Bau eines Tunnels vom Gelände des Springer-Konzerns aus, schickte den Banditen Rudolf Müller hindurch und ließ ihn auf dem Territorium der DDR einen Grenzposten erschießen.“ _
Aus „Freie Presse“ 18.06.1963.
Beide Formulierungen haben den gleichen Hintergrund; nämlich die ungeheure Unterstellung, ich hätte meine Familie wegen niedriger politischer Motive in Lebensgefahr gebracht.
In diesem Zusammenhang möchte ich hinzufügen, dass die bisherige Hauptverhandlung mir keinen Anlass gegeben hat, Vertrauen zur Neutralität der Staatsanwaltschaft zu gewinnen.“
Weiter ging mein Bericht mit den Ereignissen des 13. August, der Trennung von der Familie, den vielen vergeblichen Versuchen wieder zusammen zu kommen. Der Flucht meiner Brüder mit der U-Bahn, großer Enttäuschung, als meine Lieben nicht dabei waren. Den darauf folgenden Pressionen durch die Stasi, der brutalen Sippenhaft durch die Behörden der DDR. Über die Briefe, die wir uns beinahe täglich schrieben. Zwei davon verlas ich wörtlich. Ich meinte, obwohl Briefe, die sich zwei Menschen schreiben, absolut privat, ja intim sind, gehören sie in die Öffentlichkeit dieses Prozesses. Allein deshalb, weil immer noch einige insgeheim davon überzeugt waren, es ging mehr darum, einen Grenzer zu erschießen, als um die Flucht und den Schutz meiner Familie.
Ich berichtete von den Versuchen einen Fluchtweg über den Kanal oder durch die Kanalisation zu finden. Von den dramatischen Ereignissen um den Studenten, der als Bote in den Osten fuhr und durch Verrat in der Familie für viele Jahre ins Zuchthaus musste. Schließlich berichtete ich über erste Kontakte zu Lebrock. Über den Tunnelbau und aller Vorsorge die wir getroffen hatten. Ich zitierte die Aussagen ehemaliger Hausbewohner, wie Frau Melchior und Frau Zech. Beide sagten schon 1962 vor der Stasi aus, seitdem es den

Stacheldraht als Begrenzung zum Mauerbereich gab, Bewohner, Besucher oder Fremde, zu jeder Tages- und Nachtzeit unkontrolliert in das Haus ein- und ausgehen konnten.

Im Vortrag sagte ich dazu:

Besucher und Bewohner konnten dieses Haus unkontrolliert betreten und verlassen, dies wurde wochenlang von uns beobachtet.
Ich verweise auf die Aussage von Frau Melchior, verlesen am 12. Februar und auf die Aussage von Frau Zech, die beide unsere Ermittlungen bestätigen.
Ich zitiere Frau Zech, wenn es erlaubt ist:
„Erwähnen möchte ich noch, dass der Personenverkehr in unserem Haus von den dortigen Grenzpolizisten nicht kontrolliert wurde, d.h., fremde Personen konnten zu jeder Zeit unser Haus betreten, zumal unsere Haustür Tag und Nacht offen stand".
Das hat Frau Zech – wohlgemerkt 1962 ausgesagt. Wenn der untersuchende Beamte und die Staatsanwaltschaft doch sonst den Stasiakten so bedingungslos Glauben schenken, warum nicht auch hier? Die Antwort ist nahe liegend. Es gab keine vorgeschriebene Ausweiskontrolle. Die Anklage wäre in sich zusammengebrochen, es gäbe keine Arglosigkeit der Posten und damit keine Heimtücke. Die Kontrolle erfolgte bei uns aus besonderem Anlass. Sie war Ausdruck von Misstrauen, Alarmiertheit und Beunruhigung, also ein außergewöhnlicher Vorgang. Eine wie von der Anklage behauptete Regelkontrolle an dieser Stelle hätte für uns einen Verzicht auf diesen Ort bedeutet. Da hätten wir auch gleich am nächsten Sektorenübergang den Versuch machen können, dort fand die vorschriftsmäßige Ausweiskontrolle statt.
Alles, was an Vorsorge bei solch einem Unternehmen möglich war, ist von uns geleistet worden. Wir haben alles getan, um eine – wie auch immer geartete – Konfrontation auszuschalten. Selbstverständlich wussten wir, dass es bei einer vorzeitigen Entdeckung unseres Vorhabens von der anderen Seite zum rücksichtslosen Gebrauch der Waffen kommen würde. Jede Meldung über Schusswaffengebrauch der anderen Seite wurde von uns registriert und – soweit möglich – in unsere ‚Sicherheitsstrategie' miteinbezogen.

Der Bau des Tunnels war ein weiterer Schwerpunkt in meinem Bericht. Hier auch die Angst und Furcht vor unerwarteten Schwierigkeiten, als wir am 18. Juni in der entscheidenden Stunde die Aufregung durch Fernsehkameras und nervöse Grenzer genau dort sahen, wo wir rüber wollten. Die Probleme des Deckendurchbruchs, wie auch die wahnsinnige Angst in mir, als ich an dem Grenzer vorbeiging. Die Verhaftung der Familie von Lebrock, die aufkommenden Ahnungen von Verrat, das Unerwartete, weil unübliche Eingreifen der Grenzer, ihr Versuch uns mit Waffengewalt zu stoppen, wurde von mir geschildert. Mein Vortrag endete mit der Richtigstellung der Presselügen von Ost und West über eine angebliche Pressekonferenz mit Whisky und großen Reden bei Springer.

Der Schluss meines Vortrages lautete:

Ich bedaure unendlich, dass bei unserer Flucht ein junger Mensch ums Leben gekommen ist. Ich hatte aber nie Zweifel, dass ich das, was ich getan habe, tun musste und tun durfte.

Während meiner Schilderung spürte ich eine atemlose Spannung bei den Zuhörern. Bei der Vorsitzenden Richterin, die ich während des Berichts immer im Auge hatte, wie auch bei den Schöffinnen merkte ich, dass da was rüberkam. Als ich beschrieb, wie die Stasi meine Frau schikanierte, mit Verhaftung drohte, der Verrat durch die eigene Schwester, das hoffnungslose Gefühl einem übermächtigen Gewaltsystem ausgeliefert zu sein, beim Verlesen der Briefe meiner Frau, bei Beschreibung unserer Not, gab es ergriffene Gesichter, gab es auch Tränen.

Etwa zur Hälfte unterbrach mich die Vorsitzende mit der Aufforderung, doch 10 Minuten Pause zu machen. Während der Pause kamen jüngere Verwandte von mir auf mich zu, drückten mich und sagten, dass sie das alles so nicht gewusst hatten. Sie waren richtig aufgewühlt. Meine Brüder und andere, völlig Fremde, kamen zu mir und meinten, dass dies ein guter Bericht war, dem sich keiner mehr im Prozess entziehen kann.

Nachdem ich dann mit dem zweiten Teil fertig war, bedankte sich die Richterin.

Nach dem Vortrag gab es noch eine Geste der Vorsitzenden Richterin, sie meinte es wohl gut mit mir als sie noch einige gezielte Fragen betreffend meiner beruflichen Karriere stellte. Wobei es nicht ausblieb, wahrheitsgemäß den Weg vom Hilfsarbeiter im Stahlwerk bis zum Geschäftsführer einer relativ großen Dienstleistungsfirma (der ich ja im Prozess auch noch gewesen bin) zu skizzieren. Sie stellte auch noch Fragen wie es denn am 13. August 1961 dazu kam, dass wir als Familie getrennt worden sind. Hierbei erwähnte sie dann auch, dass sie diese damalige Situation nachvollziehen kann. Sie war damals als Kleinkind bei ihrer Oma in Ostberlin zu Besuch, als sie vom Mauerbau überrascht wurden. Sie hatte dann noch gerade die Möglichkeit, nach Westberlin zurückzukehren, aber nur weil man sich als Westberliner ausweisen konnte.
An diesem Tag brachte mein Anwalt 17 Anträge und eine Empfehlung ein, die vor allem die bisher ungelösten Widersprüche in der Untersuchung des Falles zum Ziel hatten. Hiervon zeigte sich die Richterin sehr überrascht und sagte spontan den für den 19.2. angesetzten Termin ab, um entsprechende Zeit für die Beantwortung zu haben. Mir war bewusst, dass eine Fülle von Beweisanträgen den Termin für das Ende der Verhandlung nach hinten schiebt, mit all den zusätzlichen Kosten. Aber mit Blick auf ein eventuelles „Bewährungsurteil" mussten alle diese Fragen geklärt jetzt noch im Rahmen der Beweiserhebung geklärt sein. Andernfalls würde ich mir irgendwann Vorwürfe machen, diese Fragen nicht aufgerufen und geklärt zu haben.
Vertagung auf den 22.2., genau auf meinen Geburtstag, wo ich doch schon 69 Jahre alt werde. Ja, und immer noch voll im Job. Hoffentlich wird es eine gute Geburtstagsparty, wenn auch vor Gericht zum 12. Mal.
Am Schluss hatte mein Anwalt noch eine längere Unterredung mit der Vorsitzenden. Er „fühlte" mal vor, was wohl die Frau Vorsitzende so für Ziel und Urteilsvorstellungen hatte. Offenbar ließ sie in ihren Antworten ihre Auffassung vom künftigen Ergebnis wohl schon durchblicken. Zumindest ahnte mein Anwalt, der erfahrene, „alte Fuchs" was am Ende rauskommen würde. Als er kam, meinte er, alles ginge wohl in Richtung Bewährungsstrafe oder im günstigsten Fall auf minderschweren Totschlag in Notwehr hinaus.

Wir werden sehen, kaum vorstellbar, dass man für diese damalige Situation auch noch bestraft werden könnte. Doch aus heutiger Sicht, nach fast 40 Jahren denken andere Generationen von Juristen völlig anders, als damals direkt vom kalten Krieg bedrohte und verfolgte Bürger.
Am Schluss dieses Verhandlungstages trug die Vorsitzende wieder mal ihre „Geigentasche“ in der eigentlich eine Mpi Kalschnikow enthalten war, zum „Waffenwart“ im Landgericht.

Die Berliner Morgenpost hatte wohl als erste Zeitung begriffen, um was es wirklich damals ging und was während des Prozesses im Gerichtssaal ablief. Sie titelten ihre Story nach meinen Ausführungen als: **„Deutsch – deutsche Leidensgeschichte“**

Deutsch-deutsche Leidensgeschichte

Dramatische Aussagen des Todesschützen im Mauerprozeß

Von Dietmar Treiber

Nach der dramatischen Aussage von Rudolf M. (67) war den Prozeßbeteiligten die Ergriffenheit anzusehen. War das die Wende in M.s Prozeß, dem der Tod des Grenzpolizisten Reinhold als Mord zur Last gelegt wird? Der bisher schweigsame Angeklagte berichtete, wie die deutsch-deutsche Teilun nur den jungen Soldate tötete, sondern auch fast milie M. zerstörte.

M.s Schuß, der am 18. Juni 1962 Huhn tödlich traf, hat eine Vorgeschichte. Sie begann mit der Kripo-Ausbildung des jungen M., der sich aber am 17. Juni 1953 weigerte, als Volks-Polizist auf das Volk einzuschlagen. Prompt war seine Karriere beendet, und er setzte sich gen Westen ab.

Seine erste Ehefrau wurde von der Stasi genötigt, ihm eine Falle zu stellen: Der um sein angeblich krankes Kind besorgte Rudolf M. kam sofort, wurde verhaftet und als Verräter verurteilt. Als Hilfsarbeiter rappelte er sich wieder auf, hatte aber stets das Ziel vor Augen, mit seiner zweiten Ehefrau und zwei Kindern zu flüchten. Das verhinderte der Mauerbau: Nur Rudolf M. – mit fingierter West-Adresse und West-Ausweis – kam in den freien Teil Deutschlands. Die Frau wurde unter Druck gesetzt.

Dann flohen drei Brüder von Rudolf M. durch einen U-Bahn-Schacht– sofort waren die beiden letzten Brüder ihre DDR-Posten als Staatsanwalt und Kripobeamter los. Als M.s Ehefrau einen Fluchtversuch vorbereitete, wurde sie von einer Verwandten verraten. Die fürchtete das gleiche Schicksal wie M.s Brüder und lief zur Stasi. Wieder gab es Druck auf Familie M., und ein Student wurde als Nachrichtenübermittler zu jahrelanger Haft verurteilt.

„Immer haben wir Fluchtwege gesucht, die sicher sind", erinnert sich Rudolf M. Teltow-Kanal, Kanalisationsnetz und andere Schwachstellen wurden ohne Erfolg untersucht. Doch dann hatte ein Maurer die rettende Idee: Das Axel-Springer-Gelände war noch so sehr Baustelle, daß man dort unter dem Grenzstreifen einen Tunnel zu einem Haus bauen konnte. Drei Wochen waren neun Mann nachts im Einsatz. Schließlich kam der 18. Juni 1962. Verschlüsselte Telegramme („Glückwunsch zum 6. Hochzeitstag am 18. Juni") riefen mehrere Frauen und Kinder zum Treffpunkt in Grenznähe. Eine Mutter mit Kind wurde festgenommen – war sie an die Stasi verraten worden? Das geschah vor den Augen von Rudolf M. Er war durch den Tunnel geklettert und führte seine Ehefrau und zwei Kinder in Richtung des Zimmerstraßen-Hauses, in dessen Keller der Tunnel begann.

Die Grenzer waren wegen einer Radioü in Grenznähe nervös, h stoppte Famili ter, nicht auf den Posten achten", hatte M. Frau und Kindern eingeschärft. Er selbst blieb stehen, faselte etwas von einer Geburtstagsfeier. Doch der Grenzer („der war so bleich – ich wußte, der schießt") legte seine Maschinenpistole auf M.s Frau an und rief: „Frau und Kinder auch stehenbleiben." Da Rudolf M. wußte, daß sie dies nicht tun würden, zog er seine „zum Selbstschutz" eingesteckte Pistole und drückte einmal ab.

Danach mußte er seinen geistig-behinderten Sohn wieder einfangen, der einen falschen Weg lief, und rannte zum Tunnel. Daß die Grenzer in den Untergrund hineinfeuerten, war ungefährlich, der Tunnel war zur Sicherheit versetzt gebaut worden.

Rudolf M. bedauerte den Tod des Grenzers, sagte aber auch: „Ich habe keine Zweifel, daß ich das tun mußte – und tun durfte."

Morgenpost vom 19.2

Auszug aus der Presse zu meiner Stellungnahme in der Morgenpost vom 19.2.1999

„Ich wollte und mußte meine Familie schützen"

Wer ist schuld am Tod des DDR-Grenzpolizi[...] / Ein Fluchthelfer bricht sein Schweigen

Wt. BERLIN, 19. Februar. Im Prozeß um die Tötung des 20 Jahre alten Gefreiten der DDR-Grenzpolize[...]am 18. Juni 1962 an der Berliner Mauer hat der wegen Mordes angeklagte 67 Jahre alte Geschäftsführer Rudolf Müller jetzt sein Schweigen gebrochen. Er macht Notwehr geltend und sieht sich als Opfer, nicht als Täter. Die Machthaber der DDR seien die eigentlich Verantwortlichen für das Geschehen an der Mauer. Müller äußerte sein „unendliches Bedauern" darüber, daß der Grenzpolizis[...]seinem Versuch, seine Ehefrau, seine beiden Kinder und eine Schwägerin aus Ost-Berlin durch einen selbstgegrabenen Tunnel zu sich nach West-Berlin zu holen, „tragisch ums Leben kam".

Etwa zwei Stunden lang schilderte der Angeklagte, der jedoch keine Fragen beantworten will, dem Gericht den Hergang des Tatgeschehens und seine Lebensgeschichte. Er gab zu, damals „in vollkommener Panik" a[...] geschossen zu haben, um diesen daran zu hindern, auf seine Familie zu schießen. „Eine Tötungsabsicht hatte ich nicht. Ich wollte und mußte meine Familie schützen", sagte Müller. Die Tatwaffe ist bisher nicht wiederaufgetaucht. In einer richterlichen Vernehmung hatte der Angeklagte im Ermittlungsverfahren ausgesagt, nachdem er nach der Tat mit seiner Familie durch den Tunnel nach West-Berlin zurückgekrochen sei, habe ihm ein Staatsschutzbeamter die Waffe mit den Worten abgenommen: „Sie haben nicht geschossen. Wenn Sie etwas anderes sagen, werden Sie keine Ruhe mehr haben."

In seiner Stellungnahme vor Gericht versuchte der Angeklagte den „falschen Eindruck" zu widerlegen, er sei ein „skrupelloser Fluchthelfer" gewesen. Er habe damals zunächst alles versucht, auf legalem Weg die Ausreise seiner Familie zu erreichen. Die Entscheidung für den Bau eines Fluchttunnels vom Gelände des Axel-Springer-Verlages in den Ostsektor sei „nach wochenlangen Prüfungen aller denkbaren Fluchtmöglichkeiten gefallen". Dennoch trug Müller eine geladene Pistole bei sich, als er durch den Tunnel in den Osten kroch, um seine Familie herüberzuholen. Ein Zeuge hat vor Gericht ausgesagt, der Angeklagte habe vor der Tat in West-Berlin Schießübungen gemacht.

Zur Vorgeschichte des Fluchtunternehmens sagte Müller, er habe 1953 bei der Volkspolizei in Ost-Berlin eine Ausbildung zum Kriminalisten begonnen. Während des Aufstands am 17. Juni habe er sich bei einem Einsatz geweigert, auf Demonstranten einzuschlagen. Auf der Polizeischule seien ihm massive Vorwürfe gemacht und sogar „staatsfeindliche Propaganda" unterstellt worden. Daraufhin sei er nach West-Berlin geflüchtet. Wenig später sei er von seiner damaligen Frau, die im Auftrag der Stasi gehandelt habe, unter einem Vorwand nach Ost-Berlin gerufen worden. Dort sei er festgenommen worden. Nach sechs Monaten Einzelhaft und ständigen Verhören sei er zu einer Freiheitsstrafe von zwei Jahren verurteilt worden. Ihm sei vorgeworfen worden, bei der „Kampfgruppe gegen Unmenschlichkeit" in West-Berlin umfangreiche Aussagen gemacht zu haben. Nach 14 Monaten Haft sei er mit einer Bewährungsfrist von drei Jahren entlassen worden.

Im Mai 1956 heiratete Müller seine jetzige Frau. Wegen ständiger Überwachung und Verfolgung hätten er und seine Frau für die Familie in Ost-Berlin keine Zukunft mehr gesehen und die Übersiedlung in den Westen vorbereitet. Nach Ablauf seiner Bewährungszeit sei er in West-Berlin ein festes Arbeitsverhältnis eingegangen. Der Mauerbau am 13. August 1961 habe jedoch alle Pläne zunichte gemacht. Er sei in West-Berlin geblieben und habe vergeblich Anträge auf Ausreise seiner Familie gestellt. In Ost-Berlin habe die Stasi seiner Frau empfohlen, sich scheiden zu lassen; es sei dafür gesorgt, daß sie ihren Mann nie wiedersehen werde.

Kontaktaufnahmen zu seiner Familie im Osten seien von der Stasi beobachtet worden, sagte Müller unter Hinweis auf Dokumente aus Stasi-Akten. Er vermute daher, daß die Stasi darüber unterrichtet gewesen sei, daß seine Familie die Flucht plane. Die Wohnung seiner Frau sei durchsucht, sie selbst wiederholt zu Vernehmungen vorgeladen worden. In dieser ausweglosen Situation hätten er und seine Brüder die Flucht der Familie vorbereitet. Am 18. Juni 1962 sei er durch den Tunnel nach Ost-Berlin gekrochen, wo er an einem vereinbarten Ort seine Familie getroffen habe. Als er mit ihr in Richtung des Hauses gegangen sei, in dessen Keller der Tunnel endete, habe der Grenzpolizi[...]sie zum Stehenbleiben aufgefordert und seinen Ausweis sehen wollen. Als Ehefrau, Kinder und Schwägerin dennoch weitergegangen seien, habe [...]n seine Waffe gehoben und auf die Familie gerichtet. „Ich sehe noch sein Gesicht, es war kreidebleich. Für mich war klar, der schießt. Ich hatte nur noch Angst", sagte der Angeklagte. In vollkommener Panik habe er seine Waffe gezogen und abgedrückt. Unmittelbar nach seinem Schuß sei Dauerfeuer eröffnet worden. Es sei ihm und seiner Familie gelungen, unversehrt den Tunnel zu erreichen und nach West-Berlin zu kriechen.

Im Westen wurde damals die Version verbreitet, Müller habe den Grenzpolizisten [...] lediglich niedergeschlagen; anschließend s[...]on seinen eigenen Kameraden erschossen worden. In der bisherigen Beweisaufnahme konnte dafür keine Bestätigung gefunden werden. Der Prozeß gegen Müller ist der erste seit 1990, in dem nicht ein DDR-Grenzer, sondern ein Fluchthelfer vor Gericht steht.

FAZ 19.2.99

DPA
19.02.99

Berlin - Im Fall des 1962 erschossenen DDR-Grenzsoldate[illegible] hat der Angeklagte zwei Monate nach Prozeßbeginn vor dem Berliner Landgericht sein Schweigen gebrochen.
Der inzwischen 67jährige Mann gab an, am 18. Juni 1962 geschossen zu haben, um seine Familie bei einem Fluchtversuch vor Schüssen des DDR-Grenzpostens zu schützen. Er berief sich am Donnerstag auf Notwehr "in äußerster Panik". Auch er sei Opfer und nicht Täter, sagte der Angeklagte. Die eigentlichen Verantwortlichen seien die damaligen Machthaber der DDR.
Der Angeklagte hatte damals mit zwei ebenfalls geflohenen Brüdern vom Gelände des Springer-Verlages einen Tunnel zum Keller eines Ost- Berliner Hauses in der Zimmerstraße gegraben. Bei dem per Telegramm verabredeten Treffen seien Grenzposten auf die Familie aufmerksam geworden.
Der Angeklagte war nach eigener Aussage völlig sicher, da[illegible]als auf ihn und seine Angehörigen geschossen hätte, wenn er ihm nicht zuvorgekommen wäre. Der "tragische und furchtbare Tod" des damals 20 Jahre alten Grenzsoldaten belaste ihn bis heute.
In einer zweistündigen Erklärung schilderte der 67jährige die Situation der nach dem Mauerbau getrennten Familie. Ihm sei der Rückweg versperrt gewesen, sagte der jetzt in Hessen lebende Mann. Er selbst habe 14 Monate in der DDR im Gefängnis gesessen, nachdem seine erste Frau 1953 seine Fluchtpläne verraten habe. Die 1962 geplante Flucht durch den Tunnel sei monatelang vorbereitet worden. Er sei weder ein Held noch ein skrupelloser Fluchthelfer. Der Prozeß wird am Freitag fortgesetzt. (AOL/dpa)

Der zwölfte Tag

Es war der 22. Februar! Eigentlich ein Tag zum Feiern und nicht des „Jüngsten Gerichts“. Doch ein Gerichtsschimmel nimmt darauf keine Rücksicht. Die hatten noch nicht einmal mitbekommen, dass ich Geburtstag hatte. Was soll’s. Dafür, und darüber habe ich mich besonders gefreut, war meine Familie mit großem Bahnhof angerollt.
Die Sitzung, wieder im Saal B129, allerdings konnten mein Anwalt und ich erst mit erheblicher Verspätung in Berlin erscheinen, unsere Maschine war wegen Vereisung auf dem Bonner Flughafen nicht rechtzeitig losgekommen. Es fing also erst um 12.00 Uhr an. Gleich mit einer neuen Situation: Die Familie des Hinne war mit einem Nebenkläger angerückt. Bruder Fred, der, fast nichts ahnend zur Sache ist und ein Anwalt, der nur zuhörte. Weil er schon mal da war, der Bruder, wurde er auch gleich als Zeuge einvernommen. Nein, er hat vom Tode seines Bruders erst aus der Presse erfahren, als er zu diesem Zeitpunkt im Krankenhaus lag. Wie das im Einzelnen geschehen sein soll, erfuhr er auch meist aus der Zeitung. Nein, die Beisetzung wurde von Berlin aus organisiert und nicht vom Heimatort Adorf. Die Leiche durfte die Familie nur in Uniform und aufgebahrt ein letztes Mal sehen. Und die Heimbürgerin kam aus Berlin. Nein, bei der Beisetzung und den verschiedenen Gedenkveranstaltungen zu Ehren seines Bruders war nie der Postenführer Platzmann (der zweite Grenzer) anwesend. Es hieß immer er sei versetzt worden. Er habe auch nie davon gehört, dass der Postenführer seinen Bruder aus Versehen erschossen haben soll. Probleme seines Bruders mit den Vorgesetzten waren ihm auch nicht bekannt. Auch vom Briefverkehr seines Vaters mit der Armee wusste er nichts. Auch nicht, dass sein Vater mal einen Fremden gegenüber in einem Zug geäußert haben soll: „Die Schweine haben meinen Sohn umgebracht.“ Er bezog das wohl auf die Grenzpolizei. Dies wurde im Übrigen nach der Wende, auch von einem Bürgerkomitee aus dem Heimatort des verstorbenen Grenzers, so gesehen.
Die Vorsitzende versuchte noch mehr aus dem Zeugen herauszufinden, aber es blieb alles sehr ungenau.
Die Vorsitzende kam dann zu den vom Anwalt gestellten Beweisanträgen. Einem Teil konnte das Gericht entsprechen, einen anderen

Teil will das Gericht beantworten. Doch drei Anträge müssen geklärt werden, was bedeutete, dass der Prozess nicht wie vorgesehen am 26.2.99 abgeschlossen werden konnte, sondern dass vertagt werden musste.
Das Bundeskriminalamt wurde beauftragt z.B. eine Analyse zum Herstellungsdatum der Tatmunition anfertigen zu lassen. Deshalb wurde der Prozess ab Freitag dem 26.2. um 30 Tage unterbrochen.
Die Vorsitzende verliest dann in Beantwortung der Anträge die Rede des damaligen Bürgermeisters Willy Brandt aus Anlass des „Tages der Deutschen Einheit" am 17. Juni 1962 in Berlin.
Sie machte dies gut, sehr betont und einfühlsam. Alle hörten gespannt zu, es war gut und förderlich, dass diese aufrüttelnden Worte Brandts auch mal den „Vertretern der neuen Generation" zu Gehör gebracht wurden. Dadurch erhielten sie einen klaren Einblick in die Zeit des kalten Krieges.
Als die Stelle kam, auf die es mir auch besonders ankam, wurden selbst die bis dahin ziemlich uninteressiert scheinenden Journalisten munter und schrieben mit. Schon erstaunlich, dass sich keiner von denen um die Vorgeschichte dieser Story als seriöse Journalisten gekümmert hatten. Dafür hatten sie teilweise sehr tendenziös und auch falsch aus der Vergangenheit, berichtet.
Für die klang das alles offenbar sehr neu, was da der Bürgermeister und spätere Bundeskanzler **Willy Brandt der Nation am 17. Juni 1962** mitgeteilt hatte.

Zitat aus der Rede. Brandts

. ... **Jeder unserer Polizeibeamten und jeder Berliner soll wissen, dass er den Regierenden Bürgermeister hinter sich hat, wenn er seine Pflicht tut, indem er von seinem Recht auf Notwehr Gebrauch macht und indem er verfolgten Landsleuten den ihm möglichen Schutz gewährt."**

(S.a.a.O)

Nichts anderes habe ich getan, als ich meine Familie am 18.6.62 durch den Tunnel in den Westen holte! Dass dabei ein junger Grenzer zu Tode kam, ist tragisch, aber was sollte ich im Angesicht der massiven Bedrohung mit der auf meine Familie gerichteten Maschinenpistole machen, als mich zur Wehr zu setzen von meinem Recht auf Notwehr und der Pflicht zur Nothilfe Gebrauch zu machen.

Man merkte es den Prozessbeteiligten deutlich an, das sie ähnlich dachten. Man hatte den Eindruck, dass die Vorsitzende genau diese Absicht verfolgt hat. Sie nahm Stellung zum Antrag 4 zum Ausreiseantrag an das Rote Kreuz und verlas mein Gesuch von damals. Ebenso verlas sie die Zeugenaussage des Zeugen Kalzer, der die Bemerkung des Vaters des Hinne während der Bahnfahrt (s.o.) bestätigte.
Sie verkündete dann die neuen Termine und machte klar, dass es am 26. März dann weiterginge.
Mein Anwalt brachte weitere Anträge ein: Es ging um die Rolle der DDR-Presse und deren Falschberichte zum Fall. Danach unterstellte er, dass die STASI analoge Fälle verfälscht hat und wies dies am Fall Silvio Procksch nach. Er forderte die Zeugenvernehmung eines Berufsrichters zu diesem schlimmen Fall, wo zwei Kinder an der Mauer von den Grenzern erschossen wurden. Die STASI konnte dann die Eltern dieser Kinder täuschen, indem man ihnen einen Wasserunfall vorgaukelte.
Vorher wollte man einen Verkehrsunfall „konstruieren" und schreckte auch nicht vor dem Gedanken zurück, die toten Kinder zur Glaubhaftmachung dieser Version, mit einem LKW überfahren zu lassen.
Man legte sich dann aber doch auf den Schiffsunfall fest.
Soviel zur „Ehrlichkeit und Glaubhaftigkeit" der Aussagen und Unterlagen. Und: Wie naiv dürfen Deutsche Beamte, wie der Ermittler in meinem Fall, gegenüber Staatsterroristen sein?

in dem Strafverfahren

./. Rudolf Müller

- 540-3/97 -

Sollte das Gericht überzeugt sein, Herr Müller habe am 18.06.1962 vorsätzlich, rechtswidrig und schuldhaft den Grenzposten getötet,

beantrage ich,

1. die Berufsrichter der erkennenden Kammer des Landgerichts Berlin zu hören, die in der 47. Woche des Jahres 1997 einen DDR-Grenzposten wegen Totschlags verurteilt haben, der am 14.03.1966 zwei Kinder bei deren Fluchtversuch von Ostberlin nach

- 2 -

Westberlin erschossen hatte;

2. den sich über diesen Sachverhalt verhaltenen Bericht im "Spiegel-TV" vom Sonntag, den 23.11.1997, in Augenschein zu nehmen;

3. **die bei der Gauck-Behörde befindlichen handschriftlichen Aufzeichnungen zu diesem Vorfall (MFS AIM 8001/66, MFS AIM 7999/66, MFS AIM 8000/66 in Augenschein zu nehmen und zu verlesen.**

Es werden ergeben:

1. Die Vernehmung der Berufsrichter des im Antrag näher bezeichneten erkennenden Gerichts (LG Berlin):

   Aufgrund der durchgeführten Beweisaufnahme in der dortigen Hauptverhandlung sei das Gericht u.a. von folgendem Sachverhalt überzeugt: Am 14.03.1966 habe der dortige Angeklagte in seiner Eigenschaft als Grenzposten der DDR zwei Kinder bei deren Fluchtversuch erschossen. Dieser Vorfall sei als solcher geheimgehalten worden. Man habe den Eltern und der Öffentlichkeit gegenüber einen völlig anderen Hergang des Geschehens dargestellt, nachdem verschiedene Versionen zur Diskussion gestanden hätten. Zunächst habe man mitteilen wollen, daß die Kinder beim Spielen unter ein Armee-Fahrzeug gekommen seien und es sich somit um einen Unfall gehandelt habe. Im Rahmen dieser Überlegungen sei die Stasi auf das Problem gestoßen, daß die Eltern die Kinder sicherlich noch einmal würden sehen wollen und daher der Verkehrsunfall nicht nachvollziehbar sei. Man habe dann einerseits erwogen, den Besuch der Eltern bei den toten Kindern nicht zu genehmigen. Andererseits habe man aber auch ernsthaft in Betracht gezogen, mit einem Fahrzeug über die toten Kinder zu fahren und sie dann den Eltern zu zeigen.

Schließlich habe man sich auf die Version geeinigt, daß die Kinder beim Schwimmen in die Schraube eines Motorbootes gekommen seien.

2. Der Bericht im "Spiegel-TV":

Der Bericht wird die Äußerungen der erkennenden Richter zu den Stasi-Verfälschungen des Geschehensablaufs unter Einblendung der Dokumente bestätigen.

3. Die Inaugenscheinnahme und die Verlesung der handschriftlichen Dokumente wird gleichfalls die Beweisbehauptung zu den verschiedenartigen Fälschungsbemühungen der Stasi bestätigen.

Auf die Bescheidung des Antrags in der Hauptverhandlung wird nicht verzichtet.

Neues Deutschland, 23.02.99

Willy-Brandt-Rede als Beweismittel

Bruder von [geschwärzt] zur Nebenklage zugelassen

Von Peter Kirschey

Der Prozeß um die Tötung des DDR-Grenzpostens [geschwärzt] am 18. Juni 1962, der in dieser Woche abgeschlossen werden sollte, wird sich nach der gestrigen Verhandlung noch über einen Monat in die Länge ziehen.

Die Verteidigung des 67jährigen Angeklagten Rudolf M. überschüttete das Gericht mit einer Flut von Anträgen, die das Ziel hat, die damaligen Ermittlungsergebnisse der DDR-Seite in Zweifel zu ziehen, um somit einen Freispruch für ihren Mandanten zu erreichen. Die Anklage geht von einem heimtückischen Mord durch M. aus, der den Grenzposten aus nächster Nähe und ohne Warnung erschossen haben soll.

Am letzten Verhandlungstag hatte M. selbst eingeräumt, während der Flucht seiner Familie in den Westen in höchster Erregung auf den Posten geschossen zu haben. Die Antrag(, sollen den Beweis erbringen, daß die Ermittlungsergebnisse von der Staatssicherheit manipuliert wurden, da[geschwärzt] möglicherweise unter ganz anderen Umständen sterben mußte, der Leiche nachträglich noch andere Schußverletzungen zugefügt wurden und der damalige Gutachter Prof. Dr. Otto Prokop eventuell gar nicht die Leiche vo[geschwärzt]gesehen hat. Als Beleg wurde auch ein Brief eines Bürgerkomitees von Adorf verlesen, das Zweifel an der DDR-Version vom Tod des Postens geäußert hat.

Gestern trat auch erstmals der Bruder des Ermordeten, [geschwärzt], als Nebenkläger in dem Verfahren in Erscheinung. Er berichtete von dem Schock für die in Adorf lebende Familie, nach dem sie vom Tod des Bruders erfahren habe.

Eine deutsch-deutsche Biographie

Verlesen wurde auf Antrag der Verteidigung die, Rede von Willy Brandt vom 17. Juni 1962, als er vor Tausenden Demonstranten ausrief. »Jeder Berliner soll wissen. (laß er den Regierenden Bürgermeister hinter sich hat, wenn er seine Pflicht tut, indem er von seinem Recht auf Notwehr Gebrauch macht und indem er verfolgten Landsleuten den ihm möglichen Schutz gewährt,« Damit will die Verteidigung beweisen, daß M. im Sinne der offiziellen Westberliner Politik gehandelt habe, indem er seiner Familie den Weg in den Westen frei schoß.

Während des letzten Verhandlungstages hatte M. eine Lebensbeichte abgelegt. Der Zeitpunkt war geschickt gewählt. Die Fakten lagen auf dem Tisch, an der Tötung vo[geschwärzt]durch M- bestanden keine Zweifel. Was fehlte, waren die persönlichen und politischen Zusammenhänge, die zu der tragischen Tat geführt hatten. M. konnte auf einen Lebenslauf verweisen, der kaum treffender die deutsch-deutsche Zerrissenheit hätte beschreiben können: Nach Kriegsende Lehre und Arbeit als Bäcker, 1953 ging er zur Volkspolizei, der 17. Juni war einschneidendes Wendeerlebnis.

Danach Entschluß zur Flucht. Monate später Rückkehr in den Osten, Verrat durch die Ehefrau und Verurteilung wegen »Erfindung und Verbreitung friedensgefährdender tendenziöser Gerüchte« zu zwei Jahren Gefängnis. Vorzeitige Entlassung auf Bewährung, Arbeit als Bäcker, Kutscher und Kohlearbeiter. Erneute Heirat und Geburt des zweiten, schwerbehinderten Sohnes. Nach Ende der Bewährungszeit 1958 Arbeit in Westberlin. Schrittweise Übersiedlung der Familie geplant, aber durch den 13. August 1961 verhindert. Spektakuläre Flucht von Brüdern in den Westen durch einen U-Bahn-Schacht. Ein weiterer Bruder war bei der DDR-Kriminalpolizei, der fünfte Staatsanwalt. Beide wurden danach kaltgestellt. Die Familien erlebten Hausdurchsuchungen, Verhöre und Repressalien.

Dann die von panischer Angst begleitete Tunnel-Fluchtaktion auf dem Springergelände, bei der Rein[geschwärzt] starb. Schließlich Übersiedlung der Familie nach Westdeutschland, Arbeit in einer Eisengießerei und aktive Gewerkschaftsarbeit. Zum 60. Geburtstag das Bundesverdienstkreuz für soziales Engagement.

Fakten belegen Todesschüsse

M.s Schilderung von der Schießerei unterscheidet sich in einigen Punkten von den bisherigen Ergebnissen der Beweisaufnahme. Er blieb dabei, nur einmal geschossen zu haben. Der Körper von Rei[geschwärzt] wies aber eindeutig zwei Einschüsse auf. Auch berichtete M. von Schüssen auf seine Familie und im Fluchttunnel.

Die kriminalpolizeilichen Untersuchungen von 1962 und die vertraulichen Protokolle der 1. Grenzbrigade, die dem ND vorliegen, haben den Beweis erbracht, daß der Postenführer wegen seiner schlechten Schußposition nicht mehr auf die Fluchtenden feuern konnte. Außerdem wurden weder im Tunnel noch an der Stelle, wo danach die Einschüsse hätten sein müssen, solche festgestellt. Es ist jedoch durchaus möglich, daß M. im Zustand höchster Erregung reagierte und von der akuten Gefahr für seine Familie, überzeugt war.

Eine von der Verteidigung geforderte Einstellung des Verfahrens wurde vom Gericht nicht akzeptiert. So bleibt es bei der Mordanklage.

Das, was im „Neuen Deutschland" vom 23.2.1999 berichtet wird, ist entweder liederlich ermittelt, oder absichtlich falsch dargestellt. In dem Artikel mokiert der Verfasser sich darüber, dass ich nach wie vor bestreite, zwei Schüsse abgegeben zu haben. Auch zu meiner Schilderung der nachfolgenden Schüsse durch den zweiten Posten verweist

die ND auf angeblich der Zeitung vorliegende vertrauliche Protokolle, die das bestreiten.
Mir liegt die vertrauliche Verschluss-Sache des Ministeriums des Inneren vom 18.6.1962 mit der Bezeichnung: VS-TgB.: 3557/63 1.Ausf.Blatt vor, wo das Gegenteil berichtet wird. Es wird von einem Schuss, von mindestens 10 Schuss des zweiten Grenzers berichtet. In den Untersuchungsprotokollen werden drei Projektile, die in der Wand gefunden wurden, erwähnt. Gefunden in der Wand, die in unsere Laufrichtung stand. Sie steckten in Kopfhöhe, dort allein drei Projektile. Vor Gericht hat der Grenzer ausgesagt, er hätte insgesamt nur drei Schuss abgefeuert. In dem Protokoll der Grenzbrigade sind es aber mindestens zehn Schuss.
Die als Spitzenmeldung deklarierte Nachricht, die ich erst nach dem Prozess bekam, fällt in besonderer Weise aus dem Rahmen. Aus dem Rahmen der anderen danach abgesetzten Meldungen. Es lohnt sich, sie zu lesen.
Im zweiten Absatz heißt es:
„Bereits bei der Ablösung konnte festgestellt werden, dass sich gegenüber unserem Postenturm, welcher sich ca. 75 m links von der Jerusalemer Straße befindet, auf westlicher Seite der Fernsehfunk befand.“
Noch einmal wird die Situation schon zu Beginn des Wachdienstes als aufgeregt beschrieben.
Etwas weiter im gleichen Absatz wird von verschiedenen Auffälligkeiten (verursacht durch unsere Helfer) berichtet. Es wird von unserer Gruppe berichtet, von der Buchhandlung, wo wir in etwa standen, aber auch von der Sonderstreife, die von den Posten angefordert wurde. „Bei Annäherung der Hinterlandstreife entfernten sich jedoch diese Personen“ heißt es dort. Berichtet wird auch über unserem Rückweg, über die Absicht von Hinne, uns zu kontrollieren, über mehrmaliges Auffordern an uns, stehen zu bleiben. Über meinen Griff zur Pistole, über einen Schuss und über die 10 Schuss, die der Zeuge Platzmann abgefeuert hat. Es steht aber auch dort, dass Genosse Hinne ins Polizeikrankenhaus verbracht wurde, wo er dann verstarb.

Die Ungereimtheiten im Einzelnen:

1. Allert und andere wollen den Tod sofort festgestellt haben. Nach dieser Meldung starb er im Krankenhaus.
2. Von der Verhaftung der Familie Lebrock vor der Buchhandlung durch die Sonderstreife wird nichts erwähnt. Warum nicht? Dafür wird dort schon mein angeblicher Griff zur Pistole in der Jacke beschrieben. Hier griff schon die Stasi-Strategie.
3. Die Truppe (die das wissen musste) gibt die Entfernung des Wachturms von der Jerusalemer Str. mit etwa **75 Metern** an. Der Postenführer und andere Zeugen sprachen immer von 30 bis Maximum 50 Meter. Was wollte der Postenführer, der sich im Turm aufhielt bei **75 Meter Abstand** gesehen oder gar gehört haben? Wie will er auf diese Entfernung mit einer Kalaschnikow gezielt daneben schießen, wie er behauptet?

Ich bin überzeugt davon, die Spitzenmeldung der 1. Grenzbrigade ist so rausgegangen, nachdem mit dem zuerst am Tatort präsenten Grenzer gesprochen worden ist. Wer war das wohl? Der Stasimajor Allert, der, weil voll im Bilde, schon die ersten Pflöcke setzte. Die Stasiregie trat in Aktion.
Für mich starrten Gericht und Staatsanwalt regelrecht fasziniert auf die Stasiakten. Ablehnung gab es sofort, wenn mein Anwalt immer wieder deutlich machte, wie intensiv die Stasi Ermittlungen manipulierte. Alle Welt weiß, an oberster Stelle stand und steht das politische Ziel, der Parteiauftrag. Dafür wurde alles getan. Warum haben meine Richter und der Staatsanwalt das völlig anders gesehen?

geboren 8.3. 1942), gestorben 18.6. 1962

MINISTERIUM DES INNERN
Bereitschaftspolizei
1. Grenzbrigade (B)
IV. Grenzabteilung

O.U., den 18.06.1962

Vertrauliche Verschlußsache

VS-Tgb.-Nr.: 3337/63 1. Ausf. Blatt

Spitzenmeldung

Betr.: Verletzung eines Postens an der Staatsgrenze zu Westberlin durch Anwendung der Schußwaffe durch unbekannten Täter

Personalien des Verletzten

VP seit: 12.09.1960
Dienstgrad: Gefreiter
Dienststelle: 1. Kompanie IV. GA
Dienstbuch-Nr.: 029 515
Beruf: Melker
FDJ seit: 1957
Westverwandtschaft: II. Grades in Dortmund

eingestellt: VPKA Plauen
Dienststellung: Posten
zuversetzt: 9. Bereitschaft
vereidigt am: 29.11.1960
sozi.Herkunft: Arbeiter
Schulbildung: 7. Kl. Grundsch.

Am 18.06.1962 gegen 14.55 Uhr besetzten die Genossen Gefreiter Kuhn als Posten und als Postenführer die Staatsgrenze am Posten 5 (Unterabschnitt I) Jerusalemerstraße.
Bereits bei der Ablösung konnte festgestellt werden, daß sich gegenüber unserem Postenturm, welcher sich ca. 75 m links von der Jerusalemerstraße befindet, auf westlicher Seite der Fernsehfunk befand.
Gegen 17.00 Uhr stellten wir fest, daß sich auf dem Dach des westberliner Zeitungskonzerns 2 Zivilisten befanden welche unsere Posten beobachteten. Zur gleichen Zeit bestieg eine Zivilperson das Dach der auf westlicher Seite stehenden Baracke und nagelte Latten fest.
Gegen 17.20 Uhr kam aus dem Haus Zimmerstraße 56 eine männliche Person heraus und begab sich bis kurz vor die Volksbuchhandlung, welche in der Leipziger Straße Ecke Markgrafenstraße steht.
Dort konnte festgestellt werden, daß sich einige Personen angesammelt hatten und unterhielten. Nachdem der Stützpunkt davon in Kenntnis gesetzt wurde, wurde eine Hinterlandstreife eingesetzt um diese Personen zu kontrollieren.
Bei Annäherung der Hinterlandstreife entfernten sich jedoch diese Personen.
Gegen 18.45 Uhr kam dieselbe männliche Person in Begleitung von 2 Frauen und einem Kind und wollten sich in das Haus Zimmerstraße 56 begeben.
Gefreite ing auf die Personen zu und forderte diese auf stehenzubleiben da er sie kontrollieren wollte. Sie mußten erst mehrmals

- 2 -

Vertrauliche Verschlusssache

- MfS-Tgb.-Nr.: 3557/63 1. Ausf. Blatt

zum stehenbleiben aufgefordert werden bevor sie stehenblieben. Dabei hatten die Frauen mit dem Kind einen Abstand von 10 Metern zu der männlichen Person.
Die männliche Person griff in die Innentasche seiner Jacke. Kurze Zeit darauf fiel ein Schuß und der Genosse ███ fiel zu Boden. Genosse ███ eröffnete mit seiner Maschinenpistole das Feuer auf die männliche Person wobei er 10 Schuß abgab.
Die Zivilpersonen verschwanden sofort in dem Haus Zimmerstraße 56. Bei der Durchsuchung der Kellerräume dieses Hauses konnte festgestellt werden, daß sich von dort aus ein Tunnel in Richtung Westberlin befindet.
Es ist daher zu vermuten, daß die Zivilperson durch diesen Tunnel nach Westberlin entkommen sind.
Genosse ███ wurde mittels Rettungswagen ins VP-Krankenhaus gebracht, wo er verstorben ist.

Eingeleitete Maßnahmen:

- Verständigung des im Befehl 22/62 festgelegten Personenkreises,
- Einsetzung einer Untersuchungskommission,
- Sicherung des Tatortes

Offizier für Kommandantendienst
- Oberleutnant -

(Pohl)

12 + 1 = 13 = Der dreizehnte Tag

Es sollte eigentlich der Tag der Urteilsverkündung sein. So war es mal geplant vom Gericht. Doch bekanntlich steckt der Teufel im Detail. Und, um Details geht es schon in diesem Prozess. So bei den Anträgen meines Anwalts. Sie wurden jetzt zum Teil wenigstens beantwortet oder beschieden wie man so sagt.
Eine Auswahl des Besonderen:
Antrag 5: Die Kammer sieht es nicht als erforderlich an, den Botschafter Frankreichs als Zeugen zu laden, um zu bezeugen, dass

ich nie Angehöriger der Fremdenlegion war. Die Kammer geht davon aus, dass der Angeklagte kein Fremdenlegionär war.
Antrag 8: Es ist nicht erforderlich den Zeugen Küther nochmals zu vernehmen. Es ist nicht bewiesen, dass die STASI wusste, dass der Angeklagte eine Fluchtmöglichkeit für seine Familie vorbereitete.
Antrag 9: Wird abgelehnt. Die Notiz auf dem Papier der Gauck-Behörde ist ohne Bedeutung. Es ist nicht bewiesen, dass Allert eine andere Rolle spielte, als hier vor Gericht bekannt wurde. Und es gibt keine Beweise, dass der Fluchtplan am 18.6.62 der STASI bekannt war. Die Kammer geht davon aus, dass es sonst nicht zum Gelingen der Flucht gekommen wäre. Schließlich befindet die Kammer auch noch, dass eine Einsichtnahme in die Personalakte von Hinne nicht erforderlich sei.
Dann vertagt die Kammer sich auf den 26. März 1999

Der vierzehnte Tag

Es ging also weiter. Nur ein so genanter Überbrückungstermin, der meist nur Geld kostet aber wenig Rechtsicherheitszuwachs bringt. Doch die Richterin verlas auf Wunsch meines Anwalts eine der Urkunden, die die Verteidigung als Beweismittel eingebracht hatte.
Diesmal wurde der Befehl 36 aus 62 des MDI der DDR (Ministerium des Inneren) zur Verhinderung eines Grenzdurchbruchs und zur Einschätzung „der besonderen Sicherheitsperiode“ vom 16. – 18.Juni 1962 durch die Vorsitzende verlesen.
Eine kurze Sitzung mit vermutlich hohem Gewicht.
Denn diese „Verlesung“ brachte den eindeutigen Beweis, dass alle Grenzer, also auch die Grenzer im Bereich des Fluchttunnels definitiv über die Gefährlichkeit ihrer Aufgabe und damals geltenden Situation täglich informiert wurden und waren. Arglosigkeit, Unwissenheit und situative Überraschung, wie sie die Staatsanwaltschaft unterstellte, war damit ad absurdum geführt.
Dieser Befehl sagte aus: Alle Grenzvorkommnisse, also auch der mit dem erschossenen Grenzer Göring am 22. Mai 1962, war allen Grenzern bekannt gegeben worden.
Alle waren noch einmal zur besonderen Sicherheitsperiode während des 16. bis 18. Juni hingewiesen und auf höchste Wachsamkeit ver-

pflichtet bzw. vergattert worden. Lange nach den Urteilssprüchen ist mir die im folgenden abgedruckte Broschüre in die Hände gelangt. Eindeutig, ich wiederhole, absolut eindeutig wird dort beschrieben, wie die Gruppe um die Grenzer Hinne und Platzmann am 18.6.62 vormittags ausgezeichnet und vergattert wurden.

Wo sie gefallen sind, stehen wir

Horst Liebig

Teil 2

Herausgeber: Politische Verwaltung der Grenztruppen der DDR
198[illegible]

Schreibtischmörder

Die deutschen Imperialisten haben nun mal den Hang, die Tage ihrer Niederlagen zu feiern. So auch am 17. Juni 1962. Vor neun Jahren war damals der faschistische Putschversuch, der die DDR aufrollen sollte, zerschlagen worden. Die Frontstadtprominenz hatte sich nun für diesen 17. Juni 1962 etwas Besonderes ausgedacht und wollte ihrer Hetzkundgebung auf dem Westberliner Rudolf-Wilde-Platz ein besonderes Licht aufsetzen. Eigens dazu war wieder einmal der Bonner Bundeskanzler Konrad Adenauer widerrechtlich nach Berlin gereist. Er war der prominenteste Hetzredner der Kundgebung. Doch auf der Tribüne der Bonner und Westberliner Politiker vor dem Schöneberger Rathaus blieb ein Platz leer. Die „Attraktion" für diese niederträchtige politische Show fiel aus. Was war geschehen?

Zu der nämlichen Stunde, als sich verhetztes Westberliner Gesindel vor dem Schöneberger Rathaus zusammenrottete, saß vor den Untersuchungsorganen der DDR ein gewisser Richard Küter aus Berlin. In der Nacht zum 17. Juni 1962 wurde er mit mehreren Komplicen, unter ihnen die kriminellen Subjekte Fuchs und Blechschmidt, an der Staatsgrenze der DDR zu Westberlin festgenommen, als sie im Begriff waren, die Grenze nach Westberlin gewaltsam zu durchbrechen. Küter, ein vorbestrafter Dieb und Einbrecher sagte aus: „Ich sollte nach dem Grenzdurchbruch auf dem Rudolf-Wilde-Platz sprechen. Damit auf alle Fälle welche durchkommen, sollten wir in größerer Anzahl 'rübergehen. Die Westpolizei hätte uns Feuerschutz gegeben." Fuchs und Blechschmidt waren außerdem ausersehen, dem RIAS Interviews zu geben.

Das also war der Hauptakteur der Show. Ein Einbrecher und Dieb namens Richard Küter. Neben Adenauer sollte er stehen als der „Held", der sich den Weg in die „Freiheit" mit Gewalt erzwang.

Doch die Sicherheitsorgane und die Grenzsoldaten der DDR hatten beizeiten zugepackt. Küter und Konsorten sollten mit ihrem Grenzdurchbruch das Signal geben. Die Achtgroschenjungen, der Mob der Westberliner Unterwelt, hätte zu Steinen gegriffen, hätte randaliert und provoziert, unsere Staatsgrenze angegriffen und in „Volkszorn" gemacht. Der Kriminelle sollte als Symbolfigur für den „Widerstand" in der DDR gelten. Wenn der eine oder andere der Grenzverletzer bei diesem infamen Komplott die Gesundheit oder gar sein Leben eingebüßt hätte, den Strategen des kalten Krieges wäre das egal gewesen. Hauptsache, sie hätten ihre Show gehabt und damit weiter Öl ins Feuer gegossen.

Das alles sollte vor dem Hintergrund des bevorstehenden Besuches des amerikanischen Außenministers Dean Rusk in Westberlin geschehen, der für den 21. Juni 1962 angekündigt war. Die deutschen imperialistischen Kreise wollten die Lunte am Pulverfaß Westberlin – trotz oder wegen ihrer Niederlage am 13. August 1961 – am Glimmen halten. Ihnen war dabei jedes Mittel recht.

In diesem Zusammenhang sei noch einmal daran erinnert: Schon am 7. Mai 1962 wandte sich Adenauer mit aller Schärfe gegen Verhandlungen zwischen der Sowjetunion und den USA über die Westberlinfrage. Er forderte provokatorisch von Westberlin aus: „Verhandlungen sind sinnlos. Man sollte sie unterbrechen!"

Der Trumpf Küter, den man in der Hand zu haben geglaubt hatte, stach nicht mehr. Nun mußte etwas Neues her.

Am Abend des 17. Juni 1962 erklärte deshalb der Bonner Regierungschef vor der Pressemeute der Frontstadt: „Lassen Sie sich neue Varianten einfallen und denken Sie daran, daß Herr Rusk am Donnerstag nach Berlin kommt. Seien Sie deshalb in den nächsten Tagen auf der Höhe Ihrer Aufgaben."

Die Journaille der Springer-Presse, des RIAS und SFB sowie der Westberliner Fernsehstudios war am 18. Juni 1962 auf „der Höhe ihrer Aufgaben".

Während sich das hier Geschilderte vor und hinter den Kulissen der Westberliner reaktionären politischen Kreise abspielte, fand am Vormittag des 18. Juni 1962 in einer Einheit der Grenztruppen der DDR in Berlin ein feierlicher Appell statt. Die Gruppe, in der der Gefreite Rein-[illegible]n diente, wurde als „Beste Gruppe" innerhalb des „Peter-Göring-Aufgebotes" ausgezeichnet. Zu Ehren des ermordeten Grenzsoldaten hatten die Genossen um höchste Ergebnisse in der Ausbildung und der Grenzsicherung den Wettbewerb geführt. Unteroffizier Schröck schätzte bei der Auswertung ein, „unser Reinhold hatte großen Anteil daran, daß wir diese Ehrung erhielten".

Am Nachmittag war [illegible] mit seinen Genossen im Grenzabschnitt Jerusalemer Straße, Zimmerstraße zur Sicherung der Grenze eingesetzt. Schon seit Stunden hatte auf Westberliner Seite eine rege Betriebsamkeit eingesetzt. Auf dem Gelände des Springer-Konzerns, in der Nähe einer Baubaracke, war eine Filmkamera installiert. Direkt auf der Jerusalemer Straße lungerten Westberliner Bereitschaftspolizisten herum. Links davon, an der Lindenstraße, Ecke Zimmerstraße, standen

Mein Gericht, sollte sagen Gerichte, müssten doch Kenntnis von dem im vorletzten Absatz beschriebenem Verlauf des Vormittags haben. Die Gruppe von H. wurde als „Beste Gruppe“ in einem Wettbewerb höchster Ergebnisse in Ausbildung und Grenzsicherung ausgezeichnet. Der Wettbewerb fand zu Ehren des von Westberliner Polizisten kurz vor unserer Flucht erschossenen Grenzers P. Göring statt. Göring gehörte zu einer Gruppe von 10 Grenzern die auf einen 15 Jahre alten Jungen, der durch den Spandauer Kanal schwimmend flüchten wollte, ein Scheibenschießen veranstalteten und ihn schwer verletzten. (Auch a.a.O.) Kurz bevor Hinne auf Wache zog, wurde er so richtig heiß gemacht. Hauptthema: Ein erschossener Grenzer! Nach Meinung meiner Richter ging er dann völlig harmlos und arglos auf mich zu. Nach dem Bericht war er einer der Schärfsten, wie man so sagt.

Doch weiter mit den DDR Text:

Fernsehkameras, Kranwagen, ein Übertragungswagen des SFB und 3 Autobusse des Westfernsehens. Im Hintergrund waren auf den Hausdächern eine Centi-Station und ebenfalls Fernsehkameras aufgebaut. Alles deutete darauf hin, daß hier eine vorbereitete Aktion vonstatten gehen sollte.

Gegen 18.50 Uhr, Gefreite befand sich gerade auf seinem Postenweg, trat aus einem Grundstück der Jerusalemer Straße eine männliche Person, die sich nach allen Seiten umsah. ging auf den Mann zu und forderte ihn auf, seinen Personalausweis zu zeigen. Der Unbekannte griff in seine Tasche, abwartend hielt seine Hand hin. Blitzschnell zog der Mann eine Pistole und schoß den Grenzsoldaten aus nächster Nähe nieder. hörte die Schüsse nicht mehr. Mitten ins Herz getroffen, fiel er vornüber und schlug mit dem Gesicht aufs Straßenpflaster. Der Mörder flüchtete durch einen Tunnel, durch den er in die Hauptstadt der DDR eingedrungen war, nach Westberlin zurück. Dieser Tunnel war mit Wissen der Westberliner Behörden vom Gelände des Springer-Konzerns aus in das Gebiet der DDR getrieben worden.

Als ein Genosse von dem tödlich Getroffenen zur Hilfe eilte und fühlend die Hand auf seine Brust legte, ertönte von jenseits der Grenze höhnisches Gelächter. „Ist er schon kalt, ja? Na warte, dich Schwein legen wir heute abend um!"

Nach vollbrachtem Verbrechen packten die Kameraleute und Reporter ihre Utensilien und zogen ab. Man war „auf der Höhe der Aufgaben".

Die Bluttat geschah nicht nur angesichts der Westberliner Polizei, mehr noch, während des Verbrechens waren die Bereitschaftspolizisten in Anschlag gegangen, gaben dem Banditen so Feuerschutz und deckten seinen Rückzug.

Um dieser ungeheuren Schandtat noch die Krone aufzusetzen, wurde der Mörder durch den Chef vom Dienst der Springer-Zeitung „Die Welt" nach der Untat mit Whisky empfangen. Mord auf Bestellung unter den Augen einer entmenschten Journaille. Die Zeitungen, die Radio-und Fernsehstationen hatten für Tage wieder ihre Schlagzeilen und die Stimmung um Westberlin war wieder angeheizt. Springers Zeitung „Die Welt" schrieb dann: „Diese Form der Kriegführung ist jetzt die normale, vielleicht einzig mögliche geworden... Ihre Kampfhandlungen sind weniger leicht vom Mord zu unterscheiden."

Der US-Außenminister konnte kommen. Man hatte genügend Stoff, um ihm klarzumachen, wie bedroht Westberlin war. Die USA sollten ja nicht ihre schützende Hand von Westberlin nehmen. Um dem inbrünstigen Flehen nach amerikanischer Hilfe und Unterstützung Nachdruck zu verleihen, setzten die Drahtzieher der Frontstadtpolitik scham- und gewissenlos Lügen und Verleumdungen in die Welt.

Unter der Überschrift „So platzte die infame Lüge" veröffentlichte das Zentralorgan der SED, die Zeitung „Neues Deutschland", am 21. Juni 1962 einen Artikel, der entlarvte, wie die Lüge entstand, sich entwickelte und schließlich platzte:

„Am Montagabend um 20.00 Uhr meldete der Westberliner Rundfunk: 'Soeben erhalten wir die Meldung von einem neuen Zwischenfall an der Mauer. An der Grenze (Bezirk Kreuzberg) kam es zu einem Schußwechsel zwischen Westberliner Polizei und ostzonalen Grenzern.' Zur gleichen Stunde berichtete das Fernsehen: 'Zu einem Schußwechsel zwischen Ostberliner Grenzpolizei und Westberliner Polizei kam es heute gegen 19.00 Uhr an der Sektorengrenze in Kreuzberg in Höhe der Jerusalemer Straße.'

Diese Meldung wurde vom Frontstadtinnensenator Albertz sofort zurückgezogen, und bis um 22.00 Uhr wurde am Montag kein Wort mehr über den Mord berichtet.

Nach 20.00 Uhr wurde dann die berüchtigte Falschmeldung produziert, die der Westrundfunk und das Westfernsehen um 22.00 Uhr erstmalig sendeten, in der unserer Volkspolizei die Schuld an dem Tode des Genos[illegible]n zugeschoben wurde.

Während jedoch diese Falschmeldung produziert wurde, gab der Frontstadt-Pressechef Bahr – der die Lügenversion seines Innensenators offenbar nicht rechtzeitig mitbekommen hatte – in einem RIAS-Interview ganz offen zu, daß der Grenzpolizist von einem Mann aus Westberlin angegriffen worden war.

Am Dienstagabend berichtete die französische Nachrichtenagentur AFP: 'Aus Augenzeugenberichten geht hervor, daß der Grenzpolizist nicht von einem seiner Kollegen, sondern von einem Flüchtling (gemeint ist der von Westberlin auf DDR-Gebiet vorgedrungene und wieder geflüchtete Mörder) niedergeschossen wurde.' Am Mittwoch gestand ein offizieller Sprecher der Westberliner Polizei laut amerikanischer Nachrichtenagentur AP, daß der Westberliner Agent unseren Grenzpolizisten 'zu Boden gestreckt' habe. Gleichzeitig bestätigte der Sprecher, daß das Verbrechen von Westberlin aus organisiert wurde. Laut AP wurde erklärt: 'Drei Westberliner seien im Sowjetsektor gewesen. Zwei hätten im östlichen Ausgang des Tunnels gestanden. Der dritte sei weiter nach Ostberlin hineingegangen. Was der Helfer dort machte, wußte der Sprecher nicht zu sagen.'

Am gleichen Mittwoch erklärte Frontstadtinnensenator Albertz, die Westberliner Polizei, sei nicht in der Lage, Ermittlungen mit sicherem Beweiswert über Vorgänge jenseits der Mauer zu führen. Es habe nicht festgestellt werden können, daß der Fluchthelfer zur fraglichen Zeit eine Schußwaffe besessen habe!!
So weit „Neues Deutschland".

Lügen, nichts als Lügen von Westjournalisten und offiziellen Stellen. Die Tatsachen bezeugen: Es existierte ein Tunnel, der als Agentenschleuse dienen sollte. Diesen Tunnel benutzte der Mörder. Sechs Stunden vor der Tat waren Presse, Funk und Fernsehen am Tatort und bauten ihre Technik auf. Sie wußten, was und wo es geschehen sollte. Westberliner Polizisten, die als Amtspersonen eigentlich Verbrechen verhindern sollten, waren ebenfalls zugegen und begünstigten die Tat und machten sich sogar der Beihilfe schuldig.

Der Mörder heißt Rudolf Müller, geboren am 22. Februar 1931, wohnhaft in Berlin Kreuzberg, Nostizstraße 42. Er schoß mit einer Pistole „Ceco", in der BRD produziert, Kaliber 7,62 mm. Das wurde nie bestritten und angezweifelt. Er wurde auch niemals zur Verantwortung gezogen. Müller war das Werkzeug. Die Anstifter und Drahtzieher saßen in den Regierungsstellen in Bonn und Schöneberg sowie in den Redaktionsräumen der Westpresse, des Funk und Fernsehens.

Deutlicher geht es nicht.

In dem Bericht ist alles enthalten, was in meiner Anklage wortgleich oder aber andeutungsweise steht. Fälschung, Manipulation in allen Facetten. Wusste mein Gericht von dem Wettbewerb wegen des erschossenen Grenzers Göring? Wusste mein Gericht davon, wie intensiv auch durch diesen Wettbewerb die Grenzer täglich für ihren Dienst getrimmt wurden?

Schließlich die Frage: Haben meine Richter auch, und vor allem die Vorsitzende Richterin beim BGH, vielleicht den Mut einzugestehen: „Das haben wir alles nicht gewusst, wir haben übersehen, dass auch ab und zu der Angeklagte die Wahrheit sagen kann."
Die Wahrheit über das tatsächliche aggressive Verhalten des Grenzers einschließlich des Hochreißens der Waffe und der Gefahr, dass er auf meine Frau, die Kinder und mich feuert.
Auch Göring, um den es am Vormittag des 18. ging, gehörte zu den Grenzern, die über hundert Schuss auf einen schwimmenden Jungen

knallten. Erst, nachdem ein Westpolizist zurückschoss und Göring traf, hörte dieses Scheibenschießen auf. Nach zweimaliger Aufforderung: „stehen bleiben“ wird geschossen, kampfunfähig gemacht oder vernichtet. Sonst, Genossen, seid ihr die Toten, prägt euch Genosse Göring als Warnung ein!! So oder so ähnlich lautete der Kampfauftrag. Der Beste und Eifrigste der Gruppe (zumindest nach Darstellung seiner Vorgesetzten), der Grenzer Hinne, wollte das umsetzen. Dann die Fernsehaufnahmen, Sonder-Streifen, Menschengruppen, Stützpunkt anrufen, alarmieren, Unterstützung anfordern, dann wir, wieder Telefon, Kollege wird aufgehalten, die schnappe ich mir alleine. Mit denen stimmt was nicht, sonst blieben die doch sofort stehen. Die verhafte ich jetzt, dann bin ich der Allerbeste im Wettbewerb und es gibt eine Auszeichnung und Sonderurlaub, so unter Umständen seine Gedanken. Waffe durchgeladen, entsichert und hoch. Die bleiben nicht stehen, wie laut soll ich denn noch schreien? Verdammt ich schieße jetzt. So sah es wohl bei den aufgehetzten Grenzern aus, ich meine jenseits von arglos und unvorbereitet.
So sahen wir (übrigens auch Zeugen wie Klaus Neugo und andere) den Grenzer auf uns zu kommen. Wie sollten wir damit fertig werden?

Der fünfzehnte Tag

Wieder nur kurz. Ob wir denn alle frohe Ostern hatten, wurden wir höflichst durch die Vorsitzende befragt. Ich bestimmt nicht. Doch deswegen saßen wir hier wohl nicht. Nein, die Vorsitzende war auch der Meinung, dass man die knappe Stunde besser nutzen sollte. Also nahm sie zu weiteren Anträgen der Verteidigung Stellung.
Der Antrag, den Zeugen W. nochmals zu laden wird abgelehnt, da die Kammer der Meinung ist, der damalige Zeitpunkt zur Tatzeit sei eine „besondere Sicherheitsperiode und damit der erhöhten Wachsamkeit für die Grenzer“ gewesen, wird so behandelt, als wäre es wahr.
Die Kammer gehe davon aus, dass alle Vorfälle an der Grenze den Grenzern bekannt gegeben wurden und damit alle Grenzer zur erhöhten Wachsamkeit aufgefordert waren.
Dem Verhalten des MfS ist zum Fall keine relevante Beziehung und Zusammenhänge nachzuweisen, dem veröffentlichten Dossier des

Spiegel-TV kann die Kammer nicht folgen, da dies keine Beweiskraft hat.

Anmerkung:
Die Kammer geht also nun endlich auch davon aus, dass genau am 18. Juni 62 für die Grenzer erhöhte Wachsamkeit angesagt war. Frage: Warum bleibt sie trotzdem bei der Arglosigkeit?
Die Kammer stellte auch fest, dem MfS wäre keine relevante Beziehung zum Fall nachzuweisen.
Frage: Hat die Kammer überhaupt jemals bewusst in meiner Stasiakte gelesen? Hier hätte sie sehr leicht die relevanten Verbindungen der Stasi zu unserem Fall feststellen können!

Der sechzehnte Tag

Wir schreiben mittlerweile den 8. April des Jahres 1999. Es steht wieder ein langer Gerichtstag mit Vernehmungen der letzten Zeugen an. Es erscheint die Zeugin Zech. 1962 auch wohnhaft im Hause unseres Tunnels. Am Tattag aber nicht zu Hause, sondern auf dem Weg dorthin. Sie kam, als der Grenzer abtransportiert wurde, mehr kann sie zu dem konkreten Fall nicht sagen. Die Vorsitzende hatte aber noch Fragen: Wie denn der Zustand um ihr Haus an der Grenze war?
Ja, der eigentliche Hauseingang war vermauert worden und für die Hausbewohner wurde ein extra Durchgang mit Stacheldraht verkleidet bis zur Jerusalemer Strasse hergestellt. **Dort konnte jeder rein bis zu uns ins Haus, der wollte. Ob Bewohner oder fremde Besucher. Ihrem Wissen nach wurde niemand kontrolliert. Im Gegensatz zu anderen solchen ähnlichen Grenzhäusern, wo keine Besucher ohne Passierschein herein durften und die Anwohner besondere Scheine hatten.**
Auf die Frage der Nebenklage: „Ja, dieser Stacheldraht gesicherte Weg hieß bei uns der „Löwengang“. **Nein, Posten standen dort nicht. Die hatten ihrem Wissen nach ihre festen zugewiesenen Positionen an der Mauer!!!**

Anmerkung: *Die Zeugin Zech macht hier ihre Aussage nahezu wortgleich wie 1962 vor der Stasi. Damals hatte sie schon, ohne zu wissen, welche Bedeutung diese Aussage einmal haben wird, eindeutig erklärt, dass es keine Kontrollen für Besucher des Hauses Zimmerstrasse 56 gab. Nachdem, was im Urteil steht, war die gesamte Kammer zum Zeitpunkt dieser Aussage nicht im Sitzungssaal.*

Nächster Zeuge, der Bruder des R. Hinne.

Der Bruder berichtete, das R. Hinne damals freiwillig zur Grenztruppe gegangen sei. Er hat dann wohl auch die Mauer mit aufgebaut. Im Übrigen war er anfangs von all dem sehr überzeugt. Das letzte Mal waren sie alle zu Pfingsten 1962 zusammen. Da hatte er bereits die Schnauze voll.

Frage: Warum hatte er die Schnauze voll?

Ja, die Verhältnisse an der Grenze waren unangenehm. Es war stets die gefährliche Situation, die ihm Angst machte. Ja, über den Fall Göring haben sie gesprochen. Damals sagte Hinne dass dies „jedem passieren kann."

Frage: Hat ihnen ihr Bruder gesagt, er wäre wohl der Nächste? Nein, das stimmt nicht, was da in der Zeitung stand. Ich habe dieser Zeitung nie ein Interview gegeben."

Jetzt ein interessanter Zeuge, von dem mein Verteidiger etwas Licht im Dunkel erwartet.

Zeuge Dr. König, damals Arzt und Brigadearzt bei der Grenze. „Ja, Hinne war in Rummelsburg stationiert. Dort war auch die Trauerfeier, wo sie alle hin mussten."

„Nein, mit dem Fall selbst hatte er nichts zu tun."

„Nein, die Leiche hat er nie zu Gesicht bekommen. Dies war nicht seine Aufgabe."

Vorhalt: „Was ist dies für ein von ihm unterzeichneter Lokalbefund über eine erste Besichtigung des toten Hinne?" „Ich habe diesen Befund offenbar zwar unterschrieben, aber die Untersuchung nie durchgeführt. Ich habe den Toten nicht begutachtet. Ich habe nie an der Leiche gestanden. Es könnte sein, dass ich zu diesem Befund ein Protokoll gelesen habe und daraufhin unterschrieb. Ich nehme an, ein anderer hat dieses Gutachten vorbereitet und ich habe unterschrieben.

Dies war so üblich und an der Tagesordnung. In der damaligen Zeit war es so. Entscheidend war nur, dass an die oberen Stellen Berichte abgegeben wurden, egal wie.“ Er berichtete weiter:
„Die Maschinerie lief so. Das lief immer alles sehr blauäugig ab, auch ohne Untersuchungen. Ich jedenfalls hatte mit Hinne nichts zu tun. Könnte sein, dass die Dr. Fied und Mark diese Untersuchungen gemacht hatten und mir zur Unterschrift vorlegten. Wir wussten nur, dass alle Fälle dieser Art, also alle Grenztoten, jeder Fall zu Prof. Prock in die Gerichtsmedizin gingen.“
Frage des Anwalts: „Warum?“ „ Na, der war doch der Größte in der DDR, der bekam alles!“

***Anmerkung**:*
Wenn das so lief, wie der Zeuge berichtet, wenn das die Maschinerie war, dann unterstelle ich, dass auch der so bekannte Prof. Prock Gefälligkeitsgutachten machte, jenachdem wie es die Stasi gerade brauchte. Es ist zu überprüfen, ob denn dieser Professor vielleicht auch das Gutachten über die erschossenen Kinder gefertigt hat und Erschießen mit Ertrinken verwechselte.

Dann bekam mein Anwalt das Wort, er verlas das Rechtsgutachten, das wir auf seinen Rat von einem anerkannten Strafrechtsprofessor haben anfertigen lassen.
Der Tenor des Gutachtens: Ich handelte in Notwehr/Nothilfe – Tat ist nach bundesrepublikanischem Recht verjährt!
Prof. Dr. Hans Lilie vom Lehrstuhl für Strafrecht, Strafprozessrecht, Rechtsvergleichung und Medizinrecht an der Juristischen Fakultät der Martin Luther-Universität Halle Wittenberg untersuchte insbesondere, ob der Angeklagte damals in Notwehr handelte und ob die Tat verjährt ist.
Das 100seitige Gutachten kommt zusammengefasst zu folgenden Ergebnissen.

1. Der Grenzsoldat Hinne war angesichts der konkreten Situation **nicht „Situativ arglos“**. Ein heimtückisches Handeln scheidet damit von vornherein aus.
2. Der Angeklagte handelte bei der Abgabe des letztlich tödlich wirkenden Schusses auf den Grenzsoldaten

rechtmäßig. Sein Verhalten war durch Notwehr/Nothilfe gerechtfertigt.

3. Der weiteren Verfolgung des Strafanspruchs der DDR wegen Totschlags gegenüber dem Angeklagten steht das Verfahrenshindernis der Verjährung entgegen.

Ausdrücklich verneint der Gutachter die in der Anklageschrift enthaltende Annahme einer situativen Arg und Wehrlosigkeit des Grenzsoldaten, mit der Mordvorwurf und Heimtücke begründet werden. Angesichts der historischen Situation an der Berliner Mauer, die durch eindeutige Gesetze und Befehle der DDR zur „Verhinderung von Grenzdurchbrüchen“ und zum Schusswaffengebrauch an der Mauer gekennzeichnet war, lasse sich eine „situative Arg- und Wehrlosigkeit“ keinesfalls rechtlich begründen. Vielmehr sieht der Gutachter Notwehr bzw. Nothilfe als sicher gegeben an, weil der Einsatz einer Schusswaffe gegen den mit einem automatischen Gewehr bewaffneten Soldaten erforderlich war, um die zu erwartende Festnahme und den zu erwartenden Schusswaffengebrauch gegen Rudolf M. und seiner Familie, bei der Fortsetzung der Flucht zu verhindern. Anderenfalls hätten dem Angeklagten und seiner Familie Gefahr für Leib und Leben oder die Festnahme durch DDR-Grenzorgane gedroht, verbunden mit der sicheren Aussicht einer langjährigen Inhaftierung der Eheleute Müller sowie des Entzugs des Sorgerechts für das gemeinsame Kind.

Der Gutachter Lilie kommt zu dem Schluss, unter diesen Gegebenheiten sei die damalige Handlung des Angeklagten verjährt. Anders als in Fällen von SED-Unrechtstaten, für die eine Verjährung ausdrücklich ausgeschlossen worden ist, hatte der Angeklagte sich gegen das SED-Regime zur Wehr gesetzt, indem er seiner Familie zur Flucht verhelfen wollte. Auch hatte die Bundesrepublik, anders als bei SED-Unrechtstaten in der DDR, von Anfang an die Möglichkeit, den Angeklagten zu verfolgen.
Tatsächlich hatte sie gegen M. auch ein Ermittlungsverfahren angestrengt und eingestellt. Jedoch hätten die Behörden der Bundesrepublik über die bereits eingeleiteten Ermittlungen hinaus weitere Ausforschungen auch noch nach Einstellung des Ermittlungsverfahrens durchführen können. Im Rahmen der Rechtshilfe so der

Gutachter weiter, wäre mit an Sicherheit grenzender Wahrscheinlichkeit auch die DDR bereit gewesen, Material, das den Angeklagten belasten könnte, z.B. den Obduktionsbericht oder Zeugenaussagen, den Ermittlungsbehörden der Bundesrepublik bereitzustellen. Dies ist nicht einmal versucht worden. Nach bundesdeutschem Recht ist die Tat bereits seit 1982 verjährt.
Soweit die entscheidenden Passagen des Gutachtens. Dann war auch dieser Tag zu Ende.

Der siebzehnte Tag

Die Vorsitzende: „Sind noch Anträge? Nein? Dann ist die Beweisaufnahme geschlossen. Herr Staatsanwalt, sie haben das Wort“
Der: Zwei Akten mit konträren Ermittlungsergebnissen müssen hier berücksichtigt werden: 1. Die Ost-Akte und 2. Die Westakte. (Nein er sagte nicht und dies wider besseres Wissens STASI-Akte)
Von vornherein war die Ost Akte nicht falsch. Im Gegenteil! Die DDR-Akte war umfangreicher und besser ermittelt als die Westakte, die auf die Lügen und Aussagen des Angeklagten beruhte!“
Aha, daher weht der Wind. Gelogen haben also der Angeklagte und nicht etwa die STASI, dessen Morduntersuchungskommissionschef als Zeuge hier saß und mitteilte, bestätigte, dass elementare Grundsätze kriminalistischer Untersuchungsarbeit im Fall Hinne vernachlässigt, verletzt und absichtlich unterlassen wurden. Deshalb lagen dem Gericht z.B. keinerlei Gutachten über die Schussbahnen und Richtungen der beteiligten Waffen, über den Zustand der Waffen zum Zeitpunkt der Tat, der gesicherten Waffen überhaupt vor. Wo sind zweifelsfreie Tatortfotos mit Tatopfer, Standort des mutmaßlichen Täters und möglicher Zeugen. Wo sind Befragungen aller um den Tatort herum befindlichen Waffenträger, Gutachten zu den Projektilen, Übergabe- und Übernahmeprotokolle derselben. Gutachten und zweifelsfreie Feststellungen der Einschüsse der Projektile des zweiten Grenzers und ihrer Sicherung.
Dieser Untersuchungschef der Stasi teilte zu all diesen Fragen mit, er hätte gedacht, dies wäre bereits von anderen getätigt worden. Ein anderer Stasizeuge hatte wie nebenbei dazu die Wahrheit gesagt:

„Wir nahmen an, der Täter steht fest und brauchen das alles nicht mehr zu tun."
Und da steht nun ein Staatsanwalt der Bundesrepublik Deutschland, der auf Kosten der Demokratie (Steuerzahler) studiert hat und erklärt, dass die schlimmsten Feinde der Demokratie, die Stasi eine hervorragende Arbeit gemacht hätten! Herr Staatsanwalt, so hervorragend, wie in dem Fall der beiden erschossenen Kinder? Wo die Stasi erst mit einem LKW über die toten Kinder fahren wollte, um einen Verkehrsunfall vorzutäuschen? Es dann aber mit einen Wasserunfall getan hat?
Und was er dann von sich gab, reihte sich nahtlos in diesen „Für den Osten – Parteinahme – Eindruck" ein. Nein er sieht nicht, dass der Angeklagte wie auch Hinne Opfer des damaligen kalten Krieges seien. Auch dass die Verantwortung für den Tod des Grenzers bei dem DDR-Regime zu suchen sei, ist nicht haltbar! der Angeklagte durfte nicht schießen, dies ist allein sein Verschulden. Natürlich die Staatsanwaltschaft handelte bisher nach bestem Wissen und Gewissen.
Der Angeklagte war nicht in der Fremdenlegion, wie anfangs irrtümlich behauptet! Entschuldigung dafür? Fehlanzeige.
Ja, dies ist zu bestätigen. Für den Angeklagten gab es nur die Möglichkeit, seine Familie durch einen Tunnel in den Westen zu holen. Ob Springer dieses Tunnelvorhaben unterstützte, ist nicht mehr feststellbar und nicht mehr wichtig. Der Angeklagte wusste, dass die Grenzer mit Schusswaffen ausgerüstet waren und die auch einsetzten! Deshalb hat sich Müller eine Waffe besorgt. Müller ist dann am Tatort nach seiner Rückkehr mit seiner Familie nach Anruf des Postens auf diesen ganz locker zugeschlendert und tat so, die Überraschung ausnutzend, als ob er seinen Ausweis herausholt aus seiner Jacke.

Anmerkung:
(Die ich nachweisbar nicht anhatte. Noch einmal: Diese Lesart ist Originalton „Schwarzer Kanal" und ist in einem Hetzfilm der DDR zu sehen. Wie weit gehen bei uns die Rechte der Staatsanwälte? Dürfen Sie zu Lasten von Bürgern unter Missbrauch ihrer Amtsbefugnisse Propagandalügen der DDR verbreiten?)

Stattdessen zog er seine Waffe und schoss auf den arglosen, situativ überraschten Grenzer…
Müller hatte die Möglichkeit gehabt, wegzulaufen, als der Posten ihn und seine Familie anrief. Nein, er tat dies nicht, sondern er schoss gleich auf den Grenzer.

Anmerkung:
Wenn ich dies nicht getan hätte, sondern den weisen Ratschlägen dieses Herren gefolgt wäre, würden meine Familie und ich nicht mehr leben. Erkennt das denn dieser studierte Mensch nicht? Aber vielleicht wäre er dann Staatsanwalt der Kammer, die über unsere Mörder urteilen müsste. Mit Krokodilstränen würde man dann der hingeschlachteten Familie gedenken, jeden 13. August. Den Treibjägern in Uniform kann man doch nicht böse sein. Unser Staatsanwalt hätte dann sicher das große Mitleid und würde für Bewährung plädieren.

Dann kam das große Erwachen, sagte doch dieser Mensch, der zweite Posten hätte gesehen, wie ich die Waffe zog.

Anmerkung:
Die Aussage von dem zweiten Grenzer haben alle im Gerichtssaal deutlich vernommen. Der hat deutlich und unmissverständlich erklärt, er hat nur den Rücken seines Kameraden gesehen, nicht aber den Täter. Er hat auf keinen Fall eine Waffe gesehen und auch nur einen Knall gehört. Wieso behauptet der Staatsanwalt Sachen, die aus nicht mehr aktuellen Aussagen stammen? Geht die Verliebtheit in Stasiakten vor dem Recht in Deutschland?

Dann fuhr der Staatsanwalt unberührt fort in der Lobhudelei der DDR Vasallen. Der zweite Grenzer wartete nun brav, bis wir alle in Deckung waren, um dann auch ein wenig zu schießen.
Es ist nicht weiter wichtig, diese schwache Vorstellung eines Staatsanwalts hier darzutun. Er wiederholte die Anklageschrift und nichts weiter. Er tat so, als wenn es den Prozess niemals gegeben hätte.

Schließlich der Strafantrag:

1. ist auf Grund der Beweislage wegen Mordes auf eine Strafe von fünf Jahren und
2. auf einen Haftbefehl wegen der zu erwartenden Strafe zu befinden.

Der Staatsanwalt machte also den großen Rundschlag. Warum die immer so sein müssen, wird für mich auch ein ständiges Geheimnis bleiben. Der Vortrag erinnerte mich plötzlich wieder an meinen Prozess nach dem 17. Juni 1953.
Beide bemühten das Volk, den Staat. Sie gaben vor, dass das, was sie sagen und fordern, im Interesse dieses so genannten Volkes sei.
Der vom 17. Juni 1953 hat plötzlich sein Volk verloren.

Dann der Nebenkläger, der sich der Staatsanwaltschaft anschließt, es aber nicht lassen kann, noch einmal das DDR-Recht hochleben zu lassen. „Im Übrigen wussten alle, die die DDR illegal verlassen wollten, dass sie sich strafbar machen. An der DDR Rechtsordnung sollte man nicht zweifeln.“ Und ich wollte mit dem Mord eine Straftat vertuschen.
Die Straftat, die ich vertuschen wollte, war der Versuch ungesetzlich die DDR zu verlassen, bzw. illegales Übertreten der DDR–Grenze durch mich. Er zitierte das DDR–Passgesetz und erklärte den doch ziemlich verblüfft zuhörenden Prozessbeobachtern, dass ich die Straftat anderer vertuschen wollte. Damit meinte er die Republikflucht meiner Familie. Das Passgesetz der DDR mit dem Artikel über die Republikflucht sei nach seiner Ansicht nicht menschenrechtswidrig und somit seine Missachtung ein Verbrechen.
Auf den Zuschauerbänken war ein ziemliches Rumoren zu vernehmen, als der Nebenklägeranwalt das DDR–Recht hochleben liess.

Schließlich folgte das Plädoyer meines Anwalts.
Der machte erst einmal nicht sein Konzept auf, sondern nahm sich diesen Nebenkläger aus dem Tal der Ahnungslosen vor. Er macht ihm deutlich und klar, dass der sich doch bei all seiner Unwissenheit zum Fall eher zurückhalten müsste, bevor er Behauptungen des Staatsanwalts so ohne Kritik und Prüfung übernimmt.
Dann sein Konzept:

Das Misstrauen der Verteidigung gegen die Anklage ist nach wie vor begründet. Man sollte doch mal einen Vergleich ziehen zu den anderen Mauerschützenprozessen, wo die Urteile selbst bei völlig erwiesenen Morden maximal bei zwei Jahren mit Bewährung lägen. Und hier werden Anträge gestellt, die alles in den Schatten stellten, obwohl nichts aber auch überhaupt nichts von dem bewiesen ist, was der Staatsanwalt hier behauptet hat. Selbst die DDR hatte damals die Auslieferung des Herrn Müller nicht wegen Mordes verlangt, sondern wegen der strafbaren Republikflucht in Tateinheit mit der angeblichen Tötung eines Grenzers.
Man kann nicht zwei verschiedene Rechtsmaßstäbe ansetzen!
Der Anwalt zitierte dann den Befehl 39/60 zum Tod des Flüchtlings Proksch. Daraus zieht er den Schluss, dass der erschossene Grenzer Hinne zwar Opfer ist, aber auch Täter hätte sein können. Er stellt danach die Frage, ob denn der Angeklagte dies tun durfte, auf Hinne zu schießen. Und er begründet mit heutigen und damaligen Rechtsgrundsätzen und Erkenntnissen, dass der Angeklagte, gemessen an diesen Maßstäben, rechtmäßig gehandelt hat. Er schilderte dann die Sorgen und Nöte der Familie, der Ehefrau im Osten, zitiert Briefe und arbeitet die Merkwürdigkeiten der Ermittlungsergebnisse der Staatsanwaltschaft heraus. Er weist dann an Hand des Prozessverlaufs im Einzelnen nach:

- Der Angeklagte habe mit seinen Brüdern eine lange und sorgfältige Erkundung des Geländes vorgenommen und dabei festgestellt, was die Zeugin Zech und Melchior bestätigten, dass am Durchgang zum Haus Zimmerstrasse 56 von seiten der Grenzer keine Kontrollen stattfanden;
- Ein Waffeneinsatz wurde in keiner Phase der Vorbereitungen geplant;
- M. gab einen Schuss ab;
- Der zweite Grenzer schießt unmittelbar danach Dauerfeuer auf die Gruppe, damit bestand Lebensgefahr für die Familie.

Zu den Beweismitteln:

- Es gibt keinen Zeugen, der zuverlässig aussagt, wie die Waffe gehalten wurde;
- Es gibt keine Zeugen, die über den Inhalt des Wortwechsels etwas aussagen können;
- Es wurde nie ermittelt, wie die Waffe von dem Grenzer gehalten wurde, der Zeuge Platzmann (zweiter Grenzer) hat beide Möglichkeiten hier vorgeführt. Er sagte aus, dass bei Postenkontrollen die Waffe mit dem Lauf nach vorn gehalten wurde.

Die Anzahl der Schüsse:

- Der Angeklagte hat einmal geschossen in Richtung Waffe des Grenzers aus der Hüfte: Warum sollte er leugnen wenn es zwei wären?
- Es ist völlig ungeklärt, wo der zweite Treffer herkommt, nach den Zeugenaussagen wurde der eine Schuss des Angeklagten bestätigt;
- Zeuge Platzmann (der zweite Grenzer) bestätigt dies in drei Aussagen;
- Zeugin Melchior bestätigt dies in drei Aussagen;
- Die vom Kommandeur abgesetzte Spitzenmeldung bestätigt den einen Schuss vom Täter;
- Das Gutachten von Prof. Pro. (gerichtsmedizinisches Institut) ist nicht anzuzweifeln, jedoch ist damit die Herkunft des zweiten Treffers nicht geklärt;
- Ebenso ist nicht die Identität der beiden Projektile mit den bei dem erschossenen Grenzer gesicherten bewiesen;
- Das Gutachten des Dr. Graf (Polizeikrankenhaus) steht im Widerspruch zu Prof. Prock, dies konnte nicht geklärt werden. Es konnten keine Zweifel ausgeräumt werden.
-

Die rechtliche Wertung:

- Wenn die Kammer davon ausgeht, dass der Angeklagte vorsätzlich gehandelt und zwei Schüsse abgegeben hat, muss die bewusste Handlung bewiesen und geprüft werden, ob ein Schuss aus Versehen abgegeben wurde;

- Dabei wäre zu berücksichtigen, dass der Angeklagte noch nie in einer solchen, vergleichbaren, Situation war. Die Erregung war entsprechend.

Der Anwalt ging dann auf die Beweisführung der Staatsanwaltschaft zur Frage Vorsatz ein und beweist anhand von Festlegungen des BGH, dass hier weder Heimtücke noch Arglosigkeit vorlag. Er belegte mit klaren Fakten, dass beide Grenzer sehr wohl auf verschiedene Weise vorgewarnt und auf jede mögliche Situation eingestellt waren. Dies wird vor allem durch die Spitzenmeldung der eigenen Kommandeure und der Maßnahmen während der geltenden Sicherheitsperiode deutlich bestätigt.

War es Notwehr?

- Der Anwalt stellt die Frage, ob denn Schüsse auf fliehende Bürger der DDR als rechtswidrig erkannt wurden? Er verwies auf die inzwischen durchgeführten Mauerschützen-prozesse, wo dies eindeutig bejaht wurde;
- Wenn dem aber so ist, und das Gericht Schüsse auf fliehende DDR–Bürger als rechtswidrig betrachtet, muss darauf eine Antwort gefunden werden;
- Vor dem 18.6.62 waren bereits verschiedene Menschen an der Mauer durch Grenzer erschossen worden. Der letzte Fall war mit dem Tod des Grenzers Göring verbunden;
- Es bestand daher für den Angeklagten kein Zweifel dass die Grenzer auch auf ihn und seine Familie schießen würden;
- Der Angeklagte hatte keine andere Möglichkeit als zu schießen, denn der Posten war von ihm durch einen Stacheldraht getrennt und er war nicht anders abzuwehren.
- Der Anwalt verliest dann einen neuen Beschluss des BGH, wonach eine Waffe angewendet werden kann, wenn Gefahr abgewendet werden muss;
- Daraus ergibt sich der Schluss, dass der Angeklagte in Notwehr gehandelt hat. Der Anwalt weist allerdings darauf hin, dass die Verjährung z.Zt strittig ist und einer höheren grundsätzlichen Sprechung bedarf; (Vorsitzende nickt zustimmend)

- Wenn also kein verjährter Totschlag in Notwehr in Frage käme, müsste die Kammer auf Freispruch wegen Nothilfe befinden. Er begründet noch mal Aspekte des Schuldempfindens und Unrechts. Er zitiert Willy Brandt, der allen Schutz angeboten hatte, die DDR–Bürgern beim Verlassen der DDR Hilfe und Unterstützung gaben. Und er zitiert den Oberstaatsanwalt Joachim G., der darauf hinwies, dass die DDR–Verfassung jedem DDR–Bürger das Recht zum Verlassen der DDR einräumte. Und wenn sie dann von Grenzern tödlich bedroht werden und sich zur Wehr setzten, ist dies eindeutig Notwehr.

Schließlich bekam ich als Angeklagter das letzte Wort:

„Hohes Gericht, hier und heute stehe ich vor ihnen und erwarte ein Urteil über den schlimmsten Tag meines gewiss nicht kurzen Lebens.

Ein Mensch ist umgekommen, das ist furchtbar. Ein sehr junger Mensch dazu. Was die Sache noch schlimmer macht.

Entsetzlich und niemals abzulegen ist das Gefühl, die Gewissheit für meine Familie, vor allem aber für mich, unsere Flucht, der Anspruch auf Freiheit und Zusammensein hat zum Tode dieses Menschen geführt.

Wie auch immer ihr Urteil ausfallen mag, niemals wird diese auf uns liegende Last von uns genommen. Das ist der Preis, den wir für ein gemeinsames Leben zahlen müssen, niemand, weder ihr Urteil, noch die Zeit ändert daran etwas.

So wie das Geschehen vor fast vierzig Jahren seinen Gang nahm, war es nicht geplant, nicht gewollt. Meine Familie, ich selbst, wir hassen Gewalt, Gewalt in jeder Form, wo auch immer sie anzutreffen ist. Die Mauer, das mörderische Grenzregime, ihre Erbauer und Verteidiger haben täglich, stündlich dieser Stadt, unserem Land und den Menschen Gewalt angetan.

Im Prozess hatte ich oft den Eindruck, die Teilhaber und Verursacher dieser Gewalt werden als besonders glaubwürdig dargestellt. Die Opfer der Gewalt, meine Familie und ich werden hier vor Gericht in die Kategorie der kalten Krieger gestellt.

Die Klageschrift und einige Aussagen hier vor Gericht erweckten bei mir den Eindruck, dass mein Schicksal auf dem Altar der Politik geopfert werden soll.
In der Klageschrift stand, ich sei in der Fremdenlegion gewesen, das war eine Lüge.
In ihr stand auch, nach der Flucht gab es bei Springer eine Pressekonferenz mit Whisky, das war auch eine Lüge.
Die Aufzeichnungen der Stasi, die zum Teil wortgleich in die Klageschrift übernommen wurden, sind manipuliert und falsch.
Meine Hoffnung ist jetzt das hohe Gericht. Von ihm wünsche ich mir Einsicht in die schlimme Situation, in der wir uns befanden.
Am 18. Juni 1962 war meine Familie in akuter Lebensgefahr, bedroht von einer schussbereiten Maschinenpistole, weiterlaufen, ohne uns zu verteidigen, hätte den sicheren Tot bedeutet. Mehr als Tausend Männer, Frauen und Kinder sind davor und danach von den arglosen Grenzern erschossen, umgebracht worden. Sie waren allesamt wehrlos und liefen weiter.
Vor dieser Kammer ständen dann Grenzer, die eine Familie ausgelöscht haben. Sie würden eine Bewährungsstrafe wegen Totschlag bekommen.
Deshalb konnte ich in dieser Situation nicht anders handeln. Ich bitte um eine gerechte Beurteilung.

Mit einem Dank für das von allen Seiten faire Verfahren wurde vertagt. Das Urteil wird am 22. April 1999 -14.00 Uhr verkündet.

Auch das war geschafft. Jetzt lag alles in der Macht anderer, nicht in Gottes Hand, denn der hätte diesen Prozess nicht zugelassen. Ich frage mich, was für ein Urteil würden Richter verhängen, wenn Graf Stauffenberg mit seiner Bombe Hitler getötet hätte und Gestapo-Akten auftauchen würden, die von der Arglosigkeit Hitlers bei der Explosion ausgehen. Stauffenberg hat bestimmt Hitler begrüßt, als er den Besprechungsraum betrat. Wäre dies auch Heimtücke?

Oder der KZ–Häftling, der eine Waffe, wo auch immer herhat, der schon fast durch die Absperrungen durch ist, ein Bewacher entdeckt

ihn, er wird zum Stehen aufgefordert, in seiner Angst und Verzweiflung erschießt er den Bewacher. Würden unsere Gerichte den Gestapoakten, die ganz sicher gut aufgearbeitet waren, glauben?
Ich will, um keine Missverständnisse aufkommen zu lassen, mich nicht mit dem Widerstandskämpfer Stauffenberg oder einem KZ-Häftling vergleichen. Die Situation aber, mit den drohenden Folgen, ist vergleichbar. Es gab ja zu dieser Zeit nicht wenige Politiker, die von der DDR mit der Mauer, von einem KZ sprachen.
Die Wartezeit bis zur Urteilsverkündung machte mich unruhig.
Die Vorstellung, das Gericht könnte auch nur annährend dem Antrag des Staatsanwalts folgen, jagte mir Angst ein. Ich überlegte schon allen Ernstes, ob es denn möglich wäre, sich die Haftanstalt auszusuchen? Bei uns in Weiterstadt wurde vor einigen Jahren eine völlig neue Haftanstalt gebaut. Wenn ich da meine Strafe absitzen könnte, wäre es für Traudchen möglich, mich schlimmsten Falles mit dem Fahrrad zu besuchen.
Sie hatte ja keinen Führerschein.
Es wurde wirklich Zeit, ich spürte es, die ganze Prozedur um unsere Flucht begann bei mir Wirkung zu zeigen, ich wurde nervös.

Der achtzehnte Tag
Das Urteil Nr. 2

Ein übervoller Gerichtssaal an einem sonnigen Apriltag. Ich drohte innerlich zu zerspringen vor Anspannung. Ob sich all die Leute die dort saßen, eine Vorstellung davon machen konnten, was in mir vorging?
Ob sich solch ein Staatsanwalt darüber Gedanken macht, was er anrichtet, wenn er in seinem Plädoyer den Ablauf des Prozesses einfach negiert. Die Begründung für seinen Straffantrag einfach aus der Klageschrift und damit der Stasiakte unverändert abschreibt? Ich habe darauf keine Antwort.
Die Presse war reich vertreten, ich habe acht Kamerateams gezählt. Meine Familie und Freunde waren alle anwesend soweit sie überhaupt konnten. Alle versuchten sie, wie auch immer, mir Mut zu machen. Unsere Mutter war nicht da, weil alle meinten, wir dürfen sie damit nicht belasten mit ihren immerhin 90 Jahren. Weiter vorn in ihren

Briefen wird deutlich, wie sehr sie dagegen angegangen ist, wenn die Stasi ihr immer wieder deutlich machte, dass ihr Sohn ein Meuchelmörder ist. Meine Brüder und ich dachten, den Prozess von ihr fernhalten zu können.
Wir dachten es.
Nachdem alles vorbei war, sprach sie uns an.
Am letzten Tag der Urteilsverkündung wäre sie gerne dabei gewesen. Sie hat große Sorge gehabt, mir würde etwas zustoßen. Für mich, so meine Mutter, sind deine Richter der Stasi auf den Leim gegangen. Dass mein Sohn kein Mörder ist, dafür brauche ich kein Urteil. Ich weiß es auch so. Dein Anwalt, so meine Mutter, war auch nicht gut. Der hätte dich reden lassen sollen, das kannst du. Hier im Osten, hier in Marzahn haben mir alle Leute, die mich kennen, Mut gemacht. Für die bist du ein Held, der sich vor seine Familie gestellt hat, als sie in Not war. Wir waren alle ein wenig beschämt über die klare Position unserer Mutter, die alles im Fernsehen und Zeitung verfolgt hatte. Dass ihr mich schonen wolltet, so unsere Mutter, kann ich verstehen, ist ja auch in Ordnung.
Der Saal war voll, die Vorsitzende Richterin stand schon hinter ihrem Richtertisch. Auch sie schien beeindruckt ob des großen Andranges. Ja, ihr Urteil in einem ersten Fall dieser Art nach der Wende wurde überall mit Spannung erwartet. Es sollte doch von hohem Verallgemeinerungswert sein. Wird es ein salomonisches Urteil werden? Oder irgendein Kompromiss? Oder gar ein Spruch gegen das in 17 Prozesstagen erreichte Beweisergebnis, wie es der Staatsanwalt gefordert hatte?
Pünktlich eröffnete die Vorsitzende und teilte dem überraschten Publikum und damit auch mir folgendes mit:

„Im Namen des Volkes, der Angeklagte wird wegen Totschlag zu einem Jahr Haft, ausgesetzt auf zwei Jahre Bewährung verurteilt“

Also doch: Es war ein Kompromiss an das Recht, an des Ermittlungsergebnis, an die Gerichtstage, an die nicht völlig geklärten Umstände und an die vergangenen fast 37 Jahre seit der Tat! Bin ich zufrieden damit? Nein! Es ist nach wie vor zweifelfrei,

dass ich in Notwehr gehandelt habe. Für mich ist es so und nicht anders. Der Grenzer hat uns alle mit der Maschinenpistole bedroht.
Das Gericht sah dies anders: Es war kein Grund und auch nicht angemessen, auf den Grenzer zu schießen. Dieser war arglos, als er uns kontrollieren wollte. Er hatte nach Ansicht des Gerichts auch nicht die Waffe im Anschlag:

Anmerkung:
Woher weiß dies das Gericht? Zweifelsfrei geklärt wurde das nie und gesehen hat es auch keiner, eher dass der Grenzer die Waffe gegen uns gerichtet hatte.
Aber das Gericht wusste nicht, sondern dachte es anders. Ein Zugeständnis an den Staatsanwalt, der ja fünf Jahre und Haftbefehl gefordert hatte?
Man merkte es auch den Journalisten an. Sie waren ebenso überrascht von dem Urteil, nach den Forderungen des Staatsanwaltes. Doch gaben alle deutlich zu erkennen, dass sie es eher für ein gerechtes Urteil hielten. Nicht zuletzt weil die Vorsitzende sehr deutlich machte, dass es hier um die Tragik einer Nachkriegsepoche geht, der man nach fast 37 Jahren einen entsprechenden Tribut zollen muss, nach beiden Seiten wohl gemerkt. Deutlich für alle war, es aus der Urteilsbegründung abzulesen, wie der Anwalt es auch der Presse nach der Urteilsverkündung sagte: **„...dass die Begründung des Urteils ein Plädoyer für die Persönlichkeit meines Mandanten war."**

Meine Verwandten, Freunde, der Anwalt waren sehr erleichtert, möchte sagen zufrieden. Erleichtert? War ich auch. Wir gingen rüber in die „Letzte Instanz" wie die Gerichtskneipe sich nannte. Ich wollte einen ausgeben, aber die Beteiligten hatten keinen Bock und wollten sich nicht zu lange aufhalten.
Wir, das waren die Frau Bernau, der Anwalt und ich, fuhren ins Hotel und besprachen noch einmal das Ergebnis. Der Anwalt meinte, dass wir dieses Urteil nicht akzeptieren können. Obwohl so der Anwalt, er noch nie ein Urteil gehört hat, in dem der Beklagte so hoch gelobt wurde.

„Herr Müller," so der Anwalt von mir, „sie können damit leben. Ihre Persönlichkeit ist nicht angekratzt worden, im Gegenteil, sie ist gefestigt worden."
Am Abend kam Frau Bernau, erinnerte mich daran, dass wir nach der Sitzung am Vortag noch abschließend mit den Regionalleitern sprechen wollten. Unten, im Konferenzbereich des Hotels wartete sie auf mich und öffnete eine Tür zu einem der Besprechungsräume. Irgendwie kam sie mir komisch vor.
Türen machte ich mir schon alleine auf und auch sonst wunderte ich mich, vor der Tür war keiner zu sehen, wo es doch immer Leute gibt, die als letzte draußen warten.
Es kam aber ganz anders. Im Raum war keine Regionalleiter zu sehen. Nein, meine ganze Familie, Freunde, alle die mitgezittert hatten, waren anwesend. Ich war total überrascht. Sie waren vom Gericht nach Hause gefahren, haben sich schick gemacht und saßen an einer schönen langen Tafel.
Blumen und nochmals Glückwünsche.
Wir hatten alle einen schönen Abend. Auf einmal sah die Welt ganz anders, viel heller aus. Mein ältester Bruder Hansi hielt eine schöne Rede, das stand ihm schon zu.
Aufs Urteil ging er auch ein. Er saß ja während der Urteilsverkündung „mitten mang" den ehemaligen Offizieren und Juristen.
Er stellte fest, dass die Richter wohl dem alten Regime ihre Reverenz erweisen wollten. Und das mit ihren zum Teil völlig absurden Vorstellungen von dem, was an der Grenze tatsächlich passierte.
Als die Vorsitzende Richterin in der Verlesung der Urteilsbegründung unter anderem feststellte, der Angeklagte hätte nicht sofort schiessen dürfen als er sich bedroht fühlte. Er hätte stattdessen den hinter dem Stacheldraht stehenden Grenzer Hinne unter Androhung seiner Pistole auffordern müssen, die Maschinenpistole über den Zaun zu werfen. Dann, so das Gericht, hätte keine Gefahr mehr durch den Grenzer bestanden. Hansi sagte dazu, die ehemaligen Offiziere, Stasileute und Juristen der DDR, die um ihn herum saßen, lachten amüsiert über diese laienhafte Vorstellung des Gerichts, es könnte einer mit der Pistole den Träger einer Maschinenwaffe dazu bringen, diese Waffe über einen Zaun zu werfen.

Es wurde ein schöner, ein langer Abend.
Einen Tag später, zurück nach Bonn in die Firma. Alle wussten es geht darum, ob denn der Chef zurückkommt. Informieren musste ich jetzt meine Mitarbeiter über das Geschehen.
Mein Fahrer holte mich am Flughafen Bonn ab. Auch er hat sich gefreut, er zeigte es ganz deutlich. Kurz vor dem Büro angekommen, es war gegen Mittag, machte ich den Vorschlag, beim nächsten Fleischer fertige Brötchen zu holen. Ich wollte dann mit den Mitarbeitern was essen. Er sagte zu mir, wir brauchen nichts zu holen, es wäre noch etwas im Kühlschrank im Büro. Auch das kam mir irgendwie komisch vor. Ich dachte was soll's, wir waren ohnehin gleich da.
In der Firma angekommen war niemand an der Rezeption. Rein in den Fahrstuhl, ich wollte nur Ruhe. Der Fahrstuhl hält, die Tür geht auf, es war nicht zu glauben. Gegenüber vom Fahrstuhl war unser Sitzungssaal. Der war voll mit den Mitarbeitern des Hauses. Vor der offenen Tür der Betriebsrat, (gewählter Sprecher der Mitarbeiter) eine junge Frau.
Sie hielt eine Willkommensrede und brachte zum Ausdruck, wie sehr sie alle mitgelitten hatten. Zugegeben, mir verschlägt nichts so schnell die Sprache. Als ich mich für den tollen Empfang bedankte, kamen mir aber doch die Tränen, wie bei einigen andern auch. Sie hatten darüber hinaus alle zusammengelegt für einen netten Imbiss.
Wir haben an diesem Tag noch lange zusammengesessen.
Es war am Freitag. Normalerweise war mittags schon allgemeine Aufbruchstimmung. Sie blieben und versuchten jeder auf seine Art mir deutlich zu machen, dass ich ihre Sympathien habe. Die Wärme der Menschen, die da rüber kam, entschädigte für die vielen juristischen Spitzfindigkeiten, die in der letzten Zeit mich fast erdrückt hätten.
Niemals hätte ich geglaubt, wie weit entfernt unsere Justiz tatsächlich vom Volk ist.
Zum Abschluss gaben mir meine Mitarbeiter einen gerahmten Poster.
Alle Mitarbeiterinnen und Mitarbeiter haben auf diesen selbst gestalteten Poster unterschrieben, (sieh nächste Seite).

Foto: Das Poster der Mitarbeiter mit Unterschriften

Mitarbeiter, Kollegen, Bekannte und völlig fremde Menschen (auch das Volk) haben mir nach diesem, vor allem aber nach dem B.G.H. Urteil, in vielen Briefen ihren Beistand angeboten.
In Thüringen haben wir ein kleines Haus. Es liegt nicht weit von der ehemaligen Grenze entfernt. Die Menschen dort wissen um die Not und Terror an der Grenze. Als jetzt meine Geschichte durch die Presse ging, meinte meine Frau, ich im Unterbewusstsein auch, wir können uns wohl da nicht mehr sehen lassen.
Einige Zeit später.
Etwas beklommen ging ich in das dortige Wirtshaus, wo man uns gut kennt. Ein Handwerksmeister aus dem Ort hatte Geburtstag und feierte.
Er sah mich, stand auf, kam mir entgegen und nahm mich richtig kräftig in die Arme.
Sagte dann laut für alle im Restaurant zu verstehen:
„Herr Müller, gut, dass sie kommen. Vergessen sie diese Gerichte, die sollten mal hierher kommen, wir würden denen schon sagen, was los war. Wir haben alle Achtung vor ihnen. Die vielen Einzelnen, die sich gewehrt haben wie sie, haben die Wende erst ermöglicht.
Erfüllen sie uns eine Bitte, sind sie heute unser Gast."
Ich war betroffen und gerührt. Meine Meinung, die Juristen sollten dem Volk, wie man so schön sagt, mehr „aufs Maul" schauen. Mein Urteil wäre mit Sicherheit anders ausgefallen.

Das Urteil ist gefällt. Nicht gesprochen. Für mich empfinde ich das, was mir hier widerfahren ist, wie ein Fallbeil.

Es gibt sicherlich Menschen, die meinen, dass ich doch mit dem Urteil gut weggekommen sei und Ruhe geben sollte.
Ja, die Vorsitzende hat den Prozess mir gegenüber fair geführt, auch bestimmt in der Begründung, wo es um meine Persönlichkeit ging, mich sehr gut weg kommen lassen.
Nein, dabei bleibe ich. Solange ich lebe, werde ich keine Ruhe geben. Wenn ich beim Lesen der Anklageschrift fast verzweifelt bin über Lügen, Verdrehungen und Stasipropaganda, dann bin ich über die Schlussfolgerungen und Begründungen des Gerichts sprachlos, erstaunt und schließlich zutiefst besorgt.

Warum besorgt, wird sicher der eine oder andere fragen?
Besorgt um die Kultur und Hygiene unserer Rechtsprechung. Wenn das, was in meinem Prozess an Geschichtslosigkeit und politischer Naivität zutage kam, zum allgemeinen Grundsatz in der Rechtsprechung werden sollte, werden es die Gegner der Demokratie leicht haben, diese abzuschaffen.
Im Urteil wird das wiederholt, was in der Anklageschrift falsch, ungenau, aber vor allem unbewiesen, beschrieben oder mir vorgeworfen wurde. Besonders betroffen macht mich jedoch die Tatsache, wir sind schon wieder, oder sollte ich sagen die Juristen sind schon wieder dabei, staatlichen Terror, Bespitzelung eines ganzen Volkes, über Tausend Tote an einer willkürlichen Grenze, Minenfelder zum Töten von Menschen, all diese Menschenfeindlichkeit, zu verharmlosen. Oder ist die Gleichstellung der Schandmauer mit jeder anderen Grenze nicht etwa eine furchtbare Verharmlosung?
Soll das Böse im System, wie in Deutschland schon einmal, mit dem Tuch des Vergessens verdeckt werden?
Nach dem Motto, es war doch nicht alles schlecht?
In dem Urteil werden Vergleiche gezogen, die aus meiner Sicht mehr als bedenklich sind.
Was bei mir Betroffenheit ausgelöst hat, was nicht unter den Tisch gekehrt werden darf, ist die von den Gerichten beider Instanzen vorgenommene Beweiswürdigung.
Mir sind nach dem Prozess Unterlagen in die Hand gekommen, die in dramatischer Weise offen legen, wie falsch die Kammer in ihren Schlussfolgerungen und Gewichtung bestimmter Aussagen gelegen hat.
Doch auch an dieser Stelle ist die Frage zu stellen, ob denn das letzte Wort, was die Gerichte betrifft, gesprochen ist.
Deshalb mache ich hier den Versuch, die wichtigsten Passagen des Urteils hervorzuheben, sie dort infrage zu stellen, wo es einfach nicht stimmt.

Zur Seite 12 der Urteilsbegründung

Es heißt dort im dritten Absatz wie folgt:
„An diesem Tag hatten R. Hinne und sein Postenführer, der Zeuge Platzmann, gegen 15.00 Uhr ihren Grenzdienst begonnen. Wie stets wurden sie zu besonderer Wachsamkeit angehalten."

Anmerkung:
Schon vor Wachbeginn war es nicht, wie das Gericht im Urteil unterstellt, bloße Routine. Sie wurden nicht nur so einfach zu besonderer Wachsamkeit angehalten. An diesem Vormittag fand im Stützpunkt eine besondere Ehrung statt.
Wie weiter vorn schon beschrieben, wurde die Einheit von R. Hinne im Rahmen des „Peter Göring" Aufgebots als die beste Einheit ausgezeichnet.
Besonders R. Hinne soll sich dabei besonders ausgezeichnet haben. Wie schon weiter vorn beschrieben, befand Göring sich in einer Gruppe Grenzer, die auf einen 15 jährigen Jungen schoss! Göring wurde von der Westberliner Polizei, die dem Jungen helfen wollte, erschossen. Diesen Fall vergleiche ich mit den Aussagen und Schlussfolgerungen in meinem Urteil.
Dieser Junge war in der Tat zu keiner Gegenwehr fähig. Er war unbewaffnet, er schwamm im Wasser. Aus der Sicht meiner Richter ein Flüchtling, der den Idealvorstellungen der Justiz entspricht.

1. *Er war unbewaffnet.*
2. *Er war noch Kind, auf ihn durfte nach den Schusswaffengebrauchs-Bestimmungen nicht geschossen werden.*
3. *Er drehte den Grenzern den Rücken zu, er testete, ob die Grenzer überhaupt die Schusswaffe benutzen, wie mein Gericht es befürwortet.*
4. *Es war heller Tag, nach Meinung des Gerichts wird dann nicht geflüchtet, schon gar nicht geschossen.*
5. *Richtung Westen schwamm der Junge, da Richtung Westen, also über die Grenze nicht geschossen werden durfte (so in den Bestimmungen, die nach meinem Gericht die Grenzer im Allgemeinen beachten) konnte nichts geschehen.*

6. *Der Junge wurde sieben Mal getroffen, obwohl doch die freundlichen Grenzer, so wie der Grenzer Platzmann nur ein paar einzelne Schüsse abgaben, aber erst, nachdem der Junge nicht mehr zu sehen war. (Es waren insgesamt über Hundert Schuss).*
7. *Ein Ende gab es erst, als ein Westberliner Polizist seine Dienstwaffe benutzte und entgegen allen Vorschriften in Richtung Osten schoss und dabei den (Originalton des Gerichts in meinem Fall)* ***arglosen, zur Gegenwehr nicht mehr fähigen*** *Grenzer Göring erschoss.*

Was für ein Hohn. Mein Gericht hat doch festgestellt: auf Kinder schießen verstieße gegen die Vorschriften, und an die Vorschriften würden sich die Grenzer schon halten.

Sicher war bis zu dem Sprung ins Wasser für den Jungen nicht klar, ob denn die Grenzer überhaupt schießen, oder wenn ja, dann waren es vielleicht solche Grenzer, wie bei uns der zweite Grenzer bei unserer Flucht, der dann wartet, bis der oder die Flüchtlinge außer Schussweite sind, dann erst Einzelfeuer aber nicht mehr als drei Schuss abgibt.
Allerdings gab es doch einen Grund auf den Jungen zu schießen. Nach Feststellung meiner Gerichte, der BGH gehört mit dazu, durfte der Junge da nicht rüber, es war kein offizieller Übergang.

Denn mein Gericht hat auch festgestellt,
ich zitiere aus der Urteilsbegründung:

„Einen Anspruch darauf, das Recht der Freizügigkeit an jeder gewollten Stelle auszuüben, gibt es aber nicht. Es ist nicht rechtsstaats- und menschenrechtswidrig, die Bevölkerung für das Verlassen des Landes auf bestimmte Grenzübergänge zu verweisen. Auch die Bundesrepublik darf nicht an jeder Stelle verlassen werden. "
Wie sagte Willy Brandt in seiner Rede am 17. Juni 62?
„.....Wir wissen von vielen Toten, schon zu vielen.
Was an dieser Mauer geschieht, ist nicht nur eine Schande, es ist ein Verbrechen.

Und noch eins: Eher würde ich nicht mehr Bürgermeister sein wollen, als die Anweisungen zu geben, **die Mauer als etwas Rechtmäßiges zu respektieren....,".**

Nun schwamm dieser Junge durch einen Kanal, um diesen Staat zu verlassen. Also sicher kein offizieller Übergang wie mein Gericht es vorschreibt.
Der Junge hat sich selbst, so wie wir, nach Feststellung meines Gerichtes in Gefahr begeben.
Er ist also selbst schuld daran, dass er beschossen wird. Mein Gericht sollte aber überprüfen, ob bei dieser Schießerei auch ordnungsgemäß, entsprechend der Schusswaffengebrauchs-Bestimmung geschossen wurde.

Es stellt sich schon hier die Frage:
Darf ein deutsches Gericht die Todesgrenze der DDR, die nach Willy Brandt eine Schande und ein Verbrechen darstellt, mit jeder anderen Grenze demokratischer Staaten gleichsetzen?
Ich kann es nicht glauben.

Um bei dem als Helden hochstilisierten Peter Göring zu bleiben.
Er befand sich also in einer Gruppe Grenzer, die auf ein Kind, das im Wasser schwamm, Scheibenschießen veranstaltete. Über hundert Schuss sind abgefeuert worden.
Noch einmal an die Adresse meiner Gerichte, wie an anderer Stelle schon erwähnt. Vor Wachaufnahme wurden die Posten im Rahmen der Feierstunde zu diesem Fall, besonders scharf gemacht und ausgezeichnet. Die Aufzeichnungen hierzu sind im Armeearchiv.
Spätestens bei Kenntnis der Tatsache, wie intensiv die Grenzer am Beispiel des erschossenen Gröning auf Feindberührung vorbereitet wurden, müsste die Kammer doch wohl nachdenklich werden.
Vor allem deshalb, weil die doch so wahrheitsliebenden, oder wie das Gericht feststellt, **glaubwürdigen Zeugen,** nämlich der 2. Grenzer, der auf uns schoss und Hall, Stasioffizier, mit keinem Wort auf die Frage des Gerichts, ob es denn etwas Besonderes vor oder bei der Ablösung gab, eingingen.

Die Aufgabenstellung der Grenzer wird vom Gericht wieder, und wie ich meine, falsch dargestellt. Es war nicht die Aufgabe der Grenzer, das Haus Zimmerstraße 56, in dem unser Tunnel mündete, zu überwachen und dort Personenkontrolle auszuüben. Ihre Aufgabe bestand darin, den Grenzbereich mit Todesstreifen und Mauer ständig im Auge zu haben.
Der Wachturm war von der westlichen Begrenzungsmauer des Hauses Zimmerstraße 56, selbst nach Stasi Angaben, mindestens 100 Meter entfernt. In westlicher Richtung bis zur Lindenstraße war es noch weiter. Es galt für die Grenzer einen Abschnitt von mehreren 100 Meter Grenze dicht zu halten. Personenkontrolle war deshalb nicht möglich und auch nicht vorgesehen. Das Haus war durch Stacheldraht von der eigentlichen Grenze abgeriegelt. Sie griffen dann ein, wenn sie Verdacht hatten, dass irgendetwas nicht stimme. Auch hier ist noch nicht einmal der Versuch gemacht worden, die Befehlslage zu erkunden!!!
Mein Anwalt hatte gleich zu Beginn des Prozesses die Kammer als befangen abgelehnt. Dem Antrag wurde nicht entsprochen. War das schon die erste und wichtigste Fehlentscheidung? Auf Seite 29 der Urteilsbegründung stellt das Gericht zur Frage der Aufgaben der Grenzer in diesem Abschnitt Folgendes fest:
*Nach den **glaubhaften** Aussagen des Postenführers*
gingen er und sein Kamerad von einer normalen Ausweiskontrolle aus. Der Zeuge hat dazu bekundet, es habe zu ihren Aufgaben gehört, jede Person, die das Haus Zimmerstraße 56 habe betreten wollen, zu überprüfen. Entgegen den Anweisungen habe man allerdings bei bekannten Personen, insbesondere den Mietern, auf die Kontrolle verzichtet.
Diese Vorgehensweise hat auch der Zeuge ....., der ebenfalls im Grenzdienst tätig war, bestätigt.
Die Zeugin Nr. 1 gab überdies an, dass jedenfalls Besucher ab und zu kontrolliert worden seien.
(Der Zeuge Allert, der auch als glaubwürdig bezeichnet wird, ist nachgewiesen als Stasi-Mensch an der Grenze tätig gewesen. Laut Aktenvermerk der Gauck-Behörde spricht seine Anwesenheit am Ort des Geschehens dafür, dass die Sache der Stasi bekannt war. Darüber hinaus hat dieser Mensch vor Gericht unter Eid falsch ausgesagt. Auf Befragen meines Anwalts erklärte er, bis zum 18.6.1962 nichts davon

gehört oder gewusst zu haben, das Grenzer oder Flüchtlinge ums Leben gekommen sind. Es hat auch keine Belehrungen von den Vorgesetzten gegeben.
Die Zeugin Nr.1. ist kurz nach unserer Flucht, also schon 1962 als Zuträgerin der Stasi bezeichnet worden. An anderer Stelle wird nachgewiesen, dass sich ihre Aussagen von 1962 bis 1998 permanent veränderten und widersprachen.
Bemerkenswert ist allerdings die Tatsache, dass es andere Hausbewohner gibt, die konstant von 1962 bis 1998 die gleiche Aussage machten. Die Aussage: „Es gab grundsätzlich keine Kontrollen.
Das Gericht meinte hierzu in für mich unverständlicher Weise und unter Missachtung der Pflicht, auch alle entlastenden Sachverhalte zu berücksichtigen:

„Soweit andere Hausbewohner in der Hauptverhandlung oder in den polizeilichen Vernehmungen bekundet haben, ihnen sei von Kontrollen nichts bekannt, widerspricht dies nicht den Feststellungen. Kein Zeuge hat ausgesagt, es hätten sicher keine Kontrollen stattgefunden."

Anmerkung
Dieser Satz „Kein Zeuge hat ausgesagt, es hätten...." stellt eine falsche Tatsachenbehauptung dar. Das Gericht hat hier versehentlich oder aus Angst vor dem Zusammenbruch der Indizienkette wider besseren Wissens diese Darstellung gewählt. Im Folgenden noch einmal die Aussagen der anderen, meines Erachtens nach neutralem Hausbewohner.

Auszug aus der Stasiakte 000195: Vernehmung
Frau Zech am 21.06.1962 vor der Mordkommission auf der folgenden Seite.

Erwähnen möchte ich noch, daß der Personenverkehr in unserem Hau[s]
von den dortigen Grenzpolizisten nicht kontrolliert wurde, d.h.,
fremde Personen konnten zu jeder Zeit unser Haus betreten zumal
unsere Haustür tag und nacht offenstand.
Weiteres kann ich nicht aussagen.

Geschlossen: 10.40 Uhr gelesen, genehmigt und unterschr[ieben]

Noch einmal zur angeblich vorgeschriebenen Kontrolle, die Aussage einer weiteren Bewohnerin des Hauses, Frau Melchior vor dem ermittelnden Beamten der Staatsanwaltschaft.

Frage: Wurden Sie trotz des Stacheldrahtzaunes von den Grenzsoldaten kontrolliert wenn Sie das Haus betreten wollten?

Antwort: Nein, diese Kontrollen fanden nur statt,solange noch kein Stacheldrahtzaun vorhanden war. Dieser Stacheldrahtzaun wurde meines Wissens vor der genannten Tat und nach der Befestigung der "Mauer" errichtet. Nach Errichtung desStacheldrahtzaunes fanden meines Wissens keine Kontrollen mehr statt.

Auf Seite 15 der Urteilsbegründung beschreibt die Kammer das Verhalten und **Denken** der beiden Grenzer, als sie mich mit Familie zurückkommen sahen.

„Sie hatten den Angeklagten als denjenigen erkannt, der zuvor aus dem Haus gekommen war, sahen in ihm und seinen Begleiterinnen jedoch Besucher dieses Hauses."

Einige Seiten vorher beobachten beide Posten unseren ‚Treff am Dönhoffplatz', es heißt dort:

Hinne beobachtete, dass der Angeklagte sich mit einigen Personen in der Leipziger Straße aufhielt. Hinne alarmierte, weil ihm und dem Zeugen Platzmann dieses Verhalten merkwürdig erschien, die so genannte Hinterlandstreife über das Postentelefon.

Anmerkung
Ich will niemandem zunahe treten, im Duden steht unter Logik:
„Folgerichtiges Denken"
Ist es folgerichtiges Denken, zu unterstellen oder es zu glauben, Posten alarmieren erst die Hinterlandstreife, gehen dann aber von völlig harmlosen Besuchern aus, als sie die Objekte ihres Misstrauens plötzlich vor der Flinte haben??
Weil ein Kontrollanruf kam, wird der eine Posten alleine zur Kontrolle der Gruppe geschickt. ***Kontrollanruf?***
Wenn die Logik bemüht wird, wäre es folgerichtig, die Zeit zwischen der Verhaftung der Angehörigen von Lebrock und dem so genannten Kontrollanruf zu vergleichen.
Sie reicht aus. Fast 20 Minuten liegen dazwischen. Zeit genug für eine Aussage, zumal Kinder dabei sind, die schnell plappern, dass sie zu ihrem Papa unterwegs sind.
Zeit genug die Posten zu alarmieren.
War der Kontrollanruf nicht Kontrolle, sondern Auftrag ein bestimmtes Verhalten zu provozieren?

Wie schrieb der Mitarbeiter der Gauck-Behörde?

„Wenn der Stasimitarbeiter Allert dabei war, kann davon ausgegangen werden, dass die Flucht verraten und der Ausgang ohne Rücksicht auf das Opfer so erwünscht war."

Warum schweigt der doch so glaubhafte (so mein Gericht) Zeuge Platzmann zu dem Inhalt des Kontrollanrufes.
Ab Seite 15 die Beschreibung des furchtbaren Geschehens, das letztlich einem jungen Menschen das Leben kostete. Die Trauer darüber bleibt unauslöschbar. Sie hat nichts damit zu tun, dass ich um Gerechtigkeit kämpfe, denn ohne Gerechtigkeit ist für mich ein Leben nicht zu ertragen.
Bemüht sich mein Gericht hier an dieser entscheidenden Stelle des tragischen Ereignisses um die Wahrheit? Gibt das Gericht dem Angeklagten eine Chance, wenn es Zweifel gibt.

„Im Zweifel für den Angeklagten" gilt dieser Grundsatz immer noch?

Anmerkung
Lasst es uns prüfen!
Wie weiter vorn schon berichtet, hat in dieser schlimmen Situation der Grenzer Hinne uns, meine Familie mit seiner Waffe bedroht. Dazu hob er seine Waffe an. Er trug seine Waffe entsprechend den Vorschriften. Den Waffengurt über die Schulter, die Waffe mit schräg nach vorn geneigtem Lauf, die rechte Hand das Schlossteil umschließend. Damit ist der Grenzer jederzeit in der Lage, zu entsichern und zu schießen. Dieses Handling war im Grenzbereich gerade und auch bei Kontrollen vorgeschrieben.
Die Kammer hat jedoch beschlossen:
*„R. Hinne hielt **möglicherweise** seine Maschinenpistole vom Typ Mpi K vor seiner Brust, ohne jedoch auf jemand zu zielen oder gar den Einsatz der Waffe angedroht zu haben."*

Wie kommt ein Gericht eigentlich dazu, festzulegen, wie in diesem Falle der Grenzer seine Waffe trug?
Er stand in getreuer Befolgung des geltenden Schießbefehls, kurz vor dem Warnschuss mit unmittelbar folgendem Zielschuss. Das, was da geschrieben steht, hat keiner ausgesagt, weil es auch keiner gesehen haben kann. Nur meine Frau, meine Söhne und ich konnten es sehen.
Wir sahen einen äußerst erregten, kreideweißen Grenzer, der die Waffe auf die Gruppe Frauen und Kinder richtete und rief, die Frauen und Kinder bleiben stehen oder ich schieße.

Was das Gericht hier behauptet, ist mir unerklärlich.
Aufgestellt, um die Indizienkette nicht zu gefährden?
Als Beweise werden vom Gericht die Aussagen folgender Zeugen zitiert.

Zeuge Elner
Zeugin Nr. 1
Zeuge Platzmann
Zeuge Schuhmacher (verlesene Protokolle)
Zeugin von Bornstaedt dto.
Zeugin Dummersdorf dto.
Zeugin Melchior dto.

Zeuge Elner: hat vor Gericht genau das Gegenteil von dem gesagt, was in der Anklage behauptet wird. Er hat an einem Maschinenpistolen Modell angedeutet, wie aus seiner Sicht der Grenzer die Waffe trug, nämlich auf uns gerichtet.

Zeugin Nr. 1.: In dem ersten Protokoll von dieser Zeugin, die in ihrer Vernehmung durch die Stasi, im Stasidokument Nr. BstU 000021, den wahren Hergang zu Protokoll gibt, wird meine Aussage zum Hergang R. Hinne bestätigt. Das Landgericht hat dieses Protokoll entweder nicht gelesen oder nicht zur Kenntnis bekommen. Mir selbst ist diese wichtige Aussage erst nach dem Prozess zur Kenntnis gelangt. Im übrigen ist das, was die Zeugin Nr. 1 in ihren weiteren 3 unterschiedlichen Aussagen beschrieben hat, technisch nicht möglich. Vom vierten Stock aus, gegen die Sonne, bei einer Entfernung von etwa sechzig bis siebzig Meter, war es fast nicht möglich etwas von einer Pistole gesehen zu haben. Außerdem stand ich mit dem Rücken zu ihr und zog die Waffe aus dem Gürtel, also für sie unsichtbar.
Falschaussage vor Gericht und zwar bewusst

Zeuge Platzmann: Wie vorher schon beschrieben, hat der zweite Grenzer bei seiner Aussage betont, er habe nichts davon gesehen, ob, und wie der Müller geschossen hat. Er war nach Stasiangaben mindestens 75 Meter entfernt.

Zeugin Schuhmacher: Aus dem Protokoll meiner verstorbenen Schwägerin kann nur das entnommen werden, was wir in Abrede mit dem Staatsschutz ausgesagt haben. Alles andere ist Kaffeesatz lesen.

Zeugin von Bornstaedt: Das Gericht akzeptiert mit Benennung dieser Zeugin, die gerade bei **ihr** sichtbaren Manipulationen der Stasi. Frau von Bornstaedt bietet zwei Varianten des Tatablaufes an.
Die erste Aussage lautet, sie habe mit Frau Melchior gemeinsam aus ihrer Wohnung alles beobachtet. Sie bestätigt somit meine Aussage insofern, das Hinne zwei Mal laut gerufen hat, *„Halt stehen bleiben!“* und zwar so laut, dass sie es hören konnte. Also war der Grenzer wie ich es behauptete, erregt. Das war alles was sie beobachtet und gehört hat.
Der Haken an dieser Geschichte! Frau Melchior bestreitet allerdings vor Gericht, dass sie überhaupt in der Wohnung an diesem Tag der Frau von Bornstedt gewesen sei.
Die zweite Aussage, die sie auch in einem Interview gegenüber der Tageszeitung „Neues Deutschland“ etwas später gemacht hat, spiegelt die Manipulationen der Stasi wider.

Hier ein Auszug aus diesem Interview:
„Frau Melchior war bei mir und zeigte auf zwei unbekannte Männer, die im Flur standen. Und dann geschah es. Einer der Männer trat aus dem Haus und ging auf den Posten zu. Dieser rief zweimal laut und deutlich „Halt!“ Weiter konnten wir nichts hören, aber ich sah, dass der Fremde, der halb mit dem Rücken zu mir stand, etwas aus seiner Jackentasche herauszog. Dann knallte es mehrere Male, und ich sah den jungen Soldaten sich vorn überneigen und zusammenfallen.“

Hier wurde also schon der spätere Film vorbereitet. Welche Version beliebt das Gericht zu nutzen?
Dazu meine höfliche Anfrage: „Was ist nach Meinung des Gerichts, eine „Manipulation?“

Zeugin Dummersdorf: Die Mutter von Frau Melchior bestätigt die Aussage ihrer Tochter, dass sie an diesem Tage nicht bei Frau von

Bornstedt zu Besuch gewesen sei. Sie berichtet aber auch, der Posten hätte etwas laut gerufen, dann wurde geschossen.
Zeugin Melchior: Es ist schon sehr mutig vom Gericht, die Zeugin Frau Melchior zu bemühen. Mir liegt die Aussage beim Ermittler der Staatsanwaltschaft vor, wo sie feststellt, nichts aber auch gar nichts von dem gesehen zu haben, was sich zwischen dem Grenzsoldaten und der Personengruppe abgespielt hat.
Sie hat einen (**einen**) Schuss gehört, sonst nichts gesehen. Sie streitet auch ab, dass sie bei Zeugin Nr. 5 Frau von Bornstedt gewesen sein soll. Sie betont aber sehr deutlich und zwingend, es gab keine Kontrollen durch die Grenzer.

Auf Seite 29 der Begründung erklärt die Kammer:

„Das Androhen des Schusswaffengebrauchs wäre in dieser Situation auch nicht von den Vorschriften gedeckt gewesen. Anhaltspunkte dafür, dass sich der Grenzer ohne triftigen Grund über die Dienstvorschriften hinweggesetzt haben könnte, sind nicht ersichtlich."

Wissen würde ich gerne, ob das Gericht tatsächlich von dem überzeugt ist, was es da geschrieben hat?
Welche Anhaltspunkte benötigt man denn noch, wenn bewiesen ist, dass Grenzer für das Abknallen von wehrlosen Flüchtlingen, darunter auch Kinder und Frauen, besonders ausgezeichnet wurden?
Sind über Tausend Tote nicht Anhaltspunkt genug?

Noch eine fragwürdige Aussage des zweiten Grenzers, die vom Gericht einfach als wahr übernommen wird.
Auf Seite 30 der Urteilsbegründung wird meine Aussage und die von einer ganzen Reihe von Zeugen über das nach meinem Schuss anschließende Dauerfeuer beiseite gefegt. Dafür aber die Aussage des Schützen, der auf uns, einschließlich Kinder, geschossen hat, als glaubhaft akzeptiert.
Die Feststellungen des Gerichts hierzu sind falsch. Die Aussage des Grenzers vor Gericht ging weiter. Er sagte aus, nur drei Schuss abgefeuert zu haben. An anderer Stelle habe ich zu dieser „Aussage" vor Gericht Stellung bezogen. Spätestens hier zeigt sich die

Befangenheit des Gerichts. Obwohl der Grenzer eindeutig im Widerspruch zu seinen Aussagen von 1962 steht, wird dieser Zeuge vom Gericht als glaubwürdig bezeichnet.
Seine Kommandeure und alle Zeugen bestätigen den einen Schuss mit sofort nachfolgenden mindestens drei Salven und mindestens 10 Schuss. Ich bleibe dabei, er hat auf uns alle geschossen, er wollte uns treffen, er hat es nur nicht geschafft. Er hat blind drauf gehalten. Wie gesagt, bei einer Entfernung von mehr als 75 Metern mit einer frei gehaltenen Kalaschnikow.
Seine Anmerkung, er hat gewartet bis Frauen und Kinder außer Gefahr sind, ist schlicht und einfach falsch.
Ich war der Letzte und hatte meinen kleinen Sohn auf dem Arm, ich sah den Dreck von den Einschlägen hoch spritzen.
Seine Schilderung des Schussfeldes ist ebenfalls nicht richtig. Die von der Mordkommission und der Stasi hierzu angefertigte Lageskizze gibt die herrschende Situation wieder.
Das Schussfeld wurde erst beschnitten, nachdem wir den Durchbruch der Hofmauer des Hauses Zimmerstraße passiert hatten. In der Mauer rechts vom Durchbruch sind drei Geschosse gefunden worden. Wer, wenn nicht der zweite Grenzer soll da geschossen haben? Das heißt, in Kopfhöhe von uns, in unserer Laufrichtung.
Die Lageskizze der Stasi-Mordkommission 1962 ist fast identisch mit der Lageskizze, wie ich sie direkt nach dem 18.06.1962 am 19.06.1962 angefertigt habe.
Es wird ja wohl keiner behaupten wollen, ich habe die Skizze in Abstimmung mit der Stasi angefertigt.
Skizze 1 mit der Nummer BstU000062 ist aus dem Stasiarchiv. Ich hoffe die Kammer oder der Ermittler der Staatsanwaltschaft hat Kenntnis von dieser Unterlage. Wenn nicht, ist das ein Skandal. Wenn ja, dann auch, weil dann das Gericht bewusst Falsches beschreibt.
Skizze 2 mit Mü. unterzeichnet ist die von mir Gefertigte.
In der Urteilsbegründung wird die besondere Glaubwürdigkeit einer Reihe von Zeugen von der Kammer betont. Es geht hier auch um die Frage, ob denn manipuliert worden ist. Die Kammer lehnt diesen Verdacht strikt ab.

Die Aussagen folgender Zeugen sind hierbei für das Gericht vertrauenswürdig und von besonderer Bedeutung.

Major Ha. MFS – Stasi

Oberst P. MFS – Stasi Leiter Mordkommission

Hauptmann Vehres – Mordkommission VP (Volkspolizei Ost)

Major Bö. MFS. – Mordkommission (Stasi)

Nachfolgend die Aussage des Oberst P., (Stasi) einer dieser Zeugen, zu der Frage des Ermittlers, ob es denn erkennbare Manipulationen gegeben hat.

> Nein. Als Mitarbeiter des Untersuchungsorgans waren wir angehalten, verpflichtet und auch ausgebildet, im Rahmen der strafrechtlichen und strafprozessualen Gegebenheiten ~~allseitig und umfassend waren wir verpflichtet~~, allseits und objektiv zu untersuchen und aufzuklären. Einen Einfluß gab es nur insofern, daß wir gegenüber dem Generalstaatsanwalt und dem Dienstvorgesetzten verpflichtet waren, den der Tat dringend Verdächtigen zu ermitteln. Beweismanipulationen oder ähnliche Handlungen gab es nicht, waren verboten und wurden streng geahnded, wenn es solche gegeben hätte. In der Mordsach████N kann ich erneut heute bestätigen, daß die von uns gefertigten Dokumente dem seinerzeitigen Ermittlungsstand entsprechend und nach bestem Wissen und Können gefertigt wurden. Daß aus heutiger Sicht in einigen Passagen Widersprüche auftreten, ist aus der komplizierten Sachlage und der politischen Situation erklärbar.

An anderer Stelle in diesem Buch wird von einer Stasimanipulation an erschossenen Kindern berichtet. In diesem Fall wollte die Stasi einen LKW über die Kinder fahren lassen, um zu vermeiden das bekannt wird, dass die Kinder an der Grenze von den Treibjägern erschossen wurden.

Auf den folgenden Seiten sind die Lageskizzen von dem Tatort.
Skizze (1) ist von der Stasi erstellt. In ihr wird entsprechend der Legende deutlich, wie absurd die Annahme des Gerichts über die angebliche Kontrollpflicht der Grenzer über Besucher des Hauses Zimmerstrasse 56 ist. Nach dieser Skizze waren sie durch einen Drahtzaun vom sonstigen Verkehrsbereich getrennt. Demnach konnten sie keine Kontrollen durchführen. Ich bin mir fast sicher, weder Staatsanwalt noch Gericht haben diese Skizze wahrgenommen. Dann wäre zumindest das Märchen vom fehlenden Schussfeld aufgeflogen.

Skizze (1)

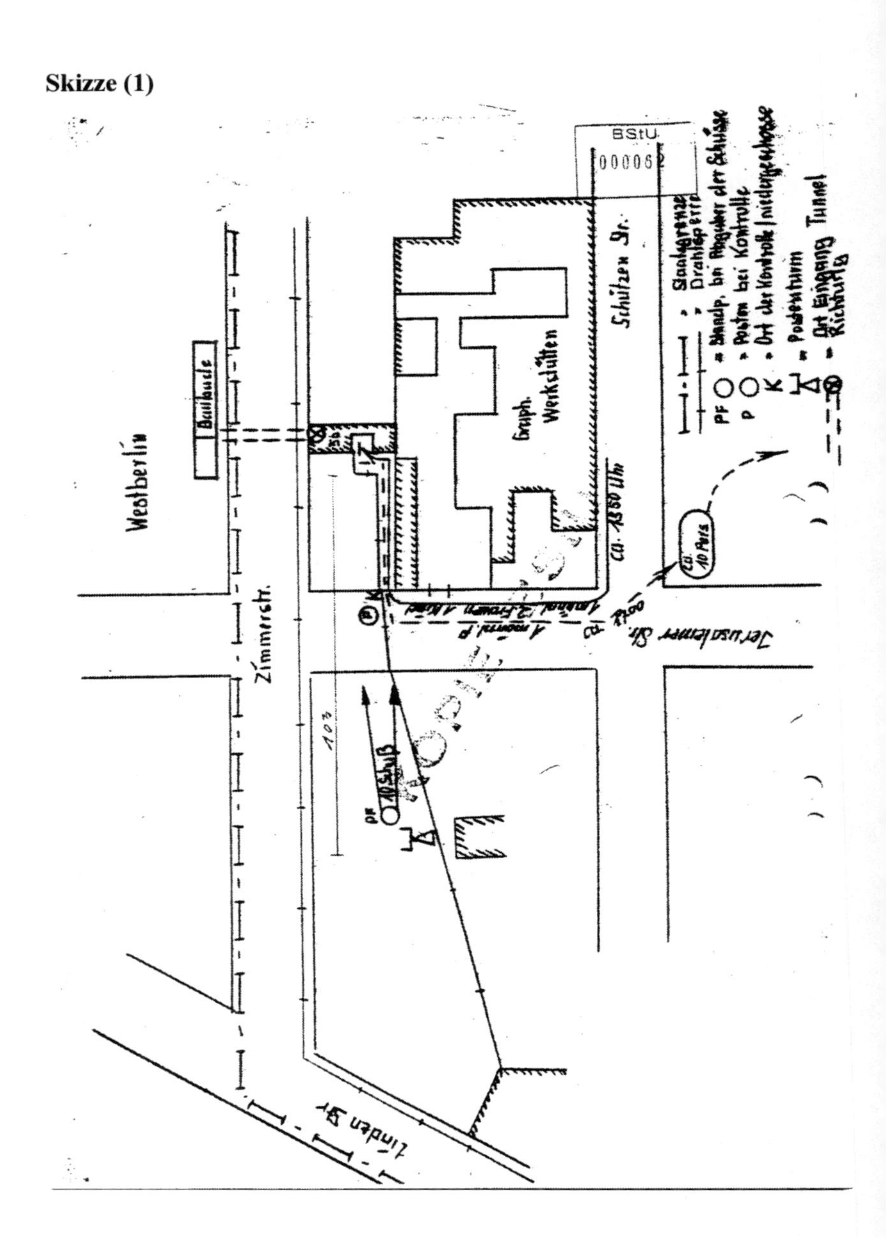

BStU
000062
Westberlin
Zimmerstr.
Graph. Werkstätten
Schützen Str.
Jerusalemer Str.
Linden Str.
ca. 13.50 Uhr
ca. 10 Pers.
10 Schuß
= Staatsgrenze
= Drahtsperre
PF = Standp. bei Abgabe der Schüsse
P = Posten bei Kontrolle
K = Ort der Kontrolle / niedergeschossen
= Postenturm
= Ort Eingang Tunnel Richtung

Skizze (2)

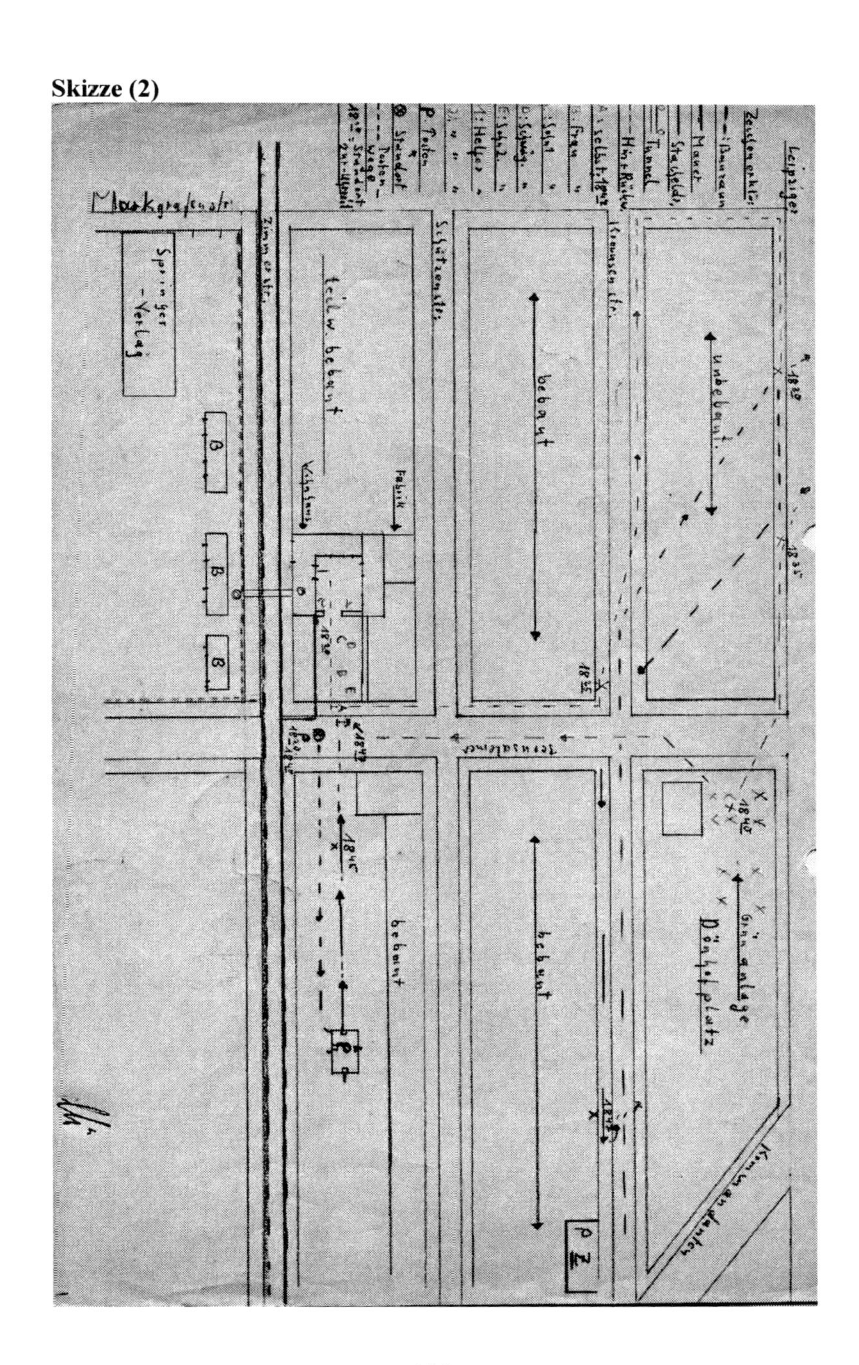

Springer
-Verlag
Zimmerstr.
Schützenstr.
teilw. bebaut
bebaut
unbebaut
Fabrik
Grünanlage
Dönhofplatz

Ab Seite 35 des Urteils und folgende wird es lehrbuchmäßig.
Lehrbuchmäßig deshalb, weil die Kammer hier Theorien aufstellt, die bei einem Umsetzen derselben in die Realität an der ehemaligen Grenze zur DDR, Friedhofsruhe im wahrsten Sinne des Wortes herrschen würde.
Die DDR würde nach wie vor ihre Mienen und Selbstschussanlagen betreiben. Wenn ich meine Richter richtig verstehe, ist auch das legitim. Wer ausreisen will, hat gefälligst die dafür vorgesehenen Übergänge zu nutzen.
Im Einzelnen die für mich unbegreiflichen Schlussfolgerungen der Kammer:

Auf Seite 35/3 der Urteilsbegründung heißt es:
„3. Nach den getroffenen Feststellungen hat sich der Angeklagte keine Umstände vorgestellt, die, lägen sie vor, seine Handlung rechtfertigen würde. Ein Erlaubnistatbestandsirrtum ist deshalb nicht sichtbar."

Anmerkung:
Ich war der Überzeugung, nicht nur nach der Rede von Willi Brandt, bei der für mich akuten Bedrohung meiner Familie, durfte, musste ich alles in meiner Macht stehende tun, meiner Familie zu helfen.

Auf Seite 35/4 der Urteilsbegründung heißt es:
*„4. Der Angeklagte ist auch nicht nach § 35 STGB entschuldigt, weil er und seine Angehörigen die **gegenwärtige Gefahr für die Fortbewegungsfreiheit hinzunehmen bzw. zu dulden hatten. Jedenfalls aber die Gefahr anders abzuwenden gewesen wäre."***

Anmerkung:
*Wenn ich es richtig verstehe, ein deutsches Gericht **sagt im Namen des Volkes,** bei Entdeckung der Flucht **hätten wir uns festnehmen lassen sollen.** Frage hierzu an die Rechtsgelehrten. Müssen sich alle Flüchtlinge einschließlich der Toten und Verletzten im nachhinein bei den Mielkes, Honeckers, Krems **und wie sie alle heißen** dafür entschuldigen, dass sie in panischer Angst gerannt sind, dabei erschossen wurden, weil sie nicht stehen geblieben sind?*

Die Gefahr wäre auch anders abzuwenden gewesen. Hierzu sagt das Gericht auf Seite 38, 2. Absatz:

„Hätte er den Grenzposten mit der Waffe bedroht und ihn aufgefordert, die Waffe über den Zaun zu werfen, wäre der Fluchtweg frei gewesen, ohne das ein Schusswaffengebrauch durch R. Hinne noch möglich gewesen wäre."

Die Befolgung dieser Vorgabe des Gerichts hätte sicherlich ein Blutbad angerichtet. Er hielt die Waffe, die am Gurt über der rechten Schulter hing, mit der rechten Hand am Schloss und Abzug. War sie durchgeladen, war sie entsichert? Wenn er sie über den Zaun werfen soll, musste er sie in beide Hände nehmen. Wie schnell ist eine Maschinenwaffe entsichert? **Ist ein Gericht glaubwürdig, das solche Vorschläge macht?**

Oder besser die Frage: „Ist es bequemer für die Justiz, wenn es so abläuft, wie es über tausend Mal passiert ist? Flüchtling rennt, Grenzer schießt, Flüchtling ist tot?"

Dieses Scheibenschießen, der nach meinem Gericht arglosen Grenzer, hatte in über tausend Fällen Erfolg.

Erfolg bei Frauen, Kindern und Männern.

Die arglosen Schützen wurden dann wegen Totschlag angeklagt, bekamen Bewährung, damit war der Fall für die Justiz bequem erledigt.

Mord? Heimtücke? Kann ja nicht sein. Die Flüchtlinge waren nach meinem Gericht selber schuld. Warum wurden die Grenzer eigentlich überhaupt angeklagt, wenn die Begründung von der selbst geschaffenen Gefahr richtig ist??

Kontrollen sind an jeder Grenze üblich. Deshalb hatten wir uns dieser Kontrolle zu unterwerfen, wie an jeder Grenze und damit basta.

Wie war der grausame Alltag an der Grenze?

Grenzer schießt auf unbewaffneten Flüchtling. Flüchtling verblutet, erste Hilfe wird ihm verweigert, erst werden Nebelkerzen gelegt, **damit der Feind (Originalton Befehl an die Grenzer) in Unkenntnis bleibt.**

Dann erst, meist zu spät, wird **der Bandit (Originalton Befehl an die Grenzer)** geborgen. Bandit ist nach Meinung des Gerichts nicht völlig falsch, sie alle sind ja nicht über die ordnungsgemäßen Übergänge gegangen.
Sie alle waren sich über die Gefahr bewusst!
Sie sind selber schuld?
Ist dieser Regelfall der Mauerzeit, das Scheibenschießen verdienter Schützen (Im Prozess hat sich ein Zeuge so selbst gelobt) auf Wehrlose, bequemer für ein Gericht?
Und dann gibt es wirklich jemanden, der sich wehrt. Der die Mauer so wie Willy Brandt als Schandmauer sieht. Der sich tatsächlich bewaffnet hat, um im Ernstfall, wenn das Regime dabei ist, Hand an seine Familie zu legen, illegitim, unzulässig, weil menschenrechtswidrig, um im Ernstfall sich und vor allem die Familie zu verteidigen.
Zu verteidigen gegen jedermann, weil der Staat mit seinem Gewaltmonopol entweder versagt oder es gegen seine Bürger missbraucht.
Fragen an mein Gericht:
Darf der unterdrückte Mensch sich wirklich nicht wehren, verteidigen? Wo fängt das Widerstandsrecht gegen den Staat in jeder Hinsicht an? Stauffenberg übte doch berechtigten Widerstand oder? Waren die Ulbrichts und Honeckers und wie sie heißen, nicht ein Terror-Regime? Wurden sie nicht vor Gericht gestellt wegen ihrer kollektiven Schandtaten?
Haben sie nicht in beängstigender Weise permanent das Volk gedemütigt?
Das Gericht weiß, wir wurden drangsaliert, meine Frau ständig von der Stasi unter Druck gesetzt. Die Familie wurde schon vor der Flucht in Sippenhaft genommen. Heißt es nicht im Grundgesetz: „Die Würde des Menschen ist unantastbar?" Wurde nicht durch diese Maßnahmen der Stasi die Würde meiner Frau, meiner Familie permanent verletzt?
Noch einmal. Die Gleichstellung der Grenzregime von Ost und West ist schlicht und einfach absurd. Damit werden all die Opfer des Grenz-Regimes der DDR brutalst verhöhnt.
Ich empfehle meinem Gericht einen Ausflug zum Point Alpha, an der thüringischen Grenze zu machen.

Genau dort sollte auch meinen Richtern deutlich werden, wie brutal und hart das Regime mit seinen Gegnern umging. Gegner war schon der, der es wagte, Sehnsucht nach Freiheit zu haben.

Doch weiter mit der Urteilsbegründung.

Nach einer Erklärung über tatsächliche und nicht tatsächliche Gefahren folgt auf

Seite 36 im 2. Absatz des Urteils sinngemäß folgendes:

Wenn wir nicht auf den Grenzer gehört hätten, so das Gericht, hätte der unter Umständen geschossen. Nach einer Festnahme wäre eine Verurteilung wahrscheinlich gewesen.

Dennoch war ein Schaden unmittelbar für uns nicht zu befürchten, weil ja nur geschossen wird, wenn wir uns der Ausweiskontrolle entzogen hätten.

Zum anderen stand, (**Originalton Gericht**) eine mögliche rechtsstaatswidrige Verurteilung nicht derart bevor.

Das heißt, so verstehe ich das Gericht, wir mussten nicht befürchten, das man uns, sofort nach der Festnahme in einem Schnellgerichtsverfahren zu 10 Jahren Zuchthaus verurteilt.

Was für eine Erkenntnis!!!

Es müsste doch jemand das Gericht darüber aufklären: Standgerichte gab es an der Mauer nicht.

Wohl aber standrechtliche Erschießungen.

Seite 36 letzter Absatz und 37 erster Absatz des Urteils:

„Dagegen ist die willkürliche und rechtsstaatswidrige Vorenthaltung der Ausreisefreiheit der DDR Behörden kein notstandsfähiger Zustand, weil die Ausreisefreiheit kein Freiheitsgut im Sinne von § 35 StGB ist. Dem Angeklagten und seinen erwachsenen Angehörigen war die Hinnahme der Gefahr für die Fortbewegungsfreiheit zuzumuten, weil sie die Gefahr selbst verursacht haben."

Anmerkung:

Für mich ist dieser Satz ungeheuer in seiner Wirkung:

Danach gilt für alle, die wann und wo auch immer aus Unterdrückung, Staatswillkür oder Terror flüchten, mit den brutalsten Strafen bis hin zur Todesstrafe rechnen müssen, weil sie die Gefahr selbst verursacht haben.

In der weiteren Begründung wird auch noch behauptet, wer die Gefahr kennt und trotzdem die Flucht versucht, **begeht eine Pflichtwidrigkeit!**

<u>Seite 37 Mitte des Urteils heißt es dann noch:</u>
„Es war ihm und seinen Angehörigen **zuzumuten, die Kontrolle und ihre Folgen zu dulden.**
Hinzu kommt, dass das Anhalten des Angeklagten und seiner Angehörigen zum Zwecke der Ausweiskontrolle durch den Grenzer im konkreten Fall **keine rechtswidrige behördliche Maßnahme darstellt.**
Gegenüber rechtsmäßigen, behördlichen Maßnahmen besteht aber eine Duldungspflicht.
Das gilt auch, soweit die Kinder des Angeklagten die Gefahr für die Fortbewegungs-Freiheit nicht selbst verursacht haben.“

Anmerkung:
Noch einmal, weil ich es nicht verstehe.
Sagt dieses Gericht, die Mauer, der Terror an der Mauer, waren alles rechtmäßige behördliche Maßnahmen?
Die Grenzer, die dort eingesetzt waren, kontrollierten, jagten, schossen doch nicht an eine nach dem Grundgesetz und international anerkannten Staatsgrenze?
Haben alle Politiker, welcher Partei und welchen Staates auch immer, alle gelogen, wenn sie vom Unrecht, vom Terror, vom eingesperrten Volk gesprochen haben?

Noch einmal, zum Mitschreiben, Willi Brandt ruft der Welt zu: „Schaut auf die Schande, auf das Verbrechen die diese Grenze darstellt.“

Das, was mit uns dort geschah, waren, so das Gericht: „rechtsmäßige, behördliche Maßnahmen.“

Darf also nach diesem Gericht ein eingesperrtes Volk seinen Drang nach dem Menschenrecht, Freiheit und Menschenwürde, was beides übrigens auch Verfassungsrecht ist, nicht durch Widerstand und Flucht zum Ausdruck bringen?
Wie war das mit den vielen Flüchtlingen in der Prager Botschaft? Alles unrechtmäßig?
Glaubt dieses Gericht wirklich, was es hier geschrieben, nein noch schlimmer, Recht gesprochen hat?
Auf Seite 39 wird dann vom Gericht verdeutlicht, dass es doch wohl einleuchten muss, dass man sich den Weg aus der DDR nicht einfach freischießen darf.
Soweit richtig. Es schränkt dies aber mit dem Hinweis der nicht vorhandenen Lebensgefahr ein.
Genau das ist der entscheidende Punkt.
Die Lebensgefahr bestand, das Gericht irrt in diesem entscheidenden Fakt.
Falsche Ermittlungen und fragwürdige Aussagen sind Basis einer Verurteilung, die ich niemals akzeptieren darf.
Entscheidende, möglicherweise dem Gericht nicht bekannte Fakten, sind zu meiner Entlastung nicht beachtet worden.
Dieses Gericht versuchte in für mich fataler Weise, die Grenze der DDR und alles was dort passiert ist, unter „normale Vorfälle, wie sie an jeder Grenze geschehen“ abzubuchen.
Das, genau das, ist der kritische Punkt.
Alles, aber auch alles, was an der Grenze der DDR geschehen ist, war nicht rechtsstaatlich.
Die Grenze, die Mauer, das Grenzregime, der Schießbefehl und die einzelnen Grenzer waren Teil eines dem Grundgesetz und den Menschenrechten nachweisbar widersprechenden politischen Systems.
Damit war auch der Grenzer Hinne Erfüllungsgehilfe.
Er war freiwillig Werkzeug eines Systems, welches nicht davor zurückschreckte, ein ganzes Volk einzusperren. Er war dabei, ohne mit nötiger Sorgfalt zu prüfen, die Unterdrückungs-Methoden eines autoritären Staates gegen uns durchzusetzen.
Das Urteil ist gesprochen, aus meiner Sicht geht der Kampf weiter.
Wir gingen in die Berufung.

Auch der Staatsanwalt und die Nebenklage wollten das Urteil nicht akzeptieren.
Nach einiger Zeit erfuhr ich vom Anwalt, die Staatsanwaltschaft Berlin hat ihrerseits die Berufung zurückgezogen. Der Anwalt deutete das, wie ich übrigens auch, als positives Zeichen.
Schließlich bekam ich einen Bericht meines Anwalts über ein Telefonat, mit dem für unseren Fall zuständigen Bundesanwalt.
Wie nachzulesen ist, war auch beim Bundesanwalt die Handhabung des Falls mit einem Ergebnis in meinem Sinne zu erwarten.

Sehr geehrter Herr Müller,

ich berichte von einem Telefonat, das ich in Ihrer Revisionsangelegenheit mit dem zuständigen Oberstaatsanwalt beim Generalbundesanwalt in Leipzig geführt habe:

Der Oberstaatsanwalt teilte mir mit, dass er noch in dieser Woche die Akten dem Bundesgerichtshof mit dem Antrag auf Terminsbestimmung vorlegen werde. Dies bedeutet, dass er dazu neigt, eine Aufhebung des Urteils zu beantragen. Er selbst riet uns an, die sog. allgemeine Sachrüge, die wir erhoben haben, noch im Einzelnen auszuführen. Ich selbst habe ihm mitgeteilt, dass wir äußerst umfangreich zur Frage der Notwehr und Nothilfe und auch zur Frage der überschreitung der Notwehr aus Furcht vorgetragen und dazu sogar ein sehr umfangreiches Rechtsgutachten vorgelegt haben. Dies war ihm nicht bekannt, weil er lediglich das sog. Revisionsheft erhalten hat (wie üblich), das nur das Protokoll der Hauptverhandlung, das schriftliche Urteil und die Revisionsschriften enthält.

Er deutete an, dass er die Frage der Notwehr und der Notwehrüberschreitung problematisieren werde. Einen Sinn macht dies im Ergebnis nur, wenn er dazu neigt, entweder Notwehr und Nothilfe oder aber Notwehrüberschreitung (dies mit den Folgen der Schuldlosigkeit gem. § 33 StGB) anzunehmen.

Ich erachte dies als eine äußerst erfreuliche Nachricht. Ich bitte Sie jedoch, diese vorläufige Meinungsäußerung noch nicht als definitiv anzusehen. Bei der Einarbeitung in die Problematik, die der Vertreter des Generalbundesanwalts noch vornehmen muss, mag es durchaus sein, dass er zu einem anderen Ergebnis gelangt.

Angesprochen auf die Revision der Nebenklage bedeutete er mir, dass die dort angesprochenen Fragen, ob hier ein Mord anzunehmen sei, alle hinfällig wären, wenn man im vorliegenden Fall zur Notwehr oder aber zur Notwehrüberschreitung gelangen würde.

Ich werde in den nächsten Tagen Kontakt zum 5. Strafsenat aufnehmen, um in Erfahrung zu bringen, für welchen Zeitraum mit einem Termin zu rechnen ist.

Mit freundlichen Grüßen

Rechtsanwalt

Es sah gut aus. Hoffnung auf Verständnis für unsere Not auch von Seiten des Gerichts war nun doch zu erwarten.
Die Nebenklage hatte ich bis dahin, alleine wegen ihrer Diktion, nicht sehr ernst genommen. In der Begründung zur Nebenklage

heißt es unter anderem:

Irrtümlich geht das Gericht davon aus, dass der Angeklagte kein Mordmerkmal verwirklicht hat, obwohl sich aus den vorliegenden Beweismitteln ergibt, dass der Angeklagte handelte, um eine Straftat zu verdecken sowie eine Straftat zu ermöglichen, und hierbei zugleich heimtückisch vorging.

Aus § 2 Absatz 2 des DDR-Passgesetzes vom 15.09.1954 (GBl. S. 786) ergibt sich, dass für jedes Betreten der DDR ein im Pass eingetragenes Visum erforderlich war. Nach § 8 Absatz 1 dieses Gesetzes wurde bestraft, wer ohne erforderliche Genehmigung das Gebiet der DDR betritt.

Der Angeklagte erschoss den Grenzposten nach den Feststellungen des Gerichts außerdem, um seine Flucht und die seiner Angehörigen unbeschadet beenden zu können (S.16, 40 d.U.).

Nach § 8 PassG DDR war es auch strafbar, das Gebiet der DDR ohne erforderliche Genehmigung zu verlassen. Die Angehörigen des Angeklagten verfügten nach den Feststellungen nicht über die erforderliche Genehmigung. Zumindest die Ehefrau des Angeklagten hätte deshalb wegen der Flucht durch den vorbereiteten Tunnel den Straftatbestand der vorbezeichneten Vorschrift erfüllt.

Nach dem Verständnis des Angeklagten wurde die Flucht seiner Angehörigen erst durch die Beseitigung des Genzpostens ermöglicht. Dieser hätte nach den preisgegebenen Vermutungen des Angeklagten sonst die Flucht verhindert.

Mein Anwalt schrieb dazu in unserer Begründung der Revision:

Soweit die Vertretung der Nebenklage beanstandet, eine Verurteilung wegen Mordes hätte auch unter dem Gesichtspunkt der vorsätzlichen Tötung eines Menschen zur Begehung einer Straftat, nämlich der Republikflucht, erfolgen müssen, erscheint die Begründung rechtlich absurd.

Der Nebenkläger will die Gerichte der Bundesrepublik Deutschland verpflichten, ein Verhalten als strafbar zu behandeln, das nach der ständigen Rechtsprechung und nach der uneingeschränkten Rechtsüberzeugung aller Bürger dieses Landes als Ausübung eines Menschenrechts begriffen wurde und begriffen wird. Sich auch nur mit einem einzigen weiteren Satz mit dieser Auffassung auseinanderzusetzen, hieße, unsittliche Rechtsvorstellungen hoffähig zu machen.

Im Namen des Volkes
(3. Urteil)

5. Juli 2000, der Termin beim BGH. steht fest.
Mein Anwalt rät mir, ich solle nicht an der Verhandlung teilnehmen, es würde doch ein ziemlicher Auftrieb an Öffentlichkeit sein. Trotzdem wollte ich hin, dabei sein, wenn ich rehabilitiert werde. Meine Brüder und ich verabredeten uns.
Es war so, wie der Anwalt es voraussah. Jede Menge Öffentlichkeit. Zur Verhandlung setzte ich mich nicht zum Anwalt, blieb im Hort der Familie, wie ein normaler Zuhörer.
Anwalt und Bundesanwalt, aber auch Nebenkläger, kamen zu Wort.
Der Bundesanwalt sprach von zwei Möglichkeiten, die das Gericht hätte, entweder straf befreiende Notwehr, Nothilfe oder aber wenn es bei Totschlag bleiben würde, müsste die Frage der Verjährung beachtet werden.
Zur Verkündung des Urteils setzte ich mich zum Anwalt. Das Gericht eröffnete. Das Urteil wird im Namen des Volkes verkündet.

Als das Gericht verkündete, dass der Totschlagsvorwurf, so wie es der Nebenkläger gefordert hat, in Mord umgewandelt wird, sah ich wie der Bundesanwalt sich mit einem empörten Gesichtsausdruck dem Gericht zuwandte und seinen Schreibstift sehr heftig auf den Tisch vor sich hinknallte.
Er war wohl nicht einverstanden.
Mir selbst war so, als wenn der Boden unter meinen Füßen wegrutschte. Mein Anwalt war, auch das sah ich seinem Gesicht an, schockiert. Es folgte die Begründung und die Erklärung, es bleibe dennoch bei der ursprünglichen Bewährungsstrafe von einem Jahr.
Die Begründung war im Wesentlichen ein Abklatsch der ursprünglichen vom Landgericht, allerdings sehr verkürzt und wie ich meine oberflächlich.
Die für mich unfassbare, mündliche Erklärung der Vorsitzenden Richterin, „***Dieses Urteil soll helfen, Frieden zwischen Ost und West zu stiften***, “ kann und will ich nie akzeptieren.
Es geht nicht um irgendwelchen Frieden, es geht um mein Leben. Ob ich ein Jahr oder, wie es Mördern ja eigentlich zusteht, lebenslänglich Gefängnis bekomme, es ist und bleibt ein Fehlurteil.
Kann es sein, dass politisches Unvermögen, tatsächlich Frieden zwischen Ossi und Wessi zu erreichen (wobei ich keinen Unfrieden zu erkennen vermag) dazu führt, Prozesse wie den meinen für die Politik zu missbrauchen?
Es gab nach dem Urteil Zuspruch von vielen Menschen, die ich gut kenne, aber auch Menschen, die mir persönlich völlig unbekannt waren.

Stimmen des Volkes!
Auf den folgenden Seiten sind Briefe von Personen, die den Prozess verfolgt haben.

Sehr geehrter Herr Müller,

mit emotionaler Betroffenheit habe ich heute Ihr Fax vom 17.12.1998 gelesen.
Auf diesem Wege möchte ich Ihnen meine Sympathie ausdrücken, weil ich mich in Sie aufgrund meiner eigenen Vergangenheit mehr hineinversetzen kann als vielleicht andere, die heute jünger sind oder niemals auf der anderen Seite des eisernen Vorhangs gelebt haben.
Im Juni 1962 war ich Student an der Ostberliner Humboldt-Universität und kann mich sehr gut an diese Zeit erinnern. Der kalte Krieg herrschte mit eiserner Hand in Europa. Durch den Bau der Berliner Mauer wurden wir DDR-Bürger zu Gefängnisinsassen. Eine Flucht ohne Risiko war völlig unmöglich gewesen.
Was müssen Sie doch für eine enorme Motivation gehabt haben, diesen Tunnel für Ihre in Ostberlin verbliebene Familie zu bauen. In dieser enormen Streßsituation von einem bewaffneten Grenzpolizisten zum Stehenbleiben aufgefordert zu werden, führte zu Ihrer Reaktion, die ich voll verstehen kann.
Auch kann ich mir vorstellen, daß Sie nach Ihrer Flucht eine enorme und zwar sehr begründete Angst vor dem Apparat der Staatssicherheit hatten, die Sie liquidieren wollte.
Die Ironie der Geschichte wühlt jetzt die Geschehnisse wieder auf. Dies ist eine große Belastung für Sie und Ihre Familie.
Damit Sie verstehen, warum ich Ihnen schreibe, darf ich Ihnen etwas aus meiner Vergangenheit erzählen.

Da ich mit dem Regime der DDR im inneren Gewissenskonflikt stand und dies kaum mehr nach außen überspielen konnte, nutzte ich 1987 den Geburtstag meines in Hamburg lebenden Vaters und kehrte mit meiner 20jährigen Tochter nicht mehr in die DDR zurück. Ich hinterließ meine Frau und meinen Sohn sowie ein gerade neu errichtetes Eigenheim in Zwickau.

Mit großer Anstrengung, Schreiben an FJ Strauß, Kohl, auch Honecker, und vor allem durch den enormen Kampf meiner Frau für die Ausreise, u.a. Vorträge in Kirchen, Bestehen von Stasi-Verhören, gelang es uns schon 1988 wieder vereint zu sein. Leider war der Kampf für meine Frau zu viel gewesen. Sie verfiel 1989 einer schweren Depression und erhängte sich in unserem neuen auf Vollkredit erworbenen Haus in Böblingen.

Obwohl ich mich wieder „gefangen" habe, kann und will ich auch nicht die Vergangenheit verdrängen.

Sehr geehrter Herr Müller,

ich wünsche Ihnen und Ihrer Familie alles Gute, mögen Sie mit innerer Kraft die künftigen Geschehnisse bestehen mit dem Wissen, daß viele für Sie Sympathie empfinden und ich denke, daß man sie auch bekunden sollte.

Sehr geehrter Herr Müller,

Ihr Brief, mit dem Sie uns über das Gerichtsverfahren in Berlin informieren, hat mich sehr berührt.

Immer wieder haben Sie über Ihre Zeit in Ost-Berlin, den Arbeiteraufstand 1953 und Ihre Mitwirkung daran erzählt. Und stets haben diese Berichte bei mir einen tiefen, einen bleibenden Eindruck hinterlassen.

Ich selber, 1958 in Bremen geboren, in unserer freiheitlichen und sozialen Demokratie aufgewachsen, bin nie gezwungen gewesen, gegen fundamentales politisches, menschliches oder persönliches Unrecht aufzustehen. Doch entstamme ich einer Familie, die Widerstand und Verfolgung unter der Nazi-Diktatur bitter erleben mußte und die in der Erinnerung noch heute darunter leidet.

Vielleicht hieraus speist sich mein Respekt vor Menschen, die wie Sie Terror und Unterdrückung erkennen und sich dagegen auflehnen, die

II

eben nicht ihren bequemen Frieden mit den Verhältnissen schließen, sondern handeln.
Gerade wir Nachkriegsgeborenen im Westen erscheinen oft als unsägliche und unerträgliche Schwätzer, die genau zu wissen vorgeben, wie man sich in Nazi- und SED-Diktatur zu verhalten gehabt hätte – und die bei der Gestaltung unserer heutigen Gesellschaft unter ungleich angenehmeren Bedingungen mut- und kraftlos wirken, die gar die Veränderungen dieser Tage als „unzumutbar" und „unmenschlich" empfinden und brand-marken.

Helmut Kohl, Jahrgang 1931 wie Sie, sprach von der „Gnade der späten Geburt". Wie mag Ihnen das in diesen Wochen der Anfechtung vorkommen? Helmut Kohl ist Deutscher wie Sie – er hatte nur das Glück, nach dem Krieg im Westen leben zu können. Ihnen widerfuhr diese „Gnade" nicht, und deshalb mußten Sie einen viel beschwerlicheren Weg zurücklegen.
Für mich zeigt sich daran, wie fragwürdig es ist, von der „Gnade" der Geburt zu einer bestimmten Zeit, an einem bestimmten Ort oder unter bestimmten

III

Umständen zu sprechen.
Nein, wir müssen unser Schicksal annehmen und unsere Pflicht tun, in welcher Zeit, an welchem Ort und unter welchen Umständen wir auch leben.
Überall und stets haben wir einzustehen für unsere Familie und die Menschen, die uns nahe stehen, für Recht und Gerechtigkeit, für Solidarität und Mitmenschlichkeit, für Demokratie und Freiheit.
Dies ist nicht bequem, und manchmal sind wir dabei sogar ganz alleine.
Jeder muß seinen Weg finden, mit dieser Einsamkeit zurechtzukommen. Für alle gültigen Trost gibt es nicht.
Mich als Christ trägt der Glaube, daß Gott stets bei mir ist, auch wenn ich von allen Menschen längst verlassen bin.

Keine Diktatur – gerade die auf deutschem Boden – wäre je zu Ende gegangen, wenn nicht einzelne das Leid des Aufstehens gegen die Barbaren auf sich genommen hätten. Nicht viele aber hatten dazu Mut und Kraft.
Mut und Kraft, sehr geehrter Herr Müller, wünsche ich Ihnen und Ihrer Familie in diesen Weihnachtstagen und für das Neue Jahr.
In herzlicher Verbundenheit denkt an Sie

[illegible]

Sehr geehrter Herr Müller,

Ihr gestriges Telefax hat mich sehr betroffen. Was immer auch damals vor 36 Jahren passiert sein mag – ich bin mir dessen sicher – Sie haben kein Unrecht begangen, im Gegenteil, diejenigen Landsleute, die unter Einsatz ihres eigenen Lebens Freunde oder Angehörige aus der DDR herausgeholt haben, verdienen unseren allergrößten Respekt.
Jedesmal, wenn ich zu DDR-Zeiten in Berlin war, habe ich im Museum am Checkpoint-Charlie mit Bewunderung und Wehmut derer gedacht, die aus der DDR geflüchtet sind und die ihnen zur Flucht verholfen haben.
Auch wenn der Rechtsstaat durch diesen Prozess auf die Spitze getrieben wird, wir können es nicht ändern und ich wünsche Ihnen

Sehr geehrter Herr Müller,

nachdem ich heute das Fax vom 17.12.
wegen des Ihnen bevorstehenden
Verfahrens gelesen habe, drängt es
mich, Ihnen meine Hochachtung
für Ihre damalige Handlung aus-
zusprechen.
Selbst wenn dabei jemand zu Tode
kam, wird jeder vernünftige Mensch
Notwehr in einer Lage unter Einsatz
des eigenen Lebens erkennen.

Dafür gebührt Ihnen nicht ein

Gerichtsverfahren, sondern eine

Tapferkeitsmedaille.

Ich wünsche Ihnen für das

Gerichtsverfahren Nervenkraft

und alles Gute für 1999.

Sehr geehrter Herr Müller,

ich komme auf unsere gemeinsame Angelegenheit zurück:

Ich kann Ihnen mein Entsetzen über dieses unmögliche Urteil nicht in Worte fassen. Dabei bin es nicht nur ich, der sprachlos ist. Alle juristischen Fachleute, die wussten, dass ich in die Angelegenheit als Verteidiger involviert war, haben spontan Kontakt zu mir aufgenommen und ihr absolutes Unverständnis über diese Entscheidung mitgeteilt. Angesichts der konkreten Umstände an Heimtücke auch nur zu denken, erscheint schon abwegig. Auch der Generalbundesanwalt hat durch seinen Vertreter diese unsere Auffassung offenkundig gemacht. Umso unverständlicher ist die Entscheidung des Gerichts.

Ich bin sicher, dass es in der Justizgeschichte der Bundesrepublik Deutschland einmalig ist, dass für einen Mord eine Strafe von einem Jahr mit Bewährung verhangen wird. Schon dies zeigt die Unstimmigkeit der Entscheidung.

Sehr geehrter, lieber Herr Müller!

Gerade weil ich mit Ihnen viele Sachverhalte kontrovers diskutiert habe und mit manchen Ihrer Führungsentscheidungen nicht einverstanden war, erscheint es mir heute notwendig, Ihnen einen Brief zur psychologischen Rückendeckung zu schreiben.

Es ist mir unverständlich, warum man Sie jetzt vor Gericht zerrt. Irgendwie scheinen alle Werte durcheinander zu geraten.
Ich wäre stolz, wenn ich diese mutige Tat für meine Familie erbracht hätte, habe aber Zweifel, ob ich diese Tatkraft, Zielstrebigkeit und Nervenstärke aufgebracht hätte.

Wenn die Befreiung der eigenen Frau und Kinder aus Verbrecherhänden keine Heldentat ist, was dann?

Den bedauerlichen Tod des Grenzposten haben die zu verantworten, die ihn dort schwerbewaffnet hingestellt haben, egal wessen Kugel ihn getroffen hat.

Ich wünsche Ihnen einen unzweifelhaften Freispruch. Die Standfestigkeit und die Kraft auch diesen Prozeß durchzustehen, haben Sie ohnehin!
Für Sie und Ihre Familie ein gutes Neues Jahr!

Und diesmal im absoluten Wortsinn etwas altmodisch:

Hochachtungsvoll
Ihr

Ideologisch Gedrillte fragen nicht nach Angemessenem

Zum Artikel von Peter Jochen Winters „Opfer und Täter wurden auf beiden Seiten der Mauer als Helden gefeiert" (F.A.Z. vom 2[illegible]. Dezember): Es geht in diesem Verfahren um das unbestreitbare Lebensrecht des jungen Reinhold Huhn gegen die ebenso unzweifelhaften Freiheitsrechte der Flüchtlinge. In solcher, etwas verkürzter Betrachtungsweise geht es also zunächst um Güterabwägung und die Betrachtung der Angemessenheit der Mittel. Und da sind wir auch schon ziemlich nahe am wichtigsten Punkt: Jedem war damals klar, daß die DDR-Grenzwächter garantiert alles andere im Kopf hatten als Überlegungen zur Angemessenheit von Mitteln.

Jeder dieser Leute war durch eine verbrecherische Führung vorsätzlich und systematisch bestialisiert worden. Regelrecht abgerichtet hatte man diese Menschen auf jeden, der irgendwie zu fliehen auch nur zu versuchen schien. Im durch ideologischen Drill pervertierten Denken der Grenzsoldaten hießen diese Menschen „Grenzverletzer", galten als ausgeschlossen aus den Kategorien des Menschseins, waren zu Todfeinden gestempelt.

[illegible] dabei schnappte, hatte eventuell ein einziger etwas vielleicht entfernt Waffenähnliches bei sich. Von Flüchtlingen ging in aller Regel keinerlei reale Gefahr für Leib und Leben der Grenzsoldaten aus. Aber buchstäblich jeder Grenzer war für jeden Flüchtling eine unmittelbar tödliche Gefahr. Das war bis zum 18. Juni 1962 in Berlin schon achtzehnmal vorexerziert worden.

Es wäre ein lohnendes Thema, unter Hinzuziehung auch der erst jetzt zugänglichen Unterlagen einmal im Detail darzustellen, auf welche Art und Weise diese systematische Bestialisierung junger Grenzsoldaten vonstatten ging. Solche Vorgänge bleiben regelmäßig nicht ohne Wirkung auf die Gegenseite. Wir haben hier wieder einmal ein neues Beispiel dafür, wie bestialisierte Leute andere mitbestialisieren. Ich beneide die Richter nicht.

Dr. Günther Heinzel, Köln

33

Dienstag, 5. Januar 1999, Nr. 3 / Seite 11

Grenzpolizisten der DDR kaum „gänzlich arglos"

Der Bericht „Opfer und Täter wurden auf beiden Seiten der Mauer als Helden gefeiert" über den Fluchthelfer-Prozeß (F.A.Z. vom 21. Dezember) bewegt mich. Zwar darf das Recht auf Freizügigkeit nicht auf Kosten eines Menschenlebens durchgesetzt werden, aber ein westlicher Fluchthelfer, der mit Schüssen aus seiner Pistole einen DDR-Grenzpolizisten getötet hat, kann nicht Mörder im Sinne des Strafrechts sein.

Ein unter dem Befehl der Anwendung der Schußwaffen-Gebrauchsbestimmung steh[illegible]r, dazu mit einer Maschinenpistole bewaffneter DDR-Grenzpolizist stellte im unmittelbaren Grenzgebiet eine permanente Gefahr für Leib oder Leben dar. Durch diese Umstände bedroht waren im Augenblick der Begegnung mit dem Grenzpolizisten nicht nur Leib oder Leben des Fluchthelfers, sondern auch das Angriffsgut – Leib oder Leben – seiner Ehefrau, seiner beiden Kinder und der Schwägerin; so kann also in bezug auf die Notwehr oder Nothilfe das angegriffene Gut auch dritten Personen gehören. Es genügte allein schon, daß der Grenzpolizist mit einer Maschinenpistole bewaffnet war; Voraussetzung für eine Notwehr war nicht, daß er die Waffe erst in Anschlag bringen mußte; ein in Notwehr Handelnder braucht also den Beginn des Angriffs nicht abzuwarten.

Es ist nicht rechtswidrig, etwa an Grenzen „vorschriftsgemäß Personalausweise zur Kontrolle" zu verlangen; rechtswidrig dagegen war die damit verbundene Gefahr, daß – wie es wiederholt geschehen ist – auf Flüchtlinge nahe den Sperranlagen sofort und ohne Warnung geschossen wurde. Bedenklich kann zwar sein, daß dem schon nach dem ersten Schuß in die Brust zusammengebrochenen Grenzpolizisten ein weiteres Mal in den Rücken geschossen wurde, aber straffrei bleibt ein Täter auch dann, wenn er in Verwirrung, Furcht oder Schrekken die Grenzen der Notwehr überschritten hat.

Wenn die Staatsanwaltschaft sagt, der Grenzpolizist sei „gänzlich arglos" gewesen, gibt sie zu erkennen, daß sie von der damaligen Situation in DDR-Grenzgebieten nicht die geringste Kenntnis hat. Nach der speziellen Ausbildung zum Grenzpolizisten war der Gefreite auf der Hut vor „Grenzverletzern" und damit auch vor den Gefahren, die von diesen ausgegangen sein sollen. So etwas wie ein argloser Spaziergang war nach den Bestimmungen der DDR der Dienst an deren Grenzen keineswegs.

Claus-Einar Langen, Nürnberg

Von: Matthias <r.m.schumann@gmx.de>
An: eimer@avrio.net
Betreff: - 2 BvR 1473/00 -
Datum: Donnerstag, 1. Februar 2001 00:48

Sehr geehrter Herr Rechtsanwalt

ungebeten erlaube ich mir, ihnen zu schreiben.
Mir ist eben das im Betreff angeführte Urteil / Entscheidung zur Vorlage gekommen.

Als ehemaliger DDR -Bürger kann ich selbiges natürlich nicht nachvollziehen.

Zitate:

Die Verfassungsbeschwerde betrifft die Verurteilung des Beschwerdeführers wegen der Tötung eines DDR-Grenzsoldaten im Jahre 1962 bei der Flucht über die innerdeutsche Grenze.

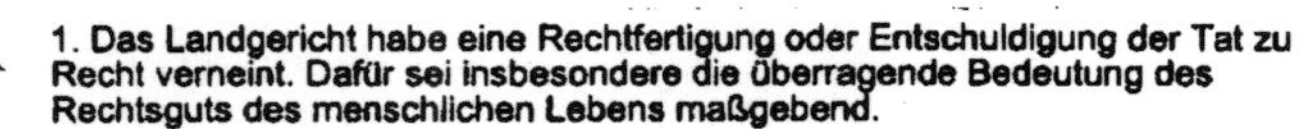

1. Das Landgericht habe eine Rechtfertigung oder Entschuldigung der Tat zu Recht verneint. Dafür sei insbesondere die überragende Bedeutung des Rechtsguts des menschlichen Lebens maßgebend.

2. Die Strafgerichte haben dem Freiheitsrecht des Beschwerdeführers das Lebensrecht des getöteten Grenzsoldaten als kollidierendes Grundrecht gegenüber gestellt und auf dieser Grundlage angenommen, die vorsätzliche Tötung des Soldaten sei weder gerechtfertigt noch entschuldigt.

3. Die Annahme, der Grenzsoldat R. H. sei arglos gewesen, beruht nicht auf einer willkürlichen Unterstellung. Vielmehr hatte der Zeuge H. bekundet, er und sein Kamerad H. seien von einer normalen Personenkontrolle ausgegangen.

zu 1. Der Beschwerdeführer hatte keine andere Wahl, seine und seiner Angehörigen Freiheit, Gesundheit und Leben in einer anderen angemessenen Form zu schützen und zu sichern.
Die Morde des DDR - Regime von Erschießung bis medikamentösen Versuchsreihen (Psychiatrie) mit Todesfolge sind hinlänglich bekannt.

zu 2. Die vorsätzliche Verletzung und auch evtl. Tötung des Soldaten war gerechtfertigt. Bei Grenzsoldaten handelte es sich nicht um normale (ideologisch) Soldaten. Diese waren besonders ausgesucht, geschult und auf das Töten von "Grenzverletzern" ausgebildet. Eine normale Personenkontrolle gab es an der DDR - Grenze nicht. Vielmehr waren die Grenzer für einen sofortigen Schußwaffengebrauch auf Grund des Drills sensibilisiert.

zu 3. Das kann ja nicht in dieser Form gewertet werden. Zeuge H. war persönlicher Freund des Opfers.

Aus den Berichten ehemaliger Grenzsoldaten ist zu entnehmen, das jeder "Grenzüberschreiter" ein potentieller Feind "unseres Landes" ist und bei geringstem Zweifel, unter Gebrauch der Schußwaffe, am Grenzübertritt zu hindern ist. Womit die Notwehr belegt sein sollte. An der innerdeutschen bestand ein " Kriegszustand ", welcher nicht unter normalen Aspekten beurteilt werden kann.
Ein "Grenzüberschreiter" mußte davon ausgehen, bei unerlaubten Übertritt oder dem Versuch und folgender Festnahme, getötet zu werden.

Es sollte die Stellung, Handlungsbereitschaft und Charakter der Grenzsoldaten, unter Befragung ehemaliger Grenzsoldaten, Grundsätzlich festgestellt werden.Unerlaubte Grenzüberschreitung, wie auch deren Folgehandlungen, waren ein Akt der Notwehr !!

MfG
Matthias Schumann

Verzweifelte Heimtücke

Mord oder Notwehr? Ein Grenzfall der deutsch-deutschen Justiz

Es war eine chirurgische Operation. Die Patienten wurden beruhigt, betäubt, zusammengenäht. Die deutsche Einigung ist gelungen, aber seitdem das Lachgas seine Wirkung verloren hat, schmerzt das Fleisch, wo die Nähte saßen. Der Eingriff war teurer als erwartet, und er hat Nachwirkungen. Manche Wundstellen sind geblieben, die gar nicht heilen wollen. Es gibt sie auch im Bereich des Rechtssystems. Die Bundesrepublik hat es sich zur Aufgabe gemacht, Unrecht zu verfolgen, das zu Zeiten der DDR nicht bestraft wurde. Der Fall des Verurteilten Rudolf Karl Müller zeigt aber, daß dies Bestreben mitunter in rechtliche Paradoxien führt (F.A.Z. vom 3. Mai).

Als er seiner Familie zur Flucht nach West-Berlin verhalf, hat Müller im Jahr 1962 einen Ost-Berliner Grenzsoldaten erschossen. Dafür ist er im vergangenen Jahr wegen Totschlags zu einem Jahr Gefängnis auf Bewährung verurteilt worden. Müller hat dies Urteil angefochten. Darauf wurde es vom Bundesgerichtshof (BGH) verschärft: Im Juli befand der 5. Strafsenat, daß Müller den Grenzposten Reinh[...]n ermordet habe. Das Strafmaß wurde nicht erhöht. Trotzdem hätte das Urteil den Angeklagten kaum schwerer treffen können. Beim Bundesverfassungsgericht hat er Beschwerde eingelegt. Seit 1962 lebt er in der Bundesrepublik, zwanzig Jahre lang arbeitete er im Vorstand der IG Metall, er war ein unbescholtener Bundesbürger. In der DDR galt Reinh[...]n als ein Held und Märtyrer, im Westen aber interessierte niemand sich für den toten Grenzposten. Es tobte der Kalte Krieg. DDR-Grenzposten galten als „schießwütige Mörder", als „Ulbrichts Schergen". So war das 1962. Und jetzt, auf einmal, soll Müller ein Mörder gewesen sein.

Der Verurteilte hat einen Menschen getötet. Er hatte die Wahl zwischen großem Unglück und einem großen Risiko und hat sich am Ende schuldig gemacht. Die tragische Geschichte des Rudolf Müller begann am 17. Juni 1953, als er, ein angehender Vopo, sich weigerte, auf die streikenden Arbeiter einzuknüppeln. Er wurde von der eigenen Frau denunziert, er wurde ins Gefängnis gesperrt, er heiratete eine andere Frau und versuchte vergeblich, die DDR mitsamt seiner neuen Familie auf legalem Weg zu verlassen. Dann lief ihm die Zeit davon. Zwar hatte er selbst schon in West-Berlin Wohnung und Arbeit gefunden, bevor er jedoch seine Familie übersiedeln konnte, erstand zwischen den Müllers und dem Westen die Mauer.

Diese Mauer wurde streng bewacht, gehütet von frischen Männern, wie einst Müller einer gewesen war, die keinen Anlaß fanden, an den Gesetzen ihres Staates und den ihnen erteilten Befehlen zu zweifeln. Der junge Grenzposten [...]rhielt am Morgen des 18. Juni 1962 die Order, besonders wachsam zu sein: Auf der westlichen Seite seines Mauerabschnitts hatte ein Kamerateam auf einem Hausdach Stellung bezogen. Auch Müller sah das Kamerateam. Auch er war deshalb alarmiert. Es war indes zu spät, die anberaumte Flucht konnte nicht mehr abgeblasen werden. Unter der Mauer hindurch hatten Müller und einige andere Männer einen Tunnel gegraben. Er führte in den Keller eines Hauses im Osten. Nahebei traf Müller sich mit seiner Familie. Frau Müller trug einen Blumenstrauß: Sie wollten so tun, als wären sie auf dem Weg zu einer Geburtstagsfeier. Vorsichtig wandten die Müllers sich in Richtung des Hauses, in dessen Keller der Tunnel mündete.

[...] hat nur seine Pflicht getan, als er die Fremden anrief: „Halt, stehenbleiben, weisen Sie sich aus!" Die Leute schienen nicht zu hören – „Stehenbleiben!" Der Mann wandte sich um: „Mensch, mach keinen Scheiß ... Wir gehen doch zum Geburtstag." [...] beharrte: die Ausweise. Der Mann zog eine Pistole aus dem Hosenbund. [...]n kam nicht dazu, Rudolf Müller mit der Kalaschnikow, die er bei sich trug, zuvorzukommen.

Die Familie des erschossenen Grenzposten[...] hält es für eine Schande, daß der Täter mit einer läppischen Bewährungsstrafe davonkommen soll. Das Landgericht Berlin, das Müller wegen Totschlags verurteilte, hielt es für Rechtens, daß Reinhold [...] eine Ausweiskontrolle vornehmen wollte: „Auch die Bundesrepublik darf nicht an jeder beliebigen Stelle verlassen werden." Volkmar Mehle, Müllers Anwalt, hält die Tat für einen Fall von Notwehr. Während das Berliner Landgericht dem Angeklagten Müller noch zugute hielt, den Grenzposten [...]n in einer Situation „affektiver Anspannung" erschossen zu haben, erkennt der Bundesgerichtshof auf Mord aus Heimtücke. Warum?

Heimtücke liegt dann vor, wenn das Opfer sich „keiner Gefahr versieht" und „wehrlos" ist. Nach Meinung des BGH traf beides zu. [...] habe bloß Ausweise kontrollieren wollen, habe sich also keiner Gefahr versehen und sei im übrigen auch wehrlos gewesen, weil er seine Kalaschnikow nicht in Anschlag brachte. Folglich habe Müller kaltblütig und nicht aus Notwehr geschossen, da ja von Reinhold ███ keine unmittelbare Gefahr für ihn ausgegangen sei.

Sowohl dem Berliner Landgericht als auch dem BGH war natürlich bekannt, daß Müller im Fall seiner Verhaftung mit einer mehrjährigen Freiheitsstrafe zu rechnen hatte. Doch waren beide Gerichte der Auffassung, daß er dies in Kauf hätte nehmen müssen. Beide Gerichte respektierten die für den Grenzposten „verbindliche Befehlslage": Die „Grenzregelung der DDR", befand der BGH, sei „ungeachtet ihrer Menschenrechtswidrigkeit nicht insgesamt als ungültig anzusehen".

Nach Ansicht der gegenwärtigen Rechtsprechung hat R███ also im Rahmen einer übergeordneten Illegalität eine legale Amtshandlung vorgenommen. Dementsprechend nützt es Müller gar nichts, daß er und seine Familie anerkanntermaßen Opfer massiver Repressionen gewesen waren: In der gegebenen Situation hätte er sich zur Not festnehmen lassen müssen. Auf jeden Fall „mußte er Abstand nehmen" von der Tötu███, da er sich – so der BGH – „in Kenntnis aller Risiken in die vorhergesehene Konfliktsituation mit einem bewaffneten Grenzposten begeben hatte".

Willy Brandt hat 1962 leicht reden gehabt: „Jeder unserer Polizeibeamten und jeder Berliner soll wissen, daß er den Regierenden Bürgermeister hinter sich hat, wenn er seine Pflicht tut, indem er von seinem Recht auf Notwehr Gebrauch macht und indem er verfolgten Landsleuten den ihm möglichen Schutz gewährt." Das sagte Brandt in einer Rede am 17. Juni 1962, einen Tag bev███ erschossen wurde. Aus Brandts Sätzen spricht die hitzige Romantik des Kalten Krieges. Die bundesrepublikanischen Gerichte machen es sich heute nicht so leicht. Indirekt hat der BGH in seinem Urteil den Kalten Krieg für erledigt erklärt: Denn nur die Umstände des Kalten Krieges machen sowohl Müllers Tat als auch die anschließende Untätigkeit der westdeutschen Justiz verständlich. Indes haben das Berliner Landgericht und der 5. Strafsenat des Bundesgerichtshofes den zeitgeschichtlichen Hintergrund der Tat ignoriert.

Das mag politisch erfreulich und im Sinn der deutschen Einigung sein. Juristisch ist das Urteil, das so entstand, delikat. Außerdem ist es lebensfremd: Ist ein Grenzposten mit Kalaschnikow wirklich „wehrlos" zu nennen? Kann ein Grenzposten an der Mauer, der unter dem Befehl erhöhter Alarmbereitschaft steht, als „arglos" gelten? Darf man dem in jener Stunde vermutlich von tiefer Angst erfüllten Rudolf Müller absprechen, daß er im Moment der Tat unter „affektiver Anspannung" stand und deshalb zu kaltblütiger Heimtücke gar nicht in der Lage war? Der BGH hat das so gesehen. So kam die Verurteilung wegen Mordes zustande. Strafrechtsprofessor Mehle bedauert, „daß der BGH mit dieser Wertung die Verjährungsfrage offenlassen

Da die Bundesrepublik 1962 darauf verzichtete, Müller strafrechtlich zu belangen, ist sein Fall 1982 verjährt. Wenn Müller überhaupt der Prozeß gemacht werden konnte, dann nur deshalb, weil die Bundesrepublik nach dem Beitritt der DDR die unerledigten Fälle der ostdeutschen Justiz übernommen hat. Indem der BGH Müller wegen Mordes verurteilt hat, macht er sich zum Vollstrecker der DDR-Justiz. Er tut es, aber er tut es nicht ganz. Denn erstens hätte Müller auch ohne den Beitritt der DDR wegen Mordes angeklagt werden können, da Mord nicht verjährt. Und zweitens zeugt das erstaunlich niedrige Strafmaß von der politischen Bewertung dieses Falles. Mord sollte es nach dem Willen des BGH schon sein, aber es sollte ein Mord sein, der nicht viel kostet. Daß ein Mord mit einer Bewährungsstrafe geahndet wird, ist äußerst ungewöhnlich. Für die Begründung seines Urteilsspruches hat das Gericht indes nicht einmal vier Seiten benötigt. Und auch das ist ungewöhnlich.

Das Urteil zeigt, daß die Mühlräder, die in dieser Sache vor bald vierzig Jahren in Gang gesetzt wurden, sich nicht so leicht aufeinander abstimmen lassen. Zwischen ihnen werden das Verständnis für die Amtspflicht des ███ und die Einsicht in die verzweifelte Lage Rudolf Müllers zerrieben. Im Bemühen, die komplizierte Sachlage auf einen Nenner zu bringen, mag der 5. Senat übers Ziel hinausgeschossen sein: Ob Müller wirklich heimtückisch gehandelt hat und also ein Mörder genannt werden darf, gehört zu den Dingen, die das Verfassungsgericht jetzt klären muß. Eines freilich wird nicht herbeigeführt werden können: Gerechtigkeit. Denn dies mag die furchtbare Wahrheit der deutsch-deutschen Grenze sein: daß Notwehr und vorsätzliche Tötung manchmal eines sind. Es hängt davon ab, von welcher Seite man auf die Opfer schaut.

FRANZISKA AUGSTEIN

Was bleibt, ist ein Urteil des Bundesgerichtshofs, welches mich zum Mörder erklärt, hierzu keine andere Begründung liefert als das bereits vom Landgericht Berlin verkündete Urteil.
Die Beweise sind fragwürdig, beruhen auf falschen Aussagen, sind manipuliert. Das Gericht hat eindeutige Hinweise auf Beteiligung der Stasi an Tat und Manipulation der Ermittlungen nicht erkannt.
Alles, die Klage, die Verurteilung, basiert auf Stasiakten.
Deren Manipulation ist anhand der stetigen Veränderung, von der ersten Stunde des Zwischenfalls bis zu dem Status, wo diese Akten nahezu wortgleich als ‚Anklage' übernommen wurden, nachvollziehbar.
Vielleicht ist es doch noch möglich, Menschen für die Wahrheit zu interessieren.
Es könnte ja auch sein, dass das Volk, in dessen Namen auch mein Urteil gesprochen wurde, dieses Urteil auch nicht akzeptiert.
Meine Arbeit wäre dann nicht umsonst gewesen.
Vielleicht führen diese meine Zeilen dazu, klarzustellen ob der Nobelpreisträger Willy Brandt 1962 etwas völlig Falsches erklärte, als er die Mauer als Schandmauer bezeichnete. Als er alle Bürger aufforderte, diejenigen zu unterstützen, die sie überwinden wollen.
Als er verkündete, was an dieser Mauer geschieht, ist nicht nur eine Schande, es ist ein Verbrechen. Weiter sagte er: „Ich rufe die Welt, seht her, an dieser Mauer wird das Menschenrecht mit Füßen getreten. Schüsse auf Wehrlose, sogar auf gehetzte Kinder, muss jedes menschliche Empfinden stören."
Wenn aber, wovon ich überzeugt bin, Willy Brandt Recht hatte, dann hat mein Gericht Unrecht. Unrecht mit der für meine Verurteilung maßgebenden Feststellung, die Schandmauer an der Zimmerstraße war eine rechtmäßige Grenze, ohne Schande, ohne Menschenrechtsverletzungen, ohne Flüchtlingsmord.
Dann aber ist meine Verurteilung Unrecht.
Die Urteile haben mir meinen Glauben an das Recht genommen. Aber nicht die Kraft.
Sie haben aber Traudchen die letzte Kraft genommen, sie wollte nicht mehr leben. Sie gab sich, ihrem Wunsch nach einem freien Leben mit ihrer Familie die Schuld daran, dass die Gerichte mit mir so umgegangen sind. „Verzeih mir, dass ich unbedingt zu dir wollte. Ich dachte

Frau und Kinder gehören zu ihrem Mann und Vater.“ Das waren ihre letzten Worte zu mir, bevor sie uns für immer verließ.
Welche Antwort gibt die Justiz auf erwiesene, eidliche und uneidliche Falschaussagen?
Welche Antwort geben die Politiker der Justiz, die im Urteil verkündet hat: Wer flüchtet, ist für die Folgen selbst verantwortlich, da er sich in Kenntnis der Gefahr einer Pflichtwidrigkeit schuldig macht?
Heißt das nicht auch, wir, die wir das große Glück haben in einem Rechtsstaat zu leben, schlagen mit solchen Rechtstheorien allen Unterdrückten die Türen vor der Nase zu.
Alle Diktatoren können sehr ruhig schlafen bei solch einer Einstellung der Rechtsstaaten.
Die Mutigen, die Widerstand leisten, um in Freiheit und Selbstbestimmung leben zu können, wird die Tür zur Freiheit zugeschlagen. All denen sagen einige unserer Rechtsexperten: „Wenn ihr flüchtet, dann bitte nur über offizielle Grenzübergänge.“

Was bleibt für mich zu tun nach diesen Urteilen?
Ich werde mich niemals beugen, wenn ich weiß, dass mir Unrecht getan wird. Mein Leben war deshalb reich, weil ich immer dafür eingestanden bin, Ungerechtigkeit zu verhindern, zu bekämpfen, da ,wo ich selbst Verantwortung getragen habe, Ungerechtigkeiten nicht zuzulassen. Noch lebe ich, deshalb kämpfe ich weiter, auch gegen Ungerechtigkeit gegenüber der Geschichte.

Epilog

Die letzten Seiten dieses Buches sollen denjenigen, die es geschafft haben, den nicht immer leichten Text zu lesen, die Möglichkeit geben, einzutauchen in bisher nur angedeutete Hintergründe des hier beschriebenen Geschehens. Unvorstellbares wird Vorstellbar. Ein völlig neues Szenario zeichnet sich ab. Viele ungeklärte Fragen des Prozesses geben Spielraum für weiteres Nachforschen. Der verheerende Einfluss der Stasi auf die gesamte DDR-Gesellschaft erlaubt es, Manipulationen, wie im Folgenden geschildert, dieser Stasi zu unterstellen. Es ist nicht bloße Fantasie des Autors. Es ist mehr. Es ist für ihn eine reale Möglichkeit, eine Vermutung, wie es nach alten und vor allem neu entdeckten Unterlagen, Gegebenheiten aber auch Berichten von Zeitzeugen bei unserer Flucht zugegangen sein kann.
Als die beiden Studenten Erbes und Ögemann im Osten beim Grenzübertritt verhaftet wurden, haben sie zugegeben, bei meiner Frau gewesen zu sein. Das Schlauchboot, was sie mit rüber bringen sollten wurde ihnen abgenommen. In der Stasiakte heißt es dazu: „Sie wurden beide auf Kontakt genommen," dann entlassen.
Beide hatten ständigen Kontakt zu mir und waren bei allen wichtigen Beratungen und Planungen beteiligt. Unterstellt, dieses „Auf Kontakt nehmen" durch die STASI bedeutet, dass sie aktiv als Spitzel angeworben wurden, dann ist der weitere Verlauf unseres Unternehmens erklärbar.
Mein Gefühl spricht aber dagegen. Vielmehr ist es für mich ziemlich eindeutig, dass sie von dem Zeitpunkt der so genanten Kontaktnahme durch die STASI intensiv beobachtet wurden. Unbewusst, aber trotzdem wirksam, führten sie die Beobachter zur Zielperson, die ich leider verkörperte. Danach genügte das Feststellen meiner Gewohnheiten, schließlich das Suchen einer unauffälligen Gelegenheit, um mich in die von der STASI geplante Szenerie einzubinden.
Das U-Boot bekam den Marschbefehl.
Der Polier sprach mich gezielt an. Er war das U-Boot. Alle, die irgendwie betroffen waren, wussten um die vielen Spitzel im Bereich der Mauer. Deshalb ist es nach gründlicher Überlegung nahezu wahnwitzig, einen wildfremden Menschen wegen dem Bau eines

Tunnels einfach so anzusprechen. Es ist aber geschehen. Die Order der Stasi war einfach und genial. Veranlasse den Müller zum Tunnelbau bei Springer, die Müllers haben bei uns, insbesondere der Rudolf, dieser vorbestrafte CIA-Agent, noch eine Rechnung offen. Trotzdem ist der Müller nur Mittel zum Zweck. Er ist nebensächlich. Wichtig ist Springer und die für uns dringend notwendige politische Wirkung eines vom Westagenten im Auftrage Springers ermordeten Grenzers.
Ergebnis: Wir buddelten den Tunnel.
Der Polier besorgte rechtzeitig die Waffe.
Der Polier drängte mit aller Macht auf den Termin 17/18 Juni.
Der Polier brachte zur Verstärkung noch den Elner mit, damit der Zeitverlust nach Entdeckung des Tunnels durch den Hausmeister wieder eingeholt wird. Der Tag der Flucht ist gekommen. Damit alles sicher wie geplant abläuft, wird ein zuverlässiger Stasimann (Allert) dem Bereich zugeordnet. Gleichzeitig wird ein Opfer unter den Grenzern gesucht und in der Person des Grenzers Hinne gefunden.
Wieso Hinne?
Er ist, anders als die Propaganda der Stasi und der Armee es verlauten ließ, nicht der überzeugte Verfechter des Regimes. Es gibt Aussagen und Briefe, nach denen er von einer Disziplinarstrafe kurz vor unserer Aktion berichtete. Auch von seiner Bemerkung, „da er jetzt zu den Unzuverlässigen gehörte, braucht er zu seinem Glück nicht mehr nach vorne an die Mauer zum Einsatz."
Die Aktion beginnt mit folgender Rollenverteilung:

1. Der Postenführer Platzmann bekommt als zweiten Mann den Hinne zugeteilt. Auf seine Frage, warum er denn den mit nach vorne nehmen soll, heißt es dann wohl: „Genosse Platzmann, du bekommst den vertrauensvollen Auftrag, diesen unzuverlässigen Hinne zu testen. Du bleibst in ständiger Verbindung mit dem Befehlsstand. Wir geben dir durch, was du zu tun hast. Wir verlassen uns auf dich."

Bewährte Stasi/Geheimdienstmethode, jeder Beteiligte bekommt von der Aktion nur soviel Kenntnis, als es zur Erfüllung der Aufgabe unbedingt notwendig ist.

2. In den für diesen Grenzbereich zuständigen Befehlsstand übernimmt ein umfassend informierter STASI-Offizier (Oberst Latke) das Kommando. Er ist für die Koordination

der Kräfte eingesetzt und verantwortlich. Für die Mannschaft des Befehlstands erfolgte der Sondereinsatz des Oberst Latke an diesem Tag wegen der besonderen brisanten politischen Lage, wie 17. Juni, Adenauerbesuch und Besuch des amerikanischen Außenministers Dean Rusk in West-Berlin.

3. Zwei Stasioffiziere werden im Befehlsstand als Grenzoffiziere getarnt für ‚so genannte' Sonderstreifen (Kontakt mit der angeblichen Familie Lebrock) in Bereitschaft gehalten, (teilinformierte).
4. Eine STASI-Mitarbeiterin wird als Frau Lebrock mit Kindern in Bereitschaft gehalten, (teilinformiert).
5. Der STASI–Offizier Allert hält sich als Hinterlandstreife in unmittelbarer Nähe des Einsatzortes auf, (vollinformiert). Er trägt eine Automatische Pistole Kaliber 7,65.
6. Ein Scharfschütze der Stasi-Sondereinheit bezieht in der konspirativen Wohnung Zimmerstrasse 56 vierter Stock Stellung.
7. Es wird vorab geklärt, ob der Pathologe, der für kritische Grenzopfer allein zuständig ist, für diesen Tag zur Verfügung steht. Es geht um den Pathologen, der alles begutachtet, was dem Staat dient. Wie in jenem Fall, wo zwei Kinder erschossen wurden, aber im Gutachten die Kinder als Opfer eines Badeunglücks deklariert wurden.

Die Aktion beginnt

18.16 Uhr Zimmerstrasse 56 vierter Stock

Der Scharfschütze sieht drei männliche Personen in der offenen Hoftür. Er kann einen davon anhand der Bilder als den Agenten R.Mü, den zweiten etwas größeren als dessen Bruder H.Mü, den dritten wahrscheinlich als weiteren Bruder identifizieren. Es wird ein kurzes Gespräch zwischen den drei Brüdern beobachtet.
Scharfschütze gibt das vereinbarte Signal zum Befehlsstand.

18.18 Uhr Befehlsstand

Das Signal vom Scharfschützen läuft ein. Oberst Latke hat das absolute Kommando übernommen. Alle Gespräche werden abgeblockt, nur sein Apparat ist in Funktion. Er ruft den Postenführer Platzmann an, gibt den Befehl, den Genossen Hinne sofort zum Punkt Jerusalemer Strasse in Marsch zu setzen, der solle dort beobachten, aber nichts unternehmen. Im übrigen ständig am Telefon in Bereitschaft stehen für weitere Anweisungen.

18.19 Uhr Wachturm

Platzmann sagt dem Hinne: „Geh runter zur Jerusalemer auf Beobachtung. Mach aber keinen Scheiß, mein Befehl lautet, nur beobachten." Hinne dreht auf dem Absatz um und läuft die ca. 70 Meter in Richtung Jerusalemer Strasse.

18.20 Uhr Zimmerstrasse vierter Stock

Von hier aus wird beobachtet, wie die Brüder prüfend die Fassade des Hauses betrachten. Kein Hausbewohner war zu diesem Zeitpunkt an einem Fenster zu sehen. Der Scharfschütze benutzt ein Spezial Fernglas, das von unten nicht auszumachen ist. Wie erwartet, R.Mü. macht sich bereit, nach draußen zu gehen. Er wird von seinen Brüdern mit einem leichten Klaps auf die Schulter verabschiedet
Weiterhin wird beobachtet, dass R.Mü überprüft, ob die in seinem Hosenbund steckende Waffe fest sitzt und verdeckt sie mit einer über dem Arm hängende Jacke oder Weste. R.Mü geht durch die Hofmaueröffnung Richtung Jerusalemer Strasse, in Richtung des dort inzwischen plazierten Grenzer Hinne.

18.22 Uhr Befehlsstand

Neues Signal vom Scharfschützen: Zielperson befindet sich auf dem Weg, es ist R.Mü.. Hat wie erwartet Waffe dabei, allerdings Jacke nicht an, über dem rechten Arm, damit Waffe verdeckt.

18.23 Uhr Befehlsstand

Oberst Latke ruft Postenturm an. „Gibt es irgendwelche Bewegungen in ihrem Bereich?" So die Frage an den Postenführer. Der meldet, dass gerade eine unbekannte Person das Haus verlassen- und den Posten Hinne passiert hat. „Die Person bewegt sich Richtung Leipziger Strasse." Latke gibt den Befehl, sofort ein Signal zu geben, wenn diese Person sich mit anderen in Sichtweite der Grenze trifft.

18.24 Uhr Postenturm
Platzmann ruft den Posten Hinne zu sich, gibt ihm den Befehl die Person im Auge zu behalten und sofort bei ihm Meldung zu machen wenn die Person sich mit anderen trifft.

18.26 Uhr Befehlsstand
Anruf vom Postenführer Platzmann: Der Unbekannte hat eine Gruppe Passanten erreicht, Frauen und Kinder. Ein Kind begrüßte den Unbekannten sehr impulsiv. Kommt uns verdächtig vor, was soll getan werden?" „Im Moment nichts, wir kümmern uns. Sollte die Person oder mehrere zurückkommen, dann bleiben sie am Postenturm und schicken den Hinne zur Personenkontrolle." Antwort von Platzmann: „Wie, soll ich den Hinne alleine schicken, das geht doch nicht, oder?" „Quatschen sie nicht lange, der unzuverlässige Hinne soll mal zeigen, was in ihm steckt. Sollte der versuchen, die Fliege zu machen, wissen sie, was sie zu tun haben. Ist das klar?" Soweit der Oberst und: „Platzmann, ich kann mich doch auf sie verlassen?" „Jawohl Genosse Oberst, Befehl verstanden."
Der Oberst legt den Hörer auf, ruft die in einem anderen Raum wartenden als Offiziersstreife getarnten Stasioffiziere zu sich und sagt denen: „Es ist jetzt soweit, sie stoßen jetzt vor, auf die Leipziger Strasse, Westseite in Höhe der Buchhandlung, und nehmen pro Forma wie vereinbart die ihnen bekannte Genossin Praga (Lebrock) mit ihren Kindern fest. Die anderen Frauen mit Blumen und den Kerl dabei lassen sie ungeschoren."

18.30 Uhr Leipziger Strasse Westseite
Die Sonderstreife begibt sich im Sturmschritt hin zu dem anvisierten Aktionspunkt. Sie sehen die Gruppe, sehen, dass sich zwei Frauen und Kinder sowie ein Mann in unterschiedliche Richtungen entfernen. Vermutlich weil die Sonderstreife gesichtet wurde. Das Zielobjekt steht, wie abrufbereit, auf der Stelle. Die Genossin zeigt gut sichtbar ihren Ausweis. Sie wird dem Schein nach abgeführt.

18.35 Uhr Befehlsstand

Die Sonderstreife meldet sich zurück. Berichtet über das Vorgefallene und auch, dass die anderen Zielpersonen, hier vor allem der Mann, die Szene der Festnahme gut beobachten konnten. Oberst Latke nimmt die Meldung entgegen und erteilt den beiden Offizieren den Befehl, unauffällig in den Bereich Zimmerstrasse einzutauchen. Dort sollen sie die Situation beobachten und nur eingreifen, wenn Plan 1, gegebenenfalls Liquidation eines unzuverlässigen Grenzers, warum auch immer, nicht gelingt. „Eingreifen heißt Genossen, die Zielperson nebst Anhang festzusetzen oder zu eliminieren.
Aber wie gesagt, das ist Plan 2."

18.40 Uhr Postenturm

Postenführer Platzmann ruft Posten Hinne, der an der Jerusalemer Strasse Stellung bezogen hat zu sich und läßt sich Bericht erstatten. Hinne beschreibt die Situation wie folgt: „Die Person hat sich mit anderen Personen getroffen, nach kurzem Aufenthalt in der Leipziger Strasse hält sich diese Gruppe im Bereich des Dönhoffplatzes auf."

18,42 Uhr Befehlsstand

Oberst Latke greift zum Hörer, meldet sich. Meldung von Sonderstreife (Stasi). Sonderstreife hat festgestellt, Zielgruppe um R.Mü. bewegt sich in Richtung Grenze. Latke gibt den Befehl an die Sonderstreife, in Position zu gehen.
Oberst Latke ruft Postenturm an. Es meldet sich Postenführer Platzmann. „ Hören sie Platzmann," so der Oberst „ jetzt geht es zur Sache, die von euch beobachtete Gruppe ist auf dem Wege zur Zimmerstrasse. Geben sie diesem Hinne den Befehl, die Gruppe zu kontrollieren. Aber er soll nur, wie schon gesagt, kontrollieren. Sagen sie ihm, dass dies sicher seine letzte Chance ist. Und behalten sie ihn im Auge! Verstanden?" „Jawohl Genosse Oberst."

18.45 Uhr Postenturm

Der Postenführer gibt dem Posten Hinne den Befehl weiter, er fügt hinzu: „ Du mußt diese Leute, die da kommen, kontrollieren und festnageln. Mit denen stimmt was nicht, Befehl von oben. Du weißt, jetzt in aller Schärfe!" „Jawohl Genosse Platzmann" antwortete Hinne und lief wieder zur Jerusalemer Strasse.

18.47 Uhr vierter Stock Zimmerstrasse

Der Scharfschütze nimmt den Hörer ab, Latke ist dran. „Hören sie, der Countdown beginnt. Hinne ist unterwegs." Scharfschütze unterbricht nach einem kurzen Blick auf das vor ihm liegende Terrain, „ja, der Hinne ist schon wieder an der Aktionsstelle." Latke weiter, „die Zielgruppe mit R.Mü muss auch gleich auftauchen, ab jetzt sind sie Herr des Ablaufs.
Uhrenvergleich: ich habe jetzt genau 18.48 Uhr."
Antwort vom Scharfschützen: „Wiederhole Zeit, bei mir ebenfalls.
18.48 , melde mich ab, Ende."

18.50 Uhr Jerusalemer Strasse, in Höhe des Feldtelefons

Posten Hinne sieht die Gruppe um R.Mü. auf sich zukommen. Sie schwenken ab in Richtung Haus Zimmerstrasse, zwischen ihm und der Gruppe der Drahtzaun. Mit denen muß etwas nicht in Ordnung sein, sonst hätte er sie nicht beobachten müssen, geht es ihm durch den Kopf. Frauen und Kinder sind schon auf dem Weg zum Hof. Der Mann von vorhin geht auffällig langsam. Hinne gibt sich einen Ruck und ruft: (er gibt sich Mühe laut zu rufen) „Halt stehen bleiben, weisen sie sich aus!" Er stellt fest, sie reagieren nicht.

18.52 Uhr Vierter Stock Zimmerstrasse

Scharfschütze beobachtet die Szene. Sein Spezialgewehr hat er im Anschlag. Er sieht, wie R.Mü auf Hinne einredet. Sieht, wie Hinne den weiter laufenden Frauen und Kindern hinterherruft. Sieht, wie Hinne seine Waffe anhebt und noch einmal sehr laut ruft. Erkennt, wie R.Mü. eine abrupte Bewegung zum Gürtel macht und nach der Bewegung zu urteilen, seine Waffe zieht und in Richtung Hinne schießt.

18.53 Uhr Scharfschütze

Abgedrückt, zeitgleich mit dem Schuß von R.Mü. Rückzug des Scharfschützen in die hinteren Räume, bis gefahrloses Verlassen des Hauses möglich wird.

18.55 Uhr Befehlsstand

Oberst Latke nimmt den Hörer ab. Meldung von Scharfschütze: „Auftrag erfüllt.“ Oberst Latke: „Saubere Arbeit, alle weiteren Aufgaben werden ab sofort von meinen Spezialkräften übernommen.“

19.00 Uhr Aktionsort

Stasisioffizier Allert hat seinen Auftrag erfüllt. Als erster beim am Boden liegenden Hinne. Die 7,65 Hülse und Projektile entsprechend dort deponiert. Dabei ist ein kleines Malheur passiert. An der Uniformbluse des Opfers sind Schmauchspuren entstanden. Order ist erteilt, die Uniformbluse schnellstens zu entsorgen.
Ende der Sonderaktion „Springer.“

So oder so ähnlich hat die STASI mitgewirkt. Die Meinung meiner Richter, wenn die Stasi etwas gewusst hätte, wären wir nicht durchgekommen, ist einfach gesagt naiv. Naiv, was den Sinn und Zweck von Staatssicherheitsdiensten betrifft. Die sind nicht dazu geschaffen, eine Flüchtlingsgruppe einfach zu verhaften, wenn es höhere Ziele gibt.
Das hohe Ziel in der Zeit des Kalten Krieges war es, den politischen Gegner auszuspielen, ihn vorzuführen und darüber hinaus das eigene Volk ruhig zu stellen. Das wurde mit dieser Aktion geschafft. Die anschließende Pressekampagne ist Beweis genug dafür.

ENDE